A paixão do negativo

FUNDAÇÃO EDITORA DA UNESP

Presidente do Conselho Curador
Herman Jacobus Cornelis Voorwald

Diretor-Presidente
José Castilho Marques Neto

Editor-Executivo
Jézio Hernani Bomfim Gutierre

Assessor editorial
João Luís Ceccantini

Conselho Editorial Acadêmico
Alberto Tsuyoshi Ikeda
Áureo Busetto
Célia Aparecida Ferreira Tolentino
Eda Maria Góes
Elisabete Maniglia
Elisabeth Criscuolo Urbinati
Ildeberto Muniz de Almeida
Maria de Lourdes Ortiz Gandini Baldan
Nilson Ghirardello
Vicente Pleitez

Editores-Assistentes
Anderson Nobara
Fabiana Mioto
Jorge Pereira Filho

Vladimir Safatle

A paixão do negativo

Lacan e a dialética

Prefácio
Monique David-Ménard

© 2005 Editora UNESP

Direitos de publicação reservados à:

Fundação Editora da Unesp (FEU)
Praça da Sé, 108
01001-900 – São Paulo – SP
Tel.: (0xx11) 3242-7171
Fax: (0xx11) 3242-7172
www.editoraunesp.com.br
www.livrariaunesp.com.br
feu@editora.unesp.br

CIP – Brasil. Catalogação na fonte
Sindicato Nacional dos Editores de Livros, RJ

S134p

   Safatle, Vladimir
     A paixão do negativo: Lacan e a dialética / Vladimir Safatle. – São Paulo: Editora UNESP, 2006.

     Originalmente apresentado como tese do autor (Doutorado – Universidade de Paris VIII)
   Inclui bibliografia
   ISBN 85-7139-639-6

     1. Lacan, Jacques, 1901-1981. 2. Adorno, Theodor W., 1903-1969. 3. Dialética. 4. Psicanálise e filosofia. 5. Psicanálise. I. Título.

06-0213.
                                                            CDD 150.195
                                                           CDU 159.964.2

Editora afiliada:

*Para Sandra, diante de quem as
palavras de reconhecimento sempre serão frágeis,
e para Valentina, que nasceu com este livro.*

Este livro é o resultado de uma tese de doutorado defendida na Universidade de Paris VIII sob a orientação do Professor Alain Badiou. A ele, exprimo meus mais sinceros agradecimentos pela generosidade e clarividência. Agradecimentos também devem ser expressos aos Professores François Regnault, Peter Dews (com suas críticas precisas a meu trabalho), Ruy Fausto, Bento Prado Jr., Paulo Eduardo Arantes e Slavoj Zizek. Todos eles ajudaram, por meio de discussões sempre enriquecedoras, a estruturação deste livro. Devo um agradecimento especial a Monique David-Ménard e Antonia Soulez, que talvez não tenham consciência do tamanho da dívida que tenho para com elas. Vários amigos foram presenças constantes nas discussões que originaram este livro: Pierre Magne, Felip Marti, Barbara Formis, Bruno Haas, Vannina Michelli-Rechtman, Jean-Pierre Marcos, Gilson Ianinni, Cristina Alvarez, Antonio Teixeira, Bruno Guimarães, Celio Garcia, Tânia Rivera. Nos últimos anos, Christian Dunker se transformou para mim em um interlocutor privilegiado. A eles, assim como aos meus alunos da Universidade de São Paulo e do Collège International de Philosophie, exprimo minha mais profunda gratidão.

Agradeço também o apoio da Universidade de Paris VIII.

*Só certas pessoas de má-fé consideram que promovi
o hegelianismo no interior do debate freudiano.*
Jacques Lacan (S XVI, sessão de 23.4.1969)

Sumário

Prefácio   15
Monique David-Ménard

Introdução   21
   Uma experiência dialética   23
   Sobre a necessidade de sustentar o imperativo de reconhecimento   27
   A resistência da categoria de sujeito   30
   Uma síntese não totalizante: pensar por meio de constelações   33
   A dialética entre conceitualização e formalização   36
   Considerações finais para a introdução   39

Parte I
Uma racionalidade à práxis analítica: configuração do recurso lacaniano à noção de intersubjetividade   41

1 Histórias de inversões   43
   Nota sobre a Dialética do Senhor e do Escravo   43

A dialética hegeliana, segundo Lacan   45
Duas maneiras de dizer não   49
A *Verneinung* como dialética bloqueada   56
Nota sobre o problema da intersubjetividade em Hegel   59
Dora e suas inversões   61
O sexual como opacidade   65

2   A transcendência negativa do sujeito   69
Purificar o desejo e dissolver o objeto   69
Um sujeito transcendental para a psicanálise?   73
Uma imagem sempre bloqueia a verdade   76
Categorizar através de imagens   80
A subjetivação da falta entre Sartre e Lacan   84
A falta-a-ser lacaniana e o desejo de Freud   86
Hegel e o trabalho do desejo   89

3   Unir um desejo à Lei   99
Desejar a Lei   99
Simbolização analítica como metáfora   102
Teoria como ficção?   106
A afirmação metafórica e o resto metonímico   109
Por que os psicóticos não são poetas?   111
Ser reconhecido por um pai morto   115
O impossível da tautologia do pai   119
Uma castração que não ameaça ninguém   124
Desejar um falo castrado   127
A *Aufhebung* suspensa do falo   130
Por que o falo é solidário com um semblante?   134

Parte II
Entre a Lei e o fantasma   141

4   *Kant com Sade* como ponto de viragem do pensamento lacaniano   143
Revendo o trajeto   143

A intersubjetividade entre Kant e Lacan   149
A lei moral é o desejo em estado puro   151
Das Ding, das Gute e o gozo para além do prazer   154
A armadilha sadeana   159
Ato e divisão subjetiva   162
É possível julgar o ato?   165

5 A perversão como figura da dialética do desejo   171
A imanência perversa   171
A perversão e suas coordenadas estruturais   173
Dolmancé como objeto   178
Masoquismo, verdade do sadismo   181
Kant com Sacher-Masoch   184
A negação fetichista como produção de semblantes   188
O ato analítico para além da perversão   193

6 Atravessar o fantasma através do corpo   197
Pensar o fantasma   197
Gênese e estrutura do fantasma   199
O objeto *a* entre fantasma e Real   205
O amor na carne   209
Adorno e o corpo como causa do ato   213
A destituição subjetiva como protocolo de amor   216

Parte III
Destinos da dialética   221

7 Repensar a dialética hegeliana   223
Trabalho e linguagem   224
Hegel, Lacan e o problema do arbitrário do signo   226
A performatividade do conceito e as relações entre linguagem e ação   231
O eu e sua dialética   236
O sensível entre Hegel e Lyotard   239
Construir relações por meio de negações determinadas   242
Duas (ou três) negações: entre oposição real e contradição   246

    A contradição objetiva entre Hegel e Adorno   253
    Entre intersubjetividade e reconhecimento   257
    Os limites da confrontação   265

8 Estética do Real   269
    Psicanálise e arte: história de um fracasso?   269
    A morte como pulsão   275
    Para introduzir o conceito lacaniano de sublimação   280
    A sublimação como contradição objetiva   283
    A historicidade do conceito lacaniano de sublimação   286
    Três protocolos de sublimação: a subtração   289
    Três protocolos de sublimação: o deslocamento no interior da aparência   293
    Três protocolos de sublimação: a literalização   297

9 Reconhecimento e dialética negativa   299
    Críticas da intersubjetividade   301
    Mimese, natureza e estranhamento   305
    Schoenberg mimético   311
    Especularidade e opacidade   315
    Em direção a uma ontologia negativa   319

Referências bibliográficas   325

Prefácio

Construindo o espaço conceitual comum a dois pensamentos que se ignoraram durante meio século, o de Lacan e o de Adorno, Vladimir Safatle faz muito mais que uma aproximação interessante. Ele confronta duas filosofias apoiadas, cada uma, em certa prática: a cura psicanalítica para uma, a criação artística para outra; assim como obriga o pensamento a interrogar-se sobre o que um sistema, que tem sua densidade própria de teoria, deve à prática ou à experiência que ele privilegia.

A tese de Vladimir Safatle é que certa relação dos sujeitos desejantes à opacidade dos objetos que causam seus desejos – e que faz Lacan dizer que o objeto do desejo e da pulsão, longe de completar o sujeito, divide-o ao mesmo tempo que o constitui – representa uma experiência do mesmo registro que a prática artística descrita por Adorno. Ela libera o sujeito moderno, preso em um racionalismo estreito, das ilusões de identidade que o sujeito da ciência não pode deixar de desenvolver desdobrando-se, tornando-se assim solidário de um mundo social alienante. Há uma resistência à tentativa de completude subjetiva, que vem dos objetos, diz Safatle, e é apenas esta resistência – resistência dos materiais de uma criação a toda perspectiva dominadora e reificada, resistência da alteridade do Outro na transferência – que impede que nossos desejos assimiladores se fechem em um narcisismo mortífero. No entanto, ao desenhar a cartografia deste encontro entre Adorno e Lacan, Vladimir Safatle não faz reducionismo algum. Ele frequenta assiduamente o itinerário e a lógica própria a cada um desses pensamentos.

Lacan situa o sujeito do desejo como o que deve ser reconhecido, mas esse reconhecimento não é fornecido por uma outra consciência. Nenhuma perspectiva de transparência, de domínio através do saber ou de partilha de um universal qualifica o que diz respeito, em psicanálise lacaniana, ao reconhecimento e à relação ao Outro. É exatamente para evitar conotações muito fenomenológicas e sartrianas de um desejo ligado ao reconhecimento que Lacan teria se transformado em estruturalista. Se o reconhecimento obtido em uma análise diz respeito à alienação do sujeito à série de significantes que estrutura sua história, o sujeito está sozinho diante da arquitetura estrutural de seu desejo. Arquitetura marcada pela incompletude. Se um significante é o que representa o sujeito para um outro significante, o sujeito é este vazio determinado pelo seu lugar na estrutura. Ele se vê, pois, afrontado pelo nada a respeito do qual ele é a efetuação. E só saímos das ilusões de completude mediante o que Lacan chama de desejo puro, única maneira para um sujeito de se desidentificar com uma cadeia constitutiva, mas alienante.

Ora, esta inflexão do pensamento lacaniano só será corrigida, justamente, pela insistência na importância do objeto: objeto do desejo, ainda ligado a uma configuração significante, mas também objeto da pulsão, ao qual o analista leva o analisando, permitindo-o, desta forma, atravessar a idealização própria ao amor de transferência. O momento estruturalista era apenas um momento do qual nos liberamos pelo reconhecimento da importância do objeto, causa do desejo, retirado do Outro e, no entanto, opaco e inassimilável.

O trajeto de Adorno é totalmente diferente. A experiência da criação artística é, para ele, o que nos libera das ilusões de um reconhecimento intersubjetivo a partir do qual Habermas e Honneth ainda acreditam poder derivar uma teoria da socialidade. Um artista se identifica com o que não pode ser ele no que ele cria. O artista chega mesmo a frequentar a impessoalidade das coisas e a dureza do inanimado, pois apenas isso lhe permite o repouso, sem o recobrimento de um véu de harmonia, no estranhamento do mundo social da modernidade. Toda problemática do reconhecimento inter-humano, que não problematiza a questão da opacidade das coisas, da natureza, dos materiais, só pode nos reconduzir a uma racionalidade instrumental que aliena o homem da sociedade contemporânea. Apenas a arte reconhece este "fetichismo" do objeto e o transforma em obra, isto em vez de deixá-lo desdobrar-se na realidade econômica e social alienada.

Lacan luta contra o existencialismo e as filosofias da consciência. Adorno luta contra uma filosofia da comunicação, eco pálido da filosofia kantiana do universal como horizonte de reconhecimento.

O trabalho de Vladimir Safatle nos dá vontade de prosseguir na direção por ele desenhada. Se problemáticas tão diferentes podem finalmente abordar uma "mesma" questão é porque tanto Lacan como Adorno, apesar de tudo, confrontam-se com Hegel.

Este último, com efeito, nunca reduziu o direito à forma linguageira do agir comunicacional. Todo reconhecimento passa não apenas pela mediação mas, devemos dizer lendo Safatle, também pela opacidade dos objetos. Conserva-se normalmente, principalmente na tradição marxista da leitura de Hegel, a ideia de que a história é a transformação social da natureza. A natureza trabalhada seria o que deve ser "espiritualizado" para que o espírito advenha real. E a materialidade seria o simples instrumento da mediação.

Não poderíamos, no entanto, sustentar o contrário? Sustentar que há uma opacidade das coisas, em Hegel, que mediatiza a relação entre as consciências-de-si, isto de tal maneira que o reconhecimento nunca é transparente a si mesmo e que ele continua ligado ao que se efetua no mundo dos objetos?

Isso é longamente descrito, na Fenomenologia do espírito, não apenas pela análise do trabalho sob condição de dominação, mas também pela dialética da "Coisa mesma": esta experiência através da qual uma obra só adquire realidade social e simbólica quando os outros alteram seu sentido e realidade de tal maneira que este que se acreditava autor não pode mais nela se reconhecer. E não seria este o cerne de toda problemática do direito abstrato nas Lições sobre a filosofia do direito? O direito que Hegel chama de abstrato regula, com efeito, os vínculos que se tecem entre os homens por meio da propriedade, ou seja, que se tecem na relação fetichista das vontades ao que é outro, ao que é inerte.

Sabemos que esta prova de uma negação redobrada, de uma negação não imediata, é rapidamente invertida, em Hegel, na positividade de uma realidade social e estatal. Apenas a arte, tal é a contribuição de Adorno, sabe plantar morada na consciência do que não tem lugar em nossa sociedade, criando uma realidade para o que está em crise em nossa realidade. Mudando de terreno, podemos dizer, com Lacan, que apenas a arte sabe transformar um sintoma em "sinthome", ou seja, em uma produção que respeita o que, na sexualidade, está na borda do impossível.

Como vemos, o pensamento de Vladimir Safatle é fecundo. Ele se abre para uma nova avaliação do lugar da psicanálise nas sociedades que absorveram sua pertinência, e ele fornece um futuro à tradição de filosofias saídas de Hegel.

Monique David-Ménard
Universidade de Paris VII.

Os seminários de Lacan serão sempre indicados pela rubrica S seguida do número do referido seminário. A paginação diz respeito aos originais em francês. Os *Escritos* (*Écrits*) e os *Outros escritos* (*Autres écrits*) terão a rubrica E e AE. Neste caso também, a paginação diz respeito aos originais em francês. Para os textos de Freud, GW indica as *Gesammelte Werke* e será sempre seguida do volume. Para os textos de Adorno, ND indica *Negative Dialektik* e AT indica *Ästhetische Theorie*. Para os textos de Hegel, WL, *Wissenschaft der Logik*. As citações de Hegel, Adorno, Freud e Kant são, normalmente, o resultado do cotejamento dos originais em alemão com traduções francesas e brasileiras.

Introdução

> *As velhas palavras são absolutamente utilizáveis.*
> Jacques Lacan
>
> *Esta obscura filosofia hegeliana.*
> Sigmund Freud

"O que é a razão após Freud?" Há quase meio século, Lacan inaugurou um capítulo maior no diálogo entre filosofia e psicanálise ao colocar tal questão. Ela indicava a necessidade de pensar uma racionalidade capaz de dar conta do que Freud teria trazido no domínio da clínica da subjetividade. O trabalho lacaniano visando realizar tal tarefa foi longo e tortuoso. Certamente, ele deixou várias articulações em aberto. Se quisermos, porém, continuar tal projeto, faz-se necessário reenviar a questão ao seu locutor e perguntar, sem camuflagens: "O que é a razão após Lacan?". A fim de compreender atualmente o problema do programa de racionalidade pressuposto pela práxis analítica, o passo que separa Freud e Lacan deve ser medido em toda a sua amplitude.

Partamos, por exemplo, desta fórmula freudiana tão cara a Lacan: Wo Es war, soll Ich werden. O enunciado freudiano é seguido por um comentário: "Trata-se de um trabalho de civilização (Kulturarbeit)", dirá, "um pouco como a drenagem do Zuyderzee" (Freud, GW XV, p.86). Um trabalho de civilização são palavras pesadas e difíceis de serem negligenciadas. Se a psicanálise se vê encarregada de tal trabalho, é porque ela demanda o reconhecimento da racionalidade dos procedimentos que guiam sua prática e organizam sua elaboração conceitual. Demanda enunciada por meio da fórmula: *Wo Es war, soll Ich werden*.

Desde Freud, este *sollen* nos indica a estratégia geral de articulação do problema da racionalidade de uma práxis do singular como a psicanálise. Trata-se de um *dever* que se impõe ao sujeito. Faz-se necessário que ele permita o advento do que, até então, só podia apresentar-se sob a forma do indeterminado, deste *Es* que indica o que resiste ao nome. Um advento cujo termo correto é *subjetivação*. O que nos mostra como deve ser abordado o problema da racionalidade da psicanálise: *a partir* da análise dos modos de subjetivação próprios à clínica. Modos de subjetivação cujos dispositivos centrais, ao menos na clínica freudiana, sempre serão: a rememoração, a verbalização e a simbolização.

Là où c'était, donc je dois advenir. É assim que Lacan traduzia normalmente o enunciado freudiano. Poderíamos, porém, ainda continuar falando de um trabalho de civilização? E, se a resposta for afirmativa, então como Lacan espera drenar o Zuyderzee do isso? Há uma drenagem que não seja necessariamente dominação de si, para falar como Foucault? No interior do pensamento lacaniano, tais questões nos enviam necessariamente a outras: como a psicanálise poderia levar o sujeito a atravessar o fantasma, a confrontar-se com a pulsão e dizer "eu" sem que isso represente necessariamente a pressuposição de um alargamento do horizonte de compreensão da consciência? Até que ponto os modos de subjetivação em operação na clínica lacaniana são dependentes da rememoração, da verbalização e da simbolização, como é o caso em Freud?

De fato, uma análise dos modos de subjetivação próprios à práxis lacaniana se impõe. Todavia, para que seja bem-sucedida, ela deve partir da hipótese de que, em Lacan, a subjetivação é necessariamente um problema ligado à lógica do reconhecimento. Ela é um *desenvolvimento*, no sentido forte do termo, da compreensão lacaniana do papel central do reconhecimento na clínica. Reconhecimento que apareceu *inicialmente* como intersubjetividade capaz de produzir a assunção do desejo do sujeito na primeira pessoa do singular no interior de um campo linguístico partilhado. A partir dos anos 60, a importância desse procedimento será bruscamente relativizada e os protocolos de cura serão mais complexos, já que o final de análise será compreendido como subjetivação do que resiste a todo processo de simbolização reflexiva, de rememoração, e aparece na clínica sob as categorias da pulsão, do Real e do *sinthome* (uma modalidade específica de sintoma não tratável que resistiria aos procedimentos de interpretação). A tensão extrema do projeto lacaniano dos últimos anos encontra-se na sustentação da irredutibilidade de categorias eminentemente negativas que indicam o que há de irreflexivo no sujeito. No entanto, faz-se necessário mostrar que tal tensão não descarta a necessidade de uma teoria do reconhecimento acessível à clínica analítica. Ao contrário, não pode haver clínica analítica sem uma teoria do reconhecimento. A verdadeira questão consiste em saber qual o regime de reconhecimento próprio às elaborações clínicas ulteriores de Lacan.

Uma experiência dialética

Talvez a melhor maneira de procurar tal regime seja partindo de uma questão aparentemente simples e direta: "a psicanálise lacaniana é uma experiência dialética?". Coloquemos tal questão em sua versão completa: "A lógica em operação na práxis analítica lacaniana, até o final de análise, é de natureza dialética?". Essa é uma questão central para nossa discussão.

A princípio a resposta seria trivialmente negativa. Admite-se normalmente que a tentativa de articular psicanálise e dialética foi abandonada por Lacan em torno de 1960, a partir do momento em que ele fez a crítica da intersubjetividade como paradigma de estruturação da clínica. Durante anos, Lacan teria se aproximado do universo hegeliano com sua temática do reconhecimento (*Anerkennung*), isso a fim de extrair, para a psicanálise, um paradigma de racionalidade fundado na noção de intersubjetividade. No entanto tal aproximação teria sido definitivamente abandonada a partir do momento em que Lacan assume a natureza irreflexiva de certos conceitos psicanalíticos centrais. Assunção cujo ápice seria a definição do final de análise como identificação com o *sinthome*.

Assim, a via entre psicanálise e dialética parecia definitivamente bloqueada. Afinal, como já foi dito, o *sinthome* é um ponto irreflexivo irredutível à dinâmica convergente dos procedimentos de reflexão que determinariam a lógica dialética. Nesse sentido, a psicanálise lacaniana não admitiria noção alguma de síntese positiva capaz de tecer a reconciliação entre a consciência e a negatividade radical do inconsciente. Discurso da clivagem e da discordância, ela pregaria a descontinuidade radical entre o *saber* da consciência e a *verdade* do inconsciente. Tal identificação com o *sinthome* pressuporia uma operação radical de *destituição subjetiva* que andaria na contramão da realização da consciência-de-si como Espírito Absoluto.

Todos nós conhecemos estes motivos atualmente bastante difundidos em meios psicanalíticos, mas talvez nossa época tenha adquirido o direito de colocar em questão essa maneira de compreender a dialética e, em especial, a dialética de orientação hegeliana.

Por outro lado, podemos sugerir uma "questão de método". Atualmente, é moeda corrente assumir uma perspectiva de leitura cujo dispositivo central consiste em dividir a experiência intelectual e analítica de Lacan em uma profusão de momentos isolados. Fala-se de um Lacan I, de um Lacan II e mesmo de um Lacan III quase como se estivéssemos diante de pensadores autônomos entre si. Como se compreender Lacan só fosse possível por meio da identificação de uma série de cortes epistemológicos no interior de sua obra. Segundo tal perspectiva, o diálogo entre Lacan e a tradição dialética teria se esgotado com o advento do primeiro destes cortes.

De fato, é impossível negar a existência de modificações profundas de cartografia conceitual na trajetória de Lacan. O que nos deixa com a questão de saber como devemos ler alguém cuja experiência intelectual é marcada pela produção plástica de conceitos. A meu ver, talvez só seja possível ler Lacan à condição de escutarmos o ritmo da formação de seus conceitos, o que nos exige atenção à pulsação invariável de suas questões centrais. Ou seja, para além das rupturas, faz-se necessário saber escutar o sentido dos múltiplos retornos de Lacan a motivos que pareciam ultrapassados.

De qualquer forma, o caso de Lacan parece ser um dos mais indicados para nos explicar o sentido da noção de "ruptura" no interior de uma experiência intelectual determinada. Isso porque a trajetória de Lacan demonstra como uma ruptura deve sempre ser compreendida mediante uma dupla perspectiva em que o ato de "recomeço" só é legível à luz de certa "permanência". Não há ruptura absoluta, já que ela sempre é sintoma da situação anterior. No caso de Lacan, devemos nos perguntar qual a situação de que seu pensamento é sintoma.

Não há necessidade aqui de esconder a aposta: este livro tentará demonstrar que a trajetória de Lacan é sintoma dos impasses da tradição crítica do racionalismo moderno aberta pela dialética hegeliana. Não se trata de perguntar se Lacan foi hegeliano, até porque a resposta foi inúmeras vezes repetida pelo próprio: "Não". No entanto a modernidade nos mostrou que há várias maneiras de não ser hegeliano, e uma delas consiste em superar os impasses postos *pela* conceitografia hegeliana. Trata-se de aceitar o *diagnóstico* hegeliano tentando, com isso, resolver os problemas engendrados pela estrutura representacional da razão moderna.

Isso nos coloca diante da seguinte alternativa: a práxis e a metapsicologia analítica desdobram-se no interior do horizonte da dialética hegeliana, mas elas produzem uma *transformação* neste horizonte. Ou seja, trata-se de não confundir partilha de diagnóstico e aceitação do sistema. Lacan teria aceito o diagnóstico hegeliano a respeito da decomposição da razão moderna, da centralidade da negação na estruturação do pensamento, das dicotomias produzidas pelo princípio de identidade, da irredutibilidade ontológica de um conceito não substancial de sujeito e da possibilidade em pensar um regime de identificação entre o sujeito e o objeto não baseado na assimilação simples do segundo pelo primeiro. Ele teria aceito também o encaminhamento hegeliano: partir do princípio de subjetividade a fim de alcançar uma experiência do Real que não se submeteria mais ao regime de verdade como adequação. Crítica da identidade que não excluiria modalidades possíveis de reconciliação reflexiva entre o idêntico e o não idêntico e de reconhecimento entre o sujeito e o Outro. Lacan, porém, teria tomado distância dos dispositivos de totalização sistêmica presentes em Hegel. Tal estratégia lhe teria permitido demonstrar a existência de um gênero de *dialética negativa* como pano de fundo da práxis analítica. É isto que podemos ver na afirmação:

> Os enunciados hegelianos, mesmo se nos limitarmos a sua letra, são sempre propícios a dizer Outra-coisa. Outra-coisa que corrige o lugar de síntese fantasmática, ao mesmo tempo em que conserva seus efeitos de denunciar as identificações em seus enganos. (Lacan, E, p.837)

Esta "Outra coisa" dita pelos enunciados hegelianos seria, na verdade, a condição para a realização: "De um revisionismo permanente, no qual a verdade está em reabsorção constante no que ele tem de perturbador, sendo em si mesma apenas o que falta para a realização do saber" (Lacan, E, p.797).[1]

Trata-se aqui de um conceito de verdade como comportamento negativo em relação ao estabelecimento da positividade do saber. Comportamento que Lacan chamará de "semi-dizer da verdade".[2] O psicanalista não teme aqui

---

[1] Lacan continuará na mesma via quando afirmar, a respeito da dialética hegeliana: "Esta noção de que a verdade do pensamento está para além dela mesma e que a cada momento necessita da revisão da relação do sujeito ao saber, e de que este saber é condicionado por um certo número de tempos necessários, é uma grelha da qual sentimos a todo instante sua aplicabilidade em todas as voltas da nossa experiência" (Lacan, S XVI, sessão de 23.4.1969).

[2] Como veremos, estamos muito próximos do que Adorno tem em vista quando afirma: "A qualificação da verdade como comportamento negativo do saber penetra o objeto

entrar em um problema de ordem epistemológica. Determinar a verdade como exílio, como limite à realização do saber, é afirmar que o fundamento de tal saber encontra-se em posição problemática. Os dispositivos realistas de fundamentação serão descartados devido ao caráter estruturalista da compreensão lacaniana da relação entre palavras e coisas. Por sua vez, o projeto de uma racionalidade intersubjetiva será abandonado por Lacan no início dos anos 60. Isso significaria assumir um relativismo epistemológico que tocaria o ceticismo e que poderia admitir a multiplicidade plástica dos sistemas de interpretação, assim como o abandono de um critério unívoco de verdade?

Para Lacan, a psicanálise está longe de admitir o relativismo como regra a seus procedimentos de interpretação. Quando ele afirma que a única característica positiva da verdade (do desejo) é *ser o que falta* para a realização do saber (da consciência), isso implica a *problematização do estatuto das negações no interior do pensamento*. Ora, trata-se de perguntar em quais condições a negação própria à falta poderá se transformar em regime privilegiado de apresentação da verdade. Ou seja, em quais condições a negação não é simplesmente indicação de um não-ser, de uma privação (*nihil privativum*) ou modo de expulsão do que vai contra o princípio do prazer, mas um modo de presença do Real, compreendido como o que permanece fora da simbolização reflexiva.

Eis um ponto crucial. No interior da clínica lacaniana, nem todos os movimentos de negação são necessariamente movimentos de destruição (destruição do outro na transferência, reação terapêutica negativa, fantasmas masoquistas, destruição do objeto desejado na neurose obsessiva etc.), assim como nem todos os processos de resistência são figuras da denegação neurótica. Há uma negação que é modo ontológico de presença do Real. Defesa do Real como *presença* do negativo, como tensão entre o trabalho do negativo e a paciência do conceito que fornece a legitimidade para procurarmos uma dialética negativa orientando o pensamento lacaniano.[3]

É verdade que tais afirmações podem parecer pouco fiáveis. Para certo pensamento contemporâneo com larga ressonância em meios psicanalíticos, a

---

(*Objekt*) – suprime a aparência (*Schein*) de seu ser imediato – e ressoa como o programa de uma dialética negativa"(Adorno, ND, p.162).

3 Nesse sentido, Badiou, que reconhece claramente que "Lacan é dialético", nos fornece uma fórmula precisa. Segundo ele: "A falta de qualquer critério, que exclui a verdade tanto do princípio de adequação quanto do princípio de certeza, dá ao pensamento de Lacan seu caráter cético. Mas diremos também que, representando a verdade como processo estruturado, e não como revelação originária, Lacan garante a seu pensamento um caráter dialético"(Badiou in Safatle, 2003, p.16).

noção de dialética na sua matriz hegeliana é, certamente, um dos conceitos mais suspeitos legados pela tradição filosófica. A verdade, porém, é que a experiência intelectual lacaniana ficará incompreensível se recusarmos o encaminhamento dialético utilizado por Lacan na reforma de certos conceitos maiores da teoria psicanalítica.

Não podemos esquecer como, após ter se distanciado explicitamente de uma utilização clínica da filosofia hegeliana mediante a noção de intersubjetividade, Lacan continuará falando de uma *dialética* do desejo,[4] de uma *dialética* da sublimação (Lacan, S VII, p.130) e mesmo de uma *dialética* da pulsão (Lacan, S XI, p.153). No seminário de 1961-1962 sobre *A identificação*, Lacan fará, sem se dar conta, uma crítica estritamente hegeliana da analiticidade. Por fim, toda a aproximação lacaniana entre Kant e Sade (e veremos como o reconhecimento de tal aproximação é central para a reorientação do pensamento lacaniano) segue a estrutura geral das intervenções da moralidade, tal como ela havia sido diagnosticada por Hegel.

Sobre a necessidade de sustentar o imperativo de reconhecimento

Poderíamos perguntar: o que se ganha com este retorno nebuloso da psicanálise à dialética? Há várias respostas possíveis, mas uma possui valor clínico especial. Com efeito, o abandono da natureza dialética do pensamento lacaniano apenas produziu uma hipóstase do inefável e da irreflexividade no interior da clínica analítica. A partir do momento em que a psicanálise de orientação lacaniana se absteve de tematizar de maneira dialética os regimes de reconhecimento disponíveis ao sujeito, duas perspectivas se abriram.

A primeira consistia em transformar a clínica em uma retórica da perpetuação da falta e da incompletude. Foi pensando nisto que Deleuze afirmou:

> Costumam nos dizer: vocês não compreendem nada. Édipo não é papai-mamãe, é o simbólico, a lei, o acesso à cultura, é a finitude do sujeito, a "falta-a-ser que é a vida". E se não é Édipo, será a castração e as pretensas pulsões de

---

4 Cf. *Subversion du sujet et dialectique du désir dans l'inconscient freudien*. É verdade que Lacan dirá claramente que: "Toda a dialética do desejo que desenvolvi diante de vocês ... separa-se claramente [da dialética hegeliana]" (Lacan, S VII, p.160). Mas a verdadeira questão é: em qual plano estas dialéticas se separam? No plano fenomenológico ou no plano lógico? Em que a dialética lacaniana ainda é uma dialética?

morte. Os psicanalistas ensinam a resignação infinita, eles são os últimos padres (não, ainda haverá outros). (Deleuze & Parnet, 1977, p.100)

De fato, Lacan sempre sublinhou a necessidade de desvelar a inadequação fundamental entre o desejo e os objetos empíricos. Daí se segue, por exemplo, a elevação do complexo de castração ao lugar de dispositivo central de interpretação analítica, no lugar de um complexo de Édipo reduzido à condição de mito. Isso levou muitos a verem, nesta estratégia, a limitação de toda possibilidade de experiência de gozo e de realização ao sujeito. O que transformaria a ética da psicanálise em uma ética do silêncio (já que o gozo seria impossível àquele que fala) e da falta. Como se tudo o que pudéssemos esperar da análise fosse a prudência de certa distância em relação às ilusões imaginárias do desejo.

Lacan estava muito consciente da possibilidade de tal deriva, sobretudo a partir dos anos 60. Isso o levou a defender, de maneira mais clara, uma possibilidade de gozo e de sublimação aberta pelo final de análise. Ora, como ele tirou progressivamente de evidência suas reflexões sobre os dispositivos de reconhecimento, o final de análise acabou sendo às vezes compreendido, principalmente a partir dos anos 70, como um gênero de retorno à imanência pré-reflexiva do ser (mediante a figura do *parlêtre*). Assim, como Lacan parecia ter abandonado a aspiração universalizante do reconhecimento, tal imanência só poderia se conjugar no particular e admitir apenas um gozo mudo (lembremos como o gozo feminino foi caracterizado exatamente pelo seu mutismo vindo de uma posição, em grande parte, *fora do Simbólico*), monológico por não se submeter à reflexividade do saber e que não escondia sua proximidade com a psicose.

No entanto, há alguns problemas a serem levantados neste ponto. A partir do momento em que a psicanálise se afasta da reflexividade própria a um sujeito marcado pelo desejo de se fazer reconhecer, como é o caso do sujeito lacaniano, ela perde todo critério para estabelecer a verdade do que se coloca como experiência do Real; a não ser que, de uma maneira subterrânea, retornemos a uma noção não problematizada de *certeza subjetiva* que não precisa da mediação do Outro para se legitimar.

Ao contrário, devemos sempre sublinhar que, desde o início de sua experiência intelectual, Lacan demonstrou como todo conhecimento possível estava submetido ao reconhecimento prévio entre sujeitos. Isso vale tanto para o conhecimento de objeto como para essas relações que, no fundo, colocam-se como "pré-conceituais", como seria o caso do gozo. Se ignoramos tal submissão, só resta pensar o final de análise como o retorno à incomunicabilidade da certeza.

É possível tentar criticar a posição deste livro afirmando que ela parece querer ressuscitar o Outro a fim de continuar colocando a racionalidade psicanalítica no interior de uma lógica do reconhecimento. Porém, a ideia lacaniana segundo a qual *o Outro não existe* deve ser contextualizada. De um lado, dizer que o Outro não existe é trivial. Significa apenas que a racionalidade pressuposta por toda palavra não tem um fundamento capaz de garantir sua existência (*Não há Outro do Outro*). No entanto, a ausência de fundamento não a impede de produzir efeitos. Na verdade, devemos levar a sério as palavras de Lacan: "Que algo exista realmente ou não, isto tem pouca importância. Ele pode perfeitamente existir no sentido pleno do termo, mesmo que não exista realmente" (Lacan, S II, p.268). Assim, podemos dizer que o Outro não precisa de um fundamento para funcionar, ele não precisa *existir realmente* para *existir no sentido pleno do termo*, já que sempre pressupomos um horizonte de racionalidade quando falamos. A questão é, na verdade: "como pomos esta pressuposição?", e aqui deparamos com o problema do modo adequado de encaminhamento da questão do reconhecimento.

Grande parte da complexidade da questão vem do fato de a psicanálise precisar dar conta de um imperativo duplo. Ela deve aparecer como crítica da razão centrada na transparência da consciência e na autoidentidade do sujeito, por meio da compreensão da consciência como sinônimo de alienação. Neste ponto, a psicanálise é discurso da discordância, da clivagem entre saber e verdade.

Porém, ao se opor à autoidentidade imediata da consciência, a psicanálise não pode se transformar na hipóstase da diferença, do não-saber e de um discurso da desintegração do sujeito e da desarticulação das expectativas de reconhecimento. No quadro analítico, a desintegração do sujeito só pode produzir a psicose e a forclusão do Nome-do-Pai, ou seja, uma fragmentação da identidade própria aos delírios paranóicos.[5] O verdadeiro desafio da psicanálise não consiste em postular a desintegração do sujeito, mas de encontrar a potência de cura própria às experiências de não-identidade que quebram tanto o círculo narcísico do eu como o quadro controlado de trocas intersubjetivas previamente estruturadas. Todavia, quando falamos de uma *experiên-*

---

5 Devemos lembrar o que Lacan diz dos delírios de Schreber: "Há literalmente fragmentação da identidade e o sujeito fica, sem dúvida, chocado por este golpe contra a autoidentidade ... Encontramos de um lado as identidades múltiplas de um mesmo personagem, do outro as pequenas identidades enigmáticas, diversamente brocadas e nocivas no interior do si-mesmo e que ele [Schreber] chama de pequenos homens" (Lacan, S III, p.112-3).

cia que não é ascese espiritual, pressupomos necessariamente um horizonte formal de síntese e de reconhecimento disponível *ao sujeito*. Podemos dizer que o desafio deixado por Lacan está exatamente aí: na tentativa de articular uma definição não totalizante deste horizonte formal de síntese que sustentaria os processos de reconhecimento.

A resistência da categoria de sujeito

No entanto, esta discussão a respeito da problemática lacaniana do reconhecimento do sujeito tem um interesse mais amplo. Atualmente, parece urgente insistir na irredutibilidade dos imperativos de reconhecimento a fim de mostrar como o problema da subjetivação nos fornece uma nova maneira de colocar em cena a questão da determinação da objetividade própria à subjetividade e de pensar uma *teoria do sujeito* que leve em consideração as descobertas da psicanálise lacaniana. Em nosso momento intelectual, momento no qual a figura do sujeito (pensado *a partir* de sua matriz cartesiana) é objeto de críticas virulentas endereçadas pela filosofia anglo-saxã da mente, pelo pós-estruturalismo francês e pela filosofia neopragmática da intersubjetividade, não devemos esquecer que a psicanálise é uma práxis que insiste na irredutibilidade ontológica da subjetividade (daí se segue, por exemplo, o desejo lacaniano de entrar no "debate das luzes" pela discussão com a tradição da filosofia do sujeito nas figuras de Descartes, Kant e Hegel). Lacan sempre afirmou querer recolocar o sujeito no interior do quadro da ciência e, assim, trazer um programa de racionalidade cujas consequencias ainda estão para ser exploradas.

Longe, pois, de dissolver a subjetividade em um retorno ao ser como destinação originária ou em uma crítica que vê a irredutibilidade do sujeito como resíduo metafísico (isto na melhor tradição althusseriana), Lacan quer *sustentar a figura do sujeito, mas livrando-a de um pensamento da identidade*. Neste ponto, sua estratégia encontra necessariamente um filósofo vindo de uma tradição aparentemente distante do universo lacaniano: Theodor Adorno. Devemos insistir nesta proximidade, se quisermos compreender a natureza da racionalidade da clínica lacaniana e seu solo de convergências. Pois tal proximidade nos mostra uma possível semelhança de família entre momentos decisivos do pensamento francês e do alemão do século XX. Neste sentido, este livro é apenas o início de um projeto mais amplo de composição entre estas duas tradições. E mesmo no que diz respeito a Lacan e Adorno, muito ainda haverá a ser dito, até porque o esforço de diálogo só foi realmente articulado na última parte deste livro, aparecendo, na verdade, como um horizonte possível de desdobramento de questões que dizem respeito aos regimes possíveis de relação entre psicanálise e dialética.[6]

Sobre a necessidade de tal aproximação, digamos que é bem possível que exista um conjunto de questões ligadas à determinação do sujeito e à estrutura da racionalidade que só possam ser tratadas atualmente mediante o estabelecimento de um discurso capaz de operar no ponto de tensão entre clínica da subjetividade e reflexão filosófica. Isso porque é bem possível que existam objetos que só possam ser apreendidos na interseção entre práticas e elaborações conceituais absolutamente autônomas. Nesse sentido, tal aproximação entre Lacan e Adorno, longe de procurar eliminar a especificidade de cada pensamento, coloca-se como o resultado da crença na necessidade de instauração de um movimento bipolar de tensão entre filosofia e psicanálise capaz de apreender o que é da ordem da determinação da razão e da configuração do sujeito.

Tal movimento não é estranho nem a Lacan nem a Adorno. Muito já se falou a respeito das importações filosóficas que marcam o encaminhamento do pensamento lacaniano. Eu mesmo insisti que, longe de ser um recurso extemporâneo e didático, trata-se de um desejo de estabelecer uma interface privilegiada de tensões e críticas entre elaborações da tradição filosófica e a metapsicologia (Safatle, 2003, Introdução). Como se dois saberes distintos devessem cruzar-se a fim de apreender um determinado objeto.

Podemos dizer o mesmo de Adorno. Basta levar em consideração o papel determinante do diálogo com o pensamento freudiano no estabelecimento do programa filosófico adorniano. Este diálogo não se reduz a textos pontuais sobre problemas metapsicológicos, mas influenciou de maneira decisiva o projeto filosófico de Adorno até a estrutura de seu conceito de autocrítica da razão. Por sinal, o viés materialista adorniano advém simplesmente incom-

---

6 Se este não é um livro sobre a relação entre Lacan e Adorno, é porque tratou-se aqui de mostrar, sobretudo, os movimentos internos do pensamento lacaniano sem transformar Adorno em uma espécie de instrumento de iluminação e contextualização para Lacan. Estratégia duas vezes supérflua. Primeiro, o pensamento lacaniano deve ser interrogado a partir de seus próprios pressupostos, se quisermos compreender realmente a especificidade do ritmo de seu trajeto. Segundo, não é provável que o pensamento de Adorno, com sua complexidade natural e suas polêmicas internas, possa servir a um uso dessa natureza.

preensível se desconhecemos o que a psicanálise lhe mostrou a respeito da genética do eu, da relação entre pulsão e estruturação do pensamento, do papel fundamental da identificação na determinação da autoidentidade e da potência narcísica do fantasma na colonização das formas da vida social.

Por outro lado, esta filiação ao espírito das descobertas freudianas levou Adorno a criticar muito cedo o revisionismo da psicologia do ego, tema caro a Lacan. Para Adorno, a psicologia do ego com sua noção de cura como realização social dissolve a natureza da experiência negativa própria ao inconsciente. Da mesma forma, para Lacan, tratava-se aqui de fazer a crítica do eu como construção do Imaginário e de recuperar a irredutibilidade do conceito de inconsciente aos procedimentos de simbolização reflexiva.

Porém, no que diz respeito ao encontro possível entre Lacan e Adorno, podemos dizer que seu núcleo central ganha visibilidade quando lembramos que, contrariamente às tendências maiores da história contemporânea das ideias, tanto Lacan como Adorno tentaram renovar os modos de sustentação do princípio de subjetividade *a partir de uma estratégia absolutamente convergente*. Em vez de assumirem o discurso da morte do sujeito ou do retorno à imanência do ser, ao arcaico, ao inefável, todos os dois estiveram dispostos a sustentar o princípio de subjetividade, embora desprovendo-o de um pensamento da identidade.

Nas mãos dos dois, o sujeito deixa de ser uma entidade substancial que fundamenta os processos de autodeterminação, para transformar-se no *locus da não-identidade e da clivagem*. Operação que ganha legibilidade se lembrarmos que a raiz hegeliana comum dos pensamentos de Lacan e de Adorno permitiu-lhes desenvolver uma articulação fundamental entre sujeito e negação que nos indica uma estratégia maior para sustentar a figura do sujeito na contemporaneidade. Assim, a não identidade, ou seja, uma negatividade não recuperável fundamental para a estruturação de uma subjetividade que não se perde no meio universal da linguagem, poderá constituir o horizonte utópico adorniano da mesma maneira com que ela representará aquilo que deve ser reconhecido pelo sujeito ao fim do processo psicanalítico lacaniano. No caso do sujeito, essa não-identidade encontra seu espaço privilegiado de manifestação por meio da experiência do corpo, da pulsão e de seus modos de subjetivação.[7]

Este ponto sobre o sujeito como *locus* da não-identidade pode ficar mais claro se lembrarmos como os dois, contrariando novamente as tendências

---

[7] Nesse sentido, lembremos que o programa adorniano de uma "síntese não violenta" concerne a, fundamentalmente: "O reconhecimento do não idêntico na compreensão da realidade e na *relação do sujeito a si mesmo*" (Wellmer in Honneth & Wellmer, 1986, p.25).

maiores do pensamento do final do século XX, sustentaram a centralidade de experiências de confrontação entre sujeito e objeto para a determinação de um pensamento da não-identidade. Lacan e Adorno não abandonam a dialética sujeito/objeto, e isso por razões claras. Haveria uma experiência de descentramento, fundamental para a determinação da subjetividade, que só se daria mediante a identificação não narcísica entre sujeito e objeto, para além das projeções do eu sobre o mundo dos objetos. Por isto, *ela será reconhecida não mais no terreno intersubjetivo, mas em uma recuperação das dimensões da confrontação entre sujeito e objeto*. Trata-se de levar o sujeito a reconhecer, no interior do si mesmo, algo da ordem da opacidade do que se determina como obstante (*Gegenstande*). Ou seja, reconhecer que todo sujeito porta em si mesmo "um núcleo do objeto (*einen Kern von Objekt*)" (Adorno, 1995, p.188). Isso traz consequências maiores para um pensamento da ética e da estética.

Há, porém, outra consequência absolutamente central aqui e é ela que influenciou a decisão em articular certos aspectos das experiências intelectuais lacaniana e adorniana, sobretudo na última parte deste livro. Essa *resistência do sujeito como lugar de não identidade* só pode ser compreendida se aceitarmos a natureza dialética dos pensamentos de Lacan e Adorno. A relação criativa e conflitual com Hegel é importante para os dois e, como já deve ter ficado claro, creio tratar-se de um grave erro defender que a influência das problemáticas hegelianas sobre Lacan esgotam-se na importação dos filosofemas de Alexandre Kojève e de Jean Hyppolite. Na verdade, a confrontação de Lacan com Adorno serve sobretudo para abrir as portas a uma reflexão mais ampla sobre o destino da dialética no século XX.

É claro, a defesa de tal perspectiva exigiu a reflexão sobre o sentido atual do que podemos entender por "dialética" em sua matriz hegeliana, assim como uma reflexão sobre a natureza dos operadores lógicos que dão forma à conceitografia dialética. Este trabalho foi feito sobretudo no capítulo que visa à análise da natureza da negação no pensamento dialético e da teoria hegeliana da linguagem, pontos fundamentais para a compreensão do sentido do projeto hegeliano da dialética.

Uma síntese não totalizante: pensar por meio de constelações

Antes de iniciar o trajeto, faz-se necessário levar em conta algumas colocações que previamente poderiam desacreditar o projeto deste livro. De fato, há alguns que diriam que tudo vai contra a hipótese de uma dialética em Lacan, sustentando uma teoria do reconhecimento como posição de um horizonte formal de síntese para o sujeito no final de análise. Afinal, Lacan chegou a afirmar, de maneira absolutamente clara:

> A diferença que existe entre o pensamento dialético e a nossa experiência é que não cremos na síntese. Se há uma passagem na qual a antinomia se fecha, é porque ela estava lá antes da constituição da antinomia. (Lacan, S X, sessão de 5.6.1963)

Podemos dizer duas coisas a este respeito. Primeiro, nem todas as sínteses são fundadas na anulação de antinomias. O sentido maior da dialética negativa, por exemplo, consiste exatamente no advento de uma síntese não totalizante, síntese formada com base na ideia de "constelação" (*Konstellation*), na qual a negação dos procedimentos de universalização totalizante é conservada. A ideia de constelação permite o advento de um pensamento da síntese na qual: "não se progride a partir de conceitos e por etapas até o conceito genérico (*allgemeineren Oberbegriff*), mas eles entram em constelação". O modelo para este processo de "entrar em constelação" nos é fornecido (e aqui não poderíamos ser mais lacanianos) pelo "comportamento da linguagem (*Sprache*)". Segundo Adorno:

> Ela não apresenta um simples sistema de signos (*Zeichensystem*) para funções cognitivas. Lá onde ela aparece essencialmente como linguagem, lá onde ela advém apresentação (*Darstellung*), ela não define seus conceitos. Sua objetividade é assegurada através da relação que coloca os conceitos centrados sobre uma coisa (*Sache*) ... Ao reunir-se em torno da coisa a conhecer, os conceitos determinam potencialmente seu interior. (Adorno, ND, p.164-5)[8]

Essa noção de uma opacidade fundamental da coisa que se exprime em uma constelação de conceitos que se articulam sem jamais designar a referência de maneira imediata, esta ideia de uma "deficiência determinável de todo conceito (*bestimmbare Fehler aller Begriffe*)" que leva à necessidade de "fazer intervir outros" (Adorno, ND, p.62) a fim de formar constelações, enfim, esta ideia de uma constelação de conceitos que guarda o sujeito proposicional como elemento opaco ao qual se reporta a predicação não só converge com a noção lacaniana de uma cadeia significante que só pode girar em torno do objeto da pulsão (a princípio compreendido como coisa, *das Ding*, e após como

---

[8] Para essa aproximação entre a noção adorniana de constelação e a lógica lacaniana do significante, ver também Zizek, 1990.

objeto *a* na sua condição de resto), como também pode nos fornecer as bases para uma teoria do reconhecimento que independe do *télos* da transparência. Até porque este *das Ding* também aparece como o que, do sujeito, é opaco a toda predicação. Mediante tal torção, a articulação significante pode *pressupor* a negatividade do objeto pulsional sem nunca *pôr* totalmente tal objeto. Mas devemos insistir que a antinomia sobre os modos de apresentação do objeto pulsional *só é antinomia para a exigência de totalidade e de identidade própria a certo regime de pensamento conceitual*. Digamos como Adorno (ND, p.165): "enquanto tal, a Coisa procura se expressar".

Por outro lado, podemos criticar esta maneira lacaniana de compreender a síntese hegeliana. A imagem de que *tudo já estava lá* não é satisfatória para explicar o trabalho do conceito. Não é verdade que: "se há uma passagem na qual a antinomia se fecha, é porque ela estava lá antes da constituição da antinomia". Tudo depende do que entendemos por "fechar" a antinomia. Notemos inicialmente que: "O conceito integra o que, incessantemente, parece ser seu Outro. O que há de comum entre este processo e uma pré-formação, ou seja, o desenvolvimento já assegurado de uma identidade já definida?" (Lebrun, 1971, p.360).

Não esqueçamos que a primeira tarefa do conceito é a cisão da imanência. Lembremos, por exemplo, a maneira pela qual Hegel se serve do jogo de palavras entre *Urteil* (julgamento) e *ursprüngliche Teilen* (divisão originária), isto a fim de caracterizar a ação do conceito. Maneira de insistir que, na tradição dialética, o conceito não é um operador *constatativo*, ele não se ajusta ao *que estava sempre lá* pronto para ser desvelado. O conceito é um operador *performativo* no sentido daquilo que produz modificações estruturais na apreensão do mundo posto, seja pela certeza sensível, seja pela percepção, seja pelo entendimento. Hegel diz claramente que o conceito cria, e isto em vários momentos da *Ciência da lógica*. Ele divide o que parecia indivisível (crítica ao princípio de identidade) e unifica o que parecia oposto (pela internalização de negações). A fim de sublinhar esse poder performativo do conceito, basta estar atento ao que Hegel afirma a respeito do resultado objetivo do ato de julgamento:

> O ente *advém* e se *modifica*, o finito se *perde* no infinito, o existente *emerge* de seu fundamento (*Grunde*) no fenômeno e se abisma (*geht zugrunde*); o acidente (*Akzidenz*) *manifesta* a *riqueza* da substância assim como seu poder; no ser, é a *passagem* (*Übergang*) em outra-coisa, na essência, [é o] aparecer (*Scheinen*) em algo outro através do qual se revela a relação necessária. (Hegel, WL II, p.307)

Essa lista exaustiva mostra como a performatividade do conceito permite a reconfiguração estrutural do objeto da experiência. Analisaremos esta questão de maneira mais apropriada no capítulo VII. Por enquanto, vale a pena salientar que, se podemos falar, como Lacan, de "fechamento" da antinomia, não podemos esquecer que se trata de uma síntese que nada deve a um pensamento da adequação. A unidade do conceito é *unidade negativa* com seu limite. Certamente, tal limite pode ser *posto* de maneira reflexiva e então se dissolver como tal. Hegel sempre insiste no fato de que aquilo que o conceito deixa escapar é um limite *seu* e, consequentemente, nada o impede de reparar a divisão que ele próprio produziu. E o próprio movimento de reabsorção *infinita* do negativo no interior do conceito (movimento pensado como pulsação infinitamente repetida entre alienação – *Entfremdung* – e rememoração – *Erinnerung*) já é a síntese conceitual e a realização do sentido. Daí se segue a ideia central do hegelianismo, segundo a qual: "este diferente, este posto-como-desigual (*Ungleichgesetze*) é imediatamente, enquanto diferente, nenhuma diferença para mim" (Hegel, 1988, p.118/1992, p.117). Pois a consciência sabe que o conceito sempre é movimento de forçagem em direção à alteridade. No entanto a crítica da totalidade que podemos endereçar ao conceito hegeliano nada tem que ver com o desvelamento de uma pretensa imanência prévia ou originária, como Lacan acredita.

A dialética entre conceitualização e formalização

A fim de determinar o horizonte no qual este livro se colocará, digamos que tal filiação dialética exclui, é claro, um ponto maior. Lacan se vê na necessidade de sustentar uma aposta de *formalização*, em vez de uma aposta de *conceitualização* com suas pretensas estratégias de submissão do diverso da experiência à atribuição predicativa de traços de identificação positiva. Para ele: "trata-se de passar por uma outra forma que a apreensão conceital" (Lacan, S V, p.65). Outra forma que o levará a desenvolver operadores de formalização pensados a partir da *letra*: dispositivo de formalização capaz de produzir tanto o *matema* como um certo regime muito particular de *poema*. Pois a letra é um denominador comum de formalização capaz de inspirar tanto uma matematização disjunta da dedutibilidade de toda demonstração apagógica (Milner, 1995, p.132-40; Badiou, 1988, p.275-9) como a compreensão da potência disruptiva vinda de experiências estéticas da escrita de vanguarda (*Lituraterre* in Lacan, 2001).

Retornaremos à análise da letra privilegiando sua relação com a estética. Esta escolha que privilegia a estética não exprime julgamento algum de valor a respeito da relação complexa entre matema e poema no interior do pensamento lacaniano; relação marcada pela pulsação entre aproximação e distanciamento.[9] Se a via do *poema* foi aquela escolhida é sobretudo por ela nos permitir operar uma aproximação entre formalizações analíticas e dialética negativa. Seguindo uma linha que reenvia a Hegel, Adorno infelizmente não desenvolve um pensamento sobre as matemáticas. Ele contentou-se com afirmações do tipo: "Quando, no procedimento matemático, o desconhecido se torna a incógnita de uma equação, ele se vê caracterizado, por isto mesmo, como algo de há muito conhecido, antes mesmo que se introduza qualquer valor" (Adorno & Horkheimer, 1993, p.37).

Contudo, contrariamente a Hegel, Adorno vê a formalização estética como "correção do conhecimento conceitual", isto na medida em que a arte "é racionalidade que critica [o pensamento conceitual] sem dele se esquivar" (Adorno, AT, p.87). A crítica da arte em relação ao conceito se legitima na medida em que, para Adorno, a formalização estética é capaz de "absorver na sua necessidade imanente o não idêntico ao conceito" (AT, p.155) e colocar-se como dimensão de verdade. A arte é espaço de reflexão sobre modos de formalização que possam indicar o limite para a prosa comunicacional do conceito, modo de posição da não identidade como figura de uma negação que é manifestação da resistência do objeto. E isso vale também para Lacan. Porém, para compreender esse ponto, devemos parar de ver a arte simplesmente como uma estética. Devemos assumi-la como setor privilegiado da história da racionalidade e dos modos de racionalização. Isso me levará, na última parte deste livro, a recorrer à reflexão lacaniana sobre as artes a fim de encontrar modos de subjetivação mais apropriados à clínica lacaniana.

Por enquanto, trata-se de sublinhar que tal distinção entre *formalização* e *conceitualização*, ou entre *letra*, *matema*, *poema* e *conceito*, teria sido feita por Lacan para permitir à psicanálise operar sínteses sem entrar nas aporias da totali-

---

9 Para dar um exemplo da instabilidade dessa pulsação, lembremos como Lacan afirmou: "Ser eventualmente inspirado por algo da ordem da poesia para intervir enquanto psicanalista? Eis algo a que devemos nos voltar ... Não é do lado da lógica articulada – ainda que eu deslize por aí ocasionalmente – que se deve sentir a força do nosso dizer" (S XXIV, sessão de 19.4.1977). O que não o impede de articular um quiasma entre matemática e estética: "Felizmente", dirá Lacan, "Parmênides escreveu poemas. Não emprega ele aparelhos de linguagem que em muito se assemelham à articulação matemática, alternância após sucessão, encadeamento após alternância?" (S XX, p.25).

zação próprias à dialética estritamente hegeliana. Pois um limite *posto* pelo conceito cessa de ser não idêntico, cessa de ser um limite, da mesma maneira como Freud mostrava que uma negação dita de maneira assertiva cessa de ser uma negação. No entanto, um limite que só pode ser *pressuposto* pelos processos de conceito conserva-se irredutível.

Nesta dialética entre a posição e a pressuposição, não se trata de hipostasiar o não conceitual, mas de sustentar que o movimento do conceito, movimento feito de repetições e resistências do sensível à apreensão de conteúdo, indica a dimensão de uma experiência que, ao menos segundo Lacan, só poderia ser formalizada para além dos procedimentos de conceitualização. Ao pressupor a centralidade deste irredutível que resta na exterioridade do conceito, Lacan fornece o *locus* de sua ruptura com Hegel, mas, ao postular a possibilidade de *formalizar* este resto não conceitual do qual o conceito se afasta, o psicanalista retorna a certo gesto inaugural de intuição dialética que o coloca ao lado de Adorno. O mesmo Adorno que fala do imperativo de "desencantamento do conceito" (*Entzauberung des Begriffs*) para afirmar: "uma confiança, mesmo problemática, na possibilidade da filosofia em superar (*übersteigen*) o conceito pelo conceito, o que elabora e amputa, e alcançar assim o desprovido de conceito (*Begriffslose*), é indispensável à filosofia". Um não conceitual como verdade do conceito que, tal como em Lacan, só pode ser alcançado "em uma outra cena (*anderen Schauplatz*)", na qual encontramos o que foi "oprimido, desprezado, rejeitado pelo conceito (*Begriffen Unterdrückte, Missachtete und Weggenworfene*)" (Adorno, ND, p.21). Também para Lacan, esta outra cena na qual encontramos necessariamente o inconsciente analítico é marcada por uma relação "profunda, inicial, inaugural com o *Unbegriff*" (Lacan, S XI, p.23); que é traduzido por Lacan como "conceito da falta", em vez de não conceitual. Ou seja, *conceito do que falta ao conceito* para se realizar. Tal via pode fornecer regimes de autocrítica do conceito que se inscrevem em um movimento de autocrítica da razão fundador da dialética negativa.

Esse encontro em uma outra cena levará Adorno a reconsiderar a própria forma da apreensão conceitual, dando à prosa do conceito a forma de prismas que se aproximam do reconhecimento da opacidade própria à formalização estética. O conceito do não conceitual não pode permanecer em sua própria casa: "o que é qualitativamente contrário ao conceito é difícil de conceitualizar; a forma na qual algo pode ser pensado não é indiferente ao objeto do pensamento" (Adorno, AT, p.170). Daí se segue a importância da conservação do "momento estético" (*ästhetische Moment*).

É possível que uma intuição semelhante tenha levado Lacan a desenvolver uma distinção entre *letra* e *conceito*, entre *formalização* e *conceitualização*.

Uma distinção que indica dois modos de subjetivação distintos no interior da clínica: a *formalização* e a *simbolização reflexiva*. Não se trata de uma operação evidente e a determinação da natureza desta diferença só poderá ser feita no desenvolvimento deste trabalho. Veremos como ela não obedece ao regime de exterioridade indiferente, já que, no que concerne à psicanálise, trata-se de saber formalizar, graças à letra, um limite que aparece *através* da ação da simbolização própria ao significante.

Talvez a melhor maneira de analisar a relação entre racionalidade analítica e dialética no pensamento lacaniano consista em adotar uma perspectiva historiográfica. Trata-se de colocar como primeiro passo o reconhecimento da maneira como Lacan chegou a uma elaboração conceitual tão próxima àquela que encontramos na dialética negativa. Só ao final do livro, teremos uma confrontação mais estruturada entre Lacan e a tradição dialética.

Considerações finais para a introdução

É a partir da posição desta constelação de motivos que este livro procura rearticular o debate entre psicanálise e dialética para além da noção corrente que prega o caráter absolutamente irreconciliável entre as duas. No entanto, no interior deste debate, um problema sempre serviu de guia: saber qual pode ser a configuração de um pensamento dialético acessível à contemporaneidade. Abaixo das discussões sobre a práxis psicanalítica lacaniana em seu desenvolvimento e em seus encontros com certas elaborações de Hegel e Adorno, o problema do destino da dialética sempre foi posto.

É verdade que, durante certo tempo, a dialética foi vista como uma espécie de *bête-noire* por todos os que se insurgiram contra os encantamentos da síntese, da totalização e do universalismo. Este livro é resultado do desejo de sair um pouco dessa tendência geral e mostrar que, possivelmente, só a dialética é um regime de pensamento capaz de realizar exigências de dar conta do singular e da resistência do objeto. Uma dialética renovada por Lacan e Adorno, mas, ainda, uma dialética que não tem medo de dizer seu nome.

Esta é uma forma possível de mostrar como o problema da racionalidade da clínica analítica pode contribuir para a reorientação da razão em suas aspirações mais amplas. Aquilo que orienta uma prática clínica em seu contato com o que se impõe a um sujeito como *patos*, que o determina ao mesmo tempo que lhe escapa, pode convergir com o que leva o pensar a se confrontar com experiências que, embora acessíveis à reflexão, se põem como eminentemente negativas. Tal possibilidade é o que anima uma tentativa de reler, a partir daquilo que a psicanálise lacaniana traz como saldo de seu projeto intelectual, certos operadores centrais legados pela tradição dialética em sua matriz hegeliana. Trata-se de um trabalho que ainda levará certo tempo até ser devidamente realizado. O autor deste livro é o primeiro a reconhecer, com certa angústia, que muito falta fazer e que o encaminhamento de certas questões ficou em um estágio apenas indicativo. Por isso, em vários momentos, a escrita deste livro assemelhou-se à tentativa de fotografar um trem de alta velocidade em movimento. No entanto só se ultrapassa um obstáculo quando não se tem medo da queda.

Parte I
Uma racionalidade à práxis analítica: configuração do recurso lacaniano à noção de intersubjetividade

1
Histórias de inversões

> *Só é fundamentalmente mestre aquele que, em seu fazer,*
> *faz com que o outro inverta-se a si mesmo.*
> Hegel

Nota sobre a Dialética do Senhor e do Escravo

Comecemos por uma ausência. Em momento algum será questão, neste livro, analisar diretamente as inúmeras leituras da Dialética do Senhor e do Escravo (DSE) que não cessaram de aparecer ao longo da trajetória de Lacan.[1] De fato, tal ausência tão grande merece uma explicação. Ela é simples: a maneira com que Lacan articula a DSE se inscreve em uma estratégia de leitura colocada em circulação por Alexandre Kojève nos anos 30. Estratégia extremamente inventiva mas dificilmente sustentável *como comentário de texto* e, principalmente, *como figura realmente dialética*.

Sabemos que a estratégia de Kojève foi fundada na transformação da DSE em chave para a compreensão do sistema hegeliano como narrativa de uma verdadeira antropologia filosófica. No caso de Kojève, tal antropologização transformou a filosofia hegeliana em uma filosofia da práxis em que a categoria do Trabalho preenche um papel maior na constituição dos dispositivos

---

[1] Para uma análise detalhada dos múltiplos momentos da Dialética do Senhor e do Escravo em Lacan, ver Regnault, 1986.

reflexivos que levam a consciência a sua realização como Espírito ou, nas palavras de Kojève, como Sábio reconhecido universalmente como cidadão do Estado Universal a vir.

O problema não se encontra na transformação da filosofia hegeliana em filosofia da práxis, já que, de certa forma, ela o é. Basta estar atento para a relação entre *trabalho* e *reflexão* na filosofia hegeliana, assim como para a articulação cerrada entre desejo, trabalho e linguagem na constituição do campo de inteligibilidade de um Espírito pensado, fundamentalmente, como conjunto de práticas sociais de interação capaz de ser apreendido de maneira autorreflexiva e de responder às expectativas de universalidade e incondicionalidade.[2]

Tal transformação da dialética hegeliana em uma dialética do trabalho era, porém, no caso de Kojève, solidária do abandono da filosofia da natureza para que uma *ontologia dualista* fundada na distinção ontológica entre homem (negatividade dialética) e natureza (matéria pura pré-reflexiva) pudesse aparecer. Pois o trabalho seria negatividade que temporaliza o mundo natural--espacial permitindo a reconciliação da imanência da efetividade com a transcendência da subjetividade. Neste sentido, lembremos como, para Kojève, a natureza aparece como Ser-dado-pré-reflexivo, o que demonstraria como "a dialética real da Natureza só existe na imaginação (schellinguiana) de Hegel" (Kojève, 1992, p.490).

No entanto, o preço do abandono kojèveano da filosofia da natureza é *a negação não dialética completa da irredutibilidade do sensível ao conceito*. Um preço que Hegel nunca se viu obrigado a pagar, já que a negação não dialética do sensível nos impede de compreender a natureza da contradição hegeliana (*Wiederspruch*) como *contradição objetiva* ou *contradição real*. Pois a naturalização da dialética em Hegel preenche o papel, no interior do sistema, de espaço para o advento de um saber que não seja fundado na expulsão pura e simples da experiência sensível. Assim, por exemplo, quando Lacan coloca uma diferença entre a negatividade própria ao sujeito do inconsciente em sua relação à Coisa

---

2 Sigamos aqui a interpretação desinflacionada, do ponto de vista metafísico, de Terry Pinkard: "Espírito é uma forma de vida autoconsciente, ou seja, uma forma de vida que desenvolveu várias práticas sociais a fim de refletir sobre o que é legítimo (*authoritative*) para si, isto no sentido de saber se tais práticas realizam suas próprias aspirações e os objetivos que elas colocaram para si mesmas... Assim, 'Espírito' denota, para Hegel, não uma entidade metafísica, mas uma relação fundamental entre pessoas que mediatizam suas consciências-de-si, uma maneira através da qual pessoas refletem sobre o que elas tomam por legítimo" (Pinkard, 1994, p.8).

e uma "nadificação que se assimilaria à negatividade hegeliana" (Lacan, S IX, sessão de 28.3.1962), isto é resultado de um dentre os muitos erros de perspectiva entre Hegel e Kojève.

Nesse sentido, em vez de entrar na análise das leituras lacanianas da DSE e arriscar perpetuar o viés próprio ao comentário de Kojève com seus limites na compreensão da estrutura lógica da dialética, pareceu mais interessante trabalhar diretamente as considerações lacanianas sobre a lógica dialética na análise. Este livro procurou atentar, inicialmente, a maneira com que Lacan articula dialética e intersubjetividade na constituição de um paradigma para a racionalidade analítica. Trata-se então de mostrar os limites e as vias abertas por esta articulação.

A dialética hegeliana, segundo Lacan

"A psicanálise é uma experiência dialética" (Lacan, E, p.216). Enunciada em 1953, essa proposição resumia o programa de racionalidade analítica que sustentava a experiência lacaniana. Um programa que o levou, por exemplo, a enunciar, entre 1951 e 1953, uma série de três conferências na Sociedade Psicanalítica de Paris (SPP) intitulada *Psicanálise dialética?*. Infelizmente, elas não deixaram traços, mas não precisamos delas para descobrir o que Lacan entendia exatamente por dialética.

Sabemos que, nessa mesma época, Lacan procurava fundar a racionalidade da práxis analítica por meio do paradigma da intersubjetividade. Tal decisão era o motor do projeto lacaniano de *retorno a Freud*. Assim, em 1953, a ocasião do início de tal retorno, Lacan enuncia as condições necessárias para a fundamentação da objetividade analítica. Ele dirá:

> A psicanálise só fornecerá os fundamentos científicos à sua teoria e à sua técnica ao formalizar de maneira adequada essas dimensões essenciais de sua experiência que são, com a teoria histórica do símbolo, a lógica intersubjetiva e a temporalidade do sujeito. (Lacan, E, p.289)

Estamos diante do resultado de uma longa trajetória de refundação da metapsicologia e da práxis analítica. Resultado que indica um duplo programa latente: o desenvolvimento das consequências da articulação estrutural do universo simbólico e a formalização da reflexividade intersubjetiva. Eis o ponto de chegada de um amplo projeto de determinação dos pressupostos gerais da *objetividade* própria aos *fenômenos subjetivos* com que Lacan se engajara durante vinte anos. Projeto já presente na sua tese de doutorado, de 1932, sob a forma da enunciação de uma *ciência da personalidade* de matriz inicialmente politzeriana cujas aspirações serão transferidas para a reformulação lacaniana da psicanálise.[3]

A utilização clínica do campo intersubjetivo podia aparecer como espaço privilegiado de determinação do regime de objetividade próprio à subjetividade, porque ela impediria a psicanálise de adotar uma perspectiva materialista reducionista e de coisificar os fenômenos subjetivos.[4] Como Lacan dirá várias vezes, a psicanálise marca o retorno do sujeito no interior do discurso da ciência. Porém "Só há sujeito para um outro sujeito" (Lacan, S VI, sessão de 13.5.1959) e tratava-se de pensar a racionalidade analítica a partir de tal reflexividade. Assim, ao mesmo tempo em que via na psicanálise uma experiência dialética, Lacan podia afirmar que ela era também "a experiência intersubjetiva onde o desejo se faz reconhecer" (E, p.279).

A realização intersubjetiva do desejo, ou seja, a reflexividade própria ao reconhecimento do desejo do sujeito pelo Outro, apresentava-se como a essência da cura analítica. Tratava-se da possibilidade de assunção do desejo do sujeito na primeira pessoa do singular no interior de um campo linguístico intersubjetivamente partilhado. Daí se seguia a afirmação: "O sujeito começa a análise falando de si sem falar a você, ou falando a você sem falar de si. Quando ele for capaz de falar de si a você, a análise estará terminada" (Lacan, E, p.373).

Percebemos aqui que, para Lacan, *dialética, diálogo, intersubjetividade* e *reconhecimento* eram termos convergentes. Na verdade, a dialética nomearia a estrutura lógica do diálogo intersubjetivo que opera na análise. Um diálogo particular já que seria capaz de produzir o reconhecimento do desejo. A lógica dialética ficava assim reduzida à formalização de relações intersubjetivas

---

3 Lembremos, por exemplo, da noção de intersubjetividade presente nesta maneira própria ao jovem psiquiatra Lacan de compreender a psicose: "As concepções mesmas da psicose traduzem, no entanto, curiosamente, certas maneiras, próprias à nossa civilização, de participação social" (Lacan, 1975, p.317).

4 É nesse sentido que devemos compreender por que, contra a interpretação de Laplanche e Leclaire a respeito da impossibilidade de articulação do inconsciente na primeira pessoa (ver Laplanche & Leclaire, 2000, p.230), Lacan dirá, anos mais tarde: "Em outro lugar, eu disse claramente que a verdade fala Eu (*Je*)". Para Lacan, a verdadeira questão se encontra na determinação da estrutura do Eu: "o que não vem à mente nem do autor nem de Politzer é que o Eu do qual se trata é talvez inumerável, que não há nenhuma necessidade de continuidade do Eu para que ele multiplique seus atos" (Lacan, S XVII, p.73).

próprias a uma modalidade muito específica de diálogo chamada às vezes por Lacan de "maiêutica analítica" (Lacan, E, p.109).[5]

Essa maneira de articular dialética e intersubjetividade levou Lacan a aproximar a dialética hegeliana da dialética socrática a fim de falar da "dialética da consciência de si, tal como ela se realiza de Sócrates até Hegel", isso contra a opinião do próprio Hegel (Lacan, E, p.292).[6] É claro que tal operação levanta várias questões, sendo que a maior delas é: estaríamos diante de um retorno da dialética a sua matriz dialógica? De fato, Lacan não parece temer tal retorno, já que afirma:

> A psicanálise é uma dialética, aquilo que Montaigne, em seu livro III, capítulo VIII, chama de "arte de conferir". A arte de conferir de Sócrates no Menão consiste em ensinar o escravo a dar o verdadeiro sentido à sua própria palavra. Esta arte é a mesma em Hegel. (Lacan, SI, p.317)

Nesse sentido, Lacan não fazia outra coisa que seguir a perspectiva de leitura do hegelianismo francês de sua época. Pois era Hyppolite (1991, p.12) quem perguntava: "O que significa, originariamente, o termo 'dialética' a não ser a arte da discussão e do diálogo?".

Lembremos que o hegelianismo francês da primeira metade do século XX – meio do qual Lacan saiu – procurou colocar em evidência a estrutura linguística intersubjetiva que estaria na base da formação do caráter relacional da consciência-de-si. Até certo ponto para Kojève, mas principalmente para Hyppolite, a dialética da identidade e da diferença se desenvolverá no campo

---

5 Devemos fazer aqui uma precisão historiográfica. O paradigma da intersubjetividade será usado por Lacan até o início dos anos 60. Seu abandono só virá em 1961, quando do reconhecimento intersubjetivo advir uma armadilha narcísica capaz de impedir o desenvolvimento da análise. Daí se seguem afirmações como: "A experiência freudiana se congela desde que ela [a intersubjetividade] aparece. Ela só floresce na sua ausência" (Lacan, S VIII, p.19). Como veremos mais à frente, a partir de então, irá se operar uma verdadeira reconfiguração dos modos de subjetivação e do programa de racionalidade da práxis analítica. Nesse sentido, não é correto acreditar que a intersubjetividade foi abandonada por Lacan por ocasião da guinada estruturalista dos anos 50, como se as considerações sobre o primado da estrutura anulassem as reflexões a respeito da palavra como ato de reconhecimento intersubjetivo do desejo. Na verdade, a intersubjetividade apareceu desde sempre como o processo capaz de resolver a antonomia entre *língua* e *fala*.

6 Lacan faz tal aproximação sem levar em conta a afirmação de Hegel sobre a maiêutica socrática: "A dialética que visa dissolver o particular para produzir o universal não é ainda a verdadeira dialética" (Hegel, 2000b, 19/64).

linguístico do reconhecimento intersubjetivo: "A única possibilidade de resolver a determinação opaca na transparência do universal, de desatar o nó", dirá Hyppolite, "é de comunicar através da linguagem, de aceitar o diálogo" (idem, p.23); até porque: "A linguagem diz as coisas, mas ela diz também o eu que fala e estabelece a comunicação entre os diversos eu, ela é o instrumento universal de reconhecimento mútuo" (idem, p.11).

Essa compreensão da dialética como diálogo capaz de dissolver a opacidade do particular pelo reconhecimento intersubjetivo era a chave que Hyppolite usava para aproximar a psicanálise da fenomenologia hegeliana. Assim, ele falará de uma *função de inconsciência da consciência* que aproximaria o inconsciente freudiano e a estrutura de *desconhecimentos,* fundamento do movimento próprio a *Verneinung*. Com tal estratégia, ele podia afirmar que: "desconhecer não é não conhecer. Desconhecer é conhecer para poder reconhecer e para poder dizer um dia: eu sempre soube" (Hyppolite, 1971 p.215). A opacidade do inconsciente seria anulada por meio de uma palavra que reconhece um saber recalcado e esquecido. A dialética aqui é convergente por não reconhecer nenhum limite a operações de conceitualização e de simbolização próprias ao saber da consciência. Aqui, como será posteriormente o caso em Habermas e em Ricoeur, *a interpretação analítica é uma autorreflexão que opera através de processos de rememoração,*[7] ou seja, ela é um processo que visa ao alargamento do horizonte de compreensão da consciência por meio da constituição reflexiva de um campo de representações que internalizam e atualizam conteúdos mentais anteriormente não acessíveis como objetos de determinações intencionais.

Assim, Lacan podia ver, no saber absoluto hegeliano, o resultado desta noção totalizante de interpretação. Um resultado direto do peso de Kojève, já que vem dele esta maneira de compreender o saber absoluto como momento de dominação completa da efetividade em que a totalidade do discurso:

> Fecha-se sobre si mesma para que o discurso esteja inteiramente de acordo com si mesmo, para que tudo o que possa ser expresso no discurso seja coerente e justificado ... Na perspectiva hegeliana, o discurso realizado (*achevé*), encarnação do saber absoluto, é o instrumento de poder, o cetro e a propriedade destes que sabem. Nada implica que todos participem. (Lacan, S II, p.91-2)

Sem entrar diretamente na pertinência desta leitura da dialética hegeliana (Lacan pressupõe, em Hegel, uma relação entre saber e efetividade que exige uma noção de verdade como adequação sempre criticada pela filosofia hegeliana),

---

[7] Ver a esse respeito o clássico artigo Autorreflexão ou interpretação sem sujeito: Habermas intérprete de Freud (Prado Jr., 2000), assim como meu comentário em Safatle, 2004.

é importante sublinhar como tal crítica indica um movimento interno ao pensamento lacaniano, pois ela mostra o esforço de Lacan em distinguir sua noção de intersubjetividade dos processos de totalização sistêmica e de síntese convergente que poderiam aparecer como horizonte de final de análise, caso a racionalidade intersubjetiva fosse vista como processo de compreensão autorreflexiva.

Duas maneiras de dizer não

O comentário de Hyppolite a respeito do texto freudiano *Die Verneinung* nos fornece um modo de apreensão dos limites da definição da psicanálise como "diálogo dialético".[8]

É verdade que Hyppolite teve o mérito de compreender a solidariedade entre a noção freudiana de inconsciente e o problema do estatuto das negações. A possibilidade de reconhecimento do que se encontra na posição do inconsciente só é possível por meio de uma noção de negação que não seja nem simples indicação do não-ser, nem cristalização de um processo de expulsão (*Ausstossung*) de um real que rompe o princípio do prazer. Para que o reconhecimento do inconsciente seja possível, faz-se necessário um modo de negação que seja estrutura de "aparição do ser sob a forma de não ser (*de n'être pas*)" (Lacan, E, p.886). Ou seja, a palavra que porta o inconsciente não é uma nomeação positiva, mas organiza-se como uma negação capaz de objetivar o ser do sujeito. O que Lacan sublinhará ao comentar a fórmula *Wo Es war, soll Ich werden*:

> Ser do não-ente, é assim que advém Eu (*Je*) como sujeito que se conjuga da dupla aporia de uma substância verdadeira que se abole por seu saber e de um discurso no qual é a morte que sustenta a existência. (Lacan, E, p.802)

No que concerne a Hyppolite, ele acreditava ter encontrado tal modalidade de negação na *Verneinung* própria à estruturação da resistência neurótica.

O fundamento do argumento se encontra na aproximação entre *Verneinung* e *sublimação*, já que os dois processos obedeceriam à lógica própria da *Aufhebung* hegeliana. Esse argumento apresenta vários problemas mesmo no interior de uma lógica dialética de negações.

---

8 A respeito do estatuto da noção de *Verneinung*, ver também: David-Ménard, 2001, p.59-67; Macherey, 1985, p.27-50; Fonteneau, 1999, p.62-92; Balmès, 2000, p.52-97; e Fausto, 2003.

O primeiro passo dado por Hyppolite a fim de aproximar *Verneinung* da *sublimação* consistiu na distinção, no interior do pensamento freudiano, entre "negação interna ao julgamento" e "atitude de negação". Freud elabora tal negação interna ao julgamento na segunda parte do seu texto sobre a *Verneinung*. Ele procura a origem psicológica da função intelectual do julgamento, compreendido aqui como afirmação ou negação dos conteúdos do pensamento. Trata-se de compreender a estruturação de uma função intelectual (o ato de julgar) com base no jogo de moções pulsionais primárias. A estratégia consistirá em analisar os julgamentos de atribuição e de existência por meio da dinâmica pulsional.

Para Freud, encontramos, na origem dos processos de julgamento, operações que seguem a lógica exclusiva do princípio do prazer. O eu (então na posição de eu-prazer originário – *ursprüngliche Lust-Ich*) procura se diferenciar pela primeira vez do mundo exterior e das moções pulsionais do *isso* determinando um princípio de autoidentidade. Uma diferenciação dentro/fora será o resultado de tais operações. O que demonstra como o ato de julgar é, *ao mesmo tempo*, primeiro ato de constituição do eu como entidade autoidêntica. O eu nasce mediante um julgamento. Não podemos esquecer que o *momento originário*, cujo estatuto é sempre ambíguo na obra freudiana, é marcado pela indiferenciação geral entre interior e exterior, entre eu e mundo. O que levou Freud a afirmar que não existe inicialmente, no indivíduo, uma unidade comparável ao eu. A consequência epistêmica da pressuposição da *indiferenciação geral* era que: "a oposição entre subjetivo e objetivo não existe inicialmente" (Freud, GW XIV, p.13).

Para produzir tal oposição, o eu serve-se primeiramente de um *julgamento de atribuição* (que consiste em acordar ou recusar uma qualidade a um sujeito gramatical) a fim de "introjetar tudo que é bom e expulsar para fora de si tudo o que é mal" (ibidem, p.14). Ou seja, o eu ainda não tem a sua disposição um princípio de objetividade, o que o leva a submeter a percepção ao princípio econômico de prazer, operando uma simbolização primordial através de uma *Bejahung* e expulsando para fora de si tudo o que rompe com o princípio de constância no nível de excitações do aparelho psíquico. Freud falará das "freqüentes, múltiplas e inevitáveis sensações de dor e de desprazer que o princípio de prazer, dominando sem limites, exige suprimir e evitar (*aufheben und vermeiden*)" (ibidem, p.252). Nesse sentido, "negar algo no julgamento (*Etwas im Urteil verneinen*) quer dizer no fundo: eis algo que prefiro recalcar" (ibidem, p.12). Ou seja, a negação interna ao julgamento é *expulsão para fora de si* (*Ausstossung aus dem Ich*) que pressupõe a separação radical entre o eu e um real que aparece como traumático. Essa separação será animada pela estrutura pulsional própria da *pulsão de destruição*. Lacan verá, nesse procedimento de negação, o exemplo maior de *Verwerfung* psicótica: "que constitui o real enquanto o que está no domínio do que subsiste fora da simbolização" (Lacan, E, p.388).

Uma consequência importante dessa maneira de compreender a negação própria ao julgamento de atribuição encontra-se na necessidade de admitir um gênero de *Verwerfung generalizada de tudo o que está para além do princípio do prazer* e que aparece como princípio genérico de fundação da autoidentidade do eu. Qual será o destino desta *Verwerfung* primordial? Eis uma questão que sempre seguirá Lacan. Notemos que não se trata ainda aqui da forclusão do Nome-do-Pai, mas do resultado do primeiro modo de aparição do Real – o que nos demonstra como a *Verwerfung* pode também nomear fenômenos que se apresentam fora do quadro estrutural da psicose,[9] já que *haveria uma espécie de primeira emergência da falta própria ao Real antes da castração* propriamente dita.

Notemos ainda que este Real *verworfen* não é simplesmente o que, no *mundo exterior,* é desprazeroso. Ele também é composto de excitações pulsionais que foram projetadas para fora do eu. Isso nos mostra que o Real não pode ser um estado do mundo ao qual poderíamos aceder através de uma descrição objetiva fornecida por uma prova de realidade. Esse Real tem apenas um *valor negativo*, já que ele é definido apenas como o que produz frustrações reiteradas no programa de satisfação próprio ao princípio do prazer. Mesmo se seguirmos Freud, é difícil afirmar que temos um acesso epistêmico, um

---

9 François Balmès notou claramente uma ambiguidade maior nos textos lacanianos sobre a posição da *Verwerfung*. De um lado, ela é expulsão que constitui o Real como o que está fora da simbolização. Nesse sentido, ela é processo ligado à origem do sistema significante das *Vorstellungen*. Tal expulsão nos leva também a *das Ding* como o que do Real padece do significante. Do outro lado, a *Verwerfung* designa a forclusão de um significante primordial e marca também a forclusão da castração ligada à assunção do Nome-do-Pai. Nesse sentido, ela é operação que se constitui posteriormente à simbolização e o que é forcluído não aparecerá exatamente como Coisa, mas como alucinação e *acting-out*. A sugestão de Balmès consiste em articular uma separação entre a l'*Ausstossung* como expulsão e a *Verwerfung* como forclusão (cf. Balmès, 2000, p.52-97). Mesmo reconhecendo tal tensão interna à produção conceitual lacaniana, podemos tentar compreendê-la a partir da ideia de que Lacan procura, com tal movimento, insistir na existência de uma espécie de significante fora da cadeia simbólica que não poderia ser integrado ao espaço simbólico do Outro.

gênero de saber positivo sobre este Real no qual também estaria alojada a pulsão. Lembremo-nos, por exemplo, da maneira com que Freud desenvolve o dispositivo de prova de realidade a partir de considerações sobre a *motricidade* compreendida como a capacidade do eu de fugir de uma percepção desprazerosa e de se desembaraçar do crescimento das excitações. Essa prova de realidade só aparece como inervação motora que permite decidir se podemos anular a percepção ou se ela se revela resistente. Ou seja, por meio da resistência a anulação de uma percepção desprazerosa que frustra a realização fantasmática do desejo, o sujeito aprende a encontrar outras vias em direção à satisfação. Porém nada aqui nos permite passar de um simples índice de frustração de um objeto fantasmático alucinado à descrição objetiva e ao saber articulado a respeito de um estado do mundo. Em suma, nada nos permite passar da *prova de realidade* ao *princípio de realidade;* da realidade como teste e resistência ao fantasma à realidade como princípio de representação consciente do "estado real do mundo exterior [*die realen Vehältnisseder Außenwelt vorzustellung*]" (Freud GW VIII, p.136). O que nos explica como Lacan chegará a uma definição eminentemente negativa do Real.

Inicialmente, isso levará Lacan, já na sua tese de doutorado, a criticar o estatuto do princípio freudiano de realidade. Em seguida, ele se dedicará ao problema dos destinos possíveis deste Real forcluído em que também se aloja a pulsão que está para-além do princípio do prazer. Uma reflexão sobre a especificidade da sublimação será necessária.

Esta questão sobre o destino da *Verwerfung* não parece colocar problemas a Hyppolite. Primeiro, ele afirma que o julgamento de existência, no qual o eu poderá identificar se o objeto introjetado e ligado a representações (*Vorstellung*) de experiências primeiras de satisfação pode ser *reencontrado* na realidade, obedece à mesma estrutura de negação própria ao julgamento de atribuição. Daí se segue sua afirmação: "faz-se necessário considerar a negação do julgamento atributivo e a negação do julgamento de existência, como abaixo da negação no momento em que ela aparece em sua função simbólica [ou seja, da *Verneinung*]"(Hyppolite, in Lacan, E, p.884). Uma proposição não partilhada por Lacan, que via a *Verwerfung* própria ao julgamento de atribuição como uma negação de outra ordem em relação ao julgamento de existência.

Para Lacan, nós já encontramos o modo de negação próprio à *Verneinung* no julgamento de existência: "trata-se da atribuição, não de valor de símbolo, mas de valor de existência" (Lacan, S III, p.97). Nós sabemos que, nesta maneira de conceber o julgamento de existência, trata-se de *reencontrar* um objeto fantasmático cuja representação já se articula em significantes. A *Verneinung* mostraria que, quando procuro *adequar* a percepção do objeto à representação fantasmática, quando nego a diferença entre o objeto fantasmático e o objeto da experiência, a tentativa de adequação inverte-se em reconhecimento e insistência da inadequação. Abre-se então a possibilidade de reconhecimento de um espaço de inadequação que, como dirá Lacan, "concerne a relação do sujeito ao ser" (Lacan, E, p.382) como negatividade. Um espaço que pode ser reconhecido porque o símbolo de negação próprio à *Verneinung* já exprime a essência do simbolismo: "nadificação simbólica", que é presença do ser sob a forma de não ser. O que o sujeito deverá reconhecer em um momento posterior, *mas por meio de uma negação*.

Tomemos o exemplo clássico de Freud, no qual o analisando sustenta afirmações do tipo: "Isto eu nunca pensei", como no caso deste que sonha com uma mulher e diz: "Não é minha mãe". Esse exemplo nos oferece a ilustração do inverso reflexivo da nossa descrição. Quando o sujeito insiste na negação e procura *negar a adequação* entre a representação onírica feminina agora consciente e a imagem mnésica de um objeto fantasmático, ele é obrigado a reconhecer o contrário e inverter a diferença da imagem mnésica no seu oposto. Freud poderá então dizer que tal negação já é tomada de consciência (*Kenntnis zu nehmen*) do recalcado. Ela já é *Aufhebung* do recalcamento, o que não significa vencer as resistências ao processo afetivo de admissão, já que tais resistências só poderão ser vencidas mediante operações de perlaboração capazes de produzir o assentimento subjetivo próprio à convicção (*Überzeugung*). Daí se segue a ideia de Lacan: "o recalcamento e o retorno do recalcado são a mesma coisa" (S I, p.215).

Notemos, porém, que não se trata em absoluto de um *retorno ao Real* que foi expulso através da *Verwerfung*. As vias do retorno do que foi *verworfen* não passam pela simbolização. Lacan é claro neste ponto. Há uma simbolização primordial que é: "A condição primordial para que do real algo venha a se oferecer à revelação do ser, ou, para empregar a linguagem de Heidegger, seja deixado-estar" (Lacan, E, p.388).

Ela é fundamental para definir o que pode retornar desta "negação secundária"(cf. Lacan, S XIV, sessão de 16.11.1967) que é a *Verneinung*. Há, no entanto, "o que não foi deixado-estar (*laissé-être*) nesta *Bejahung*" (Lacan, E, p.388), nesta simbolização primordial. Os conceitos de Real e de ser não convergem totalmente em Lacan (ver Badiou in Safatle, 2003). Essa é uma distinção central pois ela nos oferece as coordenadas que guiarão a tomada progressiva de distância entre Lacan e Hyppolite.

Nós podemos dizer que o ser está ligado a uma dialética de inversões, de velamento/desvelamento que lhe permite apresentar-se na ordem simbólica. Há uma inscrição simbólica do ser. Porém o Real, como resultado de uma *Verwerfung*, exige outro modo de formalização que não é da ordem da simbolização. Lacan dirá que este Real "não espera nada da palavra" (E, p.288), que ele "é o domínio do que subsiste fora da simbolização" (ibidem, p.388), que ele não será historicizado. Tais colocações são fundamentais para compreender por que Lacan irá procurar, a partir dos anos 60, procedimentos de formalização para uma negação que não poderá ser suplementada pela simbolização.

Tal disjunção entre o Real e o ser não é sem consequências para uma teoria do sujeito. Apesar do fato de servir-se do conceito heideggeriano de *Dasein*, o ser em Lacan é *ser do sujeito*.[10] O que ele parece procurar fundar é uma ontologia da primeira pessoa – conjunção impensável para Heidegger, para quem a recuperação da noção de ser estava inscrita no interior de uma crítica geral à metafísica do sujeito.[11] Em contrapartida, a possibilidade de *simbolizar* o ser nos lembra que, para Lacan, tal noção de ser está subordinada a uma lógica da reflexão. Há uma simbolização reflexiva do ser em Lacan.

O Real, por sua vez, como o que está fora da simbolização, parece querer abrir o espaço para uma "subjetivação acéfala, uma subjetivação sem sujeito, um osso" (Lacan, S XI, p.167). A compreensão posterior do *Real como acontecimento traumático* desvela a estratégia lacaniana de pensar o problema dos modos de subjetivação de acontecimentos não suportados por um quadro simbólico reflexivo dado. Nossa questão concernirá então ao estatuto ontológico deste Real na qualidade de *osso* pré-subjetivo. Estaríamos diante do re-

---

10 Como nos lembra Derrida: "Lacan reconduziu o *Dasein* ao sujeito" (Derrida, 1980, p.498). Ou seja, ela utilizou a estrutura heideggeriana de articulação da problemática do ser, mas deslocando-a em direção ao *topos* do sujeito. Nesse sentido, Lacan continuaria fiel à ontologia kojèvana. Ontologia que seria o resultado de uma alta-costura filosófica entre o *Dasein* heideggeriano e o sujeito hegeliano.

11 Sublinhemos aqui o peso desta afirmação de Lacan sobre o ponto essencial da descoberta freudiana: "O ponto essencial é que ela, em caso algum, quer dizer: um retorno ao pensamento do ser. Nada do que traz Freud, seja sobre o inconsciente ou o isso, não significa retornar a algo que, no nível do pensamento, nos recolocaria sobre o plano da interrogação do ser. É apenas no interior – e continuando neste limite através do qual, à questão que o pensamento coloca ao ser substitui-se, e sob o modo da recusa, a única afirmação do ser do Eu (*je*) – é neste interior que ganha sentido o que Freud traz sobre o inconsciente e o isso" (Lacan, S XIV, sessão de 11.1.1967).

torno a um gênero de plano pré-reflexivo? Como veremos, a posição final dos conceitos de *pulsão* e de *objeto a* como um estranho "*Dasein* corporal" (Lacan, S XIV, sessão de 14.6.1967) poderá nos dar uma direção de análise.

No entanto, é verdade que, ao menos no interior do paradigma da intersubjetividade, Lacan falará às vezes de *simbolização do Real*. O que indica uma instabilidade no interior da teoria lacaniana que só será resolvida a partir da construção do conceito de *objeto a*. Lacan não pode admitir uma relação simplesmente convencional entre estrutura simbólica e Real – o que, do ponto de vista da clínica, transformaria a interpretação em organização do universo do sujeito mediante um sistema convencional e arbitrário. Desde o início, os modos de subjetivação da clínica devem dar conta do que é da ordem do Real na experiência subjetiva. Porém, no interior do paradigma da intersubjetividade, não haverá outra via para pensar o progresso analítico senão a simbolização e a historicização de experiências traumáticas do sujeito.

Na verdade, este Real que foi objeto de uma expulsão para fora de si *retorna ao campo imaginário da realidade* (pois a fórmula lacaniana "o que foi forcluído no simbólico retorna no real" deve ser lida com a afirmação "esta realidade que o sujeito deve compor com a escala bem temperada de seus objetos, o real, enquanto que cortado da simbolização primordial, *já está lá* [na realidade, o que nos lembra que as distinções estritas entre Real e a realidade em Lacan devem ser amenizadas]", Lacan, E, p.389), mas sem ser historicizado, sem submeter-se à categorização espaço-temporal que estrutura a noção de realidade. Ele aparecerá como uma "irrupção sob a forma do visto" (Lacan, S I, p.70), tal como vemos na alucinação e no *acting-out*.

Resta ainda saber como o que é marcado por uma "inércia dialética" na determinação de sua significação (alucinação), como o que é ato que exclui totalmente a compreensão reflexiva do sujeito (*acting-out*) – a respeito do qual Lacan dizia que ele manifestava-se em "relações de resistência sem transferência" (Lacan, E, p.288) – poderá ser subjetivado em uma clínica analítica cujos dispositivos centrais de subjetivação são, por enquanto, a simbolização e a rememoração.

Notemos que, para além da alucinação e do *acting-out*, haverá também outra modalidade de manifestação deste Real que foi forcluído, deste Real que não passou pela simbolização primordial. Trata-se de *das Ding*, como o que marca o lugar da pulsão, lugar para além do que se submete à representação como modo de inscrição simbólica, ou seja, lugar "em torno do qual circunda todo o movimento da *Vorstellung* que Freud nos mostra governado por um princípio regulador, o dito princípio do prazer" (Lacan, S VII, p.72).

Deixemos esta questão aberta. Retornaremos ao problema posto por *das Ding* no Capítulo 5. Por enquanto, faz-se necessário sublinhar a importância da divergência de destino entre a *Verwerfung* e a *Verneinung*. Enquanto a *Verneinung* é uma forma de negação que nos leva à lógica da simbolização analítica, a *Verwerfung* é uma negação que produz um retorno ao Real, *mas sob a forma de construções imaginárias* que bloqueiam toda possibilidade de simbolização.

A Verneinung como dialética bloqueada

Antes de terminar a análise destes dois modos de negação, devemos colocar uma questão maior: esta *Aufhebung* que caracterizaria a *Verneinung* seria da mesma natureza que a negação dialética hegeliana? Tal questão é central, pois nos mostrará o equívoco de um dos pontos clássicos de aproximação entre dialética hegeliana e psicanálsie lacaniana.

A resposta aqui é negativa. A operação lógica pressuposta pela *Verneinung* pode ser compreendida como uma inversão, *uma passagem no contrário que resulta da posição plena de um termo*. Quando nega de maneira peremptória a representação, o sujeito é levado a afirmar seu oposto. Assim, por exemplo, a negação da mãe é dissolvida na afirmação da presença da representação da mãe no interior do pensamento do analisando. Nesse sentido, a *Verneinung* está mais próxima de uma lógica da contrariedade do que de uma lógica dialética da contradição, cuja dinâmica suporta a *Aufhebung*. O esquema lógico da *Verneinung* parece ser o resultado da posição desta negação que Aristóteles chamava de "contrariedade" (*enantion*) (Aristóteles, 2000, livro I, 2, 1004a 20) e que Hegel retoma de maneira dialética por meio das considerações sobre a oposição (*Gegensatz*). Ela indica a solidariedade existente entre dois termos contrários: o Um e o múltiplo, o ser e o nada. O Um é inicialmente *negação* do múltiplo, o ser é inicialmente *negação* do nada.[12] Isso nos mostra que uma determinação só pode ser posta por meio da oposição, ou seja, ela deve aceitar a realidade de seu oposto. A positividade da identidade é suportada pela força de uma negação interna que, na verdade, pressupõe sempre a diferença pensada como alteridade.

Contrariamente à *Verwerfung* psicótica, a oposição não pode assim ser pura expulsão da alteridade para fora da esfera da existência objetiva. Ela deve

---

12 Aristóteles dirá que: "de duas séries de contrários, uma é a privação da outra" (idem, 1004b 21), isto após ter distinguido negação e privação: "A negação é ausência da coisa em questão, enquanto que, na privação, há também, subsistindo em um sujeito (*hupokeimenon*), uma natureza particular cuja privação é afirmada" (idem, 1004a 11).

reconhecer a realidade de seu contrário, o que neste contexto quer dizer: ela deve *pôr* aquilo que *pressupõe*. Uma posição que pode levar àquilo que Hegel chama de "passagem no oposto" como resultado do reconhecimento da essencialidade da negação interna que suporta a produção de identidade.

Nesse sentido, se há uma figura dialética próxima das passagens ao contrário da *Verneinung* é a *Verkehrung* (e também a *Umschlagen*) que Hegel distingue claramente da *Aufhebung*. Como veremos no Capítulo 6, tanto *Umschlagen* como *Verkehrung* são o *primeiro resultado* do reconhecimento dialético da solidariedade dos opostos na determinação da identidade. Ela não é um sistema de negação como pura rejeição para fora de si, pois a consciência já sabe que: "uma determinidade do ser é essencialmente um passar no oposto; a negativa de cada determinidade é tão necessária quanto ela mesma" (Hegel, WL II p.36-7). Nesse sentido, ela é o nome mais apropriado desta passagem no contrário ou deste "desaparecer incessante dos opostos em si-mesmos" (Hegel, WL II, p.67), fluidificação das determinidades, que parece guiar as inversões características da *Verneinung*.[13] *Mas ela ainda não é a contradição própria à negação dialética em seu sentido estrito*. Ou seja, ela ainda não é esta *Aufhebung* que pede o desenvolvimento de uma figura da negação que não seja simples passagem incessante no oposto, mas que seja capaz de produzir objetos que bloqueiem os processos de inversão.

Como veremos mais à frente, de maneira esquemática, para existir uma operação como a *Aufhebung*, faz-se necessário uma *contradição objetiva* ilustrada por Hegel na afirmação:

> Se agora este negativo se manifesta em primeiro lugar como desigualdade (*Ungleichheit*) do eu com o objeto (*Gegenstande*), trata-se também de uma desigualdade da substância consigo mesma. O que parece produzir-se fora dela, ser uma atividade (*Tätigkeit*) contra ela, é sua própria operação (*Tun*); e a substância se mostra ser essencialmente sujeito. (Hegel, 1988, p.28/1992, p.40)

Ou seja, a diferença entre o pensamento representativo do eu e o objeto da experiência deve aparecer como "desigualdade da substância consigo mesma", como contradição no interior do próprio objeto da experiência. Esta primeira negação entre o pensamento e o objeto *deve ganhar a forma de um objeto*. Isso significa que o objeto deve aparecer, *ao mesmo tempo*, como adequação e como inadequação ao pensamento. Assim, pode ocorrer uma conservação que

---

13 Ver, por exemplo, Fausto, Dialética e psicanálise in Safatle, 2003.

impede a inversão perpétua de tudo o que é posto (como vemos na *Verneinung*). Veremos o sentido de tal processo na última parte deste livro.

Por outro lado, não é estranho que a dialética proposta por Hyppolite seja convergente e que o "Isto eu não pensei" da *Verneinung* seja necessariamente resolvido em um "No fundo, eu sempre soube" da rememoração. Pois, apesar do desejo de Hyppolite, a negação própria à *Verneinung* será dissolvida em seu contrário, da mesma maneira que o nó da "determinação opaca" é "desfeito na transparência do universal" por meio do diálogo dialético. Eis o resultado necessário da aplicação clínica da dialética dialógica. Apesar do fato de o diálogo ser composto por resistências e negações, ele terminará na reconciliação da rememoração, pensada aqui como modo de inscrição do Real na ordem simbólica. Graças a uma dialética pensada como uma espécie de *renversement du pour au contre* (em nosso caso seria melhor dizer *renversement du contre au pour*), o desconhecimento próprio ao eu será dissolvido na rememoração de um Real recalcado; os núcleos traumáticos serão simbolizados e sublimados no interior da estrutura narrativa da história do desejo do sujeito.

Lacan mostrará ter plena consciência das consequências desta estrutura de inversões próprias à *Verneinung*. No seminário sobre *A angústia*, ele retornará ao problema da *Verneinung* a fim de insistir na necessidade de pensar um outro modo de negação que possa sustentar o caráter irredutível de uma negação que não é suplementada pela simbolização. Falta de significante ligada à emergência do Real. Sobre tal falta, Lacan dirá:

> Também não é uma anulação nem uma denegação, pois anulação e denegação [vale a pena notar esta conjunção plena de consequências – a denegação é ligada à tentativa de anulação da falta própria ao Real] são formas constituídas do que o símbolo permite introduzir no real, a saber, a ausência. Anular e denegar é tentar desfazer o que, no significante, nos distancia da origem e do vício de estrutura [e que é a irredutibilidade da falta]. ... Anulação e denegação visam pois este ponto de falta, mas elas não o alcançam, pois, como Freud explica, elas apenas reduplicam a função do significante aplicando-a a si mesma, e quanto mais eu digo que isto não está lá, isto está lá [fórmula clara deste *reversement du contre au pour* da *Verneinung*]. (Lacan, S X, sessão de 30.1.1963)

Assim, esta maneira de definir o inconsciente freudiano com base no desconhecimento não pode escapar às aporias próprias ao horizonte de totalização sistêmica produzidas por uma noção de consciência que, no fundo, acredita que todo conhecimento é rememoração. Consciência que conceberia todo progresso analítico como historicização em um campo linguístico partilhado de maneira intersubjetiva. Ao reduzir o final de análise a um processo de autorreflexão, essa interpretação sacrifica a própria noção de inconsciente. Pois não haveria nada no inconsciente que não seria acessível à consciência mediante a inversão do desconhecimento em conhecimento rememorado.[14]

Apesar do desejo de Hyppolite, sua leitura de Freud não se distancia muito da teoria sartriana da *má-fé*. Graças ao problema da má-fé, Sartre tentava mostrar como os ditos conteúdos mentais inconscientes (conteúdos latentes de sonhos, crenças não conscientes, acontecimentos traumáticos denegados etc.) não podiam ser realmente inconscientes. Como tais conteúdos mentais seriam o resultado de um processo de recalcamento, chega-se rapidamente a certo paradoxo: para que exista recalcamento, faz-se necessário que exista consciência prévia do recalcamento. Como dirá Sartre, "Eu devo saber muito precisamente esta verdade [a verdade dos conteúdos mentais inconscientes] para que eu a esconda de mim com mais cuidado" (Sartre, 1989, p.83). Acento colocado aqui sobre o saber. Se levarmos em conta as resistências correntes de um analisando, veremos que elas demonstram: (a) uma representação do recalcado; (b) uma compreensão do alvo para o qual tendem as questões do psicanalista. No fundo, isso nos mostra que não temos necessidade do inconsciente analítico para explicar os fenômenos ligados a *Verneinung* (o que quer dizer que o inconsciente analítico não deve ser compreendido apenas como o *locus* do que cai sob operações de recalcamento).

Aqui, devemos colocar a questão: a estratégia lacaniana de fundar a racionalidade analítica por meio da intersubjetividade partilha este mesmo programa? A dialética lacaniana seria também totalmente fundada nestes *renversements du contre au pour* que são o motor desta forma de negação que é a *Verneinung*?

Nota sobre o problema da intersubjetividade em Hegel

Antes de começar a responder tal questão, devemos sublinhar um problema que restou intocado. Trata-se da validade da tentativa de aproximar

---

14 O que leva Pierre Macherey a afirmar, sobre o sujeito hegeliano: "se ele não recebe sua plena consciência desde a origem, na forma de uma revelação única e irrecusável, ele acaba por chegar a isto seguindo uma progressão na qual o inconsciente, ou melhor, para retomar uma expressão de Hyppolite: 'a função de inconsciência da consciência' é apenas um intermediário, o instrumento através do qual resolve-se a contradição que serve, ela mesma, de motor para tal desenvolvimento" (Macherey, 1985, p.49). Porém tal afirmação de Macherey parte do pressuposto de que a *Aufhebung* hegeliana segue as considerações de Hyppolite sobre a *Verneinung*, o que não nos parece o caso.

dialética hegeliana e intersubjetividade. Podemos realmente afirmar que o reconhecimento na filosofia hegeliana é um reconhecimento de natureza intersubjetiva? Não é desprovido de interesse lembrar que, atualmente, a resposta mais aceita é negativa.[15]

Nesse sentido, a interpretação de Habermas fez escola e foi reforçada por Honneth. Segundo eles, é o jovem Hegel, e não o Hegel de maturidade, que tem uma teoria da intersubjetividade, já que o jovem Hegel opera com a força conciliadora de uma razão que não pode ser diretamente deduzida do princípio de subjetividade (cf. Habermas, 1988, p.27-53). O jovem Hegel teria encontrado uma força capaz de unificar as cisões da modernidade ao pressupor uma intersubjetividade que se manifesta sob as figuras do *amor*, da *vida* e que seria o princípio de mediação da reflexividade entre sujeito e objeto. Desenvolvida através de uma noção de totalidade ética inspirada na *polis* grega e nas comunidades cristãs primitivas, esta intersubjetividade poderia fornecer a Hegel os postulados de uma racionalidade comunicacional.[16]

Contudo a problematização da modernidade, com sua aspiração insuperável de autonomia da subjetividade que invalida a pressuposição de uma totalidade ética imediata, teria levado Hegel a abandonar a via da intersubjetividade em favor de uma filosofia do sujeito. Sua aposta para resolver as bipartições próprias à modernidade passaria então por um conceito de razão centrado na autorreflexividade do sujeito. O reconhecimento intersubjetivo transforma-se em um processo de automediação da consciência individual.

A complexidade desta questão obriga um tratamento mais extenso que será feito em um outro capítulo. Será questão de mostrar que a *Anerkennung* hegeliana não é de natureza intersubjetiva (neste ponto, Habermas e Honneth têm razão), mas porque podemos derivar de Hegel uma crítica possível a noções como "racionalidade comunicacional" que guiam certas recuperações contemporâneas da temática da intersubjetividade. Nesse sentido, devemos tentar pensar as consequências das considerações hegelianas sobre as articulações entre linguagem e teoria da negação para a compreensão dos modos de estruturação de campos de interação social que aspiram fundamentação universal e incondicional. Pois elas poderão nos fornecer critérios para uma compreensão especulativa de modos de racionalização que não são inteligíveis a

---

15 Basta lembrar aqui de Habermas (1988), Honneth (2000) e Theunissen (1980).
16 Pois ela lhe forneceria uma "forma de organização na qual os membros da comunidade poderiam reconhecer nos costumes públicos a expressão intersubjetiva de suas particularidades respectivas" (Honneth, 2000, p.21).

partir de encaminhamentos que visem a fundamentar estruturas intersubjetivas pensadas, muitas vezes de maneira sistêmico-normativa, com base no modelo comunicacional.

Tal hipótese nos permite afirmar, entre outras coisas, que a aproximação entre psicanálise e dialética fornecida por Hyppolite era absolutamente incorreta, primeiro do ponto de vista lógico (ele viu dialética lá onde havia apenas lógica da contrariedade e da ambivalência), mas também do ponto de vista tópico (o *locus* da dialética não se encontra no que compreendemos normalmente por relações intersubjetivas). O que nos deixa com a tarefa de refundar o problema do diálogo possível entre psicanálise e dialética.

Dora e suas inversões

Ficamos com a tarefa de compreender o que Lacan queria com a tentativa de fundar a racionalidade em operação na práxis analítica por meio do paradigma da intersubjetividade. Estaria ele procurando sustentar que a clínica analítica opera fundamentalmente no interior de um encaminhamento de compreensão autorreflexiva? Qual seria a natureza da dialética lacaniana que animaria sua compreensão da interlocução analítica?

A fim de indicar de maneira mais precisa o ponto no qual estamos, digamos que se a *Verneinung* é uma dialética bloqueada que, devido ao seu caráter de bloqueio, resolve-se inteiramente mediante procedimentos de síntese rememorativa, então, para que exista realmente dialética na psicanálise, faz-se necessário um modo de negação que não seja simples inversão. Insistamos neste ponto: *tudo o que foi denegado pode ser rememorado ulteriormente*. Eis o que a psicanálise, desde Freud, nos ensina, já que a *Verneinung* é negação de um conteúdo mental previamente simbolizado.

Se voltarmos para as fórmulas fornecidas por Lacan a respeito da interlocução analítica, dos processos clínicos de simbolização e da pontuação analítica, veremos que elas obedeciam à estrutura de inversões descritas na análise da *Verneinung*. Tomemos, por exemplo, o comentário lacaniano sobre o caso Dora, retomado várias vezes entre o texto *Intervenção sobre a transferência*, de 1951, e o seminário sobre *O avesso da psicanálise*, de 1969.

Em uma primeira abordagem, a leitura lacaniana sobre o caso parece ser totalmente baseada na utilização clínica da lógica de negações própria à *Verneinung*. O motor da interpretação é dado por inversões da palavra do paciente. O analista procura mostrar o que o paciente desconhece, ou seja, o que ele pressupõe sem poder pôr. Nesse sentido, a interlocução analítica pode permitir ao sujeito receber sua própria mensagem de uma maneira invertida. O que não é outra coisa que a utilização clínica da fórmula: "na linguagem, nossa mensagem nos vem do Outro sob uma forma invertida" (Lacan, E, p.7).

Esse processo aparece no caso Dora sob a forma de uma sucessão de *três inversões dialéticas* mas cuja última não teria sido elaborada por Freud devido à ausência de uma interpretação capaz de levar Dora a reconhecer o valor do que lhe aparecia como objeto de seu desejo. Vejamos de perto em que consistiam tais inversões e até onde elas podem nos levar.

Dora era uma histérica levada a Freud devido a uma intenção de suicídio seguida de um desmaio. Ela apresentava também sintomas de depressão e alguns sintomas de "conversão" motivados pelo desgosto do gozo sexual. Um desgosto resultante do que Freud chamava de *inversão do afeto* (Affektverkehrung).

Sua análise se coloca inicialmente sob o signo da reivindicação dirigida ao pai. Ela reclama que o amor de seu pai lhe fora roubado pela ligação deste com uma amante, a Sra. K. Como em uma espécie de troca, ele a ofereceu às assiduidades do marido da amante, o Sr. K. A *primeira inversão* consistirá em mostrar como o sujeito desconhece (no sentido de denegar) que esta configuração do estado do mundo dos objetos de seu desejo é suportada e pressuposta por seu próprio desejo. O sujeito coloca como limite uma diferença exterior que, na verdade, é "a manifestação mesma de seu ser atual" (Lacan, E, p.172). Dora deve pois se reconhecer naquilo que ela nega como absolutamente estrangeiro e fora de seu desejo. Nesse sentido, o primeiro papel da interpretação analítica consistiria em permitir ao sujeito internalizar de maneira reflexiva uma diferença interna que lhe apareceu inicialmente como um limite externo. E aqui Lacan pensa sobretudo em afirmações freudianas como: "Ela tinha razão: seu pai não queria levar em conta o comportamento do Sr. K em relação à sua filha, isto a fim de não ser incomodado na sua relação com a Sra. K. Mas ela havia feito exatamente a mesma coisa. Ela havia sido cúmplice desta relação e tinha descartado todos os índices que testemunhavam sua verdadeira natureza" (Freud, GW V, p.210).

Tal relação de cumplicidade a respeito de um estado de coisas cujo motor primeiro é o desejo do pai revela como o desejo de Dora estaria vinculado, de maneira constitutiva, ao desejo do Outro paterno. É em torno deste desejo que gira todo o drama. A primeira inversão leva pois ao desvelamento de uma relação edípica constituída pela identificação paterna. A partir do *Seminário IV*, de 1956, a identificação com o pai ganhará claramente a forma de identificação com o significante fálico.

Tal desvelamento permitirá a dissolução de uma parte significativa dos sintomas ditos de conversão. Sintomas ligados à oralidade (acesso de tosse, dispneia, asma nervosa, afonia) que revelam a inscrição, no corpo sexuado, de um modo de identificação e de demanda em relação ao pai. Lacan lembrará da importância do papel do pai na história da formação do corpo erógeno de sua filha. Importância legível na maneira com que a erogenidade do corpo de Dora é deslocada em direção à oralidade – o que não deixa de indicar a representação oral da relação sexual (felação) prevalente devido à impotência do pai, assim como os prazeres de chupeteadora na sua primeira infância que estabelecem o gozo em uma área de cumplicidade com o pai.[17]

A *segunda inversão* é uma espécie de desdobramento deste reconhecimento da identificação com o pai em direção à identificação com as escolhas de objeto do pai. Freud se pergunta de onde vem o caráter prevalente da repetição dos pensamentos de Dora a respeito da relação entre seu pai e a Sra. K. Sua análise demonstra que o ciúme em relação à Sra. K é um *pensamento reativo (Reaktionsgedanke)* que esconde um pensamento inconsciente oposto (*Gegensatz*). A análise deve pois permitir novamente uma inversão no oposto: "Tornar consciente o recalcado oposto é o caminho para retirar, de um pensamento prevalente, sua amplificação" (Freud, GW V, p.214).[18] Trata-se de um trabalho que permite à análise mostrar como o ciúme era apenas um modo de manifestação da identificação com o lugar do sujeito-rival. Lugar ocupado por estas duas mulheres amadas pelo seu pai, uma antes e outra agora; ou seja, a mãe e, principalmente, Sra. K. O ódio pode, pois, inverter-se no seu oposto: o amor. Um movimento pulsional que Freud chamará mais tarde de *inversão no oposto* (*Verkehrung ins Gegenteil*). Inversão que Lacan sublinha ao falar desta inclinação homossexual fundada sobre a "ligação fascinada de Dora pela Sra. K"

---

17 Monique David-Ménard compreendeu claramente este ponto ao lembrar que: "o que é vivenciado no maior sintoma de Dora é um prazer bucal que data de sua primeira infância, do tempo em que uma relação privilegiada de proibição, mas também de prazer, excluindo a maior parte dos elementos, a ligava ao pai. Ora, é exatamente pela boca ou sobre sua boca que ela tenta tornar presente (*darstellen*) a relação sexual de seu pai com a Sra. K., mas sem consegui-lo de fato. Esse problema não passa e resvala nos sintomas de afonia. Ela vivencia tudo em sua boca. O encontro irrepresentável com o Sr. K. se transforma também em alguma coisa que está relacionada com a sua boca e, justamente por esta razão, acaba tão mal e se transforma em repugnância" (David-Ménard, p.84).

18 "Das BewuBtmachen des verdrängten Gegensatzes ist dann der Weg, um dem überstarken Gedanken seine Verstärkung zu entziehen."

(Lacan, E, p.220). Isso porque: "toda a situação se instaura como se Dora tivesse posto para si a questão – *O que meu pai ama na Sra. K?*" (Lacan, S IV, p.141).

Contudo, antes de continuar a análise lacaniana, coloquemos uma questão de método. Até aqui, nada nos impede de pensar a interpretação analítica como *autorreflexão da consciência* que permite ao sujeito inverter seus desconhecimentos em rememoração capaz de historicizar os nós traumáticos. Até aqui, as intervenções do analista procuraram abrir ao sujeito as vias para que ele possa pôr aquilo que desconhece. Não estamos muito distantes de uma *teoria do fim de análise como historicização dos conteúdos recalcados e dos núcleos traumáticos* que se desdobra a partir do horizonte convergente dos processos de simbolização. O que nos explicaria afirmações como: "A reconstituição completa da história do sujeito é o elemento essencial, constitutivo, estrutural, do progresso analítico" (Lacan, S I, p.18 – citação modificada).

O que vimos até então com Dora foi a assunção pelo sujeito de sua história mediante procedimentos de construção e de interpretação analítica de forte tendência hermenêutica. O inconsciente aparece como algo que, graças ao progresso da simbolização na análise, *teria sido*: enfim, algo que será, segundo uma fórmula do Lacan desta época, *realizado no simbólico*. O que permitirá a integração exaustiva das determinações opacas que davam corpo aos conteúdos recalcados.

No entanto, há neste instante da teoria lacaniana uma especificidade fundamental em relação à maneira com a qual Lacan estrutura sua concepção de progresso analítico. Trata-se curiosamente de um progresso que não nos leva ao alargamento do campo do eu. Ao contrário, ele é visto como "um declínio imaginário do mundo e uma experiência no limite da despersonalização" (Lacan, S I, p.258). Ou seja, a integração simbólica do sujeito equivaleria à dissolução do eu com suas fixações imaginárias de objeto. O que leva Lacan a afirmar:

> Se formamos analistas, é para que existam sujeitos nos quais o eu esteja ausente. É o ideal da análise que, claro, continua sempre virtual. Nunca há um sujeito sem eu, um sujeito plenamente realizado, mas é isto que sempre devemos tentar obter do sujeito em análise. (Lacan, S II, p.287)

Assim, Lacan fará alusão a "uma certa purificação subjetiva" que se realizaria na análise e que já anuncia traços da noção tardia de *destituição subjetiva*. Porém como devemos compreender este programa de *final de análise como dissolução do eu*? Parece-nos que devemos retornar então ao caso Dora a fim de analisarmos sua *terceira inversão*, esta que não foi realizada por Freud. Ela pode nos fornecer uma ilustração clínica do que Lacan tem em vista neste momento de sua trajetória intelectual.

O sexual como opacidade

Nós vimos até aqui como Lacan reconstruiu o ritmo da análise de Dora mediante inversões capazes de alargar o horizonte de autorreflexão do sujeito. A última inversão analisada formalizava a identificação de Dora com o lugar do sujeito-rival. A partir deste ponto, Lacan distancia-se da via freudiana. A razão toca, de certa maneira, o problema dos modos de realização simbólica do sujeito. Parece-lhe que Freud segue, neste momento, um sistema de interpretação analítica que se desenvolve por um encaminhamento hermenêutico cujo motor é o mito de Édipo. Encaminhamento que visa, sobretudo, levar o sujeito a realizar uma escolha de objeto capaz de substituir o investimento libidinal no pai.[19]

Tomemos, por exemplo, o segundo sonho trazido por Dora, e no qual o dado principal é a morte do pai. Uma morte anunciada por meio de uma carta da mãe na qual se lê: "Agora ele está morto e, se você quiser (?), pode vir". Freud associa tal carta à carta deixada por Dora, na qual ela ameaçava suicidar-se a fim de amedrontar o pai, levando-o a deixar a Sra. K. Isso permite a Freud compreender a morte do pai como manifestação de um *desejo de vingança* de Dora devido a um amor edípico traído. Por sua vez, com a morte do pai, as interdições sobre o saber da sexualidade seriam levantadas, o que o sonho figura por meio da leitura que Dora faz de um dicionário. Para Freud, isso significa reconhecer o desejo inconsciente de substituir o amor ao pai pelo investimento libidinal no Sr. K. No entanto Freud não desenvolve o fato de que Dora associa o "se você quiser" aos termos de uma carta da Sra. K que a convidava à casa do lago. Tal associação poderia revelar o valor da identificação homossexual de Dora com a Sra. K, permitindo, com isso, a consolidação de uma outra via de interpretação.

É nesse sentido que Lacan criticará o final de análise proposto por Freud. Nós vimos como Freud e Lacan reconheciam a importância da identificação de Dora com a Sra. K. Freud chega a falar de um "amor inconsciente no sentido mais profundo" e a reconhecer o amor de Dora à Sra. K como elemento central da história do desejo da paciente. Este dado, porém, continuará marginal no conjunto da economia da interpretação freudiana. Ao contrário, Freud

---

[19] Segundo Paul Verhaeghe, Freud adota a posição do mestre transformando o caso em uma grande exposição explicativa a respeito de uma saída normalizadora do Édipo. Nesse sentido, Dora teria recusado a identificação com o mestre e o saber do mestre (cf. Verhaeghe, 1990, p.55-65). É por tal perspectiva que podemos compreender a questão de Lacan: "Por que [Freud] substitui o saber que recolheu de todas as bocas de ouro, Anna, Emmie, Dora, por este mito, o complexo de Édipo?" (Lacan, S XVII, p.112-3).

prefere ver aí uma identificação com o *lugar* do sujeito-rival como lugar da escolha paterna de objeto. O que lhe permite compreender o comportamento de Dora como o comportamento de uma mulher ciumenta em relação ao amor do pai. A questão central para Freud será: "por que o amor edípico foi reavivado *neste momento* da história do desejo do sujeito?". Sua resposta é programática: trata-se de um sintoma que visa exprimir aquilo que está presente no inconsciente, ou seja, o amor pelo Sr. K. Resultado incontornável se seguirmos os postulados de uma hermenêutica edípica.

Lacan, por sua vez, prefere levar o final de análise em direção ao desvelamento daquilo que ele chama de "valor real" do objeto que a Sra. K representa para Dora: "ou seja, não um indivíduo, mas um mistério, o mistério de sua própria feminilidade; nós queremos dizer, de sua feminilidade corporal" (Lacan, E, p.220).

A fascinação de Dora pela Sra. K encontraria sua raiz na questão maior para uma histérica: "O que é uma mulher?". Questão que toca a estrutura de sua posição subjetiva através da sexuação de seu corpo. No entanto não se trata aqui de ver na imagem da Sra. K uma resposta capaz de saturar a questão sobre o "mistério" do feminino. Se esse fosse o caso, a análise terminaria na assunção da identificação narcísica com uma imagem na posição de *eu ideal*. A transferência seria necessariamente transferência imaginária. É por essa razão que Lacan deve precisar: "Se Freud tivesse revelado à Dora que ela estava apaixonada pela Sra. K, ela teria se apaixonado efetivamente. Este é o alvo da análise? Não, esta é somente a primeira etapa" (Lacan, S I, p.208).

Ou seja, não se trata de produzir um vínculo narcísico cujo nome próprio é *Verliebtheit* e que Dora parece prestes a fazer; basta lembrar do sentido de sua fascinação pelo quadro da *Madona Sistina* como representação do feminino. A *terceira inversão* traz uma inversão interna no valor da imagem do feminino representada pela Sra. K. Em lugar da simples imagem da fascinação narcísica, ela deve ser desvelada como imagem de um mistério, no sentido de algo fundamentalmente desprovido de determinação objetiva e de representação consciente adequada.[20]

Nesse sentido, Lacan tenta desdobrar as consequências clínicas do fato de que: "não há simbolização do sexo da mulher enquanto tal" (Lacan, S III, p.198). Tal ausência de determinação significante do sexo feminino permite

---

20 Faz-se necessário que Dora desvele porque, na sua confrontação ao sexual, "o Outro fica mudo e não diz uma palavra sobre o que o sujeito supõe que ele detenha" (Silvestre, 1993, p.85).

a Lacan afirmar que "o sexo feminino tem um caráter de ausência, de vazio, de buraco que faz com que ele seja menos desejável que o sexo masculino no que ele tem de provocante" (Lacan, S III, p.199).[21] Afirmação aparentemente "falocêntrica", mas apenas aparente, já que, como veremos mais à frente, o Falo também será a seu modo marca de certo vazio de determinação de objeto.

De qualquer forma, para Dora, da imagem da Sra. K poderia advir exatamente esta imagem "de ausência, de vazio, de buraco" que aparece como abertura em direção ao reconhecimento da inadequação fundamental do sujeito às representações imaginárias do sexual. Podemos dizer então que a identificação de Dora com a Sra. K seria equivalente a uma certa dissolução do eu como totalidade de um corpo sem falhas, já que seria reconhecimento de si naquilo que é desprovido de determinação objetiva.

Notemos que a terceira inversão é estruturalmente distinta das outras duas. À medida que as duas primeiras eram passagens no oposto, esta é o desvelamento de uma *contradição interna* à própria determinação da imagem da Sra. K. Uma contradição entre sua *posição* de imagem fantasmática que sustenta o pensamento identificador do eu de Dora e seu *valor* de negação de toda determinidade. Ela indica a tentativa de inscrição do valor do sexual como negação irredutível. Uma negação que, como veremos, tem um valor *ontológico*, já que ela é modo de acesso à essência do que há de real no sujeito.

Tal maneira de compreender o valor da imagem da Sra. K inscreve-se em um movimento geral que concerne à reformulação lacaniana do pensamento do sexual. Se a psicanálise vê a realidade sexual como *lugar de verdade*, como *locus* originário do sentido da linguagem dos sintomas, então a melhor estratégia para impedir que dela advenha uma hermenêutica sexual é transformar o sentido do sexual.

O sexual será, para Lacan, presença do negativo no sujeito. Ele será o campo de uma experiência fundamental de inadequação que se revela na impossibilidade de os sujeitos produzirem representações adequadas de objetos de gozo, assim como representações adequadas de identidades sexuais. Experiência de inadequação que se revela também no interior de relações sexuais por meio da impossibilidade de representação do que, no outro, se fornece a mim

---

21 Não há simbolização do sexo feminino porque a única via de acesso à simbolização é a identificação fálica. Eis uma perspectiva sustentada por Lacan até o fim de seu ensinamento e que o levará a dizer que uma mulher está em relação com o que falta no Simbólico. Daí se segue a impossibilidade de simbolizar o gozo feminino e sua aproximação com a posição mística. Mas, como veremos, mesmo Falo é apenas a formalização da impossibilidade de uma representação adequada do sexual.

apenas como falta. É por isto que Lacan pode afirmar que o advento do sexual será sempre ligado ao trauma vindo da "inadequação radical do pensamento à realidade do sexo" (Lacan, S XIV, sessão de 18.1.1967). Inadequação que indica como "o sexual se mostra por negatividades de estrutura" (Lacan, AE, p.380). Tal sexual traumático está vinculado ao real da pulsão que foi forcluído, daí sua resistência aos procedimentos simbólicos de nomeação.

Vemos assim se desenhar um *polo de tensão que deixa a metapsicologia lacaniana necessariamente instável e móvel*. Trata-se de uma tensão entre imperativos de reconhecimento mútuo e a irreflexividade de um conceito de sujeito pensado a partir da negatividade do desejo em seu vínculo ao sexual.[22] Como reconhecer um desejo que é presença do sexual como pura opacidade vinda de uma negatividade sem inversões? Como produzir o reconhecimento daquilo que, no interior do sexual, é definido exatamente por permanecer fora dos processos de simbolização? Em suma, nesta tensão entre o sexual e os imperativos de reconhecimento aloja-se uma *tensão entre subjetividade e intersubjetividade que será marca constitutiva do pensamento lacaniano*. O motor do progresso da práxis lacaniana estará, pois, na tentativa de encontrar o ponto que impede tal tensão de anular um dos polos, o que, em um caso, poderia produzir a redução do sujeito à dimensão de um gozo mudo próximo da psicose (irreflexividade do sujeito sem imperativos de reconhecimento) e, no outro, a alienação absoluta do particular no genérico da estrutura (imperativos de passagem ao Simbólico sem irreflexividade do sujeito). Um motor que demonstra como o verdadeiro solo dialético da psicanálise lacaniana só pode ser encontrado em suas considerações sobre a pulsão e o gozo.

Nos próximos capítulos, trata-se de analisar a maneira com que Lacan tentou servir-se da intersubjetividade a fim de preencher este programa. Veremos como *o conceito lacaniano de intersubjetividade era desde sempre marcado por esta tensão entre a negatividade do que se aloja na subjetividade e a dialética do reconhecimento*. Começaremos analisando de maneira mais detalhada tal articulação entre desejo e negação mediante a figura do *desejo puro* – um dos conceitos maiores deste momento da metapsicologia lacaniana. Isso nos permitirá articular uma compreensão mais clara do entrelaçamento entre sexual e negação.

---

22 Como veremos, neste momento, o conceito de desejo em Lacan está mais próximo do *Trieb* freudiano do que do conceito de *Wunsch*. A distinção fundamental entre desejo e pulsão ainda não fora posta por Lacan e é sua ausência que dá ao paradigma da intersubjetividade sua instabilidade.

2
A transcendência negativa do sujeito

Au cœur du vide, il y a des feux qui brûlent.
Yves Klein

Purificar o desejo e dissolver o objeto

Falamos da noção de cura analítica como reconhecimento do desejo por si mesmo e pelo Outro. Cura como índice da nomeação de um desejo que, até então, só podia aparecer sob a forma de sintomas. Porém, no interior desta coreografia, esquecemos constantemente o teor da reposta lacaniana a questões como: "Qual desejo espera insistentemente por reconhecimento?", "O que significa exatamente dar nome ao desejo?". Pode-se começar a responder tais questões se levarmos em conta afirmações como:

> Os antigos colocavam o acento sobre a tendência, enquanto nós, nós o colocamos sobre o objeto ... nós reduzimos o valor da manifestação da tendência, e nós exigimos o suporte do objeto pelos traços prevalentes do objeto. (Lacan, S VII, p.117)

Tal proposição lacaniana, feita com uma ponta de nostalgia a respeito da vida amorosa dos antigos, é, na verdade, a exposição de todo um programa analítico de cura. Enunciada em 1960, seguia a ela uma longa reflexão a respeito do destino do desejo no final de análise. Colocar o acento sobre a tendência desprovida de objeto aparece aqui como uma solução possível para romper certo ciclo alienante do desejo preso às amarras do Imaginário; ruptura fundamental como indicação da proximidade do final de análise.

A esse respeito, vale a pena relembrar alguns princípios básicos que serviram de guia para as primeiras reflexões lacanianas. Até o final dos anos 50, há *um conceito central* na metapsicologia lacaniana: o desejo puro. Como Lacan dirá, a respeito da especificidade da "nova mensagem" trazida por Freud: "Este lugar que nós procuramos apreender, definir, coordenar, que nunca foi identificado até agora em seu desdobramento ultrassubjetivo, é o lugar central da função pura do desejo" (Lacan, S X, sessão de 8.5.1963). Esse desejo puro foi um dispositivo que serviu durante certo tempo como orientação para o desejo do analista. Lembremos de afirmações como: "o lugar puro do analista, enquanto podemos defini-lo no e pelo fantasma, seria o lugar do desejante puro" (Lacan, S VIII, p.432).[1] Isso nos indica como a cura estava necessariamente ligada ao reconhecimento de que a verdade do desejo era ser desejo puro.

É verdade que Lacan dirá claramente mais tarde: "O desejo do analista não é um desejo puro" (S XI, p.248). Não basta, entretanto, simplesmente notar a mudança nos protocolos de direção da cura e nos modos de subjetivação do desejo na clínica. Há uma trajetória dos conceitos que se faz necessário recompor. Trata-se, pois, aqui de seguir o processo de esgotamento da categoria do desejo puro, a fim de compreender quais são os motivos que foram rejeitados e quais aqueles que foram incorporados ao desdobramento conceitual da metapsicologia lacaniana.

A respeito do desejo puro, notemos que, na teoria lacaniana, a característica principal do desejo é ser desprovido de todo procedimento natural de objetificação. Ele é fundamentalmente sem objeto, desejo de "nada de nomeável" (Lacan, S II, p.261). Aqui, escutamos o leitor atento de Kojève. O mesmo Kojève que tentava costurar o ser-para-a-morte heideggeriano à *Begierde* hegeliana a fim de afirmar que a verdade do desejo era ser "revelação de um vazio" (Kojève, 1992, p.12), ou seja, pura negatividade que transcendia toda aderência natural e imaginária. Um estranho desejo incapaz de se satisfazer com objetos empíricos e arrancado de toda possibilidade imediata de realização fenomenal. Mas por que esta pura tendência que insiste para além de

---

[1] Ou ainda: "Nós sempre desconhecemos, até um certo grau, o desejo que quer se fazer reconhecer pois nós o indicamos seu objeto, enquanto que não é de um objeto que se trata – o desejo é desejo desta falta que, no Outro, designa um outro desejo" (Lacan, S V, p.329).

toda relação de objeto transformou-se em algo absolutamente incontornável para Lacan? Nós podemos fornecer aqui uma explicação geral.

Lacan desenvolveu uma teoria da constituição dos objetos valendo-se sobretudo de considerações sobre o narcisismo. Nesse momento do pensamento lacaniano, tanto os objetos como os outros indivíduos empíricos são sempre projeções narcísicas do eu. Lacan chega a falar do *caráter egomórfico* dos objetos do *mundo empírico*. Daí se segue um *narcisismo fundamental* guiando todas as relações de objeto, assim como a necessidade de atravessar este regime narcísico de relação por meio de uma crítica ao primado do objeto na determinação do desejo. Lacan é claro a respeito desse narcisismo fundamental. Ele dirá, por exemplo, que: "A relação objetal deve sempre submeter-se à estrutura narcísica e aí se inscrever" (Lacan, S I, p.197). E ele dará um caráter epistemológico a sua crítica do primado do objeto ao afirmar que "todo progresso científico [e todo progresso analítico] consiste em dissolver o objeto enquanto tal" (Lacan, S II, p.130).

Esse motivo da crítica ao primado do objeto aparecerá em Lacan principalmente através da crítica às relações reduzidas à dimensão do Imaginário, já que o Imaginário lacaniano designa, na sua maior parte, a esfera das relações que compõem a lógica do narcisismo com suas projeções e introjeções.[2] Aqui, faz-se necessário salientar um ponto importante: o objeto *empírico* aparece necessariamente como *objeto submetido à engenharia do Imaginário e à lógica do fantasma*. A possibilidade de fixação libidinal a um objeto empírico não narcísico ainda não é posta. Assim, a fim de livrar o sujeito da fascinação por objetos que são, no fundo, produções narcísicas, restava à psicanálise "purificar o desejo" de todo e qualquer conteúdo empírico. Subjetivar o desejo no seu ponto brutal de esvaziamento. Haveria outra possibilidade através da tentativa de determinar as modalidades possíveis de uma experiência de objeto que não estivesse inscrita *a priori* em uma lógica narcísica. De fato, tal hipótese ganhará relevância na segunda metade da trajetória intelectual lacaniana, o que pode nos explicar as estratégias posteriores de pensar o final de análise por meio da identificação do sujeito com o *objeto desprovido de estrutura de apreensão*, ou seja, com o objeto como resto opaco, como dejeto, como materialidade sem imagem. O que nos permitirá repensar a questão do destino da categoria de objeto na clínica analítica.

Por enquanto, porém, insistamos na via da purificação do desejo. Lacan percebeu claramente que a psicanálise nascera em uma situação histórica na

---

2 "Nós consideramos o narcisismo como a relação imaginária central para a relação inter-humana" (Lacan, S III, p.107).

qual o sujeito era compreendido como entidade não substancial, desnaturada e marcada pelo selo de uma "liberdade negativa" que lhe permitia nunca ser totalmente idêntico a suas representações e identificações. A operação de "purificação do desejo" escondia assim uma estratégia maior. No fundo, tudo se passava como se Lacan projetasse, no interior de uma teoria do desejo, algo que permitirá a constituição da articulação entre transcendentalidade e conceito moderno de sujeito (o que nos explica como foi possível à psicanálise desenvolver uma teoria *não psicológica* do desejo). A aproximação lacaniana entre, por exemplo, o sujeito do inconsciente e a estrutura do *cogito* cartesiano era uma das consequências de tal estratégia. O que Badiou sublinhou bem ao lembrar que "o que *ainda* vincula Lacan (mas este *ainda* é a perpetuação moderna do sentido) à época cartesiana da ciência é pensar que seja necessário sustentar o sujeito no puro vazio da subtração se quisermos salvar a verdade [do regime fantasmático de apresentação de objetos]" (Badiou, 1988, p.472).[3]

Isso permitiu Lacan concluir que, para além das realizações fenomenais, haveria uma "permanência transcendental do desejo" (Lacan, S VIII, p.102).[4] O que nos envia à definição canônica do sujeito como falta-a-ser: "O desejo é uma relação do ser à falta. Esta falta é falta de ser propriamente dita. Não se trata de falta disto ou daquilo, mas falta de ser através da qual o ser existe" (Lacan, S II, p.261).

Neste caso, esta estranha falta que não é disto ou daquilo é o próprio regime de experiência subjetiva da estrutura transcendental do desejo. Transcendental porque a falta-a-ser é uma condição *a priori* de constituição do mundo dos objetos do desejo humano. Podemos falar de *a priori* porque a falta não

---

[3] É essa articulação entre transcendentalidade e negatividade na função do sujeito que permitirá a comentadores como Slavoj Zizek ler Kant à maneira "lacaniana", como vemos em afirmações como: "o ensinamento maior da consciência de si transcendental é totalmente oposto à transparência de si absoluta e à presença a si. Sou consciente de mim mesmo, eu me volto de maneira reflexiva em direção a mim mesmo *porque* nunca posso 'encontrar a mim mesmo' na dimensão numenal, como a Coisa que sou atualmente" (Zizek, 2000, p.304).

[4] Por que, em vez de falar em uma "permanência transcendental do desejo", Lacan não fala simplesmente em uma "transcendência do desejo", como o faz Kojève? Estaria ele confundindo transcendência e transcendentalidade? De fato, é verdade que, por um lado, o desejo puro *transcende* toda possibilidade de realização fenomenal, já que ele é desprovido de objeto empírico e se manifesta como pura negatividade. Mas, como veremos, Lacan não se engaja em uma "gênese empírica" da negatividade do desejo, e é isso que o leva a falar de transcendentalidade do desejo.

seria derivada de nenhuma perda empírica. Para Lacan, não há nada parecido a uma origem empírica do desejo. O que explica por que Lacan parece tentar fazer uma verdadeira "dedução transcendental" do desejo puro. Contrariamente a Freud, ele não identifica a causa da falta com a perda do objeto materno produzida pela interdição vinda da Lei do incesto.[5] É verdade que Lacan afirmará: "o objeto da psicanálise não é o homem, mas o que lhe falta – não uma falta absoluta, mas falta de um objeto" (Lacan, AE, p.211). No entanto, devemos sublinhar que tal objeto que lhe falta não é exatamente um objeto empírico, como veremos mais à frente.

Um sujeito transcendental para a psicanálise?

Devemos então nos perguntar se o sujeito lacaniano do desejo não seria uma versão psicanalítica do sujeito transcendental. É neste ponto que podemos medir a particularidade da filiação lacaniana ao discurso filosófico da modernidade. Se o desejo é condição *a priori* para a constituição dos objetos do mundo, não se trata de um desejo cujo sentido se desvelaria através da autointuição imediata de um eu. Ou seja, o desejo não exige um conceito de *ego transcendental* capaz de aparecer como destino privilegiado dos processos de reflexão. Ao contrário, como o desejo é determinado de maneira inconsciente pela estrutura sociolinguística externa que constitui *a priori* as coordenadas de toda experiência possível (isso segundo o sentido da fórmula estruturalista: *o desejo do homem é o desejo do Outro* – em que o Outro aparece como estrutura sociolinguística transcendental na qual o sujeito deve surgir), então o sujeito será necessariamente *determinado empiricamente* pela estrutura.

Sublinhemos aqui a importância deste motivo estruturalista maior: as condições *a priori* da experiência já estão dadas antes da constituição do sujeito

---

[5] Podemos seguir aqui uma afirmação de Bernard Baas: "Pois, ao mostrar que o pensamento de Lacan é trabalhado pelo procedimento do questionamento transcendental, tal interpretação permite também dar conta do sentido propriamente crítico do 'retorno a Freud', já que ele explicita como ilusão transcendental o mito no qual a psicanálise sempre ameaçou recair e contra o qual Lacan nunca cessou de se opor. Trata-se do mito da origem perdida, o mito da experiência originária de gozo, ou seja, o mito da empiricidade da Coisa" (Baas, 1998, p.32). Podemos encontrar um exemplo do que pode ser uma leitura "realista" do desejo lacaniano nesta afirmação de Judith Butler: "Para Lacan, o sujeito vem à existência somente através do recalcamento originário dos prazeres incestuosos pré-individuais com o corpo materno (agora recalcado)" (Butler, 1999a, p.57).

e graças à anterioridade do significante. No caso lacaniano, isso significa dizer que o desejo do Outro já está constituído antes da subjetivação do desejo pelo sujeito. Lembremos, por exemplo, que o lugar da criança já está constituído no interior da constelação familiar por meio das convenções de estruturas de parentesco, do nome que às vezes a identifica com um ancestral e com a linhagem do desejo presente no Ideal do eu dos pais. Tal anterioridade temporal é sobretudo anterioridade lógica, já que não é possível ao sujeito desenvolver procedimentos de autorreferência e de autorreflexão antes da estruturação prévia do campo de experiências e de socialização por um sistema sociolingüístico de regras, de normas e posições. Daí afirmações como: "o sujeito só é sujeito ao assujeitar-se ao campo do Outro, o sujeito provém de seu assujeitamento sincrônico a este campo do Outro" (Lacan, S XI, p.172).

Isso significaria que o sujeito lacaniano é apenas o suporte inconsciente de processos estruturais de determinação de sentido – tal como encontraríamos em uma perspectiva estruturalista clássica? É a temática da intersubjetividade, com seu motivo de reconhecimento do sujeito pelo Outro como estrutura transcendental, que nos demonstra o contrário. Se há reconhecimento intersubjetivo do desejo (mesmo entre dois polos situados em posições não recíprocas, já que o Outro determina de maneira não recíproca o sujeito), então devemos pensar em um sujeito que não é simplesmente suporte, mas que, em certas condições, pode transformar-se em agente – o que nos explicaria por que a problemática lacaniana da intersubjetividade está necessariamente articulada a uma teoria da performatividade dos atos de fala mediante considerações sobre a *palavra plena*. É claro, muito haverá a se dizer a respeito da especificidade desta agência do sujeito lacaniano; uma agência que não se submete a nenhum princípio de expressividade dependente de um conceito positivo de intencionalidade. De qualquer forma, ela disponibiliza um contrapeso ao problema da heteronomia completa do sujeito.

Por enquanto, podemos fornecer uma hipótese capaz de nos guiar na compreensão dessa posição paradoxal do sujeito lacaniano. Lacan guarda um elemento próprio à função transcendental presente no conceito moderno de sujeito, mas não se trata do poder transcendental de constituição das coordenadas da "realidade objetiva". Nesse sentido, o sujeito lacaniano não pode ser um puro sujeito transcendental, já que tal poder não lhe pertence nem *de fato* (ele não é um *ego transcendental*), nem *de direito* (sua função lógica não consiste na faculdade de síntese própria a uma unidade sintética de percepções).

Tudo indica que, ao articular seu conceito de sujeito por meio de figuras da subjetividade moderna tão distantes umas das outras quanto podem ser o *cogito* cartesiano, o sujeito da vontade livre kantiana e a consciência desejante de Hegel, Lacan procura *certo caráter de transcendência ligado, na modernidade, à articulação do conceito de função transcendental do sujeito.*

Não se trata de compreender a transcendência simplesmente como esta ilusão própria ao uso da razão e sempre presente quando ela procura aplicar um princípio efetivo para-além dos limites da experiência possível – noção de transcendência que só pode ser antinômica ao questionamento transcendental, como bem demonstrou Kant. Lacan é marcado por um pensamento da transcendência no qual se cruzam as reflexões vindas da fenomenologia alemã (a transcendência do *Dasein*) e do hegelianismo (a negatividade da *Begierde*). Nesse sentido, basta lembrarmos de Kojève falando da negatividade do desejo como: "o ato de transcender o dado que lhe é dado e que é em si mesmo" (Kojève, 1992, p.13). "O ato de transcender" deve ser compreendido aqui como negação que põe a não adequação entre o ser do sujeito e os objetos da dimensão do empírico, como apresentação de uma não saturação do ser do sujeito no interior do campo fenomenal. Tal transcendência não põe princípio efetivo algum para além da experiência possível. O que nos explica por que devemos compreendê-la como transcendência *negativa*. Podemos assim dizer que *o sujeito para Lacan é uma transcendência sem transcendentalidade*, ao menos sem o caráter constitutivo da objetividade próprio ao sujeito transcendental.[6]

A hipótese consiste em dizer que, com Lacan, a subjetividade está *inicialmente* ligada aos modos de manifestação dessa transcendência negativa e a intersubjetividade é o espaço possível de autoapresentação da subjetividade. A fim de compreender a intersubjetividade lacaniana, faz-se necessário, pois, determinar qual é a estratégia possível de reconhecimento objetivo dessa

---

6 Essa definição é parcial. Após o abandono do paradigma da intersubjetividade, o sujeito terá como correlato um objeto pulsional no qual ele pode se pôr como presença. Jacques-Alain Miller notou este ponto: "o sujeito do significante sempre está deslocado, ele é falta-a-ser. Ele só está no objeto que veste o fantasma. O pseudo *Dasein* do sujeito é o objeto *a*" (Miller, 1984). No entanto, este resíduo de presença própria ao objeto *a* é o resultado de um descolamento produzido pela função de transcendência constitutiva do sujeito. Nesse sentido, tal objeto pulsional guarda algo da negatividade própria à transcendência negativa do sujeito. Se anulamos este ponto, a presença do sujeito no objeto *a* transforma-se em algo como a posição de um plano de imanência fundado sobre o pulsional. A complexidade da função do sujeito em Lacan está nesta articulação improvável entre materialismo e transcendência, ou ainda, do materialismo como realização de aspirações de transcendência.

transcendência negativa. O primeiro passo consiste na análise dos modos de subordinação das relações de objeto à lógica alienante do Imaginário.

Uma imagem sempre bloqueia a verdade

Foi colocada anteriormente a tese lacaniana a respeito da existência de um narcisismo fundamental que guiaria todas as relações de objeto e que se estruturaria no interior do Imaginário. Em Lacan, tal maneira de compreender as relações de objeto nasce das considerações sobre o estádio do espelho. Não é o caso de expor aqui a riqueza deste "dispositivo inaugural" do pensamento lacaniano. Trata-se apenas de identificar qual o problema maior que ele coloca ao paradigma lacaniano da intersubjetividade.

A importância do estádio do espelho revela-se quando levamos em conta a articulação entre corporeidade, ipseidade e competência cognitiva que ele instaura. Articulação que é o desdobramento necessário da compreensão lacaniana de que "o eu [como sujeito do conhecimento] é a imagem do corpo próprio".

Insistir que corporeidade e ipseidade devem ser articuladas conjuntamente equivale primeiramente a afirmar que o corpo não é um objeto físico-químico apto a ser submetido ao sistema fechado e mecânico de relações causais próprias de objetos *partes extra partes*. Sua condição de objeto nunca é plena, já que, ao contrário dos outros objetos no mundo, eu não posso pensar o corpo sob o fundo de sua ausência. O corpo é a perspectiva privilegiada pela qual eu apreendo os objetos do mundo, o que Lacan lembrava ao falar que a imagem do corpo era "solo do mundo visível" (Lacan, E, p.90). E como perspectiva, ele não pode ser totalmente objeto. Não há distância entre sujeito e corpo, pois o corpo sempre existe *comigo*. Ou seja, articular corporeidade e ipseidade significa assumir não só a *subjetividade do corpo*, mas também a *corporeidade da subjetividade*, com todas as consequências epistêmicas que tal assunção possa ter. Essa procura Lacan partilhava, por exemplo, também com Merleau-Ponty, para quem "nosso corpo não é objeto para um 'eu penso': ele é um conjunto de significações vividas que caminha para seu equilíbrio" (Merleau-Ponty, 1996, p.212).

Porém, tanto para um como para outro, a corporeidade é fundamentalmente uma experiência vinculada à *imagem do corpo*. Há uma proeminência da imagem do corpo sobre os "dados e sensações imediatas" do corpo. Para que existam sensações localizadas e percepções, é necessário que exista um esquema corporal, uma *imagem do corpo próprio* prévia capaz de operar a síntese dos fenômenos ligados ao corpo. A imagem aparece assim em posição transcendente e unificadora.

Para Lacan, tratava-se sobretudo de colocar em cena a especificidade humana da *gênese* do esquema corporal por meio do estádio do espelho. Retenhamos do estádio principalmente a *confusão narcísica* na relação entre sujeito, outro e corpo próprio. Sabemos que as primeiras imagens do corpo próprio são introjeções de imagens do corpo do outro ou da imagem especular vinda do exterior. Ao reconhecer sua imagem no espelho, a criança tem, pela primeira vez, uma apreensão global do seu corpo que antecipa sua capacidade de coordenação. O *eu-corpo próprio* é assim uma imagem vinda do exterior. A autorreferência é referência à imagem de um outro na posição de eu ideal. O que nos mostra que não há nada de *próprio* na imagem do corpo. Tal imagem será por sua vez submetida à estrutura simbólica presente no estádio do espelho mediante o retorno da criança que procura no olhar do Outro simbólico o assentimento do reconhecimento imaginário. O que permitirá a Lacan afirmar, mais tarde, que a imagem do corpo próprio é inicialmente o *topos fantasmático* no qual o eu se coloca para se transformar em objeto do desejo do Outro.[7] Para Lacan, ser corpo é estar ligado ao olhar do Outro.

Assim, o *eu* será sempre *lugar de desconhecimento*, já que ele só poderá aparecer como instância de autorreferência através da *denegação* (sem inversão) da sua dependência ao outro. Nesse sentido, sua estrutura de cognição do mundo se assemelharia a um *olhar reificado* e afetado por um componente narcísico. Não se trata simplesmente da projeção do eu sobre o mundo dos objetos. Na verdade, Lacan traz uma proposição ainda mais radical ao dizer que *a imagem do outro é a perspectiva de apreensão dos objetos.*

O psicanalista inverte assim a proposição tradicional segundo a qual se constituo o mundo não posso pensar o outro. O mundo dos objetos do desejo já é sempre constituído *através* da perspectiva fornecida pelo desejo do outro (que, por sua vez, seria subordinada à estrutura simbólica do desejo do Outro). O que não significa a instauração de uma experiência de alteridade no interior do si-mesmo, já que a agressividade que se faz sentir nesta "intersubjetividade imaginária" entre o eu e o outro mostra a impossibilidade de o eu pensar a identidade como momento interno da diferença.

---

7 Isso levou Lacan a afirmar que o corpo próprio é, na verdade, corpo do Outro: "O corpo é, desde a origem, este lugar do Outro enquanto é lá que, desde a origem, se inscreve a marca como significante" (Lacan, S XIV, sessão de 31.5.1967).

No entanto, se a lógica do narcisismo pode ser produção de identidades mediante um sistema de desconhecimentos, é porque ela opera por meio do investimento libidinal em *imagens*. Ou seja, a crítica do narcisismo é, principalmente, uma crítica ao *primado das imagens* nos modos de conhecimento próprios ao eu e a uma concepção muito particular que Lacan faz do regime do Imaginário.[8]

A redução do Imaginário ao narcísico e ao especular levou Lacan a desenvolver uma concepção estritamente *gestaltista* da imagem. Nesse sentido, a imagem não é uma *representação* passiva que teria apenas a função de informação de um dado ao qual ela se assemelha, mas uma *Gestalt*: boa forma que fornece um princípio global de organização da percepção.

De um lado, a imagem fornece aquilo que a percepção não pode nos dar, ou seja, uma apreensão global dos objetos. Se percebo um cubo, posso apreender apenas alguns ângulos e lados do objeto. Se imagino um cubo, eu o tenho completo como *Gestalt*. De outro, esse princípio não diz respeito apenas à apreensão imaginativa de objetos particulares, pois a imagem, ao configurar objetos simultâneos no espaço, organiza o campo do visível, ou melhor, organiza o visível como *campo*. Ela organiza o espaço no qual um objeto pode aparecer. Estar na imagem é assim dar-se a ver como objeto no interior de um campo de organização visual estruturado. Nenhuma imagem é simples apresentação de propriedades naturais de objetos. Na verdade, ela sempre decide o sentido da presença ao determinar o grau de visibilidade daquilo que é. Para um sujeito, assumir uma imagem seria pois, ao mesmo tempo, assumir um princípio geral de organização do campo do visível, assim como um princípio geral de apreensão global e de desenvolvimento.

A respeito deste último aspecto, lembremos que as imagens do corpo funcionariam como *imagens-tipo* que regulam o desenvolvimento dos indivíduos por meio de um processo de formação que é conformação à espécie. Lacan não teme aproximar deliberadamente *Gestalt* e *tipo de uma espécie*. Da mesma forma como a imagem do cubo é *Gestalt* que fornece uma totalidade ideal que a percepção imediata do cubo não pode fornecer, a imagem de si seria esta *Gestalt* que fornece ao sujeito uma totalidade ideal que ele não tem à sua disposição por meio da percepção de si. No entanto, não se trata apenas de uma totalidade funcional, mas também de um princípio global de desenvolvimento.[9] Daí por que ele nos lembra que a percepção da imagem de

---

8 Ver, por exemplo, Jay, 1994, p.329-70.

9 Isso nos explica uma afirmação como: "Nós, psicanalistas, reintroduzimos uma ideia abandonada pela ciência experimental, a saber, a ideia aristotélica de *Morphe*" (Lacan, 1953).

si tem o valor de uma *identificação* entre termos que não são idênticos (o indivíduo e a imagem-tipo). É tendo em vista tal realidade que ele definirá a identificação como: "assimilação *global* de uma estrutura e assimilação *virtual de desenvolvimento* que esta estrutura implica no estado ainda indiferenciado" (Lacan, E, p.89). Assimilação *global* que, no entanto, nunca é posta como tal, já que o sujeito se encontraria na incapacidade de apreender reflexivamente a imagem como princípio de desenvolvimento, mesmo que ela tenha esta potência funcional.

Por isso, devemos insistir na estaticidade que esta teoria da imagem como *Gestalt* pressupõe. Não é por outra razão que Lacan sempre associou a imagem a uma "êxtase do ser" (Lacan, E, p.172), a uma fixação sincrônica que impede a percepção diacrônica da temporalidade. Mediante a imagem, as identidades são naturalizadas. Lacan chegará a utilizar a metáfora "dos atores quando o filme para de rodar" (Lacan, E, p.111), a fim de sublinhar como a imagem nos faz perder a apreensão dos mecanismos de produção do sentido, já que eles pressupõem o acesso à dimensão da temporalidade: "Há na imagem algo que transcende o movimento, o mutável da vida, no sentido de que a imagem sobrevive ao vivente" (Lacan, S VIII, p.409).

No caso do eu, este movimento indica os processos de inversões próprios à determinação da autoidentidade da instância de autorreferência. Ao desconhecer sua dependência ao outro, o eu se fixa em uma imagem de si que impede as passagens no oposto entre eu e outro. O que nos explica por que Lacan fala da "mentalidade antidialética" (Lacan, E, p.117) que define o princípio de identidade do eu. Dialética aqui é novamente reduzida a uma lógica da contrariedade.

Assim, entre a imagem e a temporalidade, há um abismo tão grande quanto este que existe entre o eu e o sujeito. Essa maneira de reduzir a função da imagem à alienação levará Lacan a afirmar, no fim de seu ensinamento: "Uma imagem sempre bloqueia a verdade" (Lacan, 1976, p.22). Para Lacan, as imagens sempre são irreflexivas (salvo em uma condição muito particular, ou seja, na sublimação, em que a imagem poderia dissolver seu caráter não temporal).

Notemos aqui a especificidade da concepção lacaniana da temporalidade própria ao sujeito. Se ela foi construída na sua diferença com a imagem, é porque Lacan procura um pensamento do tempo não submetido à linguagem e ao paradigma da espacialidade. Ou seja, trata-se de não pensar o tempo como justaposição de momentos inertes e independentes, mas como movimento dinâmico de autoanulação da identidade. Tal negatividade própria à potência elementar do tempo nos envia a Hegel e a sua noção do tempo como "atividade negativa ideal" e "ser do sujeito". Ela encontrará sua cristalização na compreensão da dinâmica da palavra como espaço no qual se podem juntar presença e desaparecimento.

Categorizar através de imagens

Mas, por enquanto, sublinhemos como, ao questionar o processo de constituição da imago do corpo próprio, Lacan procurava dar o salto arriscado de criticar o princípio geral de identidade que sustenta o conhecimento. É nesta via que podemos interpretar a "estagnação formal" própria ao Imaginário: "esta que constitui o eu e seus objetos sob os atributos da permanência, da identidade e da substancialidade, em suma, sob a forma de entidades ou de 'coisas'" (Lacan, E, p.111). Façamos ainda uma comparação entre tal afirmação e esta outra que nos fala também da maneira com que o Imaginário organiza o que é percebido: "Toda relação imaginária se produz em uma espécie de você ou eu entre o sujeito e o objeto. Ou seja, se é você, eu não sou. Se sou eu, você não é" (Lacan, S II, p.201).

As duas afirmações são importantes e convergem na ideia do Imaginário como um gênero de *forma de categorização espaço-temporal* que funcionaria pela submissão do diverso da intuição e da sensibilidade à imagem. Uma hipótese que nos explicaria por que "tudo o que é intuição está muito mais próximo do imaginário" (Lacan, S II, p.231). Tal categorização seria capaz de produzir *significado* mediante um sistema de imagens pensadas como objetos autoidênticos, fixos e substanciais que procuram impedir as inversões da identidade em diferença e inaugurar um movimento dialético. Nesse sentido, Lacan chega a fazer uma aproximação prenhe de consequências entre a posição ocupada pelo Imaginário e aquela ocupada pelo esquema transcendental na primeira Crítica kantiana:

> Nós nos encontramos aqui [no Imaginário] em um regime familiar, desde sempre explorado tanto pela dedução empírica quanto pela dedução categorial *a priori*. A fonte e armazém deste pré-consciente do que chamamos de imaginário não é mal conhecida, ela já foi bem abordada na tradição filosófica e podemos dizer que as ideias esquema de Kant se situam na ordem deste domínio. (Lacan, S III, p.186)

A princípio, é verdade que tal aproximação parece absolutamente extemporânea. Para começar, Kant nunca cessou de sustentar uma distinção clara entre o esquema e a imagem, já que o esquema seria uma regra, um produto transcendental da imaginação que permite a produção de significado (*Bedeutung*) por meio do estabelecimento de relações entre as categorias e o material empírico da intuição. A imaginação em Kant é necessariamente poder sintético do diverso da intuição sensível (*synthesis speciosa*); poder que, para Kant, exige uma espontaneidade que não pode ser encontrada na imagem: "o esquema de um conceito do entendimento é algo que não pode reduzir-se a qualquer imagem (*Bild*), porque é apenas a síntese pura exprimindo (*ausdrückt*) a categoria segundo uma regra de unidade por conceitos em geral" (Kant, 1969d, A 142/B 182).

Vemos aqui como o esquema transcendental é uma representação mediadora, tanto homogênea às categorias (na medida em que ele é universal, regra *a priori* e visa à unidade do geral) como aos fenômenos (na medida em que ele unifica diretamente as *determinações particulares da sensibilidade* fornecendo o objeto que se submeterá à apreensão categorial). Kant chega a falar do esquema como "conceito sensível de um objeto" (Kant, 1969d, A 146/B 186) (*sinnliche Begriff eines Gegenstandes*), a fim de sublinhar seu caráter mediador.

No entanto, parece-nos que, ao aproximar seu conceito de Imaginário do esquema transcendental kantiano, Lacan é animado pelo Heidegger de *Kant e o problema da metafísica*. Nesse livro, que visou fornecer, entre outras coisas, uma crítica do intuicionismo kantiano, Heidegger demonstra como "o esquema possui necessariamente um certo caráter de imagem" (Heidegger, 1981, p.155). Pela análise de três sentidos distintos do termo *imagem* (*Bild*),[10] Heidegger sublinha que há um conceito de imagem como "vista de um objeto qualquer" que permite ao esquema pôr-se como "conceito sensível de um objeto", ou ainda como transposição sensível do conceito.

Para que haja uma transposição sensível do conceito, faz-se necessário uma regra capaz de prescrever a inserção do sensível em uma vista possível, prescrição que cria uma *imagem do conceito de um objeto,* e não imagem de um objeto particular. Daí a afirmação: "A percepção imediata de um dado, por exemplo, desta casa, já contém necessariamente uma vista prévia esquematizadora da visão em geral, é apenas através desta vista prévia [*Vor-stellung*] que o ente reencontrado pode se manifestar como casa, pode oferecer a vista de uma 'casa dada'" (Heidegger, 1981, p.159). Trata-se de um conceito de

---

10 Há, segundo Heidegger, três modos de definição de imagem: (a) vista imediata de um ente; (b) vista do decalque que reproduz um ente; (c) vista de um objeto qualquer. Esta última definição é vista prévia esquematizadora da vista em geral e se aproxima da função do esquema kantiano.

imagem que se acorda bem com a noção lacaniana de imagem gestaltista como potência formadora de objetos.

Nesse sentido, quando Kant descarta a possibilidade de que o esquema seja uma imagem, com base em exemplos como "O conceito de cão significa uma regra segundo a qual a minha imaginação pode traçar de maneira geral a figura de certo animal quadrúpede, sem restringir-se a algo de particular que a experiência me oferece, ou ainda a alguma imagem possível que possa representar *in concreto*" (Kant, 1969d, A 141/B 180), vemos claramente que ele toma imagem no sentido estrito de vista de um ente, ou ainda, vista de um decalque que reproduz um ente. Aqui, a crítica kantiana à imagem quer dizer simplesmente que a regra esquemática de apresentação nunca pode esgotar-se na ordem de realidades empíricas.

Tal como o esquema transcendental, o Imaginário lacaniano se situa *entre* o quadro categorial fornecido pela estrutura simbólica e o fenômeno sensível. Mas o Imaginário não pode operar uma *mediação*, ele não chega a *exprimir a categoria*, como no caso do esquema kantiano. Ao contrário, ele *bloqueia* a possibilidade de desvelamento da estrutura devido à submissão do objeto à fixidez gestaltista. Ele se transforma em uma tendência, inscrita no pensamento, em reduzir todas as relações de objeto a relações com imagens, com as consequências de *reificação da realidade* próprias a tal redução. O que nos explica como pode existir um gênero de *regime imaginário de funcionamento da linguagem*, chamado por Lacan de *muro da linguagem*.

No fundo, tudo se passa como se, de certa forma, Lacan retornasse, com sua teoria do Imaginário, a uma intuição profundamente cartesiana. De fato, ao constituir a tópica do Imaginário, Lacan apenas insistia que há uma dimensão da experiência humana que é relação com imagens. Porém a teoria lacaniana do Imaginário não se reduz apenas a uma apropriação psicológica das funções ligadas à imaginação. Sua concepção peculiar de imagem, na qual são sublinhadas sua função formadora e seu caráter narcísico, trazem consequências profundas na compreensão desta dimensão da experiência humana guiada por imagens.

Lembremos aqui algumas características da teoria cartesiana da imaginação. Tanto em Lacan como em Descartes a imagem é um modo de *conhecimento através do corpo*. O corpo é afetado pela sensibilidade e a interiorização de tais afetos gera uma categorização espaço-temporal do diverso da experiência sensível mediante um sistema de imagens.

Todos aqueles que ainda têm em mente a *Regra XII* lembram que a imaginação é, conjuntamente com o entendimento, a sensação e a memória, uma das quatro faculdades do conhecimento. Ao passo que a sensação é necessariamente passiva (Descartes utiliza a metáfora da cera que recebe a figura que um sinete lhe imprime), a imaginação é, ao mesmo tempo, ativa e passiva (o que nos explica por que, na fisiologia cartesiana, o espaço da imaginação é necessariamente esta superfície pineal na qual a alma se une ao corpo). Seguindo uma trilha clássica, Descartes afirma que "imaginar não é outra coisa que contemplar a figura ou a imagem de uma coisa corporal". Essa imagem pode estar presente enquanto a coisa está ausente, o que mostra como a memória (corporal) seria apenas um caso da imaginação. Estando a coisa ausente, a imaginação pode compor imagens, como um pintor compõe novas formas a partir de operações de associação e de similaridade, reforçando cores, sensações etc. Devido a essa liberalidade criadora, a imaginação não pode fornecer uma via de acesso ao verdadeiro conhecimento das coisas.

De fato, Lacan concorda com essa tese clássica de que a imagem é resultado de modos de afecção do corpo. Ou seja, o Imaginário é um conhecimento mediante o corpo. Ele insiste, porém, em um antirrealismo mais radical ao afirmar que o corpo já traz, por sua própria gênese, um mundo. Lembremos das apropriações lacanianas dos estudos de etologia animal de Jacob von Uexküll. O mesmo Von Uexküll que demonstrou como o corpo é, na verdade, relação a um *Umwelt,* relação ao meio ambiente próprio de cada espécie viva e que determina a configuração dos objetos presentes no mundo de cada espécie. O *Umwelt* é assim uma espécie de bolha que envolve cada espécie. Daí por que Lacan pode afirmar que "no animal, conhecimento é cooptação, cooptação imaginária. A estruturação do mundo em forma de *Umwelt* se faz por *projeção* de um certo número de relações, de *Gestalten,* que o organizam e o especificam para cada animal" (Lacan, S I, p.190). Princípio holista que também estaria presente no mundo humano (cuja "natureza" é fundamentalmente social). Dessa forma, ao lembrar que o corpo é produzido *através* da produção de um *Umwelt,* Lacan lembra que pensar o corpo é desvelar um modo de percepção e de ação que corta o contínuo da existência para configurar um meio ambiente vivido. Essa configuração é conformação à imagem. Lacan pode falar, juntamente com Merleau-Ponty, que "O corpo é veículo do ser no mundo, e ter um corpo é, para um ser vivo, juntar-se a um meio definido, confundir-se com certos projetos e empenhar-se continuamente neles" (Merleau-Ponty, 1996, p.122). No seu caso, isso significa dizer que o corpo é uma aparentemente contraditória percepção ativa que constitui seus objetos no mesmo movimento que os percebe. A percepção não é passiva mas, desde o início, é atividade projetiva de conformação do contínuo sensorial a *imagens de objetos*. Daí por que Lacan pode falar que "a imagem de seu corpo é o princípio de toda unidade que o sujeito encontra nos objetos" (Lacan, S II, p.198).

Dessa forma, Lacan pode enunciar sua tese sobre o *narcisismo fundamental* e afirmar que o homem só encontra em seu meio ambiente imagens das coisas que ele próprio projetou. "É sempre em volta da sombra errante do seu próprio eu que se estruturarão todos os objetos do seu mundo. Eles terão um caráter fundamentalmente antropomórfico, digamos mesmo egomórfico" (Lacan, S II, p.198). Na dominação da natureza pela imagem estará o cerne desta "subversão da natureza que é a hominização do planeta" (Lacan, E, p.88). A mesma subversão que levará Heidegger a afirmar que "nos parece que, em todo lugar, o homem só encontra a si mesmo. Heisenberg teve plena razão em dizer que, para o homem de hoje, o real (*Wirkliche*) não pode aparecer de outra forma" (Heidegger, 2000, p.35).

A subjetivação da falta entre Sartre e Lacan

Neste ponto, talvez fique mais claro por que Lacan deve afirmar: "Nós não acreditamos no objeto, mas acreditamos no desejo" (S XXIII, sessão de 9.12.1975). Essa afirmação tardia ilustra bem o imperativo que animava o paradigma da intersubjetividade. A crítica à estrutura narcísica do primado do eu e de seu correlato, o objeto imaginário, era feita em nome do reconhecimento do desejo como transcendência negativa que insistia para além de toda fixação imaginária. Pois só a posição de negatividade do desejo poderia romper com o círculo narcísico do Imaginário. Daí a afirmação canônica "a falta-a-ser é o coração da experiência analítica" (Lacan, E, p.613). Uma falta-a-ser que só poderia ser desvelada pela dissolução do objeto *como polo imaginário de fixação narcísica*. Tratava-se, pois, de mostrar como "a relação central de objeto, esta que tem uma criatividade dinâmica, é a da falta" (Lacan, S IV, p.51).

Tal estratégia nos coloca a questão de saber o que poderia significar a assunção desta falta capaz de dissolver toda fixação no interior da relação de objeto. Lacan estaria defendendo alguma forma de *ataraxia* na qual o sujeito poderia tomar distância de toda e qualquer relação de objeto e gozar assim da *indiferença absoluta a respeito dos objetos empíricos* (indiferença que tem como correlato a própria despersonalização do eu)? Lembremos que, no Seminário XI, ao insistir na variabilidade própria ao objeto da pulsão, Lacan não deixa de perguntar: "O objeto da pulsão, como devemos concebê-lo para que se possa dizer que, na pulsão, não importa qual ela seja, ele é indiferente?" (S XI, p.153). Poderíamos dizer que a consequência necessária dessa perspectiva seria que, no final de análise, o sujeito aboliria toda fixação e trocaria de objeto mais facilmente?

Guardemos essas questões, pois elas ganharão importância mais à frente. Por enquanto, sublinhemos como tal estratégia lacaniana de compreender o final de análise valendo-se da subjetivação da falta de objeto empírico próprio ao desejo o aproxima de Sartre. O mesmo Sartre que procurava articular uma determinação não constitutiva da função transcendental da consciência e a negatividade do desejo. Basta sublinhar aqui sua afirmação central: "O homem é fundamentalmente *desejo de ser* e a existência deste desejo não deve ser estabelecida por uma indução empírica; ela resulta de uma descrição *a priori* do ser do para-si, já que o desejo é falta e que o para-si é o ser que é para si mesmo sua própria falta de ser" (Sartre, 1989, p.610). Consequentemente, a manifestação desse desejo, que se confunde com o para-si, é necessariamente a nadificação do em-si ou, como dizia Kojève, a revelação de um vazio. Revelação de um vazio que pressupõe também uma dissolução do eu, já que o papel essencial do eu é o de mascarar à consciência sua própria espontaneidade: "Tudo se passa", dirá Sartre, "como se a consciência constituísse o Ego como uma falsa representação de si mesma, como se ela se deixasse hipnotizar por este Ego que ela mesma constituiu, como se ela o transformasse em sua salvaguarda e sua lei" (Sartre, 1992, p.82).

A verdadeira diferença entre Sartre e Lacan não está nesta "descrição ontológica do desejo", mas na articulação entre desejo e consciência. Como a posição do campo pré-reflexivo pela psicanálise existencial de Sartre apaga o *locus* do inconsciente freudiano, o desejo poderá ser assumido pelo sujeito no final do processo analítico sob a forma de um *projeto* determinado por uma *escolha original* do para-si. Pois trata-se de "trazer à luz, sob uma forma rigorosamente objetiva, a escolha subjetiva através da qual cada pessoa se faz pessoa, ou seja, se anuncia a si mesma o que ela é" (Sartre, 1989, p.634).

Só podemos ver neste "trazer à luz" um gênero de procedimento autorreflexivo se aceitarmos a distinção entre consciência não tética e consciência tética; o que nos mostraria que a *consciência de si* se fundaria em um campo pré-reflexivo impessoal e não se confundiria com o *conhecimento de si*. Em Sartre, a autorreflexão não se reduz ao modelo cognitivo de uma presença a si. Tal distinção permitiria a Sartre não pensar a assunção da *escolha original* pela consciência como uma *conceitualização*, mas como reconhecimento "de um gozo que seria quase-saber", já que "este projeto-para-si só poderia ser gozado" (Sartre, 1989, p.617).[11]

---

[11] "A reflexão goza de tudo, apreende tudo. Mas este 'mistério em plena luz' vem do fato de este gozo ser privado dos meios que permitem ordinariamente a *análise* e a *conceitualização*" (Sartre, 1989, p.616).

Encontraremos também em Lacan um quiasma fundamental entre gozo e conceito, mas tal quiasma não o obriga a colocar o gozo como abertura a um *cogito pré-reflexivo,* tal como vemos em Sartre. Como alguns comentadores notaram bem, "Contrariamente a Sartre, Lacan não oferece uma alternativa ao modelo reflexivo da consciência de si" (Frie, 1997, p.170) –, o que, neste caso, é uma virtude. No lugar de ver a transcendência negativa do sujeito como manifestação de uma consciência pré-reflexiva, o que, no limite, poderia nos levar a pensar o gozo como retorno a um gênero de imanência do afeto e da sensibilidade incapaz de problematizar o peso do Imaginário na experiência do corpo, Lacan preferiu uma outra via. Haverá um gozo *fora* da reflexividade do conceito, mas ele não poderá ser *posto* pela consciência como seu projeto. O que é não idêntico deverá guardar a forma da não-identidade.

A falta-a-ser lacaniana e o desejo de Freud

Deixemos por enquanto o problema da relação entre gozo e conceito. Há ainda uma precisão a fazer a respeito da figura lacaniana do desejo. Como vários comentadores já notaram, o quadro de família do desejo lacaniano exclui *até certo ponto* Freud. Ao menos, não há espaço para essa transcendência negativa na teoria freudiana do desejo.

Para Freud, o movimento do desejo é coordenado pela repetição alucinatória de experiências primeiras de satisfação. Tais experiências estão ligadas a percepções cujas imagens mnésicas têm a tendência a serem reinvestidas na memória quando a excitação da necessidade reaparece. Se não há uma "prova de realidade" vinda do mundo exterior, o sistema psíquico continua a atualizar tais imagens mnésicas de maneira alucinatória. É verdade que a função de tal prova de realidade consiste em *reencontrar* um objeto perdido ligado às primeiras experiências de satisfação. Porém, no caso de Freud, conhecemos o nome deste objeto: trata-se do objeto materno, que, devido à interdição produzida pela Lei do incesto, será sempre perdido. "Inicialmente", dirá Freud, "o homem está à procura da imagem mnésica de sua mãe, imagem que o domina desde o início de sua infância" (Freud, GW V, p.150).

Ora, para Lacan, a falta-a-ser do desejo não vem da falta do objeto materno. Há, no seminário sobre *A ética da psicanálise,* uma crítica endereçada a Melanie Klein exatamente a respeito desta questão.[12] Lacan se recusa a feno-

---

12 "A articulação kleiniana consiste nisto – ter colocado no lugar central de *das Ding* o corpo mítico da mãe" (Lacan, S VII, p.127).

menalizar a causa da falta própria ao desejo. Recusa que pode nos explicar como é possível perder algo que nunca tivemos: "O objeto é, por sua natureza, um objeto reencontrado. Que ele tenha sido perdido, isto é apenas a consequência – mas *a posteriori*" (Lacan, S VII, p.143).

Apesar do fato de Lacan sublinhar, em vários momentos, que o motor do infinito ruim do desejo é a interdição do incesto, isso devido à ação da Lei simbólica paterna e do seu cortejo da perda do objeto materno, tal como vemos na afirmação "a Lei está a serviço do desejo que ela instaura através da interdição do incesto" (Lacan, E, p.852), há aqui uma contextualização importante a fazer. O impasse do desejo *ganha forma* no interior do drama edípico, o que não quer dizer que ele é *produzido* por ele.[13] Ou seja, não é o Édipo que institui a falta no coração do sujeito. Na verdade, ele é um mito no sentido estruturalista de uma matriz de socialização que, no caso lacaniano, permite a simbolização da falta-a-ser do desejo no interior da estrutura sociolinguística transformando-a em falta ligada à castração.

A estratégia lacaniana ganhará clareza quando a centralidade do conceito de desejo puro ligado à falta-a-ser for relativizada em prol de certa recuperação do conceito de pulsão, cujo dualismo será praticamente anulado a partir do momento em que o psicanalista afirmar que "Toda pulsão é virtualmente pulsão de morte" (Lacan, E, p.848). Na verdade, o desejo puro lacaniano sempre foi mais próximo do *Trieb* freudiano do que do *Wunsch*.

Colocada no limite do psíquico e do somático, a pulsão em Freud não tem um procedimento natural de objetificação. Freud foi muito claro a respeito do caráter contingente do objeto da pulsão: "Ele é o que há de mais variável na pulsão. Ele não está originalmente ligado a ela ... Ele pode ser modificado ao longo do destino da vida pulsional tantas vezes quantas quisermos" (Freud, GW X, p.215). Lacan aproveita-se dessa colocação para lembrar que, se o objeto empírico é o que há de mais variável na pulsão, é porque "nenhum objeto pode satisfazer a pulsão" (Lacan, S XI, p.153). Como veremos, isso quer dizer que a pulsão é pura negatividade que passa pelos objetos empíricos sem se vincular a nenhum.

É verdade que haverá muito a se dizer a respeito dessa dialética da pulsão na qual a satisfação é alcançada sem que a pulsão chegue a seu alvo, assim como haverá muito a se dizer a respeito do pretenso caráter *pré-subjetivo* da pulsão sustentado por Lacan no seminário sobre *Os quatro conceitos fundamen-*

---

13 Assim, Lacan falará da mãe "enquanto ela ocupa o lugar desta coisa, *das Ding*" (Lacan, S VII, p.82). Porém, ela ocupa tal lugar *a partir* do momento da instituição da Lei.

tais da psicanálise. Esse é um trabalho que será feito no Capítulo 8. Por enquanto, vale a pena sublinhar, por meio desta questão sobre a variabilidade do objeto da pulsão, que na metapsicologia lacaniana a pulsão é *herdeira da problemática provocada* por esta articulação entre negatividade e transcendentalidade presente no conceito de desejo puro. Guardemos de dizer, porém, que a pulsão é um conceito transcendental,[14] até porque a função do deslocamento do desejo como falta-a-ser para a pulsão seria a de operar um *retorno ao sensível* cujas condições serão analisadas posteriormente.

Nós podemos esquematizar a relação complexa entre desejo e pulsão por meio do problema dos modos de negação. *O desejo lacaniano é uma categoria engendrada através do entrelaçamento entre negação e transcendentalidade*. Como consequência desse entrelaçamento, o desejo estará sempre preso na alternativa de entrar em um infinito ruim (e metonímico) impulsionado pela procura impossível de sua adequação a um objeto empírico ou unir-se ao significante de uma Lei simbólica situada em um "lugar transcendental" (Lacan, E, p.649). *A pulsão é uma categoria engendrada a partir de uma negação ontológica compreendida como modo de presença do real do objeto*. Nesse sentido, é muito significativo que Lacan nunca fale de um objeto *do* desejo[15] (só há objeto *causa* do desejo), mas que ele fale de um objeto *da* pulsão (Lacan, S XI, p.167). Pois, mesmo se nenhum objeto (imaginário) puder satisfazer a pulsão, ela pode encontrar satisfação em um objeto empírico [submetido a "outro modo de imaginarização" (Lacan, S X, sessão de 28.11.1962) a ser analisado posteriormente] mediante a sublimação. Lembremos que a sublimação em Lacan é definida exatamente como sendo o ato de elevar um objeto (empírico – e não um significante) à dignidade da Coisa (transcendental). Voltaremos a esta questão da sublimação a fim de compreender o que deve acontecer ao objeto para que ele possa preencher tal função. Digamos simplesmente que, contrariamente ao *sujeito do desejo*, aquele que subjetiva a pulsão deverá ser capaz de pôr sua identificação com um objeto empírico. Veremos também como, por meio da aproximação entre Kant e Sade, Lacan identificará claramente os limites de uma psicanálise que opera exclusivamente com conceitos construídos por uma estratégia transcendental. *Haverá uma travessia do questionamento transcendental em Lacan* (porém,

---

14 Como defendem, por razões distintas, Ricouer (1995), Baas (1992), e mesmo Deleuze (1966, p.28), ao fazer a distinção central entre pulsão de destruição (Tânatos misturado a Eros) e instinto de morte (Tânatos em estado puro).

15 "Mas o objeto do desejo, no sentido comum, é ou um fantasma que na realidade é a *sustentação* do desejo, ou um engano" (Lacan, S XI, p.169).

faz-se necessário sublinhar que falar em "travessia" equivale a falar da internalização de uma trajetória marcada pelo "descolamento" transcendental).

No entanto, se quisermos compreender como a clínica lacaniana era orientada com base no primado do desejo puro, várias questões ainda esperam resposta. Pois, se a verdade do desejo é ser desejo puro, como ele poderia ser *reconhecido*? Como reconhecer e dar um estatuto objetivo àquilo que é pura negatividade que não cessa de não se escrever?

Alguns psicanalistas após Lacan insistiram no risco de hipostasiar este desejo de falta. Um risco capaz de levar o psicanalista a uma "procura de pureza, pureza do desejo e pureza do absoluto que visa reduzir a nada o que falta" (Guyomard, 1998, p.25), ou ainda, a transformar este desejo puro em puro desejo de morte e de autodestruição. Como poderíamos saber que esse desejo puro não se trataria de simples manifestação de fantasmas masoquistas? Não é o próprio Lacan que afirma: "aquilo a que o desejo se confina ... na sua forma pura e simples é a dor de existir" (S V, p.338) e que o masoquismo está "no fundo da exploração analítica do desejo" (S V, p.313)? Não será ainda Lacan que afirmará mais tarde que "o caminho em direção à morte não é outra coisa que o que se chama de gozo" (S XVII, p.18)?

O imperativo lacaniano de subordinar o desejo puro ao desejo de reconhecimento tentava exatamente evitar tal deriva. Nesse sentido, ele mostra que o verdadeiro problema da experiência analítica seria como *simbolizar,* como escrever a falta-a-ser que indica a irredutibilidade ontológica da negatividade da subjetividade aos processos de objetificação. Simbolizar a negação sem dissolvê-la, ou, ainda, instituir a falta-a-ser *no interior* da relação de objeto: "Esta é a ordem na qual um amor ideal pode se deleitar – a instauração da falta na relação de objeto" (Lacan, S IV, p.157). Eis o programa a ser seguido pela racionalidade analítica.

Hegel e o trabalho do desejo

Todavia, antes de passarmos à compreensão da estrutura do reconhecimento intersubjetivo do desejo puro, devemos insistir na via aberta entre Lacan e Hegel no que concerne à ontologia do desejo. Pois, se a transcendência negativa própria ao desejo lacaniano veio primeiramente de Kojève, temos o direito de perguntar se ela não seria uma problemática hegeliana. Tal movimento comparativo poderá nos abrir uma alternativa de compreensão dialética da psicanálise por meio de considerações sobre o *lugar lógico* ocupado pelos conceitos mobilizados por Hegel na determinação dos móbiles em ação na pragmática de sujeitos socializados: desejo, trabalho e linguagem.

Inicialmente, lembremos que, para Hegel, a individualidade (*Individualität*) aparece sempre, em um primeiro momento, como negação que recusa toda co-naturalidade imediata com a exterioridade empírica. O primeiro movimento de autodeterminação da subjetividade consiste pois em transcender o que a enraíza em contextos e situações determinadas "para ser apenas o puro ser negativo da consciência igual-a-si-mesma". Tal aderência à determinação empírica chega mesmo a ser definida como a "corporeidade da consciência" na qual esta tem seu sentimento de si mas que a faz existir à maneira de coisas dispostas diante de uma potência que lhes é estranha.

No que diz respeito à consciência, é a *Begierde* que primeiramente realiza de maneira imperfeita o papel do elemento operador de tal negação; o que poderia nos mostrar como o desejo hegeliano já indicaria algo da estrutura de transcendência negativa procurada por Lacan.[16] Lembremos, por exemplo, como Hegel vinculava-se a uma longa tradição que remonta a Platão e compreende o desejo como manifestação da falta. Isso fica muito claro em um trecho da Enciclopédia. Lá, ao falar sobre o desejo, Hegel afirma:

> O sujeito intui no objeto sua própria falta (*Mangel*), sua própria unilateralidade – ele vê no objeto algo que pertence à sua própria essência e que, no entanto, lhe falta. A consciência-de-si pode suprimir esta contradição por não ser um ser, mas uma atividade absoluta. (Hegel, 2000a, par. 427)

A colocação não poderia ser mais clara. O que move o desejo é a falta que aparece intuída no objeto. Um objeto que, por isso, pode se pôr como aquilo que determina a essencialidade do sujeito. Ter a sua essência em um outro (o objeto) é uma contradição que a consciência pode suprimir por não ser exatamente um ser, mas uma atividade, no sentido de ser uma reflexão que, por ser posicional, toma a si mesma por objeto.

---

16 Por outro lado, não esqueçamos que, tal como o sujeito lacaniano, o sujeito hegeliano é transcendente sem ser exatamente transcendental. Ele não é condição *a priori* para a constituição do campo da experiência. Ao contrário, um dos motivos maiores da filosofia hegeliana consiste na afirmação de que a experiência sempre ultrapassa a estrutura de apreensão da consciência. O que nos explica por que a reconciliação com a experiência demanda o abandono da figura da consciência. É claro, o sujeito pode subjetivar o campo de determinação da experiência pelo advento daquilo que Hegel chama de *Geist*, mas não é certo que isto signifique necessariamente absolutização do sujeito, como veremos mais à frente.

Afirmar isto, contudo, é ainda dizer muito pouco. Pois se o desejo é falta e o objeto aparece como a determinação essencial desta falta, então deveríamos afirmar que, na consumação do objeto, a consciência encontra sua satisfação. No entanto, não é isto o que ocorre:

> O desejo e a certeza de si mesma alcançada na satisfação do desejo [notemos esta articulação fundamental: a certeza de si mesmo é estritamente vinculada aos modos de satisfação do desejo] são condicionados pelo objeto, pois a satisfação ocorre através do suprimir desse Outro, para que haja suprimir, esse Outro deve ser. A consciência-de-si não pode assim suprimir o objeto através de sua relação negativa para com ele, pois essa relação antes reproduz o objeto, assim como o desejo. (Hegel, 1988b, p.128/1992a, p.124)

A contradição encontra-se na seguinte operação: o desejo não é apenas uma função intencional ligada à satisfação da necessidade animal, como se a falta fosse vinculada à positividade de um objeto natural. Ele é operação de autoposição da consciência: pelo desejo a consciência procura se intuir no objeto, tomar a si mesma como objeto, e este é o verdadeiro motor da satisfação. Por meio do desejo, na verdade, a consciência procura a si mesma. Daí por que Hegel pode afirmar que, inicialmente, o desejo aparece em seu caráter egoísta. Já na *Filosofia do espírito,* de 1805, Hegel oferece a estrutura lógica deste movimento que serve de motor para a figura do desejo: "O desejante quer, ou seja, ele quer se pôr (*es will sich setzen*), *se* fazer objeto (*Gegenstande machen*)" (Hegel, 1976, p.202). Isto implica inicialmente tentar destruir o Outro (o objeto) como essência autônoma. No entanto, satisfazer-se com um Outro aferrado à positividade de uma condição de mero objeto (no sentido representacional) significa não realizar a autoposição da consciência como consciência. A consciência só poderá se pôr se ela desejar um objeto que duplica sua própria estrutura. Ela só poderá se satisfazer ao desejar uma outra consciência, ao intuir a si mesmo em uma outra consciência. "A consciência-de-si só alcança satisfação em uma outra consciência-de-si". Daí por que:

> A satisfação do desejo é a reflexão da consciência de si sobre si mesma, ou a certeza que veio a ser verdade. Mas a verdade dessa certeza é antes a reflexão duplicada (*gedoppelte Reflexion*), a duplicação da consciência-de-si (Hegel, 1988, p.128/1992a, p.125).

Podemos compreender tal afirmação como a tentativa hegeliana de fornecer uma saída para o problema da consciência-de-si, ou seja, da consciência que toma a si mesma como objeto, que não fosse tributária da clivagem entre eu empírico (objeto para a consciência) e eu transcendental. De fato: "quando a consciência-de-si é o objeto, é tanto Eu como objeto", como operar tal dualidade sem cair na dicotomia entre empírico e transcendental?

Inicialmente, na *Fenomenologia*, Hegel apresentou, através da vida, a ideia de um fundamento comum a partir do qual sujeito e objeto se extraem. Ou seja, em vez da fundamentação das operações de autodeterminação através da posição de estruturas transcendentais, Hegel apresentou um solo comum que se expressa tanto no sujeito como no objeto. No entanto, a vida é um fundamento imperfeito, pois não é reflexivo, não pode ser posto reflexivamente, já que a vida não é para si.

Hegel apresenta então a noção, mais completa, de "reflexão duplicada" (*gedoppelte Reflexion*), ou seja, a noção de que a consciência só pode se pôr em um objeto que não seja exatamente um objeto, mas que seja por sua vez uma reflexão, um movimento de passar ao outro e de retornar a si desta alienação. Daí porque a consciência só pode ser consciência-de-si ao se pôr em uma outra consciência-de-si. O objeto deve se mostrar como "em si mesmo negação", no sentido de portar esta falta que o leva a procurar sua essência no seu ser-Outro.

Assim, o problema do fundamento da consciência-de-si só pode ser resolvido por um recurso à dinâmica de reconhecimento entre desejos. Dinâmica de reconhecimento que nos levará a um "Eu que é nós e um nós que é eu", ou seja, ação de um Espírito que nada mais é do que o conjunto de práticas sociais e processos de interação reflexivamente apreendidos, fundamentados e capazes de preencher aspirações de universalidade. Dessa forma, por trás deste eu que é nós e deste nós que é eu, há a certeza de que a consciência só pode ser reconhecida quando seu desejo não for mais desejo por um objeto do mundo, mas desejo de outro desejo, ou antes, desejo de reconhecimento. No entanto, para além desta certeza, há ainda a compreensão de que o particularismo do desejo é uma ilusão já que o que anima a consciência em sua ação e conduta são exigências universalizantes de reconhecimento de si pelo Outro, exigência de ser reconhecida não apenas como pessoa no interior de ordenamentos jurídicos contextuais e de instituições presas a situações sócio-históricas determinadas, mas como consciência-de-si singular em toda e qualquer situação sócio-histórica e para além de todo e qualquer contexto. Para tanto, ela precisará ser reconhecida por um outro que não seja apenas uma outra particularidade, mas um Outro que possa suportar aspirações universalizantes de reconhecimento.

Devemos lembrar que, se Hegel pode afirmar que "a satisfação de desejo é a reflexão da consciência de si em si mesma, ou a certeza que advém verdade", é apenas para mostrar como o impasse do desejo é superado graças a uma reflexão da consciência de si em si mesma, reflexão duplicada que tem um nome na filosofia hegeliana: trabalho (*Arbeiten*). É ainda graças à categoria do trabalho que Hegel não hipostasia uma noção eminentemente negativa de desejo puro.[17]

Porém antes de tecer algumas considerações sobre a especificidade da categoria hegeliana de trabalho, vale a pena voltarmos a Lacan. Pois conhecemos bem a insistência lacaniana em pôr uma diferença essencial entre sua dialética do desejo e o homólogo hegeliano. Diferenciação suportada por duas estratégias. A primeira consiste na afirmação de que a dialética hegeliana do desejo seria imaginária. Pois:

> Em Hegel, naquilo que concerne esta dependência de meu desejo em relação ao desejante que é o Outro, eu trato, da maneira mais certa e mais articulada, o Outro como consciência ... O Outro é este que me vê e é neste plano que vocês veem que ele engaja, segundo as bases nas quais Hegel inaugura a Fenomenologia do espírito, a luta dita de "puro prestígio" na qual meu desejo está interessado. (Lacan, S X, sessão do 21.11.1962)

Eis o resultado de reduzir a filosofia hegeliana ao motivo do conflito presente na Dialética do Senhor e do Escravo em sua versão kojèveana. Se Lacan levasse realmente em conta o papel do trabalho, ele perceberia que o reconhecimento das consciências pressupõe necessariamente uma passagem à dimensão simbólico-social que nada tem de imaginário no sentido lacaniano. O trabalho pressupõe a mediação do sujeito por um objeto que não é apenas reconhecido por outra consciência, mas pelo Outro simbólico como, por exemplo, sistema de necessidades que expõe o vínculo social. É claro, este Outro hegeliano não é totalmente simétrico ao Outro lacaniano, mas ele não se confunde com a dimensão da pura relação ao outro.[18] Por sua vez, quando

---

17 A compreensão advertida do desejo em Hegel juntamente com o motivo do trabalho não nos permite seguir Guyomard em sua afirmação sobre a vinculação da temática lacaniana do desejo puro como o resultado da "adesão passageira de Lacan aos charmes da dialética" e da "dominação dialética da negação e da negatividade" (Guyomard, 1998, p.133). Se devemos procurar alguma similitude estrutural com o problema do desejo puro, devemos procurá-la em Kant, como faz o próprio Lacan ao afirmar que a lei moral kantiana "não é outra coisa que o desejo em estado puro" (Lacan, 1973, p.247). Para uma análise detalhada da aproximação, ver Bass, 1992, p.22-82.

18 Assim, Hegel dirá a respeito da aquisição dos objetos: "A aquisição está condicionada e mediada, de um lado, pela vontade dos proprietários que, como vontade particular,

Lacan afirma "que é impossível deduzir a partir deste início radicalmente imaginário [a dita luta de puro prestígio] tudo o que a dialética hegeliana crê poder deduzir" (Lacan, 2001, p. 410), nós não podemos deixar de sublinhar um erro de leitura que só pode ser explicado por meio da permanência do peso do comentário de Kojève. A luta de reconhecimento não é exatamente um "início". Na verdade, ela só é um início para a consciência, que se funda no esquecimento e que não vê a experiência que se acumula às suas costas. Porém, nesse sentido, toda nova figura da consciência é um início. Para nós, ao contrário, o início já foi dado desde o desvelamento do problema da enunciação e da relação entre consciência e linguisticidade apresentado na figura da consciência sensível. Ou seja, *o início foi dado simplesmente no começo.*

É verdade que podemos sempre passar à segunda estratégia da crítica lacaniana e colocar em questão o horizonte de totalidade próprio à hierarquia hegeliana. No entanto, não parece que a melhor maneira de fazer isto seja afirmando que Hegel desconhece a diferença entre o Imaginário e o Simbólico, entre a dimensão das relações entre semelhantes e a dimensão da Lei que estrutura e dá forma universal a tais relações. O que o próprio Lacan se vê obrigado a reconhecer quando afirma, a respeito da DSE:

> O pacto é por todos os lados prévio à violência ao invés de perpetuá-la, e o que chamamos simbólico domina o imaginário, no que podemos perguntar se a morte é realmente o Senhor absoluto. (Lacan, 1966, p.810)

Por outro lado, ao tentar criticar a categoria hegeliana do trabalho, Lacan acaba por se deslocar em direção a uma noção de trabalho centrada no paradigma da produção, repetindo, com isto, uma questão central posta anteriormente por Marx e apoiada em considerações sobre a configuração social do trabalho na época do capitalismo industrial. Ela se enuncia com base em uma articulação entre ontologia e história: se o trabalho se articula logicamente com as determinações de reflexão (*Reflexionsbestimmung*) a fim de poder resolver, no nível fenomenológico, o problema da auto-objetivação do sujeito, como pensá-lo em uma época na qual o trabalho reduz-se à categoria do trabalho abstrato submetido às leis da equivalência-geral, o que produz necessariamente aquilo que Lacan chama de "subtração ao escravo de seu saber" (Lacan,

---

tem por finalidade a satisfação das necessidades diversamente determinadas, mas, por outro lado, pela produção dos meios de troca. Graças a um *trabalho próprio*, tal mediação da satisfação pelo trabalho de todos constitui a fortuna (*Vermögen*) universal" (Hegel, 2000a, par. 524).

1991, p. 91), ou seja, um bloqueio na possibilidade de realização de processos de autoposição dos sujeitos? Trabalho que só visa produzir a mais-valia, ou nas palavras de Lacan, o objeto *a* como mais-gozar que suplementa a falta no Outro. O que explica esta crítica ao horizonte de reconciliação próprio ao trabalho hegeliano: "Nós estamos à vontade para colocar em dúvida que o trabalho engendre, no horizonte, um saber absoluto, ou mesmo qualquer saber" (Lacan, 1991, p. 90).[19]

No entanto, dizer que o trabalho *social* não engendra um saber não significa abandonar o problema da auto-objetivação do sujeito como protocolo de cura, nem bloquear reflexões a respeito da estrutura de atos capazes de permitir o reconhecimento de sujeitos não substanciais. Como deve ficar claro no decorrer deste livro, se insistirmos na similitude lógica entre *trabalho* e *linguagem* na filosofia hegeliana, a fim de apreender os planos formais de articulação do problema do reconhecimento a partir da dialética, poderemos encontrar uma constelação de problemas que nos aproxima de certos encaminhamentos lacanianos.

Lembremos, inicialmente, que tanto trabalho como linguagem, em Hegel, não estão vinculados a uma lógica expressivista de autoposição de si que teria como paradigma uma certa concepção do fazer estético. Ao contrário, todo leitor de Hegel sabe como ele opera, em última instância, com um conceito não expressivista de trabalho. A consciência que trabalha não expressa a positividade de seus afetos em um objeto que circulará no tecido social. Hegel esvaziou a dimensão da expressividade como chave para a compreensão do trabalho. Antes, o trabalho é a figura de um ser-fora-de-si necessário, de uma alienação formadora. Vale a pena insistir aqui nesta temática fundamental para o Hegel da *Fenomenologia*: o escravo (primeira manifestação da consciência trabalhadora) trabalha para calar a angústia da negatividade absoluta da morte, angústia advinda da "desterritorialização" completa de si diante do *Dasein* natural e da fragilização essencial de suas imagens de mundo. É a angústia que faz que, no formar, o posto seja a própria negatividade (e não a realização autônoma de um projeto alojado na intencionalidade da consciência). Ao trabalhar, a consciência prefere aferrar-se a uma essência estranha (daí porque a primeira figura do trabalho é o serviço) a tentar sustentar-se como pura negatividade absoluta.

Partamos, por exemplo, desta afirmação central para a compreensão do que está realmente em jogo na Dialética do Senhor e do Escravo:

---
19 Ver também Lacan, 1966, p. 811.

Essa consciência sentiu a angústia, não por isto ou aquilo, não por este ou aquele instante, mas sim através de sua essência toda, pois sentiu o medo da morte, do senhor absoluto. Aí se dissolveu interiormente, em si mesma tremeu em sua totalidade e tudo o que havia de fixo, nela vacilou. Entretanto, esse movimento universal puro, o fluidificar-se absoluto de todo subsistir é a essência simples da consciência-de-si, a negatividade absoluta, o puro ser-para-si que assim é nessa consciência. (Hegel, 1988, p.134/1992a, p.132)

Este trecho talvez desvele seu real foco se lembrarmos que, para Hegel, a essência não é uma substância autoidêntica que determina as possibilidades dos modos de ser. A essência é a realização de um movimento de reflexão. Nesse sentido, contrariamente ao ser que procurava sua fundamentação em determinações fixas, a essência se põe como determinação reflexiva e relacional. Em outras palavras, a essência é a unificação deste movimento reflexivo de pôr seu ser em um outro, cindir-se e retornar a si desta posição. Daí por que Hegel pode afirmar que, quando o ser encontra-se determinado como essência, ele aparece como "um ser que em si está negado todo determinado e todo finito", ou, ainda, como "ser que pela negatividade de si mesmo se mediatiza consigo" (Hegel, 2000a, par. 112). Nesse sentido, Hegel insiste que a internalização da negação de si, própria à configuração da essência, deve se manifestar inicialmente como negatividade absoluta diante da permanência de toda determinidade.

É nesse sentido que a angústia deve ser compreendida, como a manifestação fenomenológica inicial desta essência que só pode se pôr mediante o "fluidificar absoluto de todo subsistir", ou seja, do negar a essencialidade de toda determinidade aferrada em identidades opositivas. Manifestação inicial, daí porque Hegel fala de "essência simples", mas manifestação absolutamente necessária. A angústia pode aqui ter esta função porque não se trata de um tremor por isto ou aquilo, por este ou aquele instante, mas se trata aqui de uma fragilização completa dos vínculos da consciência ao mundo, à imagem de si mesmo e das estruturas essenciais que permitiam a orientação no pensar. É esta fragilização que traduz de maneira mais perfeita o que está em jogo neste "medo diante da morte, do senhor absoluto". O termo "angústia" tem aqui um uso feliz porque ele indica exatamente esta posição existencial na qual o sujeito parece perder toda orientação do desejo em relação a princípios de identidade e diferença que conformam o agir e orientam o pensar, como se estivéssemos diante de um desejo não mais desprovido de forma (todo leitor do *Seminário: A angústia*, de Lacan, não terá dificuldade em encontrar aqui uma semelhança de família instrutiva).

No entanto, se a consciência for capaz de compreender a angústia que ela sentiu ao ver a fragilização de seu mundo e de sua linguagem como primeira manifestação do Espírito, deste Espírito que só se manifesta destruindo toda determinidade fixa, então ela poderá compreender que este "caminho do desespero" é, no fundo, internalização do negativo como determinação essencial do ser. Daí por que: "o temor do senhor é o início [mas apenas o início] da sabedoria". Nesse sentido, podemos mesmo dizer que, para Hegel, só é possível se desesperar na modernidade, já que ele é a experiência fenomenológica central de uma modernidade disposta a problematizar tudo o que se põe na posição de fundamento para os critérios de orientação do julgar e do agir.

No entanto, ainda não tocamos em um ponto essencial que irá estabilizar esta dialética. Pois a angústia sentida pela consciência escrava não fica apenas em uma

> universal dissolução em geral, mas ela se implementa efetivamente no servir (*Dienen*). Servindo, suprime em todos os momentos sua aderência ao *Dasein* natural e trabalhando-o, o elimina. Mas o sentimento da potência absoluta em geral, e em particular o do serviço, é apenas a dissolução em si e embora o temor do senhor seja, sem dúvida, o início da sabedoria, a consciência aí é para ela mesma, mas não é ainda o ser para-si; ela porém encontra-se a si mesma por meio do trabalho. (Hegel, 1988b, p.134-5; 1992a, p.132)

Hegel fará uma gradação extremamente significativa que diz respeito ao agir da consciência nas suas potencialidades reconciliadoras. Hegel fala do serviço (*Dienen*), do trabalho (*Arbeiten*) e do formar (*Formieren*). Esta tríade marca uma realização progressiva das possibilidades de autoposição da consciência no objeto do seu agir. O serviço é apenas a dissolução de si no sentido da completa alienação de si no interior do agir, que aparece como puro agir-para-um-outro e como-um-outro. O trabalho implica uma autoposição reflexiva de si. No entanto, trata-se de uma autoposição muito particular porque, como vimos, a categoria hegeliana de trabalho está marcada por ser uma certa defesa contra a angústia ou, ainda, uma superação dialética da angústia, já que ele é autoposição de uma subjetividade que sentiu o desaparecer de todo vínculo imediato ao *Dasein* natural, que sentiu o tremor da dissolução de si. Como se o trabalho trouxesse uma ideia peculiar de "auto-objetivação da negatividade do sujeito". Lembremos desta afirmação central de Hegel:

> O trabalho é desejo refreado, um desaparecer contido, ou seja, o trabalho forma. A relação negativa para com o objeto toma a forma do objeto e permanente, porque justamente o objeto tem independência para o trabalhador. Esse

meio-termo negativo ou agir formativo é, ao mesmo tempo, a singularidade, ou o puro-ser-para-si da consciência que agora no trabalho se transfere para fora de si no elemento do permanecer; a consciência trabalhadora chega assim à intuição do ser independente como intuição de si mesma (...) no formar da coisa, torna-se objeto para o escravo sua própria negatividade. (Hegel, 1988, par. 195)

De fato, por refrear o impulso destrutivo do desejo, o trabalho forma, isto no sentido de permitir a auto-objetivação da estrutura da consciência-de-si em um objeto que é sua duplicação. Mas o giro dialético consiste em dizer que a alienação no trabalho, a confrontação com o agir como uma essência estranha, como agir para-um-Outro absoluto (e não apenas para uma Outra particularidade) tem caráter formador por abrir a consciência à experiência de uma alteridade interna como momento fundamental para a posição da identidade. Ao se ver essencialmente aferrada ao que lhe é outro, a consciência tem as condições de passar de uma noção de Si como espaço da autoidentidade a uma noção de Si como infinitude que traz no seu interior aquilo que o nega. Lebrun chega a falar do trabalho hegeliano como o que "desarma o estranhamento sem anular a alteridade", mas isto apenas para insistir no caráter abstrato desta reconciliação com a efetividade: "só há consolação relativa a um mal reconhecido como mal – e o que se trata de compreender é a irrealização do mal" (Lebrun, 2004, p.213). Assim, ao invés de um conceito expressivista de trabalho, Hegel parece operar com um conceito muito próximo ao seu conceito de linguagem: a negação determinada do que se aloja na intenção é início da verdade absoluta de uma consciência-de-si que traz em si mesma sua própria negação. Daí porque: "Linguagem e trabalho são exteriorizações (*Äuberungen*) nas quais o indivíduo não se conserva mais e não se possui mais a si mesmo; senão que nessas exteriorizações faz o interior sair totalmente de si, e o abandona a Outro" (Hegel, 1988, p.198). Uma análise demorada das estruturas de referencialização da linguagem se impõe, pois, como necessária se quisermos contextualizar melhor os processos de reconciliação no interior de uma pragmática cuja tematização começa a partir da reflexão sobre as aspirações do desejo.

Mas, antes, devemos retornar a Lacan para compreender como seu recurso à intersubjetividade tentava resolver esta tensão entre a negatividade de um desejo puro e os imperativos de reconhecimento mútuo a fim de "instaurar a falta na relação de objeto". Veremos, mais à frente, como a resposta lacaniana irá reencontrar algumas intuições fundamentais de Hegel.

3
Unir um desejo à Lei

> *Se todos procuram conhecer a lei,*
> *como é possível que desde tanto tempo*
> *ninguém além de mim pediu a você para entrar?*
> Kafka, O Processo

Desejar a Lei

Vimos até aqui como o problema da redução das relações de objeto à dimensão do narcisismo e do Imaginário levou Lacan a estruturar um programa da cura analítica baseado no reconhecimento de um desejo puro, desprovido de todo procedimento natural de objetificação. Reconhecimento que levaria o sujeito a instituir a falta no interior da relação de objeto.

A primeira condição para a realização de tal programa apareceu através da distinção estrita entre os domínios do Imaginário e do Simbólico. Isso permitiu a Lacan articular uma diferença fundamental entre dois níveis de intersubjetividade: a intersubjetividade imaginária (Lacan, S II, p.213), ligada à palavra narcísica que circula entre o eu e o outro, e aquilo que Lacan chamava de "relações autenticamente intersubjetivas" (Lacan, S II, p.285).

Na verdade, tratava-se aqui de um motivo estruturalista maior. Para o estruturalismo, as relações interpessoais são determinadas de maneira inconsciente por um sistema simbólico de leis. Basta lembrarmos aqui da afirmação de Lévi-Strauss, segundo a qual o problema da comunicação entre sujeitos passa pela "apreensão (que só pode ser objetiva) das formas inconscientes da atividade do espírito", já que a oposição entre eu e outro poderia nos levar à incomunicabilidade se ela não pudesse "ser superada em um terreno, que também é um terreno no qual o objetivo e o subjetivo se encontram, nós queremos dizer, no inconsciente [enquanto sistema simbólico de leis]" (Lévi-Strauss, 1991, p.XXXI).

Por exemplo, quando um homem e uma mulher se casam (ou seja, quando eles fazem uma escolha *empírica* de objeto, estabelecendo assim vínculos afetivos que se traduzem em relações intersubjetivas de amor, de ódio e de ignorância), eles não têm consciência das leis de trocas matrimoniais que determinam suas escolhas. Eles *reificam* um objeto cujo valor viria simplesmente do lugar por ele ocupado no interior de uma estrutura articulada. Ou seja, tudo se passa como se as relações com o outro escondessem as mediações das estruturas sociolinguísticas que determinam a conduta e os processos de produção de sentido. Tal reificação nos faria esquecer como temos relações com a estrutura antes de termos relações com outros empíricos. Nesse sentido, Lacan partilharia uma tendência maior do estruturalismo que consiste em aproximar o problema da transcendentalidade das estruturas de organização da experiência e o problema do inconsciente. Tendência claramente identificada por Paul Ricoeur ao falar do estruturalismo como um "kantismo sem sujeito transcendental".

A psicanálise deveria, pois, levar o sujeito a compreender como *o locus da verdadeira relação intersubjetiva se encontra no espaço de relações entre o sujeito e a estrutura que determina a conduta e a produção de sentido*. Ou seja, ela deveria mostrar ao sujeito como o desejo do homem sempre está ligado ao desejo do Outro: esta figura que, no interior da experiência intersubjetiva, presentifica e singulariza a ação da estrutura. Isso nos demonstra como devemos evitar determinar o motivo lacaniano da intersubjetividade simplesmente como a defesa da *compreensão auto-reflexiva* como protocolo de cura. *A intersubjetividade lacaniana é reconhecimento da relação fundamental entre o sujeito e a Lei simbólica.*

É verdade que se trata aqui de uma intersubjetividade muito específica, pois não recíproca. A Lei simbólica determina o sujeito sem se abrir à possibilidade de um movimento inverso. A Lei na condição de sistema sociolinguístico de normas e leis que determinam previamente o campo de experiências possíveis é puramente transcendental, o que não é o caso do sujeito. Contudo, seria possível continuar falando de intersubjetividade quando as relações recíprocas desaparecem? Lacan acreditava que sim, devido à possibilidade de reconhecimento do sujeito como sujeito da Lei, reconhecimento do sujeito na dimensão transcendental da Lei. Não é o problema da não reciprocidade entre sujeito e estrutura que invalidará a utilização lacaniana do conceito de intersubjetividade.

Lacan, no entanto, não é um estruturalista clássico. Se a verdadeira relação intersubjetiva encontra-se na dimensão das relações entre sujeito e Lei simbólica, ou entre sujeito e Outro, não é simplesmente porque se trata de uma dimensão que fornece o acesso à lógica do processo de constituição das fixações imaginárias de objeto. Se esse fosse o caso, Lacan teria simplesmente transformado a psicanálise em uma modalidade de crítica da reificação muito em voga no seu meio intelectual. Fundamental nesta coreografia entre o sujeito e a Lei é a afirmação de que o sujeito só seria reconhecido como sujeito por meio do desvelamento de que seu desejo é *desejo da Lei*. Isso nos dois sentidos do genitivo: desejo enunciado no lugar da Lei e desejo pelo significante transcendental da Lei. Chega-se assim à fórmula-chave: *a intersubjetividade lacaniana seria o reconhecimento do desejo puro pela transcendentalidade da Lei*. Ou seja, há uma estratégia transcendental neste encaminhamento lacaniano que visa fundar a racionalidade da práxis analítica por meio do paradigma da intersubjetividade.

Eis um ponto que merece análises demoradas. Para Lacan, ao invés de se opor ao desejo, a Lei simbólica pode fornecer uma determinação objetiva ao desejo puro, já que a Lei está "a serviço do desejo" (Lacan, E, p.852).[1] Ou seja, o sujeito poderia *gozar da Lei*, tal como vemos na afirmação: "faz-se necessário que o gozo seja recusado para que ele possa ser alcançado na escala invertida da Lei do desejo" (Lacan, E, p.827). Para além do gozo imaginário permitido pela alienação do desejo em objetos empíricos e narcísicos, haveria um gozo vindo do reconhecimento do desejo pela Lei. Isso nos demonstra como "O sujeito não satisfaz simplesmente um desejo [com o consumo de objetos empíricos], ele goza por desejar [ou seja, ele goza graças ao reconhecimento do seu desejo pela Lei] e esta é uma dimensão essencial do gozo" (Lacan, S V, p.313).

A princípio, tal posição de Lacan poderia parecer o mais completo contrasenso, já que Freud nos havia advertido que a Lei é sempre restritiva em relação às moções pulsionais. Para Freud, a Lei só se reconcilia com a pulsão por meio da figura sádica do supereu: essa mistura destrutiva entre consciência moral (*Gewissen*) e pulsão de morte. Esse, porém, não foi o caminho trilhado por Lacan – que sempre procurou distinguir a transcendentalidade da Lei e o sadismo do supereu. Como ele dirá:

---

[1] Lembremos, por exemplo, a afirmação canônica de Lacan: "A verdadeira função do pai é de unir (e não de opor) um desejo à lei" (Lacan, E, p.824).

> A interiorização da Lei, nós nunca cansamos de dizer, nada tem que ver com a Lei ... É possível que o supereu sirva de apoio à consciência moral, mas todos sabem bem que ele nada tem que ver com ela no que concerne às suas exigências mais obrigatórias. (Lacan, S VII, p.358)

Temos então uma questão complexa para responder: como o desvelamento da presença da Lei simbólica seria capaz de resolver o problema do reconhecimento do desejo puro e de prometer um gozo *alcançado na escala invertida da Lei do desejo*? Como seria possível que uma Lei restritiva estivesse a serviço do desejo puro? A fim de responder tais questões, faz-se necessário entrar na análise dos dispositivos de simbolização à disposição da psicanálise lacaniana. Seria graças a uma simbolização bem-sucedida que tal reconhecimento poderia ser realizado.

Simbolização analítica como metáfora

Sabemos que, para o Lacan do período do paradigma da intersubjetividade, a simbolização do desejo era o dispositivo maior de interpretação analítica e de subjetivação na clínica. É ela que permitiria a realização dos processos reflexivos de reconhecimento intersubjetivo na clínica por meio da nomeação do que até lá só podia se manifestar sob a forma de sintomas, de inibições e de angústia.

A análise da teoria lacaniana da simbolização nos demonstra a existência de uma especificidade muito significativa que pode nos fornecer a chave capaz de abrir a compreensão do regime de articulação entre Lei e desejo proposta pela psicanálise. Para Lacan, *a simbolização analítica trabalha por meio de metáforas*. Todos os dispositivos maiores de simbolização que operam na clínica são metáforas: "O simbolismo analítico", dirá Lacan, "só é concebível ao ser reportado ao fato linguístico da metáfora" (Lacan, E, p.703). Pensemos, por exemplo, na palavra plena (Lacan deixará evidente a estrutura metafórica da palavra plena ao explicar que a significação do ato performativo "Você é minha mulher" seria "este corpo da mulher que é minha, é agora *metáfora do meu gozo*"; Lacan, S XIV, sessão de 7.6.1967), no Nome-do-Pai (lembremos da metáfora paterna como exposição da lógica operatória do Nome-do-Pai) e no Falo (cuja estrutura metafórica analisaremos mais à frente).

Na verdade, Lacan vai ainda mais longe ao afirmar que a metáfora não deve ser distinguida do símbolo e que toda espécie de emprego do símbolo é metafórica. Em suma: "Toda designação é metafórica" (Lacan, S XVIII, sessão de 10.2.1971). Eis uma fórmula plena de consequências, já que ela não se restringe ao domínio da clínica, mas procura fornecer uma teoria geral da nomeação e do regime operatório do Simbólico.

O que tal fórmula poderia significar? Estaríamos diante de uma deriva relativista sempre possível para um pensamento cuja concepção de verdade é claramente não correspondencial e cuja concepção de linguagem é claramente não realista? Deriva que abriria a clínica ao relativismo de uma interpretação que não faria mais distinção entre organização simbólica do pensamento e produção de metáforas?

A fim de responder tal questão, devemos começar pelo começo. Nós conhecemos a importância dada por Lacan à noção de metáfora. É ela que ultrapassaria a barra entre significado e significante, produzindo assim um efeito de sentido fundamental para o sucesso da simbolização. Porém, o que é uma metáfora para Lacan? Estaríamos, com ele, diante de um conceito de metáforas como alegoria (o que significaria privilegiar seu caráter ficcional)? Estaríamos diante de metáforas como descrição de analogias, de similaridades ou, para ser mais exato de "semelhanças de família" que, como modos de descrição, teriam um lugar privilegiado nos enunciados científicos, basta ver os trabalhos que aproximam metáforas e modelos explicativos? Conhecemos, nesse sentido, alguns pesquisadores que veem a utilização da metáfora na clínica como um modo de simbolização ligado a uma compreensão pré-proposicional e intuitiva de experiências pré-reflexivas.[2] A posição lacaniana estaria configurada em alguma destas possibilidades? Vale a pena, pois, seguir o encaminhamento lacaniano a respeito dos usos da metáfora.

A definição lacaniana de metáfora é muito ampla e mesmo surpreendente: "a metáfora é radicalmente o efeito da substituição de um significante por outro em uma cadeia, sem que nada de natural o predestine a esta função de foro" (Lacan, E, p.890). Ou seja, a metáfora seria um puro jogo de substituição entre dois significantes que são elementos de contextos e sistemas de significação totalmente autônomos entre si.

Lacan serviu-se desta noção de substituição significante para dar conta da estrutura do sintoma. Tal como a metáfora, o sintoma faz apelo à existência de uma outra cadeia significante que insiste na cadeia que compõe o texto do pensamento da consciência, já que ele é um significante que ocupa o lugar de um significante recalcado. Na dimensão do sintoma, a metáfora é solidária de uma operação de recalcamento de significantes. Podemos encontrar tal estrutura do sintoma na seguinte afirmação sobre a metáfora:

---

[2] Ver, por exemplo, Methapor and aesthetic experience, in Frie, 1997, p.147-54.

> Devemos definir a metáfora pela implantação de um significante em outra cadeia significante através da qual este que ele suplanta cai para o nível de significado e, como significante latente, perpetua o intervalo no qual uma outra cadeia significante pode entrar. (Lacan, E, p.708)

No entanto esta possibilidade de substituição entre termos sem contiguidade metonímica pressupõe uma outra operação que é fundamental para a compreensão da importância da metáfora na teoria lacaniana e que nos envia ao problema da relação entre metáfora e referência. Para além da função da metáfora como procedimento de seleção de elementos presentes no eixo diacrônico da linguagem, há a noção da metáfora como modalidade de relação com a referência. É esta função que permite a Lacan "ligar a metáfora à questão do ser" (Lacan, E, p.528).

Normalmente, quando falamos da teoria lacaniana da metáfora, o exemplo privilegiado vem do verso de Victor Hugo, Seu feixe não era avaro nem odiento, no qual o significante feixe vem no lugar do nome próprio Booz e coloca em relações dois sistemas distintos de significação a fim de permitir o deciframento de um sentido ligado ao advento da paternidade. Lacan, porém, serviu-se várias vezes de um outro exemplo, este mais inesperado e talvez mais interessante: "O gato faz au-au e o cachorro faz miau". Tão interessante quanto o exemplo é o comentário:

> A criança, de um só golpe, desconectando a coisa de seu grito, eleva o signo à função de significante, e a realidade à sofística da significação, e pelo desprezo da verossimilhança, abre a diversidade de objetivações a serem verificadas de uma mesma coisa. (Lacan, E, p.805)

O importante aqui é a ideia de uma operação da linguagem que se faz a partir do "desprezo pela verossimilhança", quer dizer, valendo-se da abstração daquilo que se apresenta como experiência imediata. Nesse sentido, a metáfora coloca o poder de abstração da linguagem mediante a *negação da referência*, ou, ainda, da anulação da faticidade da referência. "Ao jogar com o significante", dirá Lacan, "o homem coloca seu mundo em questão a todo instante, isto até sua raiz" (Lacan, S IV, p.294).

Se lembrarmos que, para Lacan, o *mundo do homem* está mais próximo de uma construção imaginária (para Lacan, o conceito de "mundo" nos leva necessariamente ao conceito de *Umwelt*), poderemos desvendar a razão desta posição fundamental da metáfora na clínica. Ela procura abrir, no campo linguístico, o espaço a um nível de experiência subjetiva para além do Imaginário. *A negação da referência feita pela metáfora não é negação de um sense data* (já que não há espaço para a percepção imediata em Lacan), *nem deveria ser negação do Real* (que já foi negado pela Bejahung primordial e que será caracterizado exatamente por ser aquilo que, na referência, não se submete à simbolização metafórica). *Ela é negação de uma construção imaginária naturalizada* (lembramos aqui a afirmação do Imaginário como regime de categorização espaço-temporal que constitui os objetos ao substancializá-los sob a forma de entidades fixas ou de "coisas").³

Aqui, é Jakobson que permite a Lacan fundar suas conclusões sobre a função negativa da metáfora, até porque o exemplo do gato e do cachorro vem dele. Neste caso, Jakobson via, na capacidade da criança para desconectar o sujeito e o predicado, a *descoberta da predicação*, quer dizer, a descoberta da possibilidade de servir-se da estrutura proposicional do julgamento para negar aquilo que se apresenta como realidade imediata. Daí se segue a afirmação lacaniana segundo a qual a metáfora "arranca o significante de suas conexões lexicais", já que não haveria metáfora se não houvesse distância entre o sujeito e seus atributos.

Nós vemos como há um verdadeiro trabalho do negativo que a metáfora deixa evidente. Devemos falar de trabalho do negativo porque, se podemos desconectar o cão de seu grito, é porque ele foi negado como presença naturalizada. Isso nos explica por que Lacan não cessa de articular as operações de simbolização à pulsão de morte; chegando a falar, a respeito da relação entre metáfora e referência: "nós encontramos aí o esquema do símbolo como morte da coisa" (Lacan, S IV, p.377).

---

3 No entanto, é verdade que Lacan desliza de maneira sintomática em direção à ideia da metáfora como negação do Real. Pensemos, por exemplo, em sua afirmação a respeito do caráter metafórico próprio ao trabalho do *Witz*: "Tudo o que Freud desenvolve na sequência [de suas considerações sobre o *Witz*] consiste em mostrar o efeito de uma nadificação, o caráter verdadeiramente destrutivo, diruptivo, do jogo de significante em relação àquilo que podemos chamar de 'existência do real'" (Lacan, S IV, p.294). Porém, se a metáfora é negação do Real, então o Real terá o mesmo estatuto do empírico. No entanto, podemos tentar compreender essa afirmação de Lacan dizendo que o Real é o que, na referência, apresenta-se como fora da simbolização. Ele não se confunde totalmente com a referência (já que a referência sempre é intuída por meio do Imaginário). Ao contrário, ele indica o que, na referência, não se esgota na imagem e no significante. Lacan é muio claro nesse sentido quando afirma: "O referente é sempre real, pois ele é impossível de ser designado, não restando assim outra coisa a não ser construí-lo" (Lacan, S XVIII, sessão de 20.1.1971). Assim, o jogo significante pode ter um efeito de nadificação do Real porque ele perpetua o Real como o que resta fora da simbolização.

Isso permite a Lacan mostrar como a linguagem é feita de significantes puros, ao invés de ser feita de signos. Por pressupor a negação da referência, a metáfora se coloca como significante puro desprovido de força denotativa. Significante que produziria sentido por meio de uma "conotação pura e simplesmente liberada da denotação"(Nancy & Labarthe, 1973, p.76). Este é o ponto central para Lacan: simbolizar por metáforas significa necessariamente simbolizar por significantes puros que são a negação do empírico. Eles são a formalização da inadequação da linguagem às coisas sensíveis, tal como vemos na afirmação: "Os significantes só manifestam inicialmente a presença da diferença enquanto tal e nada mais. A primeira coisa que implicam é que a relação do signo à coisa seja apagada" (Lacan, S X, sessão de 6.12.1961).

Ausência de força denotativa, anulação da faticidade da referência, anulação da relação entre signo e coisa, "ordem fechada" (Lacan, E, p.502) dos significantes, palavra como assassinato da coisa: com a centralidade lacaniana da metáfora na produção da significação estaríamos entrando em uma concepção totalmente convencionalista e arbitrária do sentido na sua relação com a designação? Eis uma questão que envia necessariamente a outra: qual é o gênero de negação própria ao trabalho da metáfora lacaniana?

Tais questões têm consequências fundamentais para um pensamento da clínica. Pois elas nos levam a perguntar qual pode ser a eficácia de uma clínica que opera através de significantes puros desprovidos de força denotativa, isto ao invés de produzir interpretações mediante símbolos e signos. Significantes desprovidos de toda significação e que, por isso, não podem produzir um alargamento do horizonte de compreensão da consciência.

Teoria como ficção?

Antes de continuar, faz-se necessário algumas explicações sobre as consequências do uso lacaniano da metáfora. Quando afirma que a simbolização analítica é metafórica, não nos parece que Lacan opere uma hipóstase do *caráter ficcional da metáfora*.[4] Apesar do dito canônico "a verdade tem uma estrutura de ficção",[5] não devemos acreditar que, para Lacan, a verdade é uma

---

4 Para uma posição contrária, ver Simanke, A letra e o sentido do 'retorno a Freud' de Lacan: a teoria como metáfora, in Safatle, 2003.
5 Como, por exemplo, in Lacan, S IV, p.253.

ficção, uma metáfora naturalizada na melhor tradição da genealogia nietzscheana.[6] Há uma verdade que aparece como o núcleo real de *uma* situação na qual o sujeito engajou-se. Lembremos ainda uma vez que, para Lacan, não há práxis que esteja mais orientada do que a psicanálise em direção ao que, no coração da experiência, é o núcleo do Real. Que este Real só possa ser alcançado por meio do fantasma, que esta verdade só possa aparecer em uma estrutura de ficção, isso na verdade significa apenas a impossibilidade da *posição* da verdade em um discurso que procura legitimar-se através de um princípio de adequação ou de um *Telos* da transparência.

Nesse sentido, "a verdade tem estrutura de ficção", deve ser lido com a ideia de que "o sujeito *se* fala *com o* seu eu" (Lacan, S III, p.23). Da mesma maneira que as performances linguísticas do sujeito são sempre afetadas pela estrutura narcísica e imaginária do eu, a verdade (que é verdade do desejo do sujeito) só pode apresentar-se por meio da ficção própria ao Imaginário, já que: "O Imaginário é o lugar no qual toda verdade se enuncia" (Lacan, S XXII, sessão de 18.3.1975). Não se trata de reduzir a verdade à ficção ou o sujeito ao eu. A ideia central aqui consiste em dizer que a verdade só pode aparecer como comportamento negativo em relação ao estabelecimento da positividade do saber – uma negatividade cuja evidência seria produzida pela metáfora. Pois, para Lacan, *a metáfora é escritura da verdade como inadequação*.

Notemos aqui a existência de uma conjunção fundamental. Inicialmente, há uma maneira de *escrever* a verdade, do mesmo modo que há uma maneira de *dizer* a verdade ("Eu, a verdade, falo"). Porém ela só pode se escrever como inadequação, do mesmo modo que o dizer da verdade só pode ser um "semidizer". Tal tensão entre a escrita e a resistência ao escrito guiará Lacan durante toda a sua trajetória intelectual. Mesmo após o esgotamento dessa estratégia de simbolização metafórica como processo de subjetivação do desejo na clínica, a procura por uma escritura da inadequação continuará marcando as tentativas lacanianas de uso clínico do *matema* e do *poema*. O que nos explica por que a clínica lacaniana se esforçará em *formalizar* (inicialmente pelo significante e, posteriormente, pela letra): "Algo que o discurso só pode conseguir apreender ao fracassar" (Lacan, *Discours de Tokio*).

---

6 Lembremos a questão de Nietzsche: "O que nos obriga a supor que há uma oposição essencial entre 'verdadeiro' e 'falso'? Não basta a suposição de graus de aparência, e como que sombras e tonalidades do aparente, mais claras e mais escuras – diferentes *valeurs*, para usar a linguagem dos pintores? Por que não poderia o mundo *que nos concerne* – ser uma ficção?" (Nietzsche, 1993, par. 34).

Mas devemos insistir também em outro aspecto da metáfora: seu caráter *performativo* (e não seu caráter supostamente *constatativo*) cuja força perlocucionária seria capaz de instaurar e de transformar tanto a um segmento da realidade socialmente reconhecida como os sujeitos que nela se engajam.[7] Pensemos aqui, por exemplo, nas considerações lacanianas a respeito da palavra plena (não percamos de vista que, para Lacan, todo uso do símbolo é metafórico), cujos casos paradigmáticos são estes "atos de falar" (Lacan, S VI, sessão de 19.11.1958) como: "Você é minha mulher".

Lacan é claro a respeito da força perlocucionária de exemplos desta natureza. A este propósito, ele falará que "a unidade da palavra como *fundadora da posição de dois sujeitos* é aí manifesta" (Lacan, S III, p.47). O advento do significante é instauração da realidade partilhada pelos sujeitos.

Porém, se nos perguntarmos sobre o critério que impede a transformação da performatividade da interpretação metafórica em simples operação de sugestão, a resposta só pode ser: a convicção que ela despertaria viria da sua capacidade de ser *simbolização que conserva a negatividade* do desejo puro. Daí se segue o papel maior da metáfora como escritura da inadequação entre designação e significação. Graças a seu caráter de escritura de inadequação, a metáfora poderia inscrever, no sistema simbólico, a "transcendência do desejo".

Isso pode nos explicar por que Lacan irá aproximar sua concepção da metáfora da metáfora surrealista, o mesmo surrealismo que afirma que toda conjunção de dois significantes seria suficiente para constituir uma metáfora. Como dirá Breton, a respeito do jogo surrealista do *um no outro*: "Todo e qualquer objeto está 'contido' em todo e qualquer outro objeto" (Breton, 1996, p.53). Essa formalização estética de uma noção de indiferenciação e de intercambialidade absoluta do objeto empírico pode servir a Lacan para ex-

---

7 Podemos falar em *força perlocucionária* da metáfora lacaniana porque, através de sua enunciação, ela é capaz de realizar um ato que *produz efeitos no enunciador e neste que recebe a palavra*. Nesse sentido, Lacan faz uma espécie de uso clínico da ideia de Austin segundo a qual: "Dizer algo normalmente provoca certos efeitos sobre os sentimentos, pensamentos, atos do auditório ou deste que fala ou mesmo de outras pessoas. E podemos falar no intuito, na intenção ou no propósito de suscitar tais efeitos ... Chamamos tal ato de um *ato perlocucionário* ou uma perlocução" (Austin, 1970, p.114). Vários comentadores já fizeram tal aproximação entre a estrutura lacaniana da metáfora e os problemas dos performativos em Austin. Ver, por exemplo, Felman, 1980; Borch-Jacobsen, 1991, p.143-6; Forrester, 1991.

por a inadequação entre a referência e o desejo que habita a língua. Ela serve claramente a Lacan na medida em que ele procura um dispositivo de *simbolização* da relação negativa entre a transcendência do desejo e os objetos empíricos-imaginários.

A afirmação metafórica e o resto metonímico

No entanto, há uma crítica possível a essa concepção de metáfora. Ela parece privilegiar a função negativa da metáfora em sua relação com a referência e esquecer que a metáfora instaura uma positividade ao afirmar necessariamente algo sobre a referência. A metáfora parece colocar relações de família e afirmar, por exemplo, que o coração é duro como uma pedra, que o beijo é impessoal como um parecer jurídico. Assim, dizer simplesmente que a metáfora é escritura da inadequação significa perder aquilo que nos permite afirmar que há metáforas mais adequadas que outras. Qual seria então a natureza desta afirmação presente na metáfora? Estaríamos diante de uma analogia mais profunda entre coisas aparentemente dissemelhantes?

Lacan recusou esta noção de metáfora como *descrição* de analogias e de similaridades (Lacan, E, p.889). Ele parece caminhar na contracorrente dos teóricos que pensam o poder da metáfora como um caso típico de posição de "semelhanças de família".[8] De seu ponto de vista, seria mais correto dizer que a metáfora opera uma *identificação* entre significantes autônomos, isso com todo o peso *criacionista* que o conceito de identificação tem em psicanálise. Ao menos nesse sentido *performativo*, Lacan está mais próximo da *interactive view* própria às considerações de Max Black sobre a metáfora. O mesmo Max Black para quem: "É mais produtivo dizer que a metáfora cria a similitude do que dizer que ela formaliza uma similitude que existiria anteriormente" (Black, 1968, p.37).

Tal como na palavra plena "Você é minha mulher", a metáfora seria um "ver como" que instaura de maneira performativa uma realidade, que faz o coração se transformar em pedra, que faz esta mulher se transformar em minha mulher. Eu *vejo* este coração *como* uma pedra, eu *vejo* esta mulher *como* minha mulher. Devemos falar deste "ver como" como uma relação marcada por um *complexo de implicação*, já que a identificação metafórica instaura um novo sentido nos dois sistemas de referências presentes no enunciado.

---

8 Ver, por exemplo, Language, metaphor and a new epistemology, in Hesse, 1986, p.147-61.

É importante sublinhar que, para Lacan, *a identificação não é posição de uma identidade*: "A identificação nada tem que ver com a unificação" (Lacan, S IX, sessão de 29.11.1961). Dizer que há algo que só pode ser nomeado por meio do "ver como" da identificação nos conserva na via da metáfora como escritura da inadequação. O "como" desta visibilidade instaurada pela metáfora acaba por indicar um limite à potência descritiva da língua. Sempre é possível insistir que o caráter de "ver como" próprio à identificação que suporta a substituição metafórica nos coloca diante da opacidade de uma coisa que só pode ser nomeada por meio de suas conexões. Ou seja, sempre há um fracasso da língua que é formalizado pela metáfora.

Isso levará Lacan a sublinhar um aspecto que particulariza sua noção de ação da metáfora. Para além do que ele chama de *vertente do sentido* na metáfora, haveria necessariamente uma vertente que permaneceria sempre *unterdrück* pela simbolização metafórica.[9] Trata-se aqui de uma colocação central, pois ela indica um limite ao regime econômico próprio à simbolização analítica.[10] Nas operações de sentido próprias à substituição de significantes, faz-se necessário reconhecer o que não passa de um sistema significante de referências a outro. Nesse sentido, Lacan falará de "ruínas do objeto metonímico", ou ainda de "resíduo, dejeto da criação metafórica" (Lacan, S V, p.53) que resiste à nomeação. Na passagem de "esta mulher" para "minha mulher" há a produção de um resto, produção daquilo que *nesta* mulher não se deixa *ver como minha* mulher.

Tal simbolização metafórica lacaniana não é pois exaustão completa no Simbólico. Lacan sabe que não há simbolização metafórica sem produção de um resto metonímico. Porém, antes dos anos 60, ele não tem à sua disposição um processo clínico de subjetivação capaz de dar conta do que aparece neste momento como objeto metonímico. Novamente, ele já reconhece um limite às operações de simbolização sem poder passar a novos modos de subjetivação na clínica.

Em suma, toda complexidade do problema da metáfora em Lacan vem do fato de que ela deve preencher uma dupla função. Inicialmente, ela deve

---

9 Cf. Lacan, S XIV, sessão de 14.12.1966. Há distinção importante entre *Unterdrückt* e *Verdrängt* neste contexto. Sabemos que o recalcamento e o retorno do recalcado são a mesma coisa, mas o que é *unterdrück* não passa por estes sistemas de inversões.

10 Tal reconhecimento de um limite à simbolização metafórica levará Lacan a afirmar que "todas as vezes que vocês introduzem a metáfora, vocês continuam na mesma via que dá consistência ao sintoma. Sem dúvida, trata-se de um sintoma mais simplificado, mas ainda é um sintoma, ao menos em relação ao desejo" (Lacan, S VIII, p.251).

dar conta de um processo performativo de instauração simbólica de uma realidade: há uma força perlocucionária da metáfora, já que ela muda a realidade do que nomeia. No entanto, a metáfora não poderia naturalizar o que ela instaura. Se digo: "Você é meu pai", o nome do pai deve continuar como uma metáfora (se não fosse assim, ele seria simplesmente o resultado de uma *interpelação subjetiva,* interpelação do Senhor que aliena totalmente o sujeito no significante "pai"). Como Lacan pensa a performatividade da metáfora no interior de uma teoria não realista da linguagem, a questão maior consiste em impedir que o nome se transforme em naturalização e reificação do sentido. Pois a força do nome deve ser a apresentação da "potência da pura perda [que] surge do resíduo de uma obliteração" (Lacan, E, p.691). De certa maneira, a metáfora bem-sucedida *deve sempre ser* uma metáfora fracassada.

Por que os psicóticos não são poetas?

Se quisermos compreender a função do recurso lacaniano à metáfora, devemos analisar por que só a nomeação metafórica poderia produzir o reconhecimento do desejo.

Partamos do exemplo fornecido pela psicose. Segundo Lacan, os psicóticos são incapazes de criar metáforas,[11] daí se segue que a escritura psicótica não pode ser poesia. Sabemos que isso não significa que eles sejam incapazes de se servir de metáfora – nem todos os psicóticos são afásicos de similaridade. O que tal impossibilidade pode, pois, significar?

Vimos como a metáfora nos leva ao problema da relação negativa entre significante e referência. A metáfora apareceu como uma escritura da verdade como inadequação. Isso dava à metáfora um poder clínico central. Ela podia transformar a nomeação do desejo na simbolização reflexiva da não-identidade entre o desejo e os objetos empíricos. Nesse sentido, se o Simbólico é composto de metáforas, então "unir um desejo à Lei" só pode significar: dar uma determinação simbólica à impossibilidade de o desejo ligar-se a um conteúdo objetal empírico. Assim, a metáfora pode aparecer como o operador de formalização da *falta* própria ao desejo.

A tentativa de *denegar* a natureza metafórica da relação entre significante e referência ganha forma sintomática na neurose. A opacidade do significante transforma o sintoma neurótico em uma questão nominalista do tipo: "O que

---

11 "Algo me surpreendeu [na leitura de textos de psicóticos] – mesmo quando as frases podem ter um sentido nunca encontramos algo que pareça com uma metáfora" (Lacan, S III, p.247).

é uma mulher?", "O que quer dizer 'ter um sexo'?", "O que é a morte?", "O que é um pai?". Questões que expõem a opacidade do significante *vindo do Outro* e que são versões do *Che vuoi?* que fornece o fundamento da experiência neurótica. Se o sujeito pudesse ocupar a posição do Senhor que quer unir significante e significado, então a presença do significante não seria uma questão. Notemos que, por exemplo, se a mulher como significante aparece como questão para o neurótico, é porque:

> O neurótico quer retransformar o significante naquilo do qual ele é signo. O neurótico não sabe, e não é para menos, que é como sujeito que ele fomentou isto: o advento do significante como anulação principal da coisa. Pois é o sujeito que, ao anular todos os traços da coisa, faz o significante. O neurótico quer anular tal anulação, ele quer fazer com que isto não tenha acontecido. (Lacan, S IX, sessão de 14.3.1962)

A fórmula é surpreendente por demonstrar que o neurótico é um mal dialético. Ele quer anular a anulação da coisa pelo significante. Esse programa poderia nos levar à sublimação como modo possível de presença da singularidade, mas, se ele nos leva à neurose, é porque *o neurótico pensa por signos*. Ele quer colocar uma correspondência entre a coisa e as representações próprias ao pensamento fantasmático do eu (lembremos o julgamento de existência em Freud como tentativa de reencontrar um objeto fantasmático na realidade). E se Lacan pode afirmar que o neurótico tenta "satisfazer, por meio da conformação do seu desejo, à demanda do Outro" (ibidem), é porque ele quer anular a incondicionalidade da demanda mediante sua objetificação, da sua conformação a um objeto empírico adequado ao desejo.

No caso do discurso psicótico, a natureza metafórica do significante não é denegada (com as inversões infinitas de posição e de anulação do posto que a denegação inaugura), mas simplesmente *forcluída*. É nesse sentido que devemos compreender a impossibilidade de os psicóticos criarem metáforas. Ao invés de uma construção metafórica, há uma construção imaginária que preenche a falta e a indeterminação de sentido própria à metáfora. É nesse sentido que a linguagem psicótica adquire uma "inércia dialética", tal como Lacan insiste ao comentar a significação do delírio.

A respeito dos neologismos que normalmente compõem o delírio psicótico, Lacan dirá: "É uma significação que não envia a nada, a não ser a ela mesma, ela fica irredutível. O doente sublinha que a palavra tem peso em si mesma" (Lacan, S III, p.43). Encontramos tal inércia também nas considerações de Lacan a respeito da economia do inconsciente na psicose. Se é verdade que, na psicose, o inconsciente não é recalcado, apresentando-se a céu aberto:

"Contrariamente ao que poderíamos acreditar, que ele esteja aí não significa em si mesmo resolução alguma mas, ao contrário, uma inércia toda particular" (Lacan, S III, p.164). Tal significação inerte é o signo de uma linguagem reduzida à economia imaginária do discurso, linguagem *naturalizada* e *coisificada*, já que ela não dispõe da dimensão do Outro. Trata-se de uma linguagem na qual o Outro está reduzido ao outro, o que produz uma suplementação do Simbólico pelo Imaginário.[12] Lacan constrói sua teoria da psicose valendo-se da ideia de uma *redução do desejo ao imaginário* devido à forclusão do Nome-do--Pai (que também deve ser compreendido como a forclusão do caráter metafórico do pai). "Lá onde a palavra [metafórica] está ausente", dirá Lacan, "lá se situa o Eros do psicotizado" (Lacan, S III, p.298).[13]

Ainda sobre esta inércia própria à linguagem psicótica, lembremos que Freud caracterizou tal linguagem como "uma linguagem que trata as palavras como coisas" (Freud, GW X, p.298). Consideração ilustrada pelo exemplo da analisanda de Victor Tausk, conduzida à clínica após uma disputa com seu amante e portanto a seguinte reivindicação: "Meus olhos (*Augen*) não estão como devem estar, eles estão revirados (*verdreht*)". Resultado da coisificação da metáfora "meu amado é um hipócrita, um *Augenverdreher*". Afinal, se Freud afirma que, na esquizofrenia, há a predominância da relação de palavra sobre a relação de coisa, é porque as palavras foram coisificadas.

Assim, psicose e neurose nos mostram como a denegação ou a forclusão da natureza metafórica da linguagem impedem o reconhecimento intersubje-

---

12 Deriva-se daí a impossibilidade de uma mediação simbólica da alteridade. Um acontecimento da ordem da alteridade só pode ser assumido como identificação imaginária, com as consequências de desintegração do corpo próprio, explosão de rivalidade sob a forma de delírio de perseguição e de anulação dos regimes de identidade que sustentavam certa estabilidade pré-psicótica. Nesse sentido, podemos compreender por que Schreber nunca integrou espécie alguma de figura feminina e por que o surto psicótico se deu à ocasião da realização da identificação imaginária com a figura feminina por meio da afirmação: "seria bom ser uma mulher no momento do coito". Identificação resultante da descoberta de sua impossibilidade em ser genitor.

13 Hoje, discute-se a existência de casos de psicose que não estão necessariamente vinculados à forclusão do Nome-do-Pai. Fala-se assim de *neo-surto* (*néo-déclenchement*) e de psicose ordinária a fim de insistir na sua diferença com a psicose "extraordinária" fundada na conjunção entre forclusão do Nome-do-Pai e anulação do poder de simbolização do Falo (ver, por exemplo, ECF, 1997). Se esta perspectiva estiver correta, ela exigirá uma reconsideração da relação entre Lei e psicose, assim como dos modos de suplementação do Nome-do-Pai. No entanto, a análise desta perspectiva escapa aos propósitos deste livro.

tivo do desejo. Agora, faz-se necessário compreender como a metáfora pode nos ajudar a descrever os dispositivos maiores da simbolização analítica que preenchem o papel de fundamentos da cadeia significante. Trata-se do Nome-do-Pai e do Falo: significantes que articulam a diversidade dos modos de sexuação, de socialização e de gozo.

A relação de complementaridade entre esses dois operadores clínicos é evidente, já que o Pai é o portador do Falo e o Falo é a significação do Nome-do-Pai. Tal relação de complementaridade leva Lacan a afirmar: "o falo, ou seja, o Nome-do-Pai; a identificação desses dois termos tendo, em seu tempo, escandalizado pessoas piedosas" (Lacan, S XVIII, sessão de 20.1.1971).

Tal discussão sobre o Falo e o Nome-do-Pai serve também para um outro objetivo. Atualmente, vários críticos acusam Lacan de ter hipostasiado uma Lei simbólica de forte conteúdo normativo. A partir do momento em que a totalidade dos modos de cura foi pensada por meio do fortalecimento da identificação simbólica a uma Lei paterna e fálica de aspirações universalizantes, Lacan teria anulado a diferença irredutível própria ao desejo e, consequentemente, limitado a multiplicidade plástica de identidades sexuais e sociais.

As colocações mais conhecidas contra as consequências deste "falocentrismo" lacaniano vieram de Derrida com o texto *O fator de verdade*. Para ele, o significante fálico apareceria como um operador de simbolização hermenêutica e de totalização sistêmica. Ele seria o elemento transcendental capaz de guardar a presença: "É aquilo que permite, mediante certos arranjos, a integração do falocentrismo freudiano em uma semio-linguística saussureana fundamentalmente fonocêntrica" (Derrida, 1980, p.506).

Derrida pode falar de falocentrismo porque a presença do Falo como "significante transcendental" do desejo produziria a indexação dos circuitos de significantes e desvelaria o sentido da cadeia. Sentido que sempre seria desvelamento da castração da mulher como verdade.[14] *Falicizar* o desejo seria pois uma maneira de subjetivar a castração e de produzir um ponto de basta cuja verdadeira função consistiria em impedir a *disseminação* e a *polissemia* capazes de provocar "sem esperança de reapropriação, de fechamento ou de verdade, os reenvios de simulacro a simulacro, de duplo a duplo" (Derrida, 1980, p.489). Tal leitura, porém, pode ser relativizada se insistirmos no caráter metafórico do Falo e do Nome-do-Pai.

---

14 Derrida chega a falar em "significado primeiro" (Derrida, 1975, p.120) a fim de assinalar o pretenso regime de adequação que estaria presente no sistema simbólico lacaniano.

Ser reconhecido por um pai morto

A fim de introduzir a análise das consequências do caráter metafórico da função paterna, lembremos que o Nome-do-Pai e o Falo são dispositivos centrais da lógica de reconhecimento do desejo puro. É através da sua identificação com o Nome-do-Pai que o sujeito pode se fazer reconhecer pela *universalidade dos outros sujeitos* (já que, para Lacan, a função lógica do Nome-do-Pai desconhece variantes histórico-geográficas). Por outro lado, é pela articulação do desejo ao Falo que os sujeitos, tanto os situados na posição feminina como os na masculina, podem produzir o reconhecimento do desejo pelo Outro.

Analisemos inicialmente o Nome-do-Pai.

A importância do Nome-do-Pai na lógica do reconhecimento do desejo é explicável. Lacan trabalha com uma perspectiva unívoca na compreensão da multiplicidade das ordens simbólicas. Desde Freud, a psicanálise admite um princípio lógico de similaridade estrutural entre a autoridade familiar e a autoridade que suporta os outros vínculos sociais, tais como a religião e a esfera do político. Isso nos explica por que, por exemplo, Lacan articula suas considerações sobre o Nome-do-Pai aos problemas ligados ao Nome de Deus na tradição judaico-cristã (*èhiè ashèr èhiè*).

Tal similaridade estrutural entre esferas aparentemente autônomas de valores e de autoridade (família, religião, política etc.) mostra-nos por que este que porta o Nome-do-Pai é o representante de uma Lei que não é simplesmente lei da família, mas lei que determina o princípio geral dos vínculos sociais. Trata-se do resultado de um sistema de pensamento que vê o Complexo de Édipo como "o fundamento de nossa relação à cultura" (Lacan, S V, p.174).

A primeira estratégia de Lacan consistiu em mostrar como a psicanálise poderia encontrar em Lévi-Strauss um álibi para a sua pressuposição da similaridade estrutural entre esferas autônomas de valores. Se a lei que estrutura o sistema de trocas matrimoniais responsável pela produção de identidades sociais sustenta-se através da interdição primordial do incesto, então é possível elevar o Complexo de Édipo à condição de fundamento de nossa relação com a cultura.[15] Lembremos ainda que os modos de socialização

---

15 Conhecemos críticos de Lacan que afirmam que: "Nas formulações lacanianas, a ficção de um simbólico unívoco se fortalece. Lévi-Strauss ainda falava de 'sistemas simbólicos' no plural, ele levantava mil precauções no momento de avançar o conceito de uma 'ordem das ordens'. Em Lacan, só é questão do 'Simbólico' e da 'Lei' com a maiúscula de reverência" (Descombes, 1980, p.83). É possível, porém que a questão

na primeira esfera de interações do sujeito (a família) trazem necessariamente consequências determinantes para os processos de socialização em esferas mais amplas da vida social. Isso a ponto de problemas de socialização na primeira esfera de interações produzirem consequências em todos os outros processos de socialização. Isso fortalece a tese de similaridades entre esferas autônomas de autoridade.

É verdade que, na sequência de seus seminários, Lacan criticará o lugar central dado anteriormente ao Édipo. Ele chegará a dizer que o Édipo era apenas um "sonho de Freud" (S XVII, p.159), uma construção mítica ditada pela insatisfação da histérica e por sua procura fantasmática por um pai idealizado, pai ao mesmo tempo morto e mestre do seu desejo. No entanto, Lacan conservará até o final a importância da função paterna como motor dos processos de socialização e de reconhecimento do desejo.

Tal lugar central da função paterna apareceu inicialmente como o resultado do papel de fundamento do sistema simbólico desempenhado pelo Nome-do-Pai. Lacan é claro nesse sentido ao afirmar que o Nome-do-Pai:

> É um termo que subsiste no nível do significante, termo que, no Outro enquanto sede da lei, representa o Outro. É o significante que suporta a lei, que promulga a lei. É o Outro no Outro ... O Outro tem, para além de si, este Outro capaz de fornecer o fundamento à lei. É uma dimensão que é igualmente da ordem do significante e que se encarna em pessoas que suportam tal autoridade. Que ocasionalmente tais pessoas faltem, que exista carência paterna, no sentido de que o pai é muito idiota, isto não é a coisa essencial. O que é essencial é que o sujeito tenha adquirido, de uma forma ou outra, o Nome-do-Pai. (Lacan, S V, p.155)

Há duas afirmações maiores nessas proposições. Primeiro, a posição do pai na família não se confunde com seu papel simbólico normativo no interior do complexo. Segundo, a construção metafórica paterna preenche um papel de fundamento da cadeia significante. Ela é o significante que suporta a Lei, "este significante por meio do qual o próprio significante é posto como tal" (Lacan, S V, p.257). Lacan chega a falar do Pai como enunciador que promulga a Lei, reintroduzindo, na teoria do Simbólico, a ficção do legislador (um "impostor" (E, p.813), dirá mais tarde Lacan, mas mesmo assim ficção fundadora).

No entanto, o lugar do Pai é marcado por uma contradição, já que ele preenche um papel impossível de Outro do Outro, este "nível [impossível]

---

de Lacan diga respeito à identificação de processos lógicos próprios às relações de autorreferência do sujeito mediante a linguagem. Daí a necessidade de falar do Simbólico e da Lei.

no qual o saber desempenha a função (*fait fonction*) de verdade" (S XVII, p.125). O Nome-do-Pai é assim um significante puro, um termo da estrutura cuja função consiste em totalizar e a produzir o sentido daquilo do qual ele faz parte. Ele é pois um significante que tem o estranho poder de representar a significação do Outro mas que, a fim de ser fundamento, deve ser excluído do processo reflexivo de determinação de valor dos elementos da cadeia significante.[16]

Este lugar ek-sistente do Nome-do-Pai na sua relação com a cadeia significante pode nos explicar por que Lacan tentará posteriormente desfazer-se do vínculo entre Nome-do-Pai e pai simbólico, definindo o primeiro como um quarto nó que sustenta o Simbólico, o Imaginário e o Real.[17] Tal dissolução parece se inscrever no interior de um movimento mais amplo da teoria lacaniana e que concerne ao questionamento da natureza da performatividade dos processos de simbolização. Como veremos, haverá um movimento, em Lacan, de aproximação entre *simbolização significante* e *produção de fantasmas*. Ele se evidencia na articulação de conjunto entre Simbólico e Imaginário por meio da noção de *semblante*. Ao assumir tal aproximação, Lacan será obrigado a distinguir *formalização* e *simbolização*, a fim de permitir à psicanálise pensar processos de formalização que não sejam processos de simbolização fantasmática. Assim, a força dos processos de subjetivação investidos no Nome-do-Pai se mostrará independente da capacidade de simbolização do Nome-do-Pai, já que ele acabará por se transformar em um significante desprovido de força de simbolização.

Voltemos, porém, às primeiras articulações concernentes ao Nome-do-Pai. Este paradoxo próprio ao lugar do Pai (ao mesmo tempo *fundamento* e *elemento* da cadeia) será inicialmente compreendido como desenvolvimento da afirmação: "o pai é uma metáfora" (Lacan, S V, p.174). Graças a sua condição de metáfora, o Pai poderia resolver o problema do fundamento da cadeia

---

[16] O que demonstra como o Nome-do-Pai, tal como o Falo, seguem o paradoxo bem indicado por Badiou: "O problema fundamental de todo estruturalismo é este do termo com dupla função que determina o pertencimento dos outros termos à estrutura enquanto ele é em si mesmo excluído pela operação específica que o faz figurar apenas sob as formas de seu representante" (Badiou, 1966, p.497).

[17] Como podemos deduzir da afirmação: "Eu colocarei neste ano a questão de saber se, quando e a propósito do que se trata, ou seja, do entrelaçamento do Imaginário, do Simbólico e do Real, é necessário esta função suplementar de um toro a mais, este cuja consistência estaria referida à função dita do pai" (Lacan, S XXI, sessão de 12.2.1975). Sobre essa questão, ver Porge, 1997.

significante. Por sinal, esta é também a via para compreendermos por que a identificação com o Nome-do-Pai seria o único modelo possível de socialização do desejo puro.

Aproveitemos a distinção posta entre os dois níveis da metáfora (jogo de substituição entre dois significantes vindos de sistemas diferentes e negação da referência). Quando Lacan diz que o Pai é uma metáfora, ele faz alusão a esse duplo nível. Primeiro, há o famoso jogo de substituição entre o significante do Desejo-da-Mãe e o Nome-do-Pai. Esse Desejo-da-Mãe já é uma Lei. Lacan chega a falar de uma primeira simbolização pela qual a criança pode desejar o Desejo-da-Mãe, simbolização feita por meio da dupla de significantes presentes no jogo do *Fort-Da*. Por meio desta dupla, a criança pode simbolizar a presença e a ausência da mãe como *totalidade* distinta do jogo dos bons e maus objetos parciais. Tal constituição da mãe como totalidade produz modificações na relação da criança com os objetos que ela quer reter perto de si. Eles não serão mais objetos que obedecem à economia autoerótica dos prazeres de órgão. Agora, eles serão a marca do valor desta potência que é a mãe.

No entanto, Lacan reduz a Lei própria à mãe a uma Lei de capricho, já que "esta lei está inteiramente no sujeito que a suporta, a saber, no bom ou mau querer da mãe, a boa ou má mãe" (Lacan, S V, p.188). Tal indeterminação própria à Lei materna levará Lacan a construir imagens como: "Um grande crocodilo na boca do qual vocês estão – isto é a mãe" (Lacan, S XVII, p.129). O que nos explica por que ele procura deslocar o polo do conflito edípico do par filho/pai para o par mãe/pai, a fim de desenvolver a ideia de que o pai é uma barragem contra o Desejo-da-Mãe.[18] Pois a Lei materna é uma *Lei sem transcendência*, "ela está inteiramente no sujeito que a suporta" – ou seja, ela não tem enunciação transcendente alguma, já que ela está totalmente ligada ao apetite da mãe. Essa Lei reduz o sujeito a tentar ser objeto imaginário do Desejo-da-Mãe (lembremos o primeiro momento do Complexo de Édipo no qual o sujeito procura identificar-se com a *Gestalt* fálica, o pênis imaginário que faltaria à mãe). Ela o faz entrar em um *infinito ruim* animado pela imaginarização impossível da falta materna. Seguramente, as considerações de Melanie Klein sobre o supereu precoce resultante da inversão do sadismo-oral do bebê em angústia, inversão feita na passagem da fase esquizo-paranoide à fase depressiva, ajudaram Lacan a configurar a Lei materna. Isso o levará a perguntar, por exemplo, se não haveria "atrás do supereu paterno, um

---

18 "Esta mensagem [a enunciação da Lei do pai] não diz simplesmente *Você não dormirá com sua mãe*, ela é *Você não reintegrará seu produto* endereçado à mãe" (Lacan, S V, p.202).

supereu materno ainda mais exigente, ainda mais opressivo, mais destruidor, mais insistente [já que ligado ao imperativo impossível de imaginarizar o desejo]" (Lacan, S V, p.162).

Essa ausência de transcendência da Lei da mãe a impede de poder reconhecer o desejo puro. É por isso que ela deve ser substituída pela Lei do pai. Uma Lei que é transcendente,[19] já que ela não oferece objeto empírico-imaginário algum ao desejo. Do ponto de vista da enunciação dos objetos que lhe seriam conforme, *a Lei do pai é uma Lei vazia.*

É visível a *função lógica* desta teoria da dupla Lei (a Lei do supereu materno e a Lei do pai). Ela é complementar à tendência lacaniana a colocar, no lugar do supereu paterno fundado sobre a interdição ao gozo, o supereu materno cujo imperativo é exatamente "Goza!". Trata-se na verdade de duas maneiras de pensar a possibilidade da *posição* do gozo. A Lei materna *põe* o gozo como dever – o que leva o sujeito à tentativa de imaginarizar a falta. Tal maneira de *pôr* o gozo é na verdade uma maneira de negá-lo, salvo se entrarmos na perversão. Pois ela é procura em reduzir a negação real à falta imaginária. A Lei do pai seria outra coisa, já que ela se guarda de *pôr* o gozo impedindo sua imaginarização. O que pode explicar, por exemplo, por que um dos elementos centrais em jogo na constituição do Nome-do-Pai "é que um certo pacto pode ser estabelecido para além de toda imagem" (Lacan, S XI, p.103).

É aqui que devemos introduzir a segunda vertente do problema da metáfora, esta que a liga ao problema dos modos de acesso à referência. Se a Lei paterna é uma lei transcendente (e transcendental, pois é fundamento, condição *a priori* para a cadeia simbólica) é porque *o verdadeiro pai é um pai morto,* pai que não pode dizer nada sobre o objeto adequado ao gozo. Trata-se da aplicação do postulado da metáfora como negação da referência empírica.

O impossível da tautologia do pai

Isso quer dizer que, contrariamente à Lei materna, fundada totalmente na enunciação feita pelo sujeito que a suporta, ninguém na efetividade pode *realizar* a função simbólica do pai, ninguém pode falar "naturalmente" em nome do pai. Pois, como está morto, o pai não pode jamais estar integralmente presente na efetividade: "O pai simbólico não está em parte alguma. Ele não intervém em parte alguma" (Lacan, S IV, p.210). Tal não-identidade

---

19 "O pai simbólico é uma necessidade da construção simbólica que só podemos situar em um para além, eu diria quase numa transcendência" (Lacan, S IV, p.219).

na relação entre o pai simbólico e o pai empírico-imaginário é claramente expressa por Lacan:

> O único que poderá responder absolutamente à posição do pai como pai simbólico é este que poderia dizer, como o Deus do monoteísmo – Eu sou aquele que é [*èhiè ashèr èihè* – Lacan adotará após outra tradução: *Eu sou o que sou*]. Mas esta frase que encontramos no texto sagrado não pode ser pronunciada literalmente por ninguém. (Lacan, S IV, p.210)

Essa é uma fórmula maior para compreendermos o lugar privilegiado do pai. Voltemos ao problema do papel impossível do Nome-do-Pai como fundamento, como o Outro do Outro. Tal paradoxo só poderia ser resolvido pela transformação do pai em uma tautologia. *Para ser fundamento, faz-se necessário que o pai seja uma tautologia.* Ele deveria ser o significante capaz de se autossignificar, ou, ainda, ele deveria ser uma significação que porta, em si mesmo, sua própria designação. Ele não poderia reenviar o problema de sua significação a um significante Outro. Se "o dito primeiro [uma enunciação tipicamente paterna; lembremos da ficção do pai como legislador] decreta, legifera, aforiza, é oráculo, ele confere ao outro real sua obscura autoridade" (Lacan, E, p.808), então esse dito deveria *retirar de sua própria enunciação a força perlocucionária de sua performatividade*, já que "todo enunciado de autoridade só tem como garantia sua própria enunciação" (Lacan, E, p.813). "É por isto", dirá Lacan:

> Que o pai é essencialmente criador, eu diria mesmo criador absoluto, este que cria com o nada. Em si mesmo, o significante tem esta significação original, ele pode conter o significante que se define como o surgimento deste significante. (Lacan, S V, p.258)

Porém como podemos ter certeza de que essa performatividade de um pai que cria do nada não seria simplesmente um fantasma fálico de potência? Tal noção de performatividade exigiria um princípio de expressividade capaz de pôr a identidade entre a intencionalidade e o ato, entre a enunciação do significante e a realização exterior do sentido. Isso serve para sublinhar como a performatividade do pai seria, na verdade, impossível. De certa forma, tal impossibilidade do performativo é estritamente hegeliana, já que ela indica as consequências de uma compreensão dialética da tautologia a partir do movimento especulativo próprio ao princípio de identidade.

Para a dialética, a tautologia é impossível porque ela sempre diz o contrário do que quer dizer, ou seja, ela sempre enuncia a clivagem *ao tentar pôr* a igualdade a si. Tal crítica da tautologia inverte toda possibilidade de expressividade no interior do performativo.

Nós podemos fornecer uma fórmula algébrica para este: "Eu sou o que sou" impossível do pai: A=A. Lacan serve-se dessa fórmula no seminário sobre *As identificações*, a fim de analisar a possibilidade de o significante se autossignificar. Por que essa proposição tautológica é impronunciável? A resposta é dupla e nos indica tanto uma clivagem no interior da forma geral da proposição como uma clivagem no ato de enunciação.

Inicialmente, se ninguém pode *enunciar* uma proposição do tipo Eu=Eu é porque o ato de enunciação produz uma clivagem entre o sujeito do enunciado e o sujeito da enunciação. A autodesignação não pode ser autossignificação porque o uso do Eu como *embrayeur* é alienação do sujeito em um sistema diferencial-opositivo no qual a identidade é sempre enunciada por meio da pressuposição da diferença. Como veremos, trata-se de um fato trabalhado por Hegel em suas considerações sobre o impasse da certeza sensível e sobre as interversões das determinações de reflexão na *Lógica da essência*.

Por outro lado, se ninguém pode enunciar a igualdade a si *mediante* a proposição Eu=Eu é porque, do ponto de vista da lógica dialética, todas as proposições desse tipo são proposições sintéticas, e não proposições analíticas. Para chegar a tal compreensão especulativa da proposição, Hegel compreende toda proposição valendo-se de sua *forma geral* (S é P), que coloca as diferenças categoriais quantitativas entre a particularidade do sujeito e as predicações de universais.[20]

Quando digo, por exemplo, "uma rosa é uma rosa", vê-se que a expectativa aberta pela enunciação "uma rosa é...", na qual o sujeito aparece como forma vazia e ainda não determinada, como "algo em geral", como "som privado de sentido" (Hegel, 1988b, p.21), é invertida ao final da proposição. A rosa que aparece na posição de sujeito é um caso particular. Rosa que, em si mesmo, é apenas negação – acontecimento contingente desprovido de sentido – ao passo que a rosa presente no predicado aparece inicialmente como "representação universal" (Hegel, 2000a, par. 167) abstrata que forneceria a significação (*Bedeutung*) do sujeito. Podemos mesmo afirmar que ela é extensão de um conjunto ainda vazio. Para Hegel, ao enunciar "*uma* rosa é uma *rosa*", dizemos que o conjunto é idêntico a um de seus elementos, dizemos que *o*

---

20 Esta maneira de levar em consideração as diferenças categoriais quantitativas expressas na forma geral da proposição é o que faz a especificidade da teoria hegeliana do julgamento, isto a ponto de Hegel afirmar que se deve "ver como uma falta de observação digna de surpresa que, nas lógicas, não encontramos indicado o fato de que em todo julgamento exprime-se tal proposição: '*o singular é um universal*'" (Hegel, 2000a, par. 166).

singular é o universal.[21] Essa é a interpretação que podemos dar à afirmação: "Já a fórmula da proposição está em contradição com ela [a proposição A=A], pois uma proposição promete também uma diferença entre sujeito e predicado; ora, esta não fornece o que sua própria forma exige" (Hegel, 2000, par.115). O que nos explica por que, em seu comentário sobre o exemplo maior, nossa discussão a respeito do Nome-do-Pai, Hegel afirma: "Se alguém abre a boca e promete indicar o que é Deus, a saber *Deus é – Deus*, a expectativa encontra-se enganada pois ele esperava uma *determinação diferente*" (Hegel, WL II, p.43).

Hegel teria compreendido, na forma geral da proposição, a existência de uma cisão estrutural entre o regime geral de apresentação e a designação nominal do acontecimento particular. O primeiro momento da afirmação "o singular é o universal" põe a inessencialidade do singular e a realidade do universal. *Uma* rosa será sempre uma *rosa*. É o predicado que põe o sujeito e, a partir do momento em que o sujeito (ainda indeterminado) é posto, ele se anula: o que era predicado advém sujeito. Devido à forma geral da proposição, o *ato de enunciação* da identidade produz sempre a posição de uma alienação. "Se dizemos também: *'o efetivamente real (Wirkliche) é o Universal'*, o efetivamente real como sujeito desaparece (*Vergeht*) em seu predicado" (Hegel, 1988b, p.47; 1992a, p.56).

A reflexividade própria à forma geral da proposição, porém, pode produzir interversões, já que, através do julgamento, o universal "se dá um ser-aí", ele "se decide no singular" (Hegel, 1981, p.61).[22] Assim, a forma geral da proposição pode também exprimir que: *"O universal é o singular"*, em que o sujeito aparece como algo (*Etwas*) que se desdobra em uma multiplicidade de atributos. Hegel se serve do julgamento "a rosa é odorante", no qual odorante é apenas um dos múltiplos atributos possíveis da rosa. Nos dois casos, a identidade prometida entre sujeito e predicado não se realiza devido à irredutibilidade das diferenças categoriais quantitativas.[23]

---

21 De certa maneira, Lacan está dizendo a mesma coisa ao afirmar, a respeito da estrutura do véu alienante: "O significante com o qual designamos o mesmo significante não é, evidentemente, o significante através do qual designamos o primeiro" (Lacan, S XI, p.190). O primeiro significante é um significante puro, um conjunto vazio, o outro é determinação de sentido.

22 Aqui, podemos seguir Zizek e afirmar que "o universal é o contrário de si na medida em que ele refere-se a si no particular, advindo a seu ser-para-si na forma de seu contrário" (Zizek, 1999a, p.57).

23 Pode parecer que Hegel faça aqui uma confusão entre predicação e identidade. Ele parece negligenciar que há ao menos dois empregos diferentes da cópula "é". Frege nos

Podemos dizer que a função do pai na teoria lacaniana consiste exatamente em *mostrar, no interior do sistema simbólico, este impossível formalizado pela tautologia*. A solução de Lacan à crítica dialética da tautologia consiste em *transformar a tautologia na formalização de um impossível* e mostrar que "eu sou o que sou, isto é um buraco, não?" (Lacan, S XXII, sessão de 13.3.1975). Podemos dizer que "o Nome-do-Pai é apresentado como o nome de uma falha" (Porge, 1997, p.105). Mas *dizer que a falha pode ter um nome que é seu nome próprio*, dizer que a negação externa ao sistema pode se inscrever e se deixar simbolizar no interior do sistema sem anular-se ou, para ser mais explícito, que o limite (*Grenze*) em relação à exterioridade do sistema simbólico pode se transformar em uma borda (*Schranke*) interna ao sistema, esta é exatamente uma das estratégias maiores da dialética desde Hegel. Pois ela pressupõe uma *simbolização da negação* ou, ainda, uma "negação em si (*Negation an sich*) que só tem um ser como negação reportando-se a si" (Hegel, WL II, p.24).

Tais fórmulas servem também para mostrar como o Nome-do-Pai é apenas a simbolização da impossibilidade de o pai empírico realizar, na efetividade, a função paterna. Ele é a maneira de objetivar o impossível da autoridade paterna. É por esta via que devemos compreender a afirmação de Lacan, a respeito da necessidade estrutural do assassinato do pai: "Em francês, e em algumas outras línguas como o alemão, matar vem do latim *tutare* que quer dizer *conservar*" (Lacan, S IV, p.211).

Ou seja, a função do pai só pode ser pensada se admitirmos uma negação que se conserva como negação, como inadequação. Sublinhemos, porém, que Lacan tende a transformar *esta estrutura de negação própria ao Nome-do-Pai* em aquilo que podemos chamar de *poder negativo do transcendental*, ou seja,

---

lembra que "é" pode ter ao menos duas funções (cf. Frege, 1971, p.129). Há uma função de orma lexical de atribuição vinculada à possibilidade de predicação de um conceito a um objeto. Assim, em "uma rosa é odorante", "odorante" é a predicação conceitual de um nome de objeto (rosa). Mas, por outro lado, "é" pode ter a função de signo aritmético de igualdade usado para exprimir a identidade entre dois nomes de objeto (como no caso da proposição "A estrela da manhã é Vênus") ou a autoigualdade de um nome de objeto a si mesmo ("Vênus é Vênus"). Parece-nos que, na verdade, a dialética *deve*, em certa medida, confundir predicação e identidade. O fundamento da compreensão especulativa da linguagem é a experiência do evanescimento do objeto sob seu nome. Para Hegel, um nome de objeto não pode ser uma denotação positiva do objeto e não há um nome que possa convergir significação e designação. A identidade *deve advir* necessariamente uma predicação, já que a posição da identidade leva o sujeito necessariamente a passar à predicação de diferenças-opositivas. Na verdade, é tal passagem que interessa a Hegel.

negação da determinidade empírica e produção da abertura de uma transcendência que se conserva no interior de uma determinação transcendental. *É este poder negativo do transcendental que anima a estratégia de simbolização clínica por meio de significantes puros.* É ela que permite à função simbólica conservar-se cortada de toda realização empírica imediata. Digamos que, em Lacan, *os processos de simbolização analítica são todos fundados em um uso transcendental da negação.*[24]

Neste ponto, podemos compreender por que só o pai morto pode reconhecer um desejo que é fundamentalmente desprovido de objeto. Não há outro lugar na teoria lacaniana no qual a morte apareça de maneira tão evidente como manifestação fenomenológica de uma função transcendental que insiste para além dos objetos empíricos. Em Lacan, a morte como *um gênero de negação sem conceito* (ou, ao menos, sem um regime do conceito definido no interior de um pensamento da adequação) está sempre ligada a uma função lógica própria à indeterminação fenomenal do que: "nunca é um simples ente" (Heidegger, 1958, p.212).

Uma castração que não ameaça ninguém

Ainda a respeito do pai, devemos insistir em outro ponto. Se ele não fosse um pai morto, se ele fosse este pai primitivo senhor do gozo que encontramos em *Totem e tabu,* pai que está em posição de exceção em relação à castração, então não haveria outra possibilidade para o sujeito a não ser a perversão. Ou seja, não haveria outra saída a não ser identificar-se com o pai e aceitar o lugar de um Outro sem falta que detém o saber sobre o gozo. A versão do pai só poderia ser uma *père-version*.[25] Nesse sentido, não é estranho que Lacan identifique *Totem e tabu* com esse fantasma típico da neurose obsessiva que se sustenta na crença na existência de "ao menos um" perverso que poderia gozar devido à sua posição *fora da Lei* da castração. Porém notemos que este é, na verdade, o fantasma que estrutura a posição masculina, já que ela é caracterizada pela conjunção $\exists x \ \neg \phi x / \forall \ x \phi x$ – na qual vemos que a universalização é solidária da exclusão de *ao menos um* que não teria necessidade de reconhecer

---

24 E mesmo quando Lacan admitir a pluralidade de Nomes-do-Pai (fato que pode ser compreendido como sintoma de uma época na qual o lugar unívoco da Lei desaparece em uma multiplicidade de normas), ele continuará sustentando a ide¬ia do Nome-do-Pai como formalização de uma negação: "Mas o Pai tem tantos [nomes] que não há Um que lhe convenha, a não ser o Nome do Nome como ek-sistência" (Lacan, AE, p.563).
25 Sobre essa questão, ver Three fathers in Zizek, 2000, p.210-23.

a função da castração. Com tais formalizações por meio de quantificadores, Lacan quer dizer que uma proposição universal afirmativa ($\forall x \, \phi x$ – todo homem deve passar pela função da castração) encontra sua verdade na proposição particular que a nega ($\exists x \, \neg \phi x$ – há ao menos um que não passa pela castração) e que se encontra recalcada. Assim, o homem poderia transformar a impossibilidade do gozo em interdição do gozo vinda do pai.

O pai, no entanto, é morto e castrado – condição que indica que ele nada sabe sobre o gozo (já que ele não pode indicar um objeto empírico adequado ao gozo), que ele desconhece a verdade do desejo do sujeito, em suma, que ele é "marca de uma falta de saber" (Silvestre, 1993, p.247). Trata-se de um pai que nada pode dizer sobre o desejo, a não ser indicar que a mãe é castrada. Daí se segue a transformação do sonho freudiano do pai morto ("Pai, não vês que estou queimando?") em paradigma da posição do pai.

Devemos fazer aqui uma consideração de ordem histórica. Lacan pensa o problema da função paterna em uma época marcada exatamente por uma crise psicológica produzida pelo "declínio social da imago paterna". Época na qual a personalidade do pai é sempre "de alguma forma carente, ausente, humilhada, dividida ou postiça" (Lacan, AE, p.61). E é muito significativa essa tendência lacaniana em demonstrar que quase todos os pais presentes nos grandes casos clínicos freudianos (Dora, O pequeno Hans, O homem dos lobos, O homem dos ratos) são afetados por uma carência fundamental, salvo o pai do paranoico (Schreber). Trata-se de mostrar as consequências clínicas do paradoxo moderno em conjugar, na mesma figura paterna, a *função simbólica* de representante da Lei, função que responde pela normalização sexual e que será internalizada por meio do Ideal do eu, e a *característica imaginária* do pai como rival na posse do objeto materno, rivalidade introjetada através do supereu repressivo. Devido a um problema estrutural vinculado aos modos de socialização na modernidade, o pai nunca pode estar à altura de sua função simbólica. Problema que toca a relação problemática entre a função transcendental da Lei e a efetividade da sua representação empírica.

Isso deixou Lacan com a questão de saber qual é a eficácia de uma estratégia clínica fundada no fortalecimento da identificação com a Lei simbólica em um momento histórico no qual a figura paterna é carente.[26] É a utilização

---

26 Uma questão bem levantada por Borch-Jacobsen: "Qual é o sentido de restabelecer a Lei, tal como Lacan tenta fazer, por meio de sua identificação com a Lei do símbolo e da linguagem? Não seria melhor admitir que ela foi definitivamente anulada?" (Borch-Jacobsen, The Oedipus Problem in Freud and Lacan, in Pettigrew & Raffoul, 1996,

clínica da estrutura da metáfora e do poder negativo do transcendental que permitirá a Lacan servir-se desta situação histórica dando a este pai humilhado o poder de unir o desejo à Lei mediante certa "anulação" do pai imaginário com seus motivos de rivalidade. Porque é pela identificação do sujeito com um significante puro que ele pode reconhecer a negatividade de seu desejo e *gozar da Lei*.

Notemos esta astúcia fundamental de Lacan. Fortalecer a *função* paterna não significa necessariamente fortalecer a *figura* do pai. Essa seria uma tarefa desprovida de sentido no interior de nossas coordenadas históricas (na verdade, Lacan percebeu claramente que a insistência neste ponto deixaria a psicanálise dependente de uma configuração familiar determinada e elevada à categoria de padrão de normalidade). No entanto, veremos como o imperativo de fortalecer a *função* paterna só pode completar-se pelo advento de um ato capaz de levar o sujeito a *atravessar* o Nome-do-Pai (e, consequentemente, a sair do universo do reconhecimento intersubjetivo, tal como Lacan o compreende).[27]

Por sinal, é bem possível que esse dispositivo de anulação do pai imaginário abra, para Lacan, a possibilidade de operar um deslizamento pleno de consequências. Sabemos desde Freud que o pai permite à castração aparecer como significação do desejo socializado. Lacan, porém, não vê a castração como a internalização de uma ameaça vinda do pai-rival na luta pelo gozo do objeto materno. Se a experiência subjetiva da castração for articulada como *ameaça*, então a teoria psicanalítica perde todo instrumento possível para distinguir Lei e supereu.

Na verdade, Lacan nos autoriza a concluir que a *ameaça* de castração é um fantasma neurótico, já que ela está ligada à ameaça do desaparecimento (*aphanisis*) de um objeto empírico adequado ao desejo.[28] Nós vimos como a maneira neurótica de sustentar-se no desejo baseia-se na promessa do advento de tal objeto. Lembremos que a tentativa neurótica de conformar seu desejo

---

p.312). Ouvimos ecos desta problemática no reconhecimento de Michel Silvestre: "é à precariedade deste artifício [o Nome-do-Pai] que os analistas confrontam-se quando constatam, ou mesmo deploram, a ineficácia crescente das interpretações edípicas feitas em nome do pai, sob a cobertura desta autoridade de empréstimo" (Silvestre, 1993, p.260).

27 Segundo a fórmula: "O Nome-do-Pai, podemos dispensá-lo, à condição de servir-se dele" (Lacan, S XXIII, sessão de 13.6.1976). Ver também o final do Capítulo 5 deste livro.

28 Este é um sentido possível que podemos dar à problemática da *aphanisis* desenvolvida por Jones. Segundo ele, a *aphanisis* "é uma ameaça para o eu possessor da libido, para sua capacidade de obter uma satisfação libidinal, seja ela vinculada aos sentidos, seja ela sublimada" (Jones, 1997, p.285).

com a demanda do Outro deve ser compreendida como tentativa de anulação da indeterminação da demanda mediante sua objetificação, sua conformação com um objeto empírico adequado ao desejo.

O pai lacaniano, ao contrário, traz a castração como simbolização da inexistência de uma representação adequada do sexual e de um objeto próprio a um desejo que é sobretudo sexual. Ou seja, a castração não aparece como uma ameaça, mas como um modo de entrar em um regime de simbolização capaz de permitir o reconhecimento da negatividade do desejo por meio da Lei do Falo. A verdade enunciada pela castração seria: *a única maneira de satisfazer um desejo puro é através de sua vinculação a uma Lei transcendental reconhecida intersubjetivamente*. Eis por que o pai é exatamente este que deve demonstrar que ele tem o Falo, não como insígnia de potência, mas como marca de indeterminação. Porque "O falo, lá onde ele é esperado como sexual, só aparece como falta e este é seu vínculo com a angústia".[29]

Desejar um falo castrado

Encontraremos, com o Falo, a mesma lógica metafórica de simbolização da negação. Inicialmente, tal como o Nome-do-Pai, o falo ocupa o mesmo lugar de fundamento da cadeia significante, já que ele é "significante destinado a designar em seu conjunto os efeitos de significado" (Lacan, E, p.699). Assim, ele pode "suplementar o ponto no qual, no Outro, a significância desaparece" (Lacan, S VIII, p.277). É nesse sentido que Lacan poderá dizer que só há uma *Bedeutung*: a *Bedeutung* do Falo. Ele é o único significante capaz de *preencher a função* do signo. Lacan chega a afirmar que: "O falo é o único significante que pode se autossignificar" (Lacan, S IX, sessão de 9.5.1962), já que "seu enunciado iguala-se a sua significação" (Lacan, E, p.819).

Tais fórmulas, como nós vimos com o impossível da tautologia do pai, indicam a formalização de um impossível, e não a possibilidade de realização efetiva de uma proposição de autoidentidade. Daí se segue a necessidade lacaniana de dizer que o falo sempre está velado, é sempre impronunciável, já que ele é a internalização de sua própria negação.

A importância do significante fálico realiza uma articulação plena de consequências. Primeiramente, ela mostra que o sujeito não pode escapar a

---

[29] Lacan, S X, sessão de 5.6.1963. Ou, ainda, quando Lacan fala do Falo "enquanto ele representa a possibilidade de uma falta de objeto" (Lacan, S XIV, sessão de 15.1.1967).

um horizonte formal de totalização e de síntese. É assim que devemos interpretar a afirmação de que o falo "é o significante fundamental por meio do qual o desejo do sujeito pode se fazer reconhecer como tal, quer se trate do homem quer se trate da mulher" (Lacan, S V, p.273). Mediante o falo, o sujeito partilha uma função social sob a forma de um ter que *dom* (no caso da posição masculina) ou de um *ser* que é ser para um Outro, e não indicação de um atributo essencial (no caso da posição feminina).[30] Isso mostra como *o significante fálico é o emblema de toda simbolização possível do desejo*. O falo pode aparecer como dispositivo de indexação de todo espaço possível de reconhecimento intersubjetivo, como o centro da economia libidinal, já que, para Lacan, o campo da sexuação é o campo por excelência do reconhecimento. O sujeito só pode ser reconhecido como *sujeito sexuado*: o que não significa submeter a transcendência absoluta do desejo a um dado da ordem antropológica da sexualidade ou da diferença anatômica entre os sexos, já que a clínica analítica nos demonstra "uma relação do sujeito com falo que se estabelece sem levar em conta a diferença anatômica dos sexos" (Lacan, E, p.686).

Esse lugar central do falo é submissão da diversidade possível dos modos de sexuação ao primado da função fálica. Assim, a sexuação feminina será inicialmente pensada através do *Penisneid,* com sua maneira de superar tal relação de dependência pelo ato de transformar os atributos femininos em signos de reivindicações fálicas e que Lacan, seguindo Joan Rivière, chama de *mascarada*. Maneira lacaniana de interpretar a afirmação freudiana segundo a qual toda libido é necessariamente masculina.

Tal maneira de compreender a posição feminina será revista mediante a compreensão de que *nem tudo* (*pas tout*) de uma mulher inscreve-se sob a função fálica. Este *não todo,* porém, não significa necessariamente negação do genérico da função fálica e da castração a qual a mulher se relaciona. Se fosse assim, uma mulher seria sempre portadora de um gozo totalmente não submetido à castração.

Isso demonstra como o falo permite a *construção de um Universal* capaz de unificar as experiências singulares do desejo. Ele cria um campo universal de reconhecimento mútuo do desejo para além da irredutibilidade dos particularismos e dos acidentes da história subjetiva.

Trata-se de um campo universal de reconhecimento mútuo extremamente peculiar. Lembremos, por exemplo, que tal campo não pode realizar-se por meio

---

[30] Isso de acordo com a fórmula "o homem não é sem tê-lo [o falo], a mulher é [o falo] sem tê-lo".

da possibilidade da relação sexual. Compreendamos aqui "relação sexual" principalmente como o espaço intersubjetivo de reconhecimento do desejo de sujeitos capazes de subjetivar seus corpos, já que "a relação sexual é isto mediante o qual a relação com o Outro desemboca em uma união de corpos" (Lacan, S VIII, p.243).

Sabemos como Lacan insistirá, até o fim de seu ensinamento, que "não há relação sexual" – última fórmula da impossibilidade da intersubjetividade. Podemos, contudo, nos perguntar: por que o universal da Lei fálica não é capaz de realizar as condições para o advento da relação sexual, isso apesar da afirmação lacaniana de que o falo "equivale a uma cópula (lógica)" (Lacan, E, p.692)? Faz-se necessário aqui analisar as determinações positivas próprias à função fálica, a fim de encontrar uma resposta. É nesse ponto que identificaremos o germe da autocrítica lacaniana ao uso psicanalítico do paradigma da intersubjetividade.

O falo é internalização de sua própria negação. Devemos entrar na análise dessa contradição interna ao significante fálico a fim de vermos se ela pode nos levar à compreensão da natureza deste "para todos" lacaniano. Isto significa apreender o paradoxo que consiste em afirmar que o falo é, ao mesmo tempo, o significante por excelência do desejo[31] e *o significante que encarna a falta própria à castração*, "significante do ponto em que o significante falta/fracassa [seguindo aqui a duplicidade de sentido do termo *manque*]" (Lacan, S VIII, p.277). Estamos então diante de uma contradição, salvo se admitirmos a existência de algo como um *desejo de castração* – o que só é evidente para a histérica. Se lembrarmos, porém, que a castração lacaniana indica a impossibilidade de um objeto empírico (o pênis orgânico e seus substitutos, como o fetiche) ser função de gozo, então a estratégia advém clara. O falo é apenas uma maneira disponível ao sujeito de determinar objetivamente e permitir o reconhecimento intersubjetivo da negatividade radical de seu desejo. Se Lacan afirmou que o falo era presença real do desejo, era porque ele aparecia como presença do negativo, como: "Um símbolo geral desta margem que sempre me separa de meu desejo, e que faz com que meu desejo seja sempre marcado pela alteração que ele sofre ao entrar no significante" (Lacan, S V, p.243).

---

31 "Ele não é simplesmente signo [o que já é muito para uma teoria não realista do simbolismo] e significante, mas presença do desejo. *É a presença real*" (Lacan, S VIII, p.294). Uma presença que transforma o falo em "significante do poder, o cetro e também isto graças a que a virilidade poderá ser assumida" (Lacan, S V, p.274).

Tal noção do falo como "um símbolo geral desta margem que sempre me separa do meu desejo" mostra-nos como o falo é apenas *a inscrição significante da impossibilidade de uma representação adequada do sexual no interior da ordem simbólica*.[32] Ele é a inscrição significante da relação de inadequação entre o sexual e a representação. Novamente, a Lei lacaniana demonstra-se vazia, desprovida de todo conteúdo normativo positivo.

Eis como podemos compreender por que "o homem sustenta seu gozo por meio de algo que é sua própria angústia" (Lacan, S X, sessão de 20.3.1963). Ou seja, se o falo pode aparecer como "significante do gozo" (Lacan, E, p.823) é porque, no caso masculino, as fixações devem passar pela "nadificação simbólica" do objeto empírico-imaginário do desejo. Nadificação do objeto que nos indica a fonte de angústia da ação do falo: "*a*, objeto do desejo, para o homem, só tem sentido quando ele for vertido no vazio da castração primordial" (Lacan, S X, sessão de 27.3.1963).

Devemos sublinhar aqui uma característica maior da economia fálica: *a injunção primordial de castração presente na Lei fálica exige o sacrifício de todo objeto do desejo*. A única coisa que a Lei fálica diz é que não há objeto adequado à transcendentalidade do desejo: "É isto que quer dizer o complexo de castração: não há objeto fálico" (Lacan, S XIV, sessão de 24.5.1967). Maneira de ler a proposição lacaniana da castração como uma operação *simbólica* que incide sobre um objeto *imaginário*.

Contudo não devemos esquecer que o falo pode inverter tal inadequação em um *gozo do vazio da Lei*. Pois o sacrifício do objeto do desejo abre o espaço para a promessa de um gozo para além do prazer empírico. Abertura que pode se realizar graças à conformação do desejo com a pura forma da Lei. Vemos aqui *um ponto no qual desejo e gozo podem se unir*. Faz-se necessário falar de gozo neste regime de *falicização* do desejo porque, por meio da Lei fálica, o sujeito pode encontrar, na ordem simbólica, a mesma negatividade que anima seu desejo. Encontro que Lacan chamará mais tarde de *separação*. A reflexividade entre sujeito e Lei poderia realizar-se mediante este desvelamento de negações.

A *Aufhebung* suspensa do falo

Notemos, porém, que há um paradoxo nesta estratégia de transformar o falo em ponto de convergência entre gozo e desejo. Lacan só poderá resolvê-lo

---

32 É a partir de tal perspectiva que podemos compreender Lacan quando ele fala da "relação significativa da função fálica como falta essencial da junção da relação sexual com sua realização subjetiva" (Lacan, S XIV, sessão de 22.2.1967).

pelo remanejamento do conceito de objeto *a*.³³ O paradoxo é, mais uma vez, a possibilidade de certa *simbolização do Real* a respeito da qual o falo parece nos fazer crer. Nesse sentido, Lacan chega a afirmar: "O que é vivente do ser do sujeito na *Urverdrängt* encontra seu significante ao receber a marca da *Verdrängung* do falo (através da qual o inconsciente é linguagem)" (Lacan, E, p.690 [citação modificada]).

O Real que foi objeto de um recalcamento primordial na primeira simbolização encontra sua inscrição possível através do significante fálico. O trabalho do falo consistiria em transformar a falta real em falta simbólica da castração, permitindo com isso uma simbolização da negatividade do Real no interior da estrutura simbólica. Mas vimos a diferença entre as negações próprias à *Verneinung* e à *Verwerfung*, entre o destino do ser, que obedece a uma dialética de velamento/desvelamento, e do Real, que foi forcluído como objeto de um desligamento radical ficando fora dos processos de simbolização, de historicização e de rememoração. Tal diferença mostrava que já havia em Lacan o reconhecimento de uma falta real que a simbolização não suplementava. No entanto, aqui, ao contrário, Lacan parece aceitar uma modalidade de simbolização do Real por meio deste significante puro que é o falo.³⁴ Ele dirá, por exemplo, que: "para o real, a barra [um outro nome para o significante puro como elemento desprovido de força denotativa, já que a barra é o que indica a separação entre significante e significado] é um dos modos mais seguros e mais rápidos de sua elevação à dignidade do significante" (Lacan, S V, p.345).³⁵

A barra eleva o Real à dignidade do significante. Tal fórmula invoca outra, um pouco mais tardia: *a sublimação eleva o objeto à dignidade da Coisa*. Longe de serem similares, essas duas fórmulas são radicalmente opostas e indicam duas maneiras diferentes de compreender os destinos do Real no interior da clínica

---

33 Como notou bem Razavet, "é claro que o Φ ocupa aqui o lugar do que Lacan designará com o termo *mais-gozar*. Este resto de gozo do vivente, resto não simbolizável, não significantizável e, pois, real, designa a letra *a*. Isto é contraditório com a noção de falo como significante" (Razavet, 2000, p.134).

34 Nesse sentido, parece-nos correto afirmar: "O falo é algo como o ponto de perspectiva no qual convergem duas correntes da experiência freudiana: esta do significante, descoberta por Freud nas formações do inconsciente (isto ocorreu na primeira tópica), e esta da libido e da pulsão, teorizada por Lacan com o conceito de gozo" (Razavet, 2000, p.141).

35 Podemos ainda acrescentar que "não é porque o pênis não está aí que o falo não está. Eu diria mesmo o contrário" (Lacan, S IX, sessão de 21.2.1962).

analítica. A primeira nos promete, pelos usos do poder transcendental da negação, uma simbolização possível do Real que foi forcluído. A segunda, como veremos, abre a via para outro modo de negação. A primeira resolve-se em operações significantes, ao passo que a segunda apela à irredutibilidade do objeto.

Lacan falará de *Aufhebung* a fim de caracterizar essa relação entre o falo e o objeto do desejo, e isso sem distinguir objeto imaginário e objeto real. Ele dirá: "Na verdade, quando anulamos qualquer coisa de outro, seja imaginário ou real, nós o elevamos no mesmo movimento ao grau, à qualificação de significante" (Lacan, S V, p.344). Sublinhemos aqui um ponto de tensão. A castração é a falta simbólica de um objeto *imaginário*, e não real. Podemos falar de simbolização de uma falta imaginária que permite a submissão da frustração à castração.[36] No entanto parece mais difícil falar da castração como inscrição simbólica de uma falta real – o que dificulta a compreensão de fórmulas como: "O real do gozo sexual enquanto ele é descolado como tal é o falo" (Lacan, S XVIII, sessão de 20.1.1971), salvo se admitirmos o gozo fálico como conjunção entre o Simbólico e o Real, uma conjunção que Lacan fará em 1975 (ver Lacan, S XXIII, sessão de 16.12.1975). Mas tal conjunção é arriscada, pois o risco maior aqui consiste em afirmar que *tudo o que há de real no sexual encontra sua forma no falo como marca da substração de objeto*. Isso nos leva às paragens da indiferença em relação àquilo que, no objeto, não acede à pura marca. Um risco a respeito do qual Lacan se mostrará consciente, como veremos mais à frente.

Podemos tentar desdobrar esse ponto ao analisarmos em que consiste exatamente esta *Aufhebung* própria aos modos de simbolização do falo. Como no caso do Nome-do-Pai, Lacan fala da anulação do objeto (anulação da identificação do sujeito com o pênis orgânico, por exemplo) capaz de elevá-lo à condição de significante. O falo nega a adequação do desejo ao pênis orgânico e a seus substitutos. Tal negação, porém, é negada simbolicamente graças à elevação do pênis a um significante puro que, devido a sua posição transcendental e a sua ausência de força denotativa, pode inscrever tal negatividade do desejo em relação ao pênis.

> Se o complexo de castração é algo, ele é isto – em algum lugar não há pênis, o pai é capaz de dar outro. Nós diremos mais – já que a passagem à ordem

---

[36] O que nos explica por que "a castração não é outra coisa que o que instaura em sua ordem verdadeira a necessidade da frustração, o que a transcende e a instaura em uma lei que lhe dá outro valor" (Lacan, S IV, p.99).

> simbólica é necessária, faz-se sempre necessário que, em até certo ponto, o pênis seja retirado [como objeto], depois devolvido [como significante]. Naturalmente, ele nunca pode ser devolvido, já que tudo o que é simbólico é, por definição, incapaz de devolvê-lo [o significante é desprovido de força denotativa]. É neste ponto que gira o drama do complexo de castração – só é simbolicamente que o pênis é retirado e devolvido. (Lacan, S IV, p.334)

Trata-se assim da negação de uma determinação empírica que nos leva à uma transcendência que se conserva no interior de um princípio transcendental formalizado por um significante puro. *Vemos aqui, mais uma vez, o que poderíamos chamar, de maneira aproximativa, de "uso clínico da potência negativa do transcendental".* Como se estivéssemos às voltas com um transcendental que não apenas conforma a empiria a condições prévias gerais para a produção de um campo determinado de experiências, mas que se manifesta como princípio cuja determinidade nunca se esgota em uma posição fenomenal. Princípio que, por isso, é marcado por uma indeterminação no nível dos seus dispositivos de aplicação que acaba por aparecer como negação de toda adequação à empiria. Inadequação cuja formalização é a verdadeira essência do que Lacan chama, nesse contexto, de *Aufhebung*.

Contudo, não é difícil perceber que esta *Aufhebung* lacaniana nada tem de hegeliana, já que lhe falta o momento essencial de ser contradição objetiva, de poder inscrever a discordância entre o pensamento e o objeto *no interior do objeto efetivo*. A *Aufhebung* hegeliana é animada por uma negação determinada que conserva o negado *na dimensão da efetividade* (*Wirklichkeit*), pensada então como unidade entre a essência e a existência na qual a essência desprovida-de-figura (*gestaltlose*) e o fenômeno inconsistente (*haltlose*) têm sua verdade. Ou seja, falta a esta *Aufhebung* lacaniana do falo a força de sair do transcendental para passar ao domínio do especulativo.

Assim, a fim de poder falar de uma *Aufhebung* do falo *à la* Hegel, deveríamos pensar, por exemplo, em um gênero de recuperação dialética do sensível capaz de permitir o advento da relação sexual. Se tentarmos adotar um ponto de vista dialético a respeito da questão da relação sexual, deveríamos ver o "Não há relação sexual" como o termo médio de um silogismo no qual o termo maior seria "Há relação sexual". A inversão da afirmação da relação sexual na sua negação é o resultado da impossibilidade de pôr uma relação imediata entre gozo e objeto empírico. Poderíamos dizer, porém, que a relação sexual advém possível *através* do seu fracasso. Como veremos no final do Capítulo 7, é graças ao seu fracasso que o objeto pode desvelar a negação ontológica que o engendra; um desvelamento que se manifesta como estranhamento em relação ao pensamento fantasmático do eu. *Fracassa-se uma relação sexual quando o outro não se submete todo ao pensamento fantasmático*. E, em uma perspectiva dialética, a experiência desta não submissão nos abre à possibilidade da relação sexual e do acesso ao objeto. Isso explica por que se faz necessário fracassar a relação sexual *para que ela seja possível*.

Ao contrário, a *Aufhebung* do falo é modo de abertura à transcendentalidade da Lei desprovida de objeto. Devido a esse caráter próprio ao falo, as relações de objeto serão marcadas pela indiferença em relação ao objeto (via perverso por definição – o que nos explica por que o gozo fálico será transformado, nos últimos seminários de Lacan, em gozo perverso) e em um gênero de impasse que se diz na impossibilidade da relação sexual, como suas experiências distintas para a posição masculina e feminina. Sublinhemos este ponto: *a Aufhebung do falo nos leva à impossibilidade da relação sexual*. Essa afirmação da impossibilidade da relação sexual é fundamental para fornecer ao sujeito *um tempo para compreender* a inadequação entre o real do gozo e a realidade empírica da relação interpessoal. Ela é importante para impedir que o gozo seja posto como *predicação de um ato subjetivo*. Porém a hipóstase do impossível pode produzir o rebaixamento de todo conteúdo essencial do efetivo, ao mesmo tempo que permite a perpetuação de um gênero de suplemento da relação sexual próprio à perversão. Veremos tudo isto de maneira mais sistemática nos próximos capítulos.

Por que o falo é solidário de um semblante?

A fim de melhor apreender a relação entre a subjetivação da falta do desejo pelo significante fálico e a impossibilidade da relação sexual, devemos sublinhar uma colocação extremamente instrutiva de Lacan. Segundo o psicanalista, o falo é um significante puro que tem o estatuto de um "simulacro" (cf. Lacan, E, p.690 e Lacan, S V, p.346).[37] Ao aproximar as noções de significante puro e de simulacro, Lacan já indica um passo que fará ao produzir a noção de *semblante*. Lembremos, por exemplo, a conjunção que ele estabelece ao falar do "que é do significante, quer dizer, o semblante por excelência" (Lacan, AE, p.17). Nesse sentido, devemos sublinhar a importância de afirmações como: "O falo é propriamente o gozo sexual enquanto coordenado, solidário de um semblante" (Lacan, S XVIII, sessão de 21.1.1971).

---

37 Lacan usa o termo *simulacro* a fim de indicar o estatuto do φαλλος na Grécia antiga.

O gozo no vazio da Lei é solidário de um semblante. Nessa afirmação tardia, vemos como a estratégia de subjetivação da falta pela simbolização metafórica pode ser invertida em gozo ligado à dimensão dos semblantes. Uma proposição plena de consequências e que colocava necessariamente em questão todo o paradigma da racionalidade até então produzido por Lacan. Ela indicava que a maneira de subjetivar a falta por meio de uma Lei transcendental foi uma estratégia necessária para permitir ao sujeito diferenciar-se da captura imaginária do eu. Mas sua hipóstase permitiu o rebaixamento da experiência sensível a um campo de semblantes. Pois, como veremos, *para que uma escolha de objeto corresponda à falta de objeto própria ao falo, basta que o objeto escolhido seja um semblante*. Isso nos demonstra que, para Lacan, o paradigma da intersubjetividade foi importante na construção de um conceito de sujeito ligado a um protocolo de transcendência negativa. Ele se mostrará, porém, impotente para a posição do final de análise como dimensão *qui ne serait pas du semblant*.

Retornaremos várias vezes a essa questão complexa que concerne ao lugar do semblante na teoria analítica. Por enquanto, devemos apreender o que Lacan quer dizer quando emprega essas noções de simulacro e de semblante e quais são suas relações com a ação do falo na sexuação.

O primeiro termo, *simulacro*, é raramente utilizado por Lacan e suas incidências são absolutamente regionais. Ele parece indicar que o falo não é *representação* do objeto do desejo, mas um substituto que subverte a própria noção de representação.[38] Em contrapartida, *semblante* será transformado em um conceito maior na compreensão lacaniana das relações entre as dimensões do Imaginário, do Simbólico e do Real. De qualquer forma, todos os dois termos indicam uma problematização do estatuto ontológico da aparência.

Desde o início de suas considerações sobre o papel do Imaginário na organização do diverso da experiência sensível, Lacan nunca cessou de denunciar o caráter "enganador" da aparência. Ele se pergunta: "Por que o desejo é, na maior parte do tempo, outra coisa do que *parece ser*?" (Lacan, S II, p.265). Ele sublinha, por exemplo, que a fascinação sexual do animal e do homem

---

[38] Lembremos, por exemplo, como Lacan retorna ao problema platônico do estatuto "de imitação de uma aparência" (Platão, 1993, 598b). Ele dirá: "o quadro não rivaliza com a aparência, ele rivaliza com o que Platão nos designa, para além da aparência, como sendo a Ideia. É porque o quadro é esta aparência que diz que ela é o que fornece a aparência que Platão se insurge contra a pintura como uma atividade rival à sua" (Lacan, S XI, p.103).

pela imagem mostra como "os comportamentos sexuais são especialmente enganáveis" (Lacan, S I, p.142), já que eles são estimulados por aparências que, no caso do sujeito humano, vêm das imagens mnésicas das primeiras experiências de satisfação.

Notemos aqui que a aparência é inicialmente compreendida como o espaço do Imaginário e de seu sistema de produção de imagens. Assim, quando Lacan fala da aparência como engano e do final de análise como um "declínio imaginário do mundo" (Lacan, S I, p.258) capaz de nos desvelar a estrutura significante que constitui o mundo dos objetos do desejo, poderíamos pensar que tal estratégia indica a existência de uma espécie de oposição entre aparência e essência em vigor no interior da psicanálise lacaniana. Tal desconfiança nos leva a colocar uma questão: o que acontece com a aparência (e com as escolhas empíricas de objeto) quando o desejo se revela na sua verdade de falta-a-ser desprovido de objeto, desejo que alcança sua verdade na determinação transcendental do falo?

A resposta de Lacan consiste em dizer que a aparência se transforma em semblante, ou seja, *aparência que se coloca como pura aparência*. A característica maior do semblante é que ele "não é semblante de outra coisa" (Lacan, S XVIII, sessão de 13.1.1971), ou seja, ela não nos reenvia a referência alguma para além da superfície das aparências. Se o ser do sujeito revelou-se como falta de determinação empírica, então o que subsiste como aparência deve ser posto como puramente negativo. Contrariamente à imagem narcísica estudada no capítulo precedente, imagem que era aparência enganadora resultante de uma *reificação* e de uma *naturalização* do olhar constitutivo do Outro, o semblante não é imagem reificada. Diante dele, o sujeito sabe que está diante de uma pura aparência que não se coloca mais como representação que ainda obedeceria ao princípio de adequação.[39]

Duas vias partem dessa maneira de compreender o estatuto ontológico da aparência. Há a via própria ao *gozo fálico* e que consiste em assumir uma escolha de objeto que é na verdade escolha de uma aparência, escolha de uma

---

[39] Notemos que não estamos muito longe de Deleuze, para quem: "Tudo transformou-se em simulacro. Pois, por simulacro, não devemos entender uma simples imitação, mas o ato por meio do qual a própria ideia de um modelo e de uma posição privilegiada encontra-se contestada, invertida" (Deleuze, 2000, p.95). Tanto Lacan como Deleuze pensam em uma situação histórica na qual o domínio da apresentação parece não mais nos enviar a sistemas estruturados de produção de sentido. Mas enquanto Deleuze opera na vertente do desdobramento da potência do virtual, Lacan insiste na necessidade do advento de um discurso que não seria do semblante.

máscara. Se a subjetivação da falta por meio do falo colocou a inadequação de todo objeto empírico ao desejo, então nada impede o sujeito de gozar de um objeto que, de certa maneira, faz *deliberadamente* semblante de ser adequado, um objeto que é uma máscara. Em outras palavras, como veremos mais à frente, nada impede que o gozo fálico advenha gozo perverso. Aqui, o sujeito se bloqueia na dimensão do jogo infinito dos semblantes e simulacros.

A outra via consiste em pensar uma passagem em direção a uma experiência do Real a partir do semblante que é próxima (mas não totalmente convergente) com a compreensão dialética da oposição entre aparência e essência. Aqui, o semblante pode ser compreendido como *momento* do Real. Não se trata de dizer que o semblante dissolve a oposição entre aparência e essência, mas de definir como o semblante permite a passagem em direção ao Real. Como na dialética da aparência e da essência, tal passagem pode se produzir quando desvelamos que "a nulidade da aparência não é outra coisa que a natureza negativa da essência" (Henrich, 1967, p.117). A primeira via será analisada agora, a outra deverá esperar até o Capítulo 9, quando será questão da imagem estética como semblante que permite uma passagem em direção à experiência do Real.

Um modo possível de entrar no problema do gozo fálico consiste em circunscrever a maneira com que Lacan compreende esta relação sexual que não existe, já que devemos explicar como é possível a consistência deste semblante de relação sexual presente na dimensão do empírico. A questão gira em torno da maneira com que o Falo permite o advento de um semblante de relação sexual.

Talvez Judith Butler tenha razão quando afirma que, para Lacan, "a ontologia dos *gêneros* é redutível a um jogo de aparências" (Butler, 1999a, p.60). Ao dizer isso, ela pensa no fato de que, mesmo que a lógica da identificação fálica nos mostre como o homem não é sem *tê-lo* e como a mulher *é* sem tê-lo, Lacan não deixará de lembrar que há, no caso da posição masculina, "um parecer que se substitui ao ter" (Lacan, E, p.694). Por sua vez, o ser na posição feminina só virá sob a forma da mascarada, ou seja, por um modo pelo qual a mulher pode "apresentar-se como tendo o que ela sabe perfeitamente não ter ... Ela faz justamente de sua feminilidade uma máscara" (Lacan, S V, p.453-4). Jogo de aparência que Lacan não temerá em chamar de "comédia". Uma comédia que o levará a reconhecer que "é por intermédio das máscaras que o masculino, o feminino, encontram-se da maneira mais aguda, mais violenta" (Lacan, S XI, p.99). Há uma ironia maior neste jogo de máscaras no qual o homem substitui o ter pela "impostura" (Lacan, S X, sessão de 20.3.1963) de um parecer e no qual a mulher se apresenta como tendo o que ela sabe não ter. Tal ironia consiste em reconhecer, *por meio da posição de máscaras*, a falta de objeto adequado ao desejo, ou seja, a falta-a-ser que simboliza o falo. No fundo, o sujeito sabe que ele está diante de máscaras: "O sujeito sabe jogar com a máscara" (Lacan, S XI, p.99). Este saber pressupõe uma operação muito específica de desvelamento da falta.

Por enquanto, notemos que, longe de fazer uma apologia "nietzscheana" da subjetividade como máscara, Lacan insiste na necessidade de pôr uma experiência do gozo que não seja captura em um gozo de semblantes e que, consequentemente, não seja um gozo fálico. Sigamos as consequências da articulação lacaniana das posições feminina e masculina valendo-se do significante fálico. Veremos como Lacan tenta deixar aberta a porta capaz de levar o sujeito em direção a uma posição para além do gozo fálico.

No que concerne à posição feminina, ser o falo e mostrar-se como objeto do desejo pela mascarada a levará "a uma profunda *Verwerfung*, a um profundo estranhamento de seu ser em relação àquilo ao qual ela deve parecer" (Lacan, S V, p.350). Lacan dirá ainda que a mulher rejeita uma parte essencial da sua feminilidade na mascarada, já que ela não estaria totalmente assujeitada à função fálica.

Notemos como estamos próximos de retornar a uma distinção entre essência e aparência. Essa proposição parece querer indicar a existência de um ser da mulher *anterior* à mascarada. Na verdade, Lacan precisa conservar uma inadequação entre sujeito e aparência, mesmo quando tal aparência submete-se ao domínio do semblante. Ele chega a falar em *esquize do ser* a fim de designar uma decomposição do sujeito "entre seu ser e seu semblante, entre ele mesmo e este tigre de papel que ele oferece à visão" (S XI, p.98). O que nos explica por que "ninguém mais do que a mulher – e é por isto que ela é o Outro – sabe melhor o que, do gozo e do semblante, é disjuntivo" (Lacan, S XVIII, sessão de 20.1.1971).

Consciência da disjunção que marca o reconhecimento de um gozo, possível à mulher, para além do Simbólico. Ele mostrará como, para Lacan, as mulheres podem ir mais facilmente ao encontro do que sempre é rejeitado pelas operações metafóricas da linguagem. Nesse sentido, devemos corrigir nossa dúvida e dizer que não se trata de afirmar que as mulheres podem retornar mais facilmente a um ser *anterior* à mascarada, como se elas fossem sujeitos pré-reflexivos por excelência. Na verdade, elas poderiam ir mais facilmente em direção a este resto metonímico *produzido* pelas operações metafóricas da linguagem.

No que concerne à constituição do objeto sexual do desejo feminino, Lacan dirá que a mulher tende a convergir, no pênis, uma experiência ligada ao incondicional da demanda de amor. Isso só pode produzir uma escolha fetichista de objeto. Ou seja, o desejo feminino só poderia ser satisfeito mediante certa confusão entre falo e pênis (o que nos explica por que Lacan insiste que o gozo feminino está mais perto da psicose). Nessa perspectiva, podemos dizer, com Lacan, que a mulher, na relação sexual, é tomada pelo que ela não é e encontra no Outro o que ele não tem.

Quanto ao *ter* próprio da posição masculina, ele será sustentado pela identificação com o pai, como aquele que tem as insígnias fálicas. O que permitirá a Lacan afirmar que o homem "não é ele mesmo enquanto satisfaz" (S V, p.351), já que ele só seria viril mediante uma série indefinida de procurações que lhe vêm de todas as imagens ideais masculinas. Não se trata simplesmente aqui de uma identificação simbólica com o pai, mas de uma espécie de imaginarização da identificação paterna que aparece no interior da relação sexual. Assim, a porta está aberta para afirmar que "no reino do homem, há sempre a presença de alguma impostura" (Lacan, S X, sessão de 20.3.1963).

Por outro lado, se nos voltamos à constituição do objeto sexual do desejo masculino, veremos que ela será marcada por um efeito inverso em relação ao objeto do desejo feminino. A relação de objeto no homem é pensada a partir de um rebaixamento específico da vida amorosa. O homem não poderia convergir demanda de amor e desejo do falo – o que o levaria a procurar este falo sempre em uma "outra mulher", jogando-se assim no infinito ruim do desejo. Na relação sexual, a mulher só poderia aparecer "como mãe" (Lacan, S XX, p.36), ou seja, como projeção de um objeto fantasmático.

Devemos compreender como Lacan tentará evitar a perpetuação deste impasse resultante da redução da aparência à dimensão do semblante. A resposta a essa questão só virá nos últimos capítulos deste livro. Antes, precisaremos analisar, por outro prisma, o movimento de complementaridade entre uma estratégia transcendental de determinação do desejo e o rebaixamento da experiência sensível à dimensão do semblante. Trata-se da crítica lacaniana ao imperativo categórico kantiano. Veremos a importância maior dessa operação no itinerário do pensamento lacaniano e na reelaboração do programa de racionalidade analítica. A leitura lacaniana de Kant se inscreve no interior da problemática concernente à sua utilização do conceito de intersubjetividade e do poder clínico da negação transcendental. Veremos como ele chegará a uma conclusão similar àquela que encontramos na articulação entre desejo e falo: a estratégia transcendental de reconhecimento do desejo esgota-se no problema da irredutibilidade da aparência e da conformação do vazio do desejo à proliferação de semblantes. Essa talvez seja a razão maior do abandono do paradigma da intersubjetividade em Lacan.

Parte II
Entre a Lei e o fantasma

4
Kant com Sade como ponto de viragem do pensamento lacaniano

> *Toda tese drástica é falsa.*
> *No mais fundo delas mesmas, a tese*
> *do determinismo e a tese da liberdade coincidem.*
> *Todas elas proclamam a identidade.*
> Adorno

Revendo o trajeto

"O que é a razão após Lacan?" Partimos dessa questão e é ela que continuará a nos guiar. Inicialmente, uma hipótese foi apresentada: a racionalidade da práxis analítica seria de natureza dialética. Não se trataria aqui de uma dialética estritamente hegeliana, com seus dispositivos de totalização sistêmica, mas de algo próximo a uma *dialética negativa*.

No entanto, em vez de entrar diretamente na questão e desenhar a pretensa estrutura dialética da metapsicologia e da clínica lacaniana, este livro enveredou por uma perspectiva historiográfica. Estratégia necessária, já que o pensamento lacaniano é marcado por mudanças sucessivas de cartografia conceitual que devem ser levadas em conta se quisermos compreender suas escolhas teóricas. A fim de apreender o problema da razão após Lacan, precisávamos pois de um ponto de partida. Este foi encontrado no conceito de intersubjetividade, base para o primeiro paradigma fornecido por Lacan a fim de fundar a racionalidade da práxis analítica.

A primeira parte deste livro apresentou a estrutura geral do uso lacaniano do paradigma da racionalidade intersubjetiva. Inicialmente, vimos como tal noção de intersubjetividade era indissociável da compreensão do desejo como *desejo puro*. O sujeito só poderia ser reconhecido como sujeito a partir do momento em que apresentasse seu desejo como falta-a-ser que se manifesta como pura negatividade desprovida de objeto. Um estranho desejo incapaz de se satisfazer com objetos empíricos e arrancado de toda possibilidade imediata de realização fenomenal. Reconhecer tal desejo e criticar o primado da relação imaginária de objeto era a estratégia usada por Lacan a fim de pensar o sujeito como transcendência negativa. Função capaz de garantir a irredutibilidade ontológica da subjetividade a todo procedimento de "coisificação do ser humano" (Lacan, E, p.217).

Se Bichar fundou a racionalidade da clínica médica valendo-se do imperativo "Abram alguns cadáveres", redução materialista na qual o sujeito desaparece no interior da causalidade mecânica e coisificada do organismo, Lacan procurava afirmar o contrário com a fórmula: "a falta-a-ser do sujeito é o coração da experiência analítica" (Lacan, E, p.613). O núcleo da experiência analítica estaria no reconhecimento de uma causalidade própria aos fenômenos subjetivos e ligada ao desvelamento do desejo como falta-a-ser. A aspiração de racionalidade da práxis analítica consistiria em insistir na necessidade em inscrever, no interior do saber objetivo, essa negação que apareceu inicialmente a Lacan como falta-a-ser do sujeito. Essa seria a maneira lacaniana de determinar as coordenadas de uma objetividade própria à subjetividade. Por outro lado, a intersubjetividade lacaniana não estava marcada pelo abandono da irredutibilidade da subjetividade; ao contrário, sua complexidade vinha da tentativa de conjugar, no mesmo movimento, imperativos de reconhecimento mútuo e irredutibilidade dos sujeitos.

Isso exigiu uma reflexão sobre os modos de negação. A fim de poder reconhecer o desejo puro no campo intersubjetivo, faz-se necessário apreender um modo de negação que não seja simplesmente indicação de um não-ser, de uma privação (*nihil privativum*), do vazio como o puro ausente de determinações, de uma denegação ou de um modo de expulsão para fora de si do que vai contra o princípio do prazer. Devemos identificar a existência de um modo de negação que seja modo de *presença objetiva* do que há de real no sujeito. É nesse ponto que devemos procurar a proximidade entre a psicanálise lacaniana e uma compreensão dialética dos modos de comportamento do negativo.

Para tanto, alguns modos de negação presentes nas reflexões lacanianas foram analisados. Partimos da *Verneinung*. Vimos como a estrutura da *Verneinung* obedecia a uma lógica de *inversões* e de *interversões* (próxima de uma lógica da contrariedade) pela qual a negação de um termo nos levava necessariamente à afirmação de seu contrário. Vimos também como as denegações podiam ser reintegradas no universo de representações da consciência por meio de uma subjetivação pensada a partir dos mecanismos de rememoração, de historicização e de verbalização com o alargamento do horizonte de compreensão que tais modos de subjetivação pressupõem. *Tudo o que foi denegado pode ser rememorado posteriormente*: eis o que a psicanálise, desde Freud, nos ensina, até porque a *Verneinung* é negação de um conteúdo mental previamente simbolizado. Nesse sentido, a *Verneinung* não pode nos fornecer um modo de negação como presença objetiva do que há de real no sujeito.

Paralelamente à *Verneinung*, vimos como a negação própria à *Verwerfung* aparecia como expulsão do Real para fora do sistema simbólico. Real irredutível à simbolização e à inversão dialética, mas que podia retornar como construção imaginária (alucinação, *acting-out* etc.). Insistiu-se também na distinção entre a forclusão do Real e a forclusão do Nome-do-Pai, a fim de deixar aberta a questão de saber qual seria o destino, no interior da clínica analítica, deste Real forcluído no qual a pulsão se alojou. Lacan oscilava entre a possibilidade de sua simbolização e o reconhecimento da necessidade de pensarmos novos modos de formalização do Real. Oscilação sintomática, já que a relação entre o Real e a estrutura simbólica será o motor da revisão da metapsicologia lacaniana a partir dos anos 60.

Ficamos, porém, com uma questão central: qual gênero de negação Lacan procurava a fim de dar conta da estrutura de uma subjetividade cuja expressão estava fundada na posição de um desejo puro? Lacan estaria sendo guiado pela hipóstase de uma purificação do desejo que só pode ser alcançada neste estado de indiferenciação absoluta que é a morte (lembremos que Lacan chegou a pôr a subjetivação da morte como horizonte de final de análise)?[1] E, se assim for, pensar o final de análise como subjetivação da morte não seria um modo equivocado de colocar a posição masoquista como limite do progresso analítico?

A resposta lacaniana era astuta e passava necessariamente pela compreensão da complexidade da relação entre sujeito e Lei simbólica. Insistiu-se que não devíamos compreender a figura lacaniana da intersubjetividade simplesmente como a efetivação comunicacional de procedimentos de compreensão

---

1 Daí se segue a afirmação: "É pois aqui que a análise do eu encontra seu termo ideal, este no qual o sujeito, tendo reencontrado as origens de seu eu em uma regressão imaginária, toca, pela progressão rememorativa a seu final na análise, ou seja, à subjetivação de sua morte" (Lacan, E, p.348).

autorreflexiva mútua entre sujeitos. O ponto central do problema lacaniano do reconhecimento intersubjetivo estava nos modos de relação entre desejo e Lei. Uma Lei que não escondia suas aspirações universalizantes e incondicionais.

Lacan partia do postulado maior do estruturalismo: o valor dos objetos é determinado pelo lugar que eles ocupam no interior de uma estrutura simbólica. Quando o sujeito faz uma escolha de objeto, ele tende a perder de vista a mediação das estruturas sociolinguísticas que determinam sua conduta, assim como os processos de produção social de sentido. A psicanálise deveria pois indicar que *o lugar da verdadeira relação intersubjetiva se encontrava na relação entre sujeito e estrutura.*

No entanto, o dado central era a compreensão de que o desvelamento da Lei simbólica feita de significantes puros, Lei desprovida de conteúdo normativo e incapaz de enunciar algo sobre o objeto adequado ao desejo, resolvia o problema do reconhecimento da negatividade do desejo puro. Vimos isso por meio da discussão a respeito destes significantes-mestres cuja função consistia em representar e fundamentar a Lei do Outro: o Nome-do-Pai, significante que possibilita a produção de identidades no interior da vida social, e o falo, significante que articula a diversidade dos modos possíveis de sexuação e gozo.

Os processos de simbolização feitos em nome do Pai e do falo obedeciam sempre a uma relação metafórica com a referência. Relação entre metáfora e referência que era forma de negação caracterizada por Lacan como *Aufhebung*, já que ele fala efetivamente de *Aufhebung* a fim de caracterizar o vínculo do desejo ao significante fálico.

Esta *Aufhebung*, porém, era extremamente particular. Na verdade, ela era modo de conservação da inadequação entre o desejo e os objetos empíricos por meio do poder negativo do transcendental. A cura analítica consistiria pois na simbolização da negatividade do desejo por meio de um significante transcendental que não se refere a nada e que, por não se referir a nada, é não saturado do ponto de vista das determinações fenomenais. Tal perspectiva permitiu a compreensão de alguns paradoxos próprios ao falo e ao Nome-do-Pai. O falo, significante por excelência do desejo, também é o significante da castração, o que só pode significar que ele é formalização da inadequação entre o sexual e o campo de representações, formalização da impossibilidade de o pênis orgânico (e seus substitutos) ser objeto do desejo e função de gozo. O verdadeiro pai, guardião da autoridade da Lei e da ordem da linguagem, é um pai morto; o que só pode significar que o Nome-do-Pai é a formalização da inadequação entre a função paterna e o pai que se apresenta na dimensão da efetividade, simbolização da impossibilidade de o pai empírico realizar a função paterna.

Dizer, porém, que o falo é o significante da castração, que o verdadeiro pai é um pai morto e que, mesmo assim, continuamos a desejá-los, demonstra a verdadeira natureza da dialética do desejo. A ação da Lei simbólica consistiria em produzir um gênero de *inversão dialética* ao formalizar a impossibilidade de o desejo satisfazer-se imediatamente com um objeto empírico. Se o desejo sempre nega sua adequação ao pênis orgânico e ao pai empírico, ele pode dar forma positiva a essa insatisfação ao ligar-se a uma Lei transcendental por meio do falo e do Nome-do-Pai.

No entanto, essa inversão seria possível mediante um uso particular da natureza das determinações transcendentais da Lei na clínica analítica. Como se a negação como modo de presença do que há de real no sujeito, negação que se mostra inicialmente como figura da transcendência do sujeito, devesse reconciliar-se com uma espécie de negação vinda da potência de uma determinação transcendental em dar forma à pureza do desejo, ou seja, à inadequação do desejo em relação à série de objetos empíricos. Nesse sentido, essa inversão "dialética" lacaniana não era exatamente dialética, ao menos se pensarmos na tradição dialética hegeliana. Por isso, foi necessário esboçar a direção de alguns impasses que irão se configurar nesta via lacaniana. Impasses que, por exemplo, resultarão na aproximação entre gozo fálico e gozo de semblantes.

Voltaremos a este ponto na última parte. Nela, veremos como a trajetória lacaniana irá se aproximar cada vez mais das questões em jogo na tradição dialética. Aproximação que só poderá ser finalmente realizada por uma guinada em direção a uma posição dialética em muitos aspectos próxima daquela que encontraremos na dialética negativa adorniana. Por isso, este livro terminará em um esforço de confrontação entre certos aspectos maiores do problema do reconhecimento em Lacan e o problema da dialética sujeito/objeto em Adorno. Talvez esses dois pensadores nos forneçam coordenadas para a articulação do problema do reconhecimento e de uma figura da negação capaz de dar conta do que há de real no sujeito.

Neste capítulo, é questão de uma análise detalhada do *locus* de abandono do paradigma da intersubjetividade em Lacan, isto a fim de indicar mais claramente os problemas que impulsionaram o psicanalista a reorientar sua reflexão sobre a racionalidade analítica.

Sabemos que, a partir de 1961, Lacan abandona seu antigo programa e põe-se a criticar a mesma intersubjetividade que foi, durante anos, o fundamento da metapsicologia e da práxis analítica. O que teria exatamente acontecido?

Infelizmente, não temos indicações diretas, já que Lacan nunca expôs criticamente os motivos de seu impasse. Mas ele recorreu a um procedimento digno dos melhores golpes de teatro intelectual: ele fez um terceiro tomar seu lugar e o criticou. Um outro que não é ninguém menos que Immanuel Kant. O golpe era ainda mais teatral porque, em vez de criticá-lo diretamente, Lacan, em vários momentos, serviu-se de Sade e de Antígona: dois personagens encarregados de portar os desafios da psicanálise ao discurso da determinação transcendental da vontade. Assim, essa verdadeira peça de teatro com dois personagens mais um (Kant com Sade, mais Antígona) era, no fundo, um jogo orquestrado por Lacan contra si mesmo, no qual se decidem os próximos movimentos da teoria analítica na tentativa de pensar a dialética negativa do desejo. Ou seja, *Kant com Sade* deve ser lido como sintoma do impasse da racionalidade intersubjetiva no interior da clínica analítica.[2]

Isso nos demonstra que a matriz filosófica da intersubjetividade lacaniana era muito mais kantiana do que propriamente hegeliana, o que não deve nos surpreender. Primeiro, porque a estratégia estruturalista de Lacan era em grande parte, como todo o estruturalismo, uma espécie de kantismo aplicado ao campo das ditas ciências humanas. Segundo, porque *não há, no sentido forte do termo, filosofia da intersubjetividade em Hegel*. A reconciliação hegeliana não é exatamente uma reconciliação intersubjetiva. Embora ela seja dependente da possibilidade de um protocolo de reconciliação que se realize, necessariamente, na posição de um horizonte comum de justificação de atos de fala e de condutas já presente nos usos ordinários da linguagem, a filosofia hegeliana é sensível à racionalidade daquilo que, no sujeito, só acede à linguagem por meio da reconsideração da função das negações na estruturação do pensar. É este *esforço* hegeliano de reconsideração especulativa da linguagem que permitirá a Adorno atualizar a dialética valendo-se de sua potência eminentemente negativa, insistindo assim na irredutibilidade do que só se oferece ao sujeito através de uma confrontação com objetos da experiência que não se deixam deduzir de quadros intersubjetivos prévios de determinação de sentido. Vejamos primeiro, porém, a relação entre Kant e Lacan mais de perto.

---

2 O que, é claro, impõe limites a essa estratégia de leitura. Nesta parte do livro, a perspectiva metodológica adotada consistiu em assumir a proximidade entre o Lacan teórico da intersubjetividade na psicanálise e a filosofia prática de Kant, a fim de, posteriormente, desvelar os desafios da perversão à práxis analítica Trata-se de uma leitura que demanda escolhas precisas no *corpus* kantiano. No entanto, ela é válida em larga medida – ao menos ela o é na compreensão do encaminhamento das questões no interior do pensamento lacaniano. De qualquer forma, veremos como a leitura lacaniana converge com as críticas à determinação transcendental da vontade em Adorno e em Hegel.

A intersubjetividade entre Kant e Lacan

Kant como o duplo especular de Lacan. O que isso pode significar? Uma boa estratégia para começar a responder tal questão consiste em sublinhar que a dimensão prática da filosofia kantiana é, no fundo, uma teoria da intersubjetividade.

Eis algo que Lacan deve ter percebido, embora ele nunca tenha tematizado a questão de forma explícita. Podemos dizer: "ele deve ter percebido", pois não é por acaso que, entre o Seminário VI, *O desejo e sua interpretação*, no qual a intersubjetividade ainda é vista como o paradigma da racionalidade analítica, e o Seminário VIII, *A transferência*, em que Lacan afirma que a experiência freudiana se petrifica desde que a intersubjetividade aparece, há o Seminário VII, espaço privilegiado da operação de articulação entre Kant e Sade. Isso demonstra como *Kant com Sade* é, no interior da trajetória lacaniana, um momento de ruptura e de reordenação do problema da racionalidade analítica que colocará novos problemas à clínica e à questão do fim de análise.

Demonstrar que *a dimensão prática da filosofia kantiana* comporta uma teoria da intersubjetividade em seu horizonte é algo possível de ser realizado. Todavia, no contexto deste livro, o mais interessante é assinalar como ela é simétrica, em mais de um ponto, a seu homólogo lacaniano.

Comecemos por Kant. Sabemos que o filósofo alemão quer reconciliar a razão com sua dimensão prática mediante a fundamentação de uma Lei moral incondicional, categórica e de aspiração universalizante. Lei válida "em todos os casos e para todos os seres" (Kant, 1969c, p.25). Se a razão não pudesse postular a realidade objetiva de uma Lei moral válida universalmente, então o agir seria determinado pela contingência da causalidade natural ou histórica. O homem seria apenas o resultado de suas circunstâncias, uma vontade livre seria sem sentido e "seria então a natureza que forneceria a lei" (Kant, 1969b, p.444).

A fim de exorcizar esse determinismo na dimensão prática, Kant deve primeiramente defender a possibilidade de todos os homens, inclusive os perversos, escutarem imediatamente a voz interior da Lei moral: "Todo homem, enquanto ser moral, *possui* em si mesmo, originalmente, uma tal consciência" (Kant, 1969a, p.400). Não há espaço aqui para algo como uma gênese da Lei moral, já que sua realidade objetiva é o resultado de uma dedução transcendental. Estamos longe, por exemplo, de Nietzsche e da tarefa filosófica de estabelecer as coordenadas históricas da genealogia da moral.

Estamos igualmente longe de Freud, para quem a gênese da consciência moral (*Gewissen*) era indissociável de um fato da história do sujeito: a ameaça de castração vinda do pai[3] – da qual se segue a afirmação de que só há consciência moral lá onde há pressão vinda do supereu. Para o materialista Freud, a experiência moral tem uma gênese empírica na medida em que ela é o resultado do sentimento de culpabilidade vindo da rivalidade com o pai.

Interessa-nos aqui sublinhar como o reconhecimento da presença da Lei moral em todos os homens permitirá a construção de um horizonte regulador de validação da conduta racional. Um horizonte intersubjetivo que levará o sujeito a guiar suas ações tendo em vista a realização do que Kant denomina "o reino dos fins", quer dizer "o vínculo sistemático dos diversos seres racionais por leis comuns" (Kant, 1969b, p.434). Por meio da temática do reino dos fins, Kant demonstra como a Lei moral pode aparecer como elemento capaz de fundamentar um espaço transcendental de reconhecimento intersubjetivo da autonomia e da dignidade dos sujeitos.[4]

A questão que fica em aberto aqui é: qual a relação entre tudo isso e a intersubjetividade lacaniana, espaço no qual a negatividade do sujeito seria reconhecida mediante uma Lei fálica e paterna constituída por significantes puros?

Primeiramente, é necessário sublinhar a maneira com que Lacan também defendia a possibilidade de uma Lei de aspiração universal capaz de fundamentar um espaço de reconhecimento intersubjetivo. A crença na importância da função do Universal da Lei na clínica levou Lacan a afirmar: "Só existe progresso para o sujeito através da integração a que ele chega de sua posição no universal" (E, p.227). Nós sabemos, porém, que, no caso de Lacan, o Universal era construído pela Lei fálica e paterna. Lei que mostrava como o sujeito só seria reconhecido a partir do momento em que o desejo passasse pela função universal da castração.

---

3 Daí se segue a afirmação um tanto quanto surpreendente: "O supereu, a consciência moral [*Gewissen*] que opera em seu interior, pode então se mostrar duro, cruel, inexorável em relação ao eu, que está sob sua guarda. O imperativo categórico de Kant é assim o herdeiro do complexo de Édipo" (Freud, 1999, p.380). A afirmação perde um pouco do seu caráter surpreendente se aceitarmos, com David-Ménard, que: "a construção do conceito de universalidade, em Kant em todo caso, mas também em vários pensadores, é solidária de sua ligação a uma antropologia dos desejos e a uma análise muito particular e masculina da experiência de culpabilidade" (David-Ménard, 1997, p.2).

4 Se Lacan não fala muito sobre a temática do reino dos fins é sobretudo porque ele estuda a *Crítica da razão prática* e deixa um pouco de lado a *Fundamentação da metafísica dos costumes*, na qual essa questão encontra-se mais desenvolvida.

Esse deslizamento um tanto inesperado da Lei moral à Lei fálica e paterna pode ser explicado se nos lembrarmos da maneira como o psicanalista tentou introduzir uma *erótica* "sob" a moral. Resultado de certa perspectiva materialista que procurava "colocar a relação homem-mulher no centro da interrogação ética" (Lacan, S VII, p.192).

É verdade que Kant nunca introduzirá a diferença sexual nas considerações sobre a ética. Ele preferiu se dirigir ao genérico de "todo homem". Para Kant, introduzir aqui a diferença sexual mostraria uma confusão imperdoável entre os domínios da antropologia e da moral, que nos levaria a submeter a transcendentalidade da função do sujeito a algo da ordem material da lei da natureza. Todavia, se a psicanálise segue Kant no seu programa de reconciliar a razão com a dimensão prática, ela nos assinala também que a fundamentação do *Logos* deve levar em conta a lógica de *Eros*. E se a ética é inseparável da pressuposição de um horizonte intersubjetivo de validação da práxis, não podemos esquecer que a relação intersubjetiva por excelência é (ou, ao menos, deveria ser) a relação sexual. Ela é a única relação em que o sujeito poderia estar *presente* ao Outro através da materialidade do corpo. Daí se segue, para Lacan, a necessidade de colocar a relação homem-mulher no centro da interrogação ética.

A lei moral é o desejo em estado puro

Neste ponto da análise, vale a pena notar que a convergência de Kant e Lacan não se limitava apenas à tentativa de abrir uma perspectiva universalista pela fundamentação de um campo transcendental de reconhecimento intersubjetivo. Havia ainda uma convergência muito importante *de método*. Tanto Kant como Lacan procuraram afirmar a dimensão da Lei *contra* o primado dos objetos empíricos na determinação da vontade e mediante um "rebaixamento do sensível".

No que concerne a Kant, nós conhecemos sua coreografia. Trata-se, para ele, de defender a existência de uma vontade livre e incondicionada do ponto de vista empírico, vontade que age *por amor a priori* à Lei (e não apenas *conforme* a Lei – tal como a criança que segue a ordem paterna não devido à consciência da obrigação do dever, mas apenas na esperança de ganhar algo em troca).

Uma vontade que age sem ser condicionada pelo empírico, quer dizer, que fez "abstração de todo objeto, ao ponto de este não exercer a menor influência sobre a vontade" (Kant, 1969b, p.441), só pode ser pensável se admitirmos que o sujeito não determina a totalidade de suas ações pelo cálculo do prazer e da satisfação própria ao bem-estar. *Para Kant, há uma vontade para além do princípio do prazer.* Aqui, nós não podemos esquecer a distinção maior entre *das Gute* (ligado a uma determinação *a priori* do bem) e *das Wohl* (ligado ao prazer e ao bem-estar do sujeito).

Os objetos ligados a *das Wohl* e, por consequência, ao prazer (*Lust*) e ao desprazer (*Unlust*) são todos empíricos, já que "não podemos conhecer *a priori* nenhuma representação de um objeto, não importa qual seja, se ela será ligada ao *prazer*, à *dor* ou se ela lhes será *indiferente*" (Kant, 1969c, p.21). O sujeito não pode saber *a priori* se uma representação de objeto será vinculada ao prazer ou à dor, porque tal saber depende do *sentimento empírico* do agradável e do desagradável. E não há sentimento que possa ser deduzido *a priori* (exceção feita ao respeito – *Achtung*), já que, do ponto de vista do entendimento, os objetos capazes de produzir satisfação são indiferentes. Logo, a faculdade de desejar é determinada pela capacidade de sentir (*Empfänglichkeit*), que é particular à patologia das experiências empíricas de cada eu e desconhece invariantes universais.

De um lado, isso permite a Kant afirmar que não há universal no interior do campo dos objetos do desejo, já que aqui cada um segue seu próprio sentimento de bem-estar e os princípios narcísicos ditados pelo amor de si. De outro, devemos lembrar que não há liberdade lá onde o sentimento fisiológico do bem-estar guia a conduta. Nesse caso, o sujeito é submetido a uma causalidade natural em que o objeto e os instintos ligados à satisfação das necessidades físicas determinam a Lei à vontade, e não o contrário. Daí se segue a afirmação: "Estes que estão habituados unicamente às explicações fisiológicas não podem colocar na cabeça o imperativo categórico" (Kant, 1969a, p.378). Nesse nível, o homem não se distingue do animal.

Só há liberdade quando o sujeito pode determinar de maneira autônoma um objeto à vontade. A fim de poder produzir tal determinação, ele deve se apoiar na razão contra os impulsos patológicos do desejo. O homem é o único animal que tem "a faculdade (*facultas*) de se elevar por sobre (*Überwindung*) todo impulso sensível" (Kant, 1969a, p.307) e de desenvolver o "poder de transformar uma regra da razão em motivo de uma ação" (Kant, 1969c, p.60). É por meio desse vazio, dessa rejeição radical da série de objetos patológicos, que a conduta humana com seu sistema de decisões pode ser outra coisa que o simples efeito da causalidade natural. Assim, ela pode se afirmar em seu próprio regime de causalidade, chamado por Kant de causalidade pela liberdade (*Kausalität durch Freiheit*). O que não surpreende ninguém, já que, para Kant, a verdadeira liberdade consiste em "ser livre em relação a todas as leis da natureza, obedecendo apenas àquelas que ele mesmo [o sujeito] edita e a partir das quais suas máximas podem pertencer a uma legislação universal" (Kant, 1969b, p.435). A liberdade consiste em determinar a vontade através da universalidade da razão.

Apesar disso, tal purificação da vontade pela rejeição radical da série de objetos patológicos coloca um problema, já que toda vontade deve dirigir sua realização por meio de um objeto. Faz-se necessário um objeto próprio à vontade livre. A fim de resolver tal impasse, Kant introduz o conceito de *das Gute*: um bem para além do sentimento utilitário de prazer.[5] Sua realidade objetiva indica que a razão prática pode dar uma determinação *a priori* à vontade por meio de um objeto suprassensível desprovido de toda qualidade fenomenal. Ele é tanto o princípio regulador da ação moral como o princípio de toda conduta que se queira racional.

Dizer que o ato moral é dirigido por um objeto desprovido de realidade fenomenal nos leva longe. Significa dizer que não é possível termos nenhuma intuição correspondente a esse objeto (há intuições apenas de fenômenos categorizados no espaço e no tempo). Isso não parece colocar problemas a Kant, já que, se algo devesse ser *gut*, "seria apenas a maneira do agir (*Handlungsart* ... e não uma coisa (*Sache*) que poderia ser assim chamada" (Kant, 1969c, p.60). Quer dizer, a vontade que quer *das Gute* quer apenas uma *forma de agir*, uma forma específica para a ação, e não um objeto empírico privilegiado. *A forma já é o objeto para a vontade livre*. Ou, como nos diz Lacan: "a forma desta lei é também sua única substância" (E, p.770).

E de qual forma trata-se aqui? Nós sabemos que a encontramos no conteúdo da máxima moral: "Age de tal maneira que a máxima da tua vontade possa sempre valer como princípio de uma legislação universal". Estamos aqui diante de uma pura forma vazia e universalizante, forma que não diz nada sobre as ações específicas legítimas, já que ela não enuncia nenhuma norma. "A lei", diz Kant, "não pode indicar de maneira precisa como e em que medida deve ser realizada a ação visando o fim que é ao mesmo tempo dever" (Kant, 1969a, p.390). O que não invalida o empreendimento moral kantiano, já que o contentamento próprio à vontade livre vem da determinação desta vontade pela *forma* da máxima moral.

---

5 "*Wohl* ou *Uebel* designam apenas uma relação àquilo que em nosso estado é *agradável* ou *desagradável* ... *Gute* et *Böse* indicam sempre uma relação à vontade, enquanto que ela é levada pela *lei da razão* a fazer de alguma coisa seu objeto" (Kant, 1969b, p.60). Lacan notou claramente que "a procura pelo bem seria um impasse se ela não reencontrasse *das Gute*, o bem que é objeto da lei moral" (Lacan, E, p.766).

Aqui, podemos compreender por que Lacan afirmou que: "A lei moral não é outra coisa que o desejo em estado puro" (S XI, p.247).[6] A operação que Lacan tem em vista consiste em aproximar os conceitos de *vontade livre* e de *desejo puro*. Cada um desses dois dispositivos indica uma inadequação radical entre o desejo do sujeito e a satisfação prometida pelos objetos empíricos. Ao passo que Kant critica o desejo aprisionado aos grilhões do egoísmo e do amor de si, Lacan desenvolve uma vasta análise a respeito da necessidade de criticar a alienação do desejo na lógica narcísica do Imaginário. Nesses dois casos, o sujeito só pode ser reconhecido como sujeito a partir do momento em que assume sua identificação com uma Lei que é pura forma vazia, desprovida de conteúdo positivo. No caso de Kant, trata-se da Lei moral. No caso de Lacan, temos a Lei fálica e paterna. Estamos diante de dois procedimentos simétricos de abertura à realização de um campo transcendental de reconhecimento intersubjetivo por meio da identificação entre o desejo e a Lei.

Das Ding, das Gute e o gozo para além do prazer

Tais simetrias não são um acaso. Tanto Lacan como Kant definem o sujeito tendo por base uma função transcendental e procuram pensar as consequências desse encaminhamento na dimensão da pragmática (mesmo que, no caso de Lacan, tenhamos uma noção "ampla" de pragmática na qual ética, erótica e estética se misturam). Aquilo que é da ordem da transcendentalidade aparece na dimensão prática como resistência à tentativa de explicar a totalidade da racionalidade da práxis por meio de argumentos utilitaristas. Kant é claro na recusa em confundir o bom e o útil (Kant, 1969c, p.59). Ele chega a sublinhar o sentimento de dor que *das Gute* produz, já que o sujeito deve sacrificar a procura incondicional ao bem-estar, à felicidade e deve humilhar seu amor-próprio. Lacan, por sua vez, não permite que a ética da psicanálise se transforme em uma melhor maneira de organizar o *service des biens* com seu princípio utilitarista. Tanto o filósofo alemão como o psicanalista parisiense percebem, no verdadeiro ato moral, a afirmação de uma satisfação para além do princípio do prazer.

No entanto, essa determinação transcendental do ato não pode ter apenas uma definição negativa como aquilo que *resiste* aos argumentos utilitaristas. Ela deve também ter uma definição positiva como ato feito *por amor à Lei*.

---

6 Ou ainda: "A Lei moral não representaria o desejo no caso em que não é mais o sujeito, mas o objeto [empírico] que está ausente?" (Lacan, E, p.780).

Dessa forma, Kant promete uma reconciliação por meio da determinação perfeita da vontade pela Lei. Momento no qual a vontade seria *Logos* puro.[7] *Das Gute* confunde-se aqui com o amor pela Lei, o que permite a Kant reintroduzir o conceito aristotélico de *Soberano Bem* como síntese entre a virtude e a felicidade. Síntese que produziria um "agradável gozo da vida (*Lebensgenuss*) e que no entanto é puramente moral" (Kant, 1969a, p.485). Um gozo próprio ao contentamento de si (*Selbstzufriedenheit*) vindo do respeito à Lei aparece no horizonte regulador do Soberano Bem. Guardemos esta fórmula: *a conformação perfeita da vontade à Lei promete um gozo para além do prazer*.

E Lacan? Sabemos que ele também está à procura de um gozo para além do princípio do prazer ligado aos objetos empíricos. Se formos ao Seminário VII, o veremos procurando tal gozo através de um questionamento sobre o verdadeiro estatuto da distinção freudiana entre o princípio do prazer e o princípio de realidade. Devido ao não realismo precoce de suas concepções, Lacan tinha criticado a pretensão epistemológica do princípio de realidade.[8] Aqui, porém, ele situa a distinção no plano ético, pois reconhecer a distinção é reconhecer a existência de um real que impulsiona a experiência humana a ir para além do princípio do prazer. Esse real será designado por Lacan como *das Ding*. Um conceito que o psicanalista acreditava ser simétrico ao *das Gute* kantiano.

Lacan encontrará *das Ding* em um manuscrito de Freud, *Projeto para uma psicologia científica*. Após o Seminário VII, *das Ding* praticamente desaparecerá dos textos lacanianos, já que, de certa maneira, sua função será absorvida pelo *objeto a*.[9] O que, como veremos, complicará radicalmente a distinção entre *fantasma* e *Real*.

---

[7] Cf. Adorno, ND, p.227. Para sustentar esta reconciliação possível, Kant coloca em cena as Ideias reguladoras de imortalidade da alma, da existência de Deus e da liberdade.

[8] Ver, por exemplo, *Para além do princípio do prazer*, in Lacan, 1966.

[9] Essa passagem de *das Ding* ao *objeto a* merece uma análise detalhada que, infelizmente, não cabe aqui. Digamos apenas por enquanto que, a partir dos anos 60, Lacan operará certo *retorno ao sensível e ao primado do objeto* repleto de consequências para a clínica e, principalmente, para a noção de Imaginário. É mediante tal retorno que poderemos, por exemplo, compreender o abandono progressivo do conceito de *desejo puro* em prol da rearticulação do conceito de *pulsão*. Nesse contexto, a experiência de alteridade responsável pela ruptura do narcisismo fundamental não virá de um reconhecimento de si como função transcendental (lógica à qual *das Ding* pareceria estar ligada), mas de um reconhecimento de si na materialidade opaca de um objeto que não é mais polo de projeção narcísica (refiro-me à identificação do sujeito com o *objeto a*, como resto, no fim de análise).

Sabemos que, em Freud, o movimento próprio ao desejo é pensado através da repetição alucinatória de experiências primeiras de satisfação. Essas primeiras experiências deixam imagens mnésicas de satisfação no sistema psíquico. Quando um estado de tensão ou de desejo reaparece, o sistema psíquico atualiza de maneira automática tais imagens, sem saber se o objeto correspondente está ou não efetivamente presente. A fim de não confundir percepção e alucinação, faz-se necessária uma prova de realidade. No *Projeto*, Freud fala da necessidade de um *índice de realidade* (*Realitätszeichen*) vindo da percepção de um objeto no mundo exterior.

O fator complicador é que Freud sabe como a articulação entre a percepção de um objeto no mundo exterior e a imagem mnésica de satisfação pressupõe uma possibilidade de julgamento (*Urteil*) feito pelo eu. A estrutura sintática do julgamento permitirá ao eu desenvolver operações mais complexas do que a simples comparação biunívoca. Por exemplo, ele poderá aproximar o objeto e a imagem pela divisão sintática entre sujeito e predicado. Se um objeto é apenas *parcialmente* semelhante à imagem mnésica, o eu poderá julgar que as diferenças dizem respeito aos predicados, aos atributos, ou seja, dizem respeito a acidentes, e não ao núcleo do objeto, que aparece no sujeito proposicional. Isso permite ao eu estabelecer uma relação de identidade a partir do sujeito proposicional e submeter a realidade ao prazer. A divisão entre percepção e alucinação readvém fluida.

Há, porém, um segundo tipo de caso, o qual interessa realmente a Lacan. Em certas situações pode surgir "uma percepção que não se harmoniza de maneira alguma com a imagem mnemônica desejada" (Freud, GW XVIII, p.426). No *Projeto*, Freud a introduz por meio do chamado complexo do semelhante ou, ainda, do humano-ao-lado (*Komplex des Nebenmensch*), quer dizer, a primeira experiência na qual o objeto vindo do exterior é um semelhante, "um objeto da mesma ordem deste que trouxe ao sujeito sua primeira satisfação (e também seu primeiro desprazer)" (ibidem, p.426), quer dizer, a mãe.

O que acontece quando a criança está diante de um semelhante pela primeira vez? Aqui, vemos uma inversão em relação ao exemplo anterior. O eu divide o objeto, mas é o sujeito da proposição que continua opaco. Freud diz que ele continua unido como coisa (*als Ding beisammenbleibt*); isso enquanto os atributos, os predicados, serão compreendidos e transformados em representações (*Vorstellung*) mnésicas. Essa articulação é extremamente importante, pois, como nos assinala Lacan, trata-se de uma "fórmula totalmente surpreendente na medida em que ela articula fortemente o ao-lado e a semelhança, a separação e a identidade" (Lacan, S VII, p.64).

Quando a criança está diante de um semelhante, o eu inscreve no interior do sistema psíquico tudo o que é familiar: os traços do rosto do outro, os movimentos do corpo etc. Tudo isso se transforma em um complexo de representações. Porém há qualquer Coisa que continua inassimilável à representação, inassimilável à imagem e que, no entanto, aparece na posição gramatical do sujeito do julgamento. Trata-se da irredutível estranheza do próximo, a mesma irredutibilidade que aparecerá mais tarde em Freud sob o conceito de *das Unheimliche* e que indica, entre outras coisas, a angústia vinda da percepção do *duplo*. Angústia que nos lembra como a verdadeira alteridade vem daquilo que nos é mais familiar, já que ela embaralha a divisão entre diferença e identidade, entre próximo e distante, entre eu e outro.[10]

Lacan articula o *Projeto* ao texto freudiano sobre *A negação* (*Die Verneinung*) a fim de indicar como *das Ding* não é outra coisa senão o que foi forcluído (*verworfen*) pelo Eu-prazer (*Lust-Ich*) por um julgamento de atribuição. Lembremo-nos de que, mediante este último, o eu procurava expulsar para fora de si o Real (sobretudo o Real das moções pulsionais) que rompia com o princípio de constância no plano das excitações do aparelho psíquico. Tal expulsão permitia o desenvolvimento das operações primordiais de simbolização que formarão o sistema de representação significante.

Aqui, a astúcia de Lacan, mobilizada para aproximar sua construção metapsicológica da estratégia kantiana de determinação de uma vontade moral, consistia em mostrar como há um desejo que sempre procura alcançar *das Ding*. Trata-se de um desejo que quer a *transgressão* de um gozo para além do princípio do prazer, já que alcançar *das Ding* significa necessariamente aniquilar o sistema de determinação fixa de identidades e de diferenças que funda o eu. E a aniquilação da ilusão de identidade própria ao eu só pode produzir a angústia da dissolução. Esse desejo é nosso bem conhecido *desejo puro*, que tem agora um objeto próprio a seu estatuto transcendental.[11] Sublinhemos, contudo, que o preço pago pela aproximação entre a psicanálise e a problemática

---

10 Lembremo-nos de como Freud joga com a ambivalência do termo *heimlich*: "o termo *heimlich* não é unívoco, mas ele pertence a dois conjuntos de representações que, sem serem opostos, não deixam de ser fortemente estrangeiros um ao outro: de um lado, o familiar, o confortável e, de outro, o escondido, o dissimulado ... *Heimlich* é pois uma palavra cuja significação evolui em direção a uma ambivalência, até acabar por se confundir com o seu contrário *unheimlich*" (Freud, GW XIII, p.235-7).

11 No Seminário VII, Lacan ainda não estabeleceu uma distinção clara entre desejo e pulsão. Isso o permite definir *das Ding* tanto "o lugar dos *Triebe*" (p.131) como aquilo que se revela na relação dialética do desejo e da Lei (p.101).

kantiana é certo distanciamento do encaminhamento freudiano inicial. No *Projeto, das Ding* está mais próximo da irredutibilidade do *sensível* ao pensamento fantasmático do que desta irredutibilidade do *transcendental* à inscrição fenomenal que Lacan parece tentar sustentar, ao aproximar *das Ding* e *das Gute*.

Para terminar, notemos como a temática de *das Ding* se liga ao problema do reconhecimento. *Das Ding* apareceu em Freud como o limite ao reconhecimento do outro, já que se trata da manifestação da negatividade própria à alteridade.[12] Em Lacan, ele continua a desempenhar esse papel. A Lei não nos diz como alcançar de maneira positiva o gozo de *das Ding*. Ao contrário, ela é inscrição da ausência da Coisa. A aposta da Lei lacaniana consiste em transformar a alteridade de *das Ding* em negatividade inscrita no interior do sistema simbólico, o que nos explica afirmações como: "No final das contas, é concebível que os termos de *das Ding* devem apresentar-se como *trama significante pura*, como máxima universal, como a coisa mais desprovida de relações ao indivíduo" (Lacan, S VII, p.68).

Porém essa promessa de reconciliação entre Lei e objeto do desejo puro não funcionará mais e será aos poucos abandonada por Lacan. Mesmo o conceito de desejo puro sofrerá um processo de relativização em prol da recuperação do conceito de pulsão (*Trieb*). O que nos permite interrogarmos as coordenadas desse fracasso.

Notemos novamente que, se a trama significante pura podia *apresentar* os termos de *das Ding* era porque haveria maneira de simbolizar, por meio da negatividade transcendental do significante puro, o que foi *verworfen* como real. Aqui, repete-se um impasse próprio às articulações entre Real e Simbólico no primeiro Lacan. Mesmo se aceitarmos que *das Ding* é o que, do Real, padece (*pâtit*) do significante, mesmo se aceitarmos que a Lei não fornece enunciado positivo algum sobre a maneira de alcançar *das Ding*, não podemos esquecer que *das Ding* é um limite pressuposto *pela* ação do significante e, como limite *do significante*, sua negatividade é inscrita no interior da Lei por meio de uma inversão que nos lembra a dialética do limite (*Granze*) e da borda (*Schranke*) na lógica hegeliana do ser.

No caso de Lacan, essa inversão pode seguir duas estratégias diferentes. Se a Lei resume-se a uma pura forma transcendental que não diz nada sobre o conteúdo empírico adequado à ação, então é possível reconciliar Lei e *das Ding*. Quer dizer, para que a negatividade de *das Ding* seja inscrita na Lei, "é

---

12 "Esta análise de um complexo perceptivo foi qualificada de *reconhecimento* (*erkennen*), implica um julgamento e termina com este último" (Freud, GW XVIII, p.427)

necessário suportar o lugar vazio ao qual é chamado este significante [o falo] que só pode ser ao anular todos os outros" (Lacan, S VIII, p.311). É necessário que o desejo se vincule ao significante puro da Lei e que ele deseje a pura forma da Lei.[13] Como nós veremos, essa estratégia produzirá necessariamente um impasse que levará Lacan a revisar sua clínica analítica.

Se a Lei, contudo, assume uma *faticidade* e prescreve interdições superegoicas, então nós entraremos em um infinito ruim que é bem ilustrado pela apropriação lacaniana do dito de São Paulo: "A Lei é a Coisa? Certamente que não. No entanto, eu não teria conhecimento da Coisa se não fosse pela Lei. Eu não teria ideia de cobiçar se a Lei não tivesse dito: Não cobiçarás ... sem a Lei, a Coisa é morta" (Lacan, S VII, p.101).

Quer dizer, quando a Lei diz o que devemos ou não devemos fazer (*Não cobiçarás*), ela produz má dialética entre desejo e Lei, pois produz situações semelhantes a um neurótico que precisa de correntes exatamente para poder quebrá-las. A Lei nomeia *das Ding* como o lugar marcado pela interdição, como no caso da nomeação de *das Ding* como a mãe, o que nos explica por que Lacan afirma: "É devido à lei nos proibir de ficar com a mãe que ela nos impõe desejá-la, pois, no final das coisas, a mãe não é em si o objeto mais desejável" (Lacan, S X, sessão de 16.1.1963). Nesse sentido, Lacan pode dizer que "desejamos através da proibição". Um modo do desejo que, no fim, só pode produzir o desejo de morte, já que o desejo transforma-se pois em um puro desejo histórico de destruição da Lei.[14]

É o primeiro impasse que nos interessa, já que ele obrigará Lacan a reformular radicalmente o programa de racionalidade da cura analítica.

A armadilha sadiana

Devemos fazer aqui um curto-circuito. Deixemos de lado por instante esta questão sobre a Lei, *das Ding* e *das Gute*. Tentemos resolver o nó da questão

---

13 Sigamos Zupancic na afirmação: "Neste contexto, a ética do desejo apresenta-se como um 'heroísmo da falta', como a atitude através da qual, em nome da *falta* do objeto Verdadeiro, nós rejeitamos todo objeto" (Zupancic, 2001, p.240). Porém talvez seja necessário corrigir a proposição e afirmar que o sujeito não age em nome da falta de objeto, mas em nome do *objeto como falta*, como objeto transcendental que só se manifesta como falta de adequação à empiria.

14 "A relação dialética do desejo e da Lei faz nosso desejo não arder senão em uma relação à Lei, onde ele se transforma em desejo de morte" (Lacan, S VII, p.101).

por meio de um desvio. Trata-se de um desvio mediante Sade, até porque, aos olhos de Lacan, Sade traz a verdade da razão prática kantiana.

O que significa fazer, neste contexto, uma comparação entre Kant e Sade? A hipótese consiste em afirmar que, longe de limitar-se a dar uma dignidade moral ao empreendimento sadeano, o objetivo maior de Lacan consistia em demonstrar como a Lei moral era incapaz de anular o desafio do discurso perverso.[15] Quer dizer, para o psicanalista, é possível ser perverso e kantiano ao mesmo tempo. De outro lado, se é verdade que Kant aparece neste contexto com um duplo especular de Lacan, então Sade deverá também trazer a verdade de Lacan, ou ao menos da Lei lacaniana, já que o problema da perversão colocará em xeque uma racionalidade analítica fundamentada no reconhecimento do desejo puro por meio da pura forma da Lei. Sade representa um desafio à práxis analítica de Lacan. Vejamos isso com mais calma.

Se Kant soubesse que no século XX sua filosofia prática encontraria críticos que a acusariam de não ser capaz de responder à perversão, ele teria certamente achado isso, no mínimo, cômico. Pois Kant concebera uma réplica possível a críticas desta natureza. Para ele, o ato de transgredir a Lei já demonstrava como o perverso aceitava a realidade objetiva de uma lei: "que ele reconhece o prestígio ao transgredi-la" (Kant, 1969b, p.455). Quer dizer, ao transgredir eu reconheço *a priori* a presença da Lei em mim mesmo. Eu apenas não sou capaz de me liberar da cadeia do particularismo do mundo sensível. O desejo de transgressão apenas funciona como prova da universalidade da Lei.

Infelizmente para Kant, o argumento é falho. A natureza do desafio sadeano, por exemplo, é de ordem mais complexa. Sua perversão também não consiste na hipocrisia ou na má-fé de esconder interesses particulares pela conformação da ação à forma da Lei. Quinze anos antes do texto lacaniano, Adorno já havia mostrado como os personagens de Sade eram impulsionados pela obediência cega a uma Lei moral estruturalmente idêntica ao imperativo categórico kantiano. O que permitia a Adorno dizer que:

> Juliette não encarna nem a libido não sublimada, nem a libido regredida, mas o gosto intelectual pela regressão, *amor intellectualis diaboli*, o prazer de derrotar a civilização com suas próprias armas. Ela ama o sistema e a coerência e maneja excelentemente o órgão do pensamento racional. (Adorno & Horkheimer, 1993, p.92-3)

Juliette não está acorrentada ao particularismo da patologia de seus interesses; ela também age *por amor à Lei*. Ela apenas demonstra como "mesmo

---

[15] Para uma opinião contrária, ver Zupancic, 2001.

lá, na perversão, onde o desejo apareceria como aquilo que faz a lei, quer dizer, como o que subverte a lei, ele é, no fundo, o suporte de uma lei" (Lacan, S X, sessão de 27.2.1961). O paralelo aqui é frutífero se pensarmos que, para Adorno – o primeiro a escrever um *Kant com Sade* –, o problema também consiste em mostrar como a determinação transcendental da vontade livre não é capaz de permitir a partilha entre moralidade e perversão.

Todavia, se voltarmos ao nosso problema inicial, veremos que há uma questão central em aberto: como essa *perversão através da estrita obediência à Lei* é possível?

Primeiramente, Kant e Sade partilham uma noção de Universal fundada pela mesma rejeição radical do patológico. Ou seja, pela mesma desconsideração pelo sensível e pela resistência do objeto. Como nos afirma Lacan: "Se eliminarmos da moral todo elemento de sentimento, em última instância o mundo sadista é concebível" (S VII, p.96). Sade também está à procura da purificação da vontade que a libere de todo conteúdo empírico e patológico.[16] Daí se segue, por exemplo, o conselho do carrasco Dolmancé à vítima Eugénie, na *Filosofia na alcova*: "todos os homens, todas as mulheres se assemelham: não há em absoluto amor que resista aos efeitos de uma reflexão sã" (Sade, 1975, p.172). Uma indiferença em relação ao objeto que pressupõe a despersonalização e o abandono do princípio de prazer. Esse é o sentido de outro conselho de Dolmancé a Eugénie: "que ela chegue a fazer, se isto é exigido, o sacrifício de seus gostos e de suas afeições" (ibidem, p.83).

Por outro lado, tal *incondicionalidade* e *indiferenciação* do desejo sadeano em relação ao objeto empírico nos leva a uma máxima moral que tem pretensões universais análogas ao imperativo categórico kantiano. Trata-se do direito ao gozo do corpo do outro. Sade dirá que "todos os homens têm um direito de gozo igual sobre todas as mulheres", sem esquecer de completar afirmando que, naquilo que concerne às mulheres, "quero que o gozo de todos os sexos e de todas as partes de seus corpos lhes seja permitido, tal como aos homens" (ibidem, p.227). Chegamos assim à fórmula forjada por Lacan: "Empresta-me a parte de seu corpo que pode me satisfazer um instante e goze, se você quiser, desta parte do meu que pode te ser agradável" (Lacan, S VII, p.237).

Lacan não se limita a afirmar que tanto Sade como Kant são filhos do esclarecimento em matéria de moral. Para a psicanálise, Sade revela o que estaria recalcado na experiência moral kantiana.

---

16 A propósito do projeto sadeano, Blanchot fala do desejo de "fundar a soberania do homem sobre um poder transcendente de negação" (Blanchot, 1949, p.36).

Nesse ponto, Lacan faz duas considerações. Primeiro, ele afirma que "a máxima sadiana é, por ser pronunciada pela boca do Outro, mais honesta do que a voz do interior, já que ela desmascara a clivagem do sujeito, normalmente escamoteada" (Lacan, E, p.770). Segundo, Lacan fala do desvelamento de um "terceiro termo" que, nas palavras de Lacan, "estaria ausente da experiência moral. Trata-se do objeto, o qual, a fim de garanti-lo para a vontade no cumprimento da Lei, ele é obrigado a remeter ao impensável da Coisa-em-si" (Lacan, E, p.772). O que essas colocações podem querer significar?

Ato e divisão subjetiva

Quando Lacan insiste na maneira como Sade mostra a voz da consciência que enuncia a Lei moral vir da "boca do Outro", ele pensa principalmente em certa estrutura triádica própria aos romances sadeanos. Vemos sempre três personagens centrais com papéis bem definidos. Na *Filosofia na alcova*, por exemplo, temos: Madame de Saint-Ange (que representa e enuncia a Lei), Dolmancé (o carrasco que deve executar a Lei de maneira *apática*, sem se permitir ser guiado pelo prazer) e Eugénie (a vítima que deve ser educada, assujeitada à Lei e arrancada do domínio do desejo patológico).[17] Para Lacan, com este minueto a três, Sade coloca em cena a divisão subjetiva própria a toda experiência moral. Madame de Saint-Ange é o Outro que aparece como representante da Lei. Eugénie é o eu patológico que recebe a imposição da Lei e Dolmancé é o termo médio, o "terceiro termo" cujo estatuto descobriremos logo em seguida. Notemos que, ao colocar em cena a divisão subjetiva fragmentada em três personagens, Sade evita inseri-la no interior de um personagem.

À primeira vista, Kant também não descarta a ideia de uma divisão subjetiva no ato de enunciação do imperativo categórico. Ou seja, aparentemente ele não escamoteia a clivagem do sujeito. Basta irmos ao capítulo da *Metafísica dos costumes* que leva o título sintomático de "Do dever do homem em relação a si-mesmo como juiz natural de si mesmo". Neste, Kant fala de um *tribunal interior* inscrito no homem e no qual nossa conduta é julgada pela voz terrível da consciência moral. Ele chega a afirmar que "a consciência moral do homem,

---

17 Sigo aqui uma intuição sugerida por Baas, 1992, p.40. Notemos como, em um jogo de escritura muito próprio ao século XVIII, as iniciais dos três personagens compõem o nome próprio do autor S A – D – E, o que reforça a hipótese lacaniana da divisão subjetiva.

a propósito de todos seus deveres, deve necessariamente conceber, como juiz de suas ações, um *outro* (a saber, o homem em geral). Dito isso, este outro pode muito bem ser tanto uma pessoa real quanto uma pessoa ideal que a razão se dá" (Kant, 1969a, p.438-9).

O outro, porém, segundo Kant, não é exatamente o Outro lacaniano. O outro, segundo Kant, é apenas uma dobra da consciência, na medida em que a divisão a qual Kant faz alusão situa-se entre a *consciência* moral e a *consciência* empírica. O Outro lacaniano, por sua vez, é inconsciente. Isso implica várias consequências. Por exemplo, em Lacan a exterioridade da Lei ganha a forma de uma *alteridade* radical da Lei.

Eis algo inadmissível para Kant, já que significaria assumir uma alteridade radical da consciência em relação à voz da razão. Kant seria então obrigado a reconhecer uma opacidade fundamental entre o princípio transcendental do imperativo e sua realização empírica. O que ele está longe de aceitar, pois isso o levaria a assumir a impossibilidade de a consciência julgar de forma *a priori* a ação. Ora, para ele: "Julgar o que deve ser feito a partir desta lei [a Lei moral], não deve ser algo de uma dificuldade tal que o entendimento mais ordinário e menos exercido não saiba resolver facilmente, *mesmo sem nenhuma experiência do mundo*" (Kant, 1969c, p.36).

É verdade que Kant reconhece um limite à consciência cognitiva na dimensão prática devido à impossibilidade radical de *conhecermos* a realidade da ideia de liberdade e, consequentemente, de conhecermos a realidade de *das Gute*, já que a consciência da liberdade não é fundada em intuição alguma, o que nos leva a aceitar a Lei moral como um fato (*faktum*) da razão. E se não podemos conhecer a realidade objetiva da liberdade, então é impossível "descobrir na experiência um exemplo que demonstre que esta lei foi seguida" (ibidem, p.40).

No entanto, isso não coloca problemas a Kant, já que, com ele, nós sempre sabemos em que condições um ato deve ser realizado para que seja o resultado de uma vontade livre. Nosso não-saber incide sobre a presença efetiva de tais condições. Em suma, eu não saberei jamais se digo a verdade por medo das consequências da descoberta da mentira ou por amor à Lei. No entanto eu sempre sei que, em qualquer circunstância, contar mentiras é contra a Lei moral. *Mesmo que não exista transparência entre a intencionalidade moral e o conteúdo do ato, resta um princípio de transparência entre a intencionalidade moral e a forma do ato.* Eu sempre saberei *como* devo agir. Não há indecidibilidade no interior da práxis moral. Como nos demonstrou Adorno, Kant crê que a determinação transcendental e a realização empírica da Lei moral estão submetidas a um princípio de identidade e, por que não dizer de maneira mais clara, a um princípio de imanência.[18] Isso demonstra que, tanto para Lacan como para Adorno, o verdadeiro erro de Kant teria consistido em acreditar que a pura forma do ato determinaria *a priori* sua significação. A significação do ato apresentar-se-ia como simples indexação transcendental da particularidade do caso; o que esvaziaria toda dignidade ontológica do sensível no interior da experiência moral. Aqui, o procedimento transcendental parecia suficiente para dar significação à pragmática, até porque haveria entre *das Gute* e a Lei uma relação de completa imanência. De certa forma, é isso que Adorno tem em mente ao ver a "verdadeira natureza do esquematismo" como o ato de "harmonizar exteriormente o universal e o particular, o conceito e a instância singular" (Adorno & Horkheimer, 1993, p.83).

Neste ponto, devemos sublinhar a maneira com que Lacan crê que a anatomia do ato kantiano é, na verdade, próxima do ato sadeano. Para ele, Kant e Sade defendem uma imanência absoluta entre a Lei moral e a consciência. Dolmancé também crê que não há nada mais fácil do que julgar o que devemos fazer valendo-se da Lei do gozo. Esta Lei está "escrita no coração de todos os homens, e basta interrogarmos este coração para desvendarmos o impulso" (Sade, 1975, p.199). É neste sentido que devemos compreender a afirmação de Deleuze:

> Quando Sade invoca uma Razão analítica universal para explicar o mais particular no desejo, não devemos ver aí a simples marca de sua dívida para com o século XVIII. É necessário que a particularidade e o delírio correspondente sejam *também* uma Ideia da razão pura. (Deleuze, 1966, p.22)[19]

Como não ver aqui o reconhecimento de um princípio de imanência entre Lei e ato?

---

18 Ver, por exemplo, a afirmação: "Ela [a causalidade pela liberdade] hipostasia a forma como obrigatória para um conteúdo (*Inhalt*) que não se apresenta por si mesmo sob esta forma" (Adorno, ND, p.232).

19 De certa forma, é isso que Adorno tem em mente ao falar: "Aquilo que Kant fundamentou transcendentalmente, a afinidade entre o conhecimento e o plano, que imprime o caráter de uma inescapável funcionalidade à vida burguesa integralmente racionalizada, inclusive em suas pausas para respiração, Sade realizou empiricamente um século antes do advento do esporte. As equipes esportivas modernas, cuja cooperação está regulada de tal sorte que nenhum membro tenha dúvida sobre seu papel e que para cada um haja um suplente a postos, encontram seu modelo exato nos *teams* sexuais de Juliette, onde nenhum instante fica ocioso, nenhuma abertura do corpo é desdenhada, nenhuma função permanece inativa" (Adorno & Horkheimer, 1993, p.87).

A única diferença em relação a Kant é que, em Sade, o verdadeiro Outro é a Natureza. É a Natureza que goza por meio dos atos do libertino e da libertina. Dela vem o gozo do Outro. Digamos que a razão prática em Sade é uma razão naturalizada e que a Filosofia na Alcova é uma Filosofia da Natureza. O que nos explica outra afirmação interessante de Deleuze: "Com Sade, aparece um estranho spinozismo – um naturalismo e um mecanicismo penetrados de espírito matemático" (ibidem, p.22). Como nos dirá Sade: "Nada é amedrontador em matéria de libertinagem, pois tudo o que a libertinagem inspira é igualmente inspirado pela natureza" (Sade, 1975, p.157). Uma natureza que esconde, para-além do conceito de movimento vital em que se articulam conjuntamente criação e destruição, uma *natureza primeira* concebida como poder absoluto do negativo, como pulsão eterna de destruição. Uma natureza primeira que aparece sob a figura do Ser-supremo-na-maldade.

Isso nos permite dizer que a transcendentalidade de Kant e o materialismo de Sade, *a priori* divergentes, encontram-se na mesma crença da imanência entre a razão e a consciência. Uma imanência que restringe às consequências da divisão subjetiva. Dolmancé tem a Lei da Natureza em seu coração; o mesmo coração que porta a Lei moral do sujeito kantiano. Assim, devemos colocar um limite à afirmação lacaniana sobre a máxima sadeana como desvelamento da clivagem do sujeito, normalmente escamoteada. O desvelamento não se apresenta ao libertino e à libertina, cuja conduta será submetida à certeza subjetiva advinda da pressuposição de um princípio de imanência entre desejo puro e Lei. Para que a clivagem possa ser reconhecida, faz-se necessário um trabalho psicanalítico de interpretação. Aos olhos de Lacan, a vantagem de Sade sobre Kant consistirá no fato de Sade nos fornecer a configuração exata da operação de construção de tal princípio de identidade. Veremos qual é essa operação no próximo capítulo.

É possível julgar o ato?

Por enquanto, não percamos de vista um ponto fundamental: todas essas "semelhanças de família" nos demonstram como a proximidade entre Kant e Sade equivaleria a uma proximidade entre Lacan e Sade. A problemática do desejo puro que pode abrir espaço para o gozo de uma Lei fálica e paterna fundada no rebaixamento do sensível acomoda-se com o que vimos até agora sobre a relação entre objeto e Lei em Sade. Isso certamente não passou despercebido a Lacan, como veremos no capítulo seguinte na problematização lacaniana da perversão.

Por enquanto, vale a pena insistir como tal quadro pode nos explicar a importância de certos conceitos que começam a ganhar no interior da conceitografia lacaniana. Pensemos, por exemplo, no conceito lacaniano de "ato".

Não há nada mais distante dessa imanência entre intencionalidade e pura forma da Lei do que a noção lacaniana de ato. E não é por acaso que ele dirá que "o sujeito nunca reconhece o ato em seu verdadeiro alcance original, mesmo que ele seja capaz de ter cometido tal ato" (Lacan, S XIV, sessão de 22.2.1967). Há uma opacidade *objetiva* do ato, pois o simples recurso à Lei (mesmo que se trate da Lei da ética do desejo) não nos permite apreender seus efeitos e seu produto. A faticidade da realidade sensível na qual o ato se efetiva não permite a indexação através da Lei, algo que Adorno também sabia.[20] Nós podemos, pois, completar: "O sujeito não reconhece jamais o verdadeiro ato *através da Lei*". Lembremos como, após *Kant com Sade*, o verdadeiro ato, ou seja, este que nos leva às vias do gozo feminino, da experiência do corpo para-além da imagem, da sublimação, da experiência do Real e da pulsão, será sempre aquilo que excede a Lei fálica e paterna. Trata-se de um ato para-além do reconhecimento intersubjetivo prometido pela Lei, já que ele nos permite *atravessar* a Lei e colocar a clínica nas vias de uma travessia do questionamento transcendental. Esse ato expõe a necessidade de a clínica pensar novos procedimentos de subjetivação que não se reduzam à simbolização do desejo por meio do falo e do Nome-do-Pai.

Essa opacidade irredutível inscrita na anatomia do ato será fundamental para os desdobramentos da clínica analítica. Sabemos que, a partir de *Kant com Sade*, Lacan verá a psicanálise não exatamente como uma terapêutica, mas como uma *ética com consequências clínicas*. Contudo, no caso de Lacan, fundar uma clínica da subjetividade com base em considerações de ordem ética só é uma operação viável se admitirmos a possibilidade de julgar nossas ações a partir da Lei da ética do desejo, esta Lei que nos manda *não ceder em nosso desejo*. Trata-se pois de saber se é possível avaliar nossas ações do julgamento: "Agistes em conformidade ao desejo que vos habita?" (Lacan, S VII, p.362).

O que significa, porém, sustentar uma relação de *conformidade* entre o desejo e o ato, neste contexto? A ética do desejo teria seu fundamento em um *princípio regulador* de identidade e de adequação entre a Lei do desejo e a di-

---

20 "O desesperador no bloqueio da prática fornece, paradoxalmente, um tempo (*Antepause*) para o pensamento. Não utilizar este tempo seria um crime. Ironia maior: o pensamento aproveita-se atualmente do fato de não termos o direito de absolutizar seu conceito" (Adorno, ND, p.243).

mensão da práxis do sujeito? Lembremos que, se a Lei do desejo encontra sua melhor exposição na transcendentalidade da Lei fálica, já que o falo é a "presença real" (Lacan, S VIII, p.294) da negatividade do desejo em sua relação aos objetos empíricos, então nossa questão é, no fundo: como indexar a efetividade mediante um dispositivo transcendental de justificação. Questão kantiana, nos parece. Porém, contrariamente ao que poderíamos acreditar, é neste ponto que o pensamento de Lacan está mais perto da tradição da dialética hegeliana.

O problema lacaniano da ação feita *em conformidade* à Lei do desejo nos leva à problemática hegeliana do *Mal e do seu perdão*: figura maior da última parte da *Fenomenologia do Espírito* construída como leitura hegeliana do problema kantiano da consciência moral. Aqui, a consciência que age deve também responder ao mandamento: "Agistes em conformidade à Lei que vos habita?". Mas a resposta da consciência que age era necessariamente negativa. Para Hegel, em certo sentido, *nós somos sempre culpados desde que agimos e damos uma determinação particular à pura forma da Lei*. "Nenhum ato (*Handlung*) pode escapar a tal julgamento, pois o dever em nome do dever, esta finalidade pura (*dieser reine Zweck*), é o inefetivo" (Hegel, 1988b, p.436/1992b, p.138). Para Hegel, a tentativa de indexar a efetividade por meio de um dispositivo transcendental de justificação era impossível. Nunca podemos agir em conformidade à Lei.

O que dizer, porém, de uma culpabilidade que obedece a tais coordenadas? Há algum sentido em culpabilizar o sujeito por algo que é marcado pelo selo do impossível? Notemos que estamos perto de uma problemática lacaniana, já que podemos nos perguntar também sobre o sentido de julgar a ação a partir de uma *conformidade* impossível entre ato e Lei do desejo, salvo na perversão ou graças ao retorno ao imediato da certeza subjetiva. Devemos pois abandonar completamente o mandamento de não ceder no desejo?

Nesse contexto, o recurso a Hegel é extremamente útil para compreender a ética do desejo sem cair em um impasse. Nesses dois casos, o julgamento ético é composto por um movimento duplo que mostra como o sujeito deve *assumir* a Lei e *superá-la* colocando um ato para-além da Lei.

Retornemos a este momento da *Fenomenologia do Espírito* no qual a consciência que age "confessa-se abertamente e espera da mesma maneira que o outro [*Andre* – na verdade, trata-se do Outro da Lei] – já que na ação (*Tat*) ele colocou-se no mesmo plano que ela – repita também seu discurso [*Rede* – trata-se do discurso da confissão], e nele exprima sua igualdade com ela" (Hegel, 1988b, p.438/1992b, p.139). Essa confissão (*Geständnis*) da consciência é um modo de construção de uma reconciliação possível com a efetividade (Hegel fala de *anerkennende Dasein eintreten werde*: algo como "o ser-aí entrando no momento do reconhecimento"). No entanto: "à confissão do mal: 'Eis o que sou' (*Ich bins*), não sucede a resposta de uma confissão do mesmo gênero".

Há dois movimentos aqui, um duplo: movimento que permite a resolução do impasse. Confessar-se dizendo "Eis ao que estou ligado" e olhando para o mal, o inadequado, o contingente no interior do ato é uma enunciação que visa a dois processos. Primeiro, indica como a consciência aspira a ser: "particularidade abolida" ao reconhecer a Lei em seu coração. É graças à confissão que o sujeito pode romper com toda imediaticidade com a ação e realizar um princípio de transcendência que o permite reconhecer-se como sujeito da Lei. Ele reconhece que sua ação é má e, nesse movimento, põe sua diferença em relação à ação.

Contudo, pedir que a Lei repita, ela também, o discurso da confissão é um movimento totalmente diferente do que o simples reconhecimento da não-identidade entre Lei e ação. Na verdade, a consciência que age quer que a Lei reconheça a racionalidade da não conformidade da ação à matriz transcendental de justificação, o que nos leva à via do reconhecimento da opacidade radical do ato (opacidade, pois há um "resto patológico" presente no ato que não é mais signo de vínculo ao imediato).[21] O Outro da Lei deve reconhecer a impossibilidade de anular o indeterminado no interior do ato e é isso que traria a reconciliação. Ou seja, o problema de Hegel não diz respeito simplesmente à necessidade de levar em conta o contexto da ação na definição de sua significação. Seu verdadeiro problema é o reconhecimento da opacidade ontológica do ato. Ao menos neste ponto, Hegel não está realmente longe de Adorno, que, ao escrever sobre o primado do objeto, afirma: "O negativo que exprime como o espírito, com a identificação, fracassou (*misslang*) a reconciliação ... advém o motor de seu próprio desencantamento (*Entzauberung*)" (Adorno, ND, p.187).

Nesse sentido, é possível dizer que, para Hegel, o verdadeiro ato sempre ultrapassa a matriz transcendental de significação determinada pela Lei. E se "as feridas do espírito curam-se sem deixar cicatrizes" (Hegel, 1988, p.440), é porque não há nada mais conforme à Lei hegeliana que o reconhecimento

---

21 Nesse sentido, podemos seguir Bourgeois e afirmar que, para Hegel "*é racional que tenha o irracional*. Pois, devido a seu estatuto, o que em seu conteúdo é irracional é racional, o reconhecimento, o acolhimento especulativo da empiria pura não manifesta a *impotência* desta especulação, mas sua *liberalidade*" (Bourgeois, 1992, p.100).

da necessidade de *trair* a Lei. Poderíamos dizer, com Lacan, que todo ato comporta um fracasso (*ratage*) na sua relação à Lei, o que nos explica porque "o ato só se realiza ao fracassar" (Lacan, AE, p.265). *Para não perverter a Lei, é necessário saber atravessá-la.* Isso implica também a compreensão de que "todo ato moral é falível (*Fehlbarkeit*)" (Adorno, ND, p.241 [tradução modificada]), pois ele é aquilo que se coloca na ausência de garantias da Lei, sem contudo sustentar-se no decisionismo da imanência da vontade como fonte de sentido. Sua falibilidade é traço essencial: o ato moral é aquele que *deve ser assumido como falível, como se racional fosse saber agir sem garantias. Como se só houvesse ato moral lá onde o sujeito é chamado a agir sem garantias.*

Podemos entender essa anatomia do ato lacaniano por seu comentário a respeito de Sygne de Coûfontaine, o personagem central de *O refém*, de Paul Claudel. Muito haveria a se dizer a respeito dessa peça e de seus impasses éticos. Contudo, sublinhemos apenas como a tragédia de Sygne segue a maneira lacaniana de pensar o ato moral.

A história de Claudel une todos os elementos de uma escolha feita por alguém que atravessou a Lei. A fim de salvar o Papa de ser entregue a seus inimigos, a devota Sygne deve aceitar uma chantagem, casar-se com aquele que exterminou sua família e anular um pacto de amor que a unia a seu primo, já que sua fé católica marca o casamento com o selo da adesão ao dever do amor.

Lacan sublinha que ceder a tal chantagem significa renunciar a seu vínculo a esta Lei paterna da família na qual ela engajou toda a sua vida e que já era marcada com o signo do sacrifício. O que leva Lacan a afirmar:

> Lá onde a heroína antiga [Lacan pensa em Antígona] é idêntica a seu destino, *Atè*, a esta lei para ela divina que a sustenta em todas as provações – é contra sua vontade, contra tudo o que a determina, não em sua vida, mas em seu ser, que, por um ato de liberdade, a outra heroína [Sygne] vai contra tudo o que diz respeito a seu ser, até as raízes mais íntimas. (Lacan, S VIII, p.327)

Se a peça terminasse aí, teríamos uma simples submissão do sujeito à Lei transcendental da fé que relativiza a centralidade da Lei paterna. Sygne nega sua ligação a todo objeto patológico, a seu sangue e à terra. Mas isso poderia ser compreendido como uma hipóstase da Lei que a leva a uma ética do sacrifício a fim de, na verdade, permitir-lhe preservar a consistência fantasmática do lugar da Causa. Não nos esqueçamos da justificação dada por Sygne à racionalidade de seu ato: "Eu salvei o Pai dos homens" (Claudel, 1972, p.123), mesmo que, no fundo, ela saiba que este pai é um pai humilhado e, logo, impossível de ser salvo. Uma afirmação que mostra a ligação de seu desejo à Lei. Nesse momento, a fé de Sygne na Causa é o *objeto a* que suplementa a falta, a não consistência da Causa e de seus mandamentos.[22]

O verdadeiro ato de Sygne pode ser compreendido como uma negação desta negação produzida pela Lei. Ele é feito no momento de sua morte, quando ela diz "não" e recusa perdoar seu marido e renovar o dever de amor. Aqui, há um retorno ao sensível contra o primado da Lei. Ela sabe que este "não" representa uma ruptura de seu engajamento com a Lei, assim como representa a defesa de uma escolha *patológica* de objeto, mesmo que ela seja fundada no ódio, mais do que no amor. Nesse sentido, Sygne faz um ato moral que não é suportado por Lei alguma. Por meio da primeira negação, ela foi para além de toda imanência e imediaticidade de seu desejo a objetos patológicos. Restava, no entanto, uma imanência entre o sujeito e a forma da Lei. Aqui, o verdadeiro ato consiste na ruptura dessa imanência pelo retorno ao patológico. Notemos, porém, que se trata de um patológico que não é suportado por matriz transcendental alguma capaz de lhe fornecer coordenadas de sentido, nem por vínculo fantasmático algum (já que todo imediato foi apagado pelo primado da Lei posto pela primeira negação). Trata-se pois de um patológico que se apresenta como opacidade radical: o mesmo estatuto do patológico reconhecido pela Lei em Hegel. Tal como Hegel, o "não" dito por Sygne diante do padre que lhe dará a extrema-unção é demanda de reconhecimento da irredutibilidade do sensível. Ele é reconhecimento de que "já há um elemento de reconciliação no irreconciliável" (Adorno, ND, p.314). Porém, também neste caso, a Lei continua muda.

Veremos como este ato para além da estrutura da Lei, ato que atravessa a Lei, é ato de alguém que atravessou o fantasma. É nessa via que a clínica lacaniana irá, a partir de então, engajar-se. Contudo, para abrir espaço a esse ato, será necessário afastar muitas pedras.

---

22 Isso explica o impasse da ideia lacaniana segundo a qual "À heroína da tragédia moderna, pede-se que ela assuma como gozo a injustiça mesma que lhe horroriza" (Lacan, S VIII, p.359). Nada nos impede de operar uma reviravolta perversa e afirmar, por exemplo, que esta é a realização do fantasma sádico. Tudo o que pedimos a Justine, só para ficar *na vítima* por excelência, é a angústia de gozar do que lhe horroriza.

5
A perversão como figura da dialética do desejo

> *Não é prazeroso consolar a favor e contra, sendo o único agente de dois interesses contrários?*
> Carta de Mme. de Merteil a Valmont

A imanência perversa

Podemos agora desenvolver a última consideração lacaniana, e seguramente a mais polêmica, a respeito da proximidade estrutural entre a filosofia prática de Kant e a fantasmática sadeana: a fim de que a imanência entre o sujeito e o Outro da Lei seja possível, faz-se necessário uma operação realizada pelo conceito psicanalítico de *fantasma*. Há uma mediação do fantasma em toda identificação possível entre o sujeito e a pura forma da Lei. *Não há identificação à Lei que não seja suportada por um fantasma fundamental*. Eis o que Sade nos mostraria.

Antes de aprender o conceito de fantasma, devemos fazer um pequeno resumo. Vimos como o problema da intersubjetividade lacaniana consistia em pensar um procedimento de reconhecimento do desejo puro pela Lei. Tal estratégia aproximava Lacan do dispositivo kantiano de determinação transcendental da vontade. Mas Sade também pensava o ato moral no quadro do reconhecimento do desejo puro pela Lei. Tal convergência entre Lacan, Kant e Sade significaria que todo dispositivo de reconhecimento do desejo pela pura forma universal da Lei nos leva necessariamente à perversão?

Parece que Lacan está prestes a assumir tal conclusão – o que nos explicaria por que, a partir de *Kant com Sade*, ele irá procurar coordenadas capazes de determinar tanto um ato para além da Lei como um gozo para além do gozo fálico. *Há uma inversão da Lei em perversão* que estaria virtualmente inscrita no coração da reflexão do desejo como desejo puro.

A fim de compreender como tal inversão é possível, devemos retornar à análise de certa exigência que pesa tanto sobre Kant como sobre Sade: eles devem postular um princípio de imanência e de identidade entre vontade e Lei. A hipótese aqui é que a imanência entre vontade e Lei, ou ainda, entre gozo e a pura forma vazia da Lei, é o fantasma perverso por excelência. *Gozar da Lei* é o desejo supremo do perverso.[1] Ou seja, o gozo perverso não é exatamente o resultado da fixação no particularismo de um objeto sensível, como quis Kant. Ele é gozo da pura forma da Lei. Mesmo no caso da fixação fetichista não temos uma fixação de objeto, já que, como veremos, o fetichismo é, na verdade, o resultado da anulação de toda resistência sensível do objeto mediante sua conformação perfeita a um quadro fantasmático ligado à falicização da mulher. Como ficará claro, o que o perverso não pode reconhecer é a possibilidade de um "gozo da resistência do sensível", gozo de objetos que resistem à sua conformação integral à Lei. Gozo de quem age afirmando que "os sentidos já estão condicionados pelo aparelho conceitual antes que a percepção ocorra" (Adorno & Horkheimer, 1993, p.83).

No entanto, não se trata em absoluto de afirmar que a filosofia moral kantiana ou que a estratégia lacaniana de reconhecimento do desejo por meio da Lei paterna e fálica sejam perversões. Trata-se simplesmente de mostrar como esses dois regimes de reconhecimento mostram-se incapazes de evitar inversões entre moralidade e perversão – o que é algo bem diferente.

Devemos sublinhar o limite de uma clínica que pensa as operações de reconhecimento e de subjetivação do desejo puro pela simbolização efetuada a partir do poder transcendental da negação próprio a significantes puros. O final de análise não pode estar simplesmente do lado da subjetivação da castração com seu reconhecimento da verdade do desejo como desejo puro, até porque, como veremos, há uma modalidade de subjetivação da castração à disposição da estrutura perversa. Após *Kant com Sade*, a clínica lacaniana verá a hipóstase da Lei como risco – o que Sygne de Coûfontaine nos mostra claramente. É o risco vindo de tal hipóstase que teria levado Lacan a afirmar: "A

---

[1] "O perverso parece reconhecer que, em um certo nível, há sempre um gozo ligado à enunciação da lei moral" (Fink, 1997, p.190).

subir novamente esta corrente, terminaremos por inventar algo menos estereotipado do que a perversão. Esta é a única razão pela qual me interesso à psicanálise" (Lacan, S XXII, sessão de 8.3.1975).

Ou seja, a perversão aparece como o grande problema com o qual a psicanálise deveria defrontar. Uma proposição que, como veremos, é amplamente compreensível no interior da trajetória da experiência intelectual lacaniana.

A perversão e suas coordenadas estruturais

Devemos, primeiramente, analisar com cuidado a figura da perversão. Em especial, devemos explicar como o perverso pode "gozar da pura forma da Lei". A resposta exige um desvio pela definição psicanalítica de perversão.

Nos *Três ensaios sobre a teoria sexual*, Freud tentou pensar a nosografia perversa para além da ideia de desvio em relação a normas morais que visam, preferencialmente, regular práticas sexuais. Este fora o resultado do reconhecimento de múltiplas tendências perversas na sexualidade dita "normal": tendências que aparecem como insistência da disposição perversa polimórfica própria à sexualidade infantil pré-edípica: "A maior parte de tais transgressões [perversas]", dirá Freud, "forma um elemento raramente ausente da vida sexual dos sãos (*Gesunden*) e esses dão a elas o mesmo valor que a outras intimidades" (Freud, GW V, p.60). "Normal" significa aqui "submetido à organização genital". A estratégia freudiana consiste em determinar como perversa a estrutura que, ao invés de submeter-se ao *primado geral* da organização genital, coloca-se como via exclusiva de gozo. O que nos explica como neuróticos podem ter certos comportamentos "regionais" próprios aos perversos sem que se trate necessariamente de um traço de estrutura.

Em *O fetichismo*, de 1927, Freud nos forneceu outra via para compreender a constituição da *estrutura geral da perversão*, mostrando como a recusa do primado genital, ao menos no que concerne ao perverso fetichista, estaria ligada a um modo específico de negação: o desmentido (*Verleugnung*) da castração da mulher. A importância da *Verleugnung* na estrutura da perversão é o resultado de um longo trabalho cujas raízes devem ser procuradas no conceito de *recalcamento parcial* apresentado em uma comunicação de 1909 sobre a gênese do fetichismo.

Tal dado de estrutura permitiu a Lacan restringir a extensão da ideia segundo a qual "a neurose é, por assim dizer, o negativo da perversão" (Freud, GW V, p.65), como se a estrutura perversa pudesse ser compreendida como simples *passagem ao ato* de fantasmas perversos inconscientes que o neurótico só poderia assumir sob a forma de sintomas. Devemos sempre sublinhar que há perversos que não passam ao ato e certos neuróticos não podem se impedir de fazê-lo. O que nos mostra como a incidência de comportamentos ligados à polimorfia da sexualidade não é condição suficiente para determinar um diagnóstico de perversão.

Por outro lado, se é verdade que não há diferença entre fantasmas neuróticos e cenários perversos, já que não há fantasmas exclusivos dos perversos (o que Freud já havia nos demonstrado em *Bate-se em uma criança*), isso só serve para mostrar que "o fantasma perverso não é a perversão" (Lacan, S VI, sessão de 24.6.1959). O acesso compreensivo aos fantasmas perversos não nos fornece a estrutura da perversão – que é fundada em uma relação particular do sujeito à Lei da castração.

O fetichismo mostra isso de maneira evidente. Conhecemos a noção clássica de fetiche como objeto cuja função consiste em substituir o pênis ausente da mulher – mais precisamente desta mulher que é o primeiro Outro do sujeito: o Outro materno. "O horror da castração", dirá Freud, "erigiu para si um monumento ao criar este substituto" (Freud, GW XIV, p.312). Pela produção de um objeto fetiche, o perverso poderia defender-se da angústia da castração por meio de uma *Verleugnung* da castração. Nesse caso: "o objeto tem uma certa função de complementação em relação a algo que se apresenta como um buraco, ou mesmo como um abismo na realidade" (Lacan, S IV, p.23).

Haverá ainda muito a se dizer a respeito da modalidade fetichista de desmentido da castração da mulher. Trata-se de um modo de negação mais complexo do que a expulsão própria a *Verwerfung* e do que a denegação neurótica presente na *Verneinung*, já que se trata de uma negação que aceita certo regime de saber sobre a castração.

A concepção lacaniana de perversão parte desta ideia de defesa contra a angústia de castração pela produção de um objeto de substituição. Lacan transforma a lógica fetichista de produção de um objeto capaz de desmentir a castração da mulher em paradigma que inclui o conjunto dos procedimentos perversos. O fetichismo se transforma assim "na perversão das perversões" (Lacan, S IV, p.194). Lembremos, por exemplo, a afirmação canônica:

> Todo o problema das perversões consiste em conceber como a criança, na sua relação à mãe ... identifica-se ao objeto imaginário deste desejo [da mãe] enquanto a própria mãe o simboliza no falo. (Lacan, E, p.534)

Ou seja, a perversão, em Lacan, transforma-se essencialmente em um modo de constituição fetichista de objetos. Porém, tal tendência em transformar o fetichismo no paradigma geral da estrutura clínica da perversão exige uma explicação prévia. Não se trata de dizer que as escolhas perversas de objeto são necessariamente fetichistas. É difícil falar, por exemplo, em escolhas fetichistas de objeto no caso do sadismo, já que o sadismo não admite nem a fixação nem a supervalorização do objeto – elementos centrais em uma economia fetichista de gozo. Ao contrário, um princípio de indiferenciação, de intercambialidade e de sacrifício dos objetos empíricos é sempre necessário para compreendermos a posição sádica. É no masoquismo que encontraríamos mais claramente uma escolha fetichista de objeto com seus desmentidos sobre a castração da mulher, suas fixações metonímicas e suas estratégias de supervalorização e de idealização do objeto. Isso apenas nos lembra novamente que, se quisermos falar em um fetichismo próprio à perversão *na sua totalidade de estrutura*, não devemos procurá-lo nos modos de escolha de objeto, mas na *posição subjetiva* que o perverso ocupa na sua relação com a Lei.

A esse respeito, lembremos que, para Lacan, a castração em questão no desmentido do fetichismo tem sobretudo um valor simbólico, na medida em que o falo lacaniano não é o pênis orgânico. Dizer que a castração é simbólica quer dizer que a Lei não pode fornecer o objeto adequado ao gozo, ela não pode fornecer um saber positivo sobre o gozo. A castração simbólica é *castração do Simbólico*: situação inaceitável para o perverso. Ele não aceita que o falo seja simplesmente o significante da castração ou "significante de uma falta no Outro" (Lacan, E, p.818). Assim, para poder gozar da Lei, ele deve desmentir a castração do Simbólico (mas, como veremos, o desmentido não é um não-saber).

Falar em desmentido da castração do Simbólico, no caso da perversão (e aqui entramos no modo perverso de relação entre sujeito e Lei), significa principalmente possuir um saber instrumental sobre o gozo – poder realizar na efetividade aquilo que a Lei promete. Vimos com Sade como o perverso quer ter a Lei do gozo na imanência do seu coração, para poder defender-se da divisão subjetiva entre saber da consciência e verdade do desejo, entre desejo e gozo. Contrariamente ao neurótico, preso na eterna insatisfação de seu desejo e nas suas questões nominalistas do tipo "O que quero realmente?", o perverso sabe muito bem o que quer. Ele é um *sujeito-suposto-gozar* que tem uma representação adequada do gozo. E não é por acaso que os escritores perversos (Sade, Bataille, Genet etc.) adotam geralmente um tom professoral.

Eles querem ensinar como gozar e como alcançar um saber instrumental sobre o gozo:[2] "Há neles uma subversão da conduta apoiada em um saber-fazer ligado a um saber, o saber da natureza das coisas" (Lacan, S XX, p.80).

Isso nos explica o caráter "demonstrador" (Lacan, S XV, sessão de 14.6.1967) do sujeito perverso em seu ritual. Ele inverte a proposição: "o gozo é proibido a este que fala" (Lacan, E, p.821) e enuncia o discurso sobre o direito ao gozo. Podemos dizer que a linguagem perversa é linguagem que admite um horizonte regulador de transparência, um *Telos* de desvelamento no qual se aloja o desejo de *tudo dizer sobre o gozo*.[3] Essa convergência entre gozo e significante nos demonstra a crença perversa no advento de um discurso no qual a vontade poderia advir *Logos* puro, tal como no discurso moral kantiano, para Adorno (cf. Adorno, ND, p.223).

Porém, como o perverso pode postular tal saber? A hipótese de Lacan consiste em dizer que ele assume a lógica do fetiche colocando-se no lugar desse objeto capaz de desmentir a castração do Outro. Em seus fantasmas inconscientes, o perverso se oferece ao gozo do Outro. Dessa maneira, ele produz a consistência da qual o Outro necessita a fim de ser o lugar do qual vem a representação adequada do gozo. Na dimensão da perversão, o sujeito é pois uma espécie de fetiche da Lei. É esse modo de relação entre sujeito e Lei que devemos analisar se quisermos compreender a perversão.

Lembremos que este objeto fetiche (o "terceiro termo" que, segundo Lacan, estaria recalcado na experiência moral kantiana) tem um nome no vocabulário lacaniano: objeto *a*, o objeto próprio ao fantasma. Veremos no próximo capítulo as questões concernentes à estrutura do fantasma na clínica lacaniana. Por enquanto, faz-se necessário dizer que tal identificação do sujeito com o objeto do fantasma permite a Lacan afirmar que o perverso: "Institui, no lugar privilegiado do gozo, o objeto *a* do fantasma que ele substitui ao *A* barrado" (Lacan, E, p.823). Pois: "Longe de ser fundada em algum

---

2 O que nos permite sublinhar o caráter clínico dominante do perverso como sendo "o fantasma pré-consciente de alcançar o gozo por meio do saber e do poder sobre um objeto inanimado, reduzido a abjeção ou ligado a um contrato" (Braunstein, 1995, p.236).

3 Aqui, podemos seguir a colocação de Serge Andre sobre a lógica perversa: "Esta lógica é a seguinte: enquanto tudo não for dito, enquanto o objeto como tal (ou seja, o objeto do gozo) não for nomeado, repertoriado, é necessário que ele sobreviva para continuar oferecido aos golpes do carrasco que prossegue sua decupagem simbólica. É por isto que, na narrativa sadeana, a vítima é dotada de uma resistência e de uma capacidade de sobrevivência que desafia o bom senso" (Andre, 1993, p.28).

desprezo do Outro, a função do perverso é algo a avaliar de maneira muito mais rica ... ele é este que se consagra a preencher o buraco no Outro" (Lacan, S XVI, sessão de 26.3.1969).

Qual é a hipótese de Lacan na sua articulação entre Kant e Sade? Trata-se sobretudo de afirmar que Kant teria ignorado a dimensão fantasmática do objeto *a* na mediação entre o empírico e o transcendental. Na verdade, esse é o desenvolvimento de uma posição antiga de Lacan. Vimos, no Capítulo 3, que Lacan compreendera o Imaginário como uma espécie de forma da categorização espaço-temporal do diverso da intuição e da sensibilidade. Forma que viria no lugar do esquema transcendental na primeira *Crítica*. Conhecemos, porém, a subversão que consiste em aproximar o *locus* do Imaginário desse procedimento geral da imaginação que é a constituição do esquema, já que o Imaginário lacaniano é inicialmente espaço de alienação e de bloqueio da relação entre estrutura e fenômeno.

O mesmo raciocínio vale para a dimensão prática da razão. Como elemento mediador capaz de operar a síntese entre o empírico e o transcendental no ato moral, Kant nos fornece não exatamente um esquema transcendental, mas o *tipo* da *pura forma* de uma lei universal da natureza.[4] Aqui, tudo se passa como se Lacan identificasse o objeto *a* como o lugar do *tipo*.[5] Identificação que significa, entre outras coisas, que *o objeto a funciona como uma pura forma que só pode ser realizada na efetividade através da rejeição radical da serialidade dos objetos empíricos* – o que, no sadismo, pode significar simples destruição dos objetos. O saber perverso do gozo fundamenta-se basicamente no esforço de conformação fantasmática entre o vazio do formalismo da Lei e a dimensão dos objetos. De certa forma, Adorno havia percebido isso ao insistir sobre os rituais perversos de Sade:

> Mais do que o prazer, o que parece importar em semelhantes formalidades é o afã com que são conduzidas, a organização, do mesmo modo que em outras épocas desmitologizadas, a Roma dos Césares e do Renascimento, ou o barroco, *o esquema da atividade pesava mais do que seu conteúdo.* (Adorno & Horkheimer, 1993, p.87)

---

4 Daí se segue a regra do julgamento submetido às leis da razão pura: "pergunta-te se a ação que projetas, supondo que ela deva acontecer a partir de uma lei de uma natureza da qual tu também farias parte, pode ainda ser vista como possível para tua vontade".
5 O que vários comentadores já perceberam. Ver, por exemplo, Baas, 1992, p.74; Zupancic, 2001, p.28.

Ou seja, a realização da pura forma do esquema com a consequente anulação da resistência do sensível é verdadeira fonte de gozo.

No entanto, não esqueçamos de um ponto fundamental: afirmar que a mediação entre o empírico e o transcendental na dimensão prática da razão é efetivada pelo objeto *a* significa também instaurar "no eixo do impuro uma nova Crítica da Razão" (Lacan, E, p.775). Esse é um ponto que será mais bem abordado no próximo capítulo. Por enquanto, lembremos apenas que o objeto *a* não é um objeto transcendental, mas um objeto parcial (seio, olhar, voz etc.) produzido por uma *gênese empírica*, e não por uma *dedução transcendental*. Porém ele será uma produção fantasmática que *preenche* uma função transcendental. Em suma, ele é um objeto cuja gênese é empírica, mas cuja função é transcendental. De certa forma, o desvelamento de sua gênese empírica permitirá ao sujeito reordenar aquilo que é da ordem da causa do ato. Veremos como isso é possível. Lembremos apenas que isso permite a Lacan insistir no peso do fantasma em toda a configuração da ação.[6] Nesse sentido, não devemos hipostasiar a afirmação lacaniana sobre o objeto *a* como "presença de um oco, de um vazio ocupável, nos diz Freud, por qualquer objeto", já que estaríamos diante "do objeto eternamente faltante" (Lacan, S XI, p.168). O objeto *a* é presença de um vazio no sentido de que não tem correspondente fenomenal. Porém não se trata aqui de afirmar que ele é um gênero de objeto *a priori* – o que equivaleria a negar toda a gênese empírica do objeto *a*.

Dolmancé como objeto

A propósito desse modo perverso de identificação com o objeto do fantasma, o melhor exemplo vem de Dolmancé, o agente sadeano executor do man-

---

6 Sublinhemos aqui uma contradição aparente. O cuidado de Kant em não admitir uma imanência entre intencionalidade e conteúdo do ato demonstra como o imperativo categórico não poderia ser simplesmente uma injunção perversa. Tal incerteza a respeito da adequação do conteúdo do ato à Lei está totalmente ausente no perverso e em seu desejo de um saber instrumental do gozo. Dizer, porém, que Sade é a verdade de Kant e colocar desta maneira o objeto *a* como elemento de mediação entre a ação empírica e a Lei transcendental significa dizer também que o sujeito moral se vê obrigado, *em situações nas quais a dimensão pragmática deve ser justificada pela Lei moral*, a agir como se seguisse um princípio de imanência muito próximo deste que determina a conduta perversa.

damento da Lei. Vimos que ele era o termo médio entre o eu empírico da vítima e o Outro da Lei. Ele executa de maneira apática a Lei, sem deixar-se guiar por prazeres sensíveis. Apatia que aparece como obediência estrita às injunções deste representante do Outro da Lei que é Madame de Saint-Ange: "Eu me oponho a esta enfervescência. Dolmancé, comporte-se", dirá ela, "o escorrimento deste sêmen, ao diminuir a atividade de seus espíritos animais, irá frear o calor de suas dissertações" (Sade, 1975 p.97). Ou seja, trata-se de negar a efervescência do prazer sensível ligado ao eu, a fim de dar lugar ao calor do poder demonstrativo da Lei.

Considerações dessa natureza permitiram a Lacan afirmar, a respeito de Dolmancé, que "sua presença, no limite, resume-se a ser apenas o instrumento" (Lacan, E, p.773) do gozo do Outro. Lacan fala também de um "agente aparente [que] se fixa na rigidez do objeto" (ibidem, p.774), de um "fetiche negro" a fim de caracterizar tal posição. *A apatia aqui aparece como negação radical do desejo ainda ligado às escolhas patológicas de objeto.* Deleuze fala com propriedade da apatia sadeana como "o prazer de negar a natureza em mim e fora de mim, e de negar o próprio Eu" (Deleuze, 1966, p.27). O verdadeiro carrasco sadeano é aquele que negou seu eu para advir puro instrumento da Lei.

Assim, a ideia lacaniana articula-se nos seguintes moldes: aplicar uma Lei transcendental que visa orientar a conduta só é possível como a condição de destruir todo vínculo do sujeito ao sensível. Destruição que resulta na conformação do sujeito com a situação de suporte da Lei ou, ainda, de objeto da Lei – como se a autonomia prometida pela Lei fosse a figura mais acabada da heteronomia. Por isso, Lacan pode ver em Dolmancé o verdadeiro sujeito da experiência moral: aquele que se identificou com o objeto passando por uma *destituição subjetiva* a fim de sustentar a consistência deste Outro da Lei, que, no seu caso, é a Natureza.

Devemos sublinhar a ideia de "destituição subjetiva" porque, quando Dolmancé fala, ele acredita que é a Lei que fala nele, graças à negação que reduz seu eu empírico ao silêncio. Quando ele age e goza, é a Lei que age e goza por meio dele. Em suma, ele se coloca como uma espécie de *particular negado*, um objeto que se nega a fim de poder encarnar, de maneira invertida, o Universal da Lei.[7] Toda inadequação e toda resistência que poderiam se manifestar na

---

7 O que Zizek percebeu claramente ao afirmar que "com o fetiche, encontra-se desmentida a dimensão *castrativa* do elemento fálico ... o fetiche é o S1 que, devido a sua posição de exceção, encarna imediatamente sua Universalidade, o Particular que se encontra imediatamente 'fusionado' com seu Universal" (Zizek, 1990, p.81).

relação de identificação entre o sujeito e a Lei devem ser negadas. Não há nada na ação que escape às coordenadas de uma economia fantasmática de gozo. Ato de costurar um princípio de imanência que nos explica como o perverso pode ser "um singular auxiliar de Deus" (Lacan, S XVI, sessão de 26.3.1969).

É verdade que esse dispositivo de destituição subjetiva não pode ser idêntico àquele que encontramos no final de análise. Devemos, pois, expor as coordenadas precisas de diferenciação entre os dois processos. Notemos que tanto o final de análise como a destituição subjetiva de Dolmancé são fundadas em certa identificação com o objeto *a* – veremos isso mais claramente no próximo capítulo.

No entanto, há uma diferença fundamental entre os dois procedimentos: é difícil assumir que tal posição de objeto faça parte do discurso sádico. Ao contrário, na dimensão de seu discurso, o sujeito sádico aparece fundamentalmente como agente. No cenário sádico, o sujeito coloca-se como sujeito autônomo graças à sua identificação com a Lei. O que leva Lacan a afirmar que a verdade do sadismo e de seus dispositivos se encontrará em outra cena: a cena masoquista. É, pois, esta que poderá revelar toda a complexidade da relação entre o perverso e a Lei.

Antes de continuar, faz-se necessário voltar a uma questão central. Foi dito no capítulo anterior que o desafio posto por Sade era também um desafio em relação ao paradigma lacaniano da intersubjetividade analítica. A princípio, a afirmação continua soando um despropósito, já que a intersubjetividade lacaniana foi definida a partir da possibilidade de reconhecer a negatividade do desejo puro mediante uma Lei simbólica, que é Lei da castração. Lei que não diz nada sobre o objeto adequado ao gozo, contrariamente à Lei perversa, que, como vimos, não aceita a castração com seu não-saber a respeito do gozo. Como é, pois, possível que Sade possa colocar um desafio à racionalidade da clínica lacaniana?

Para que o esquema lacaniano do reconhecimento intersubjetivo seja viável, faz-se necessária uma noção tipicamente estruturalista de Universo simbólico transcendental composto de significantes puros. Porém tudo se passa como se Sade demonstrasse a impossibilidade de um Universo simbólico que não se funde sobre um fantasma e que não retira sua consistência de um fantasma (já que, como veremos, é o fantasma que costura a aplicabilidade da estrutura ao fenômeno). Como dirá claramente Lacan, alguns anos mais tarde, *"a relação do sujeito com o significante necessita da estruturação do desejo no fantasma"* (Lacan, S X, sessão de 8.5.1963). Isso demonstra que só haveria o fantasma para produzir a mediação entre a Lei e a realidade fenomenal.

A partir do momento em que aceitar tal indissociabilidade entre produção fantasmática e Lei, Lacan produzirá um deslocamento progressivo na sua conceitualização do Simbólico. Ele não será mais compreendido como um sistema fechado de articulação significante liberado da interface com o Imaginário. Em seu lugar, Lacan desenvolve a ideia de um sistema fetichizado cuja consistência é fruto do Imaginário: *sistema de semblantes*, no qual o fantasma se faz sentir por todos os lados. Lacan terá necessidade de uma modificação radical na compreensão da relação entre Simbólico e Imaginário que é fruto de uma rearticulação da distinção entre Lei e fantasma. Modificação que toca noções clínicas maiores como: interpretação, simbolização analítica e o estatuto do fantasma no final de análise. Um longo caminho se abria ao pensamento lacaniano.

Assim, a crítica lacaniana a Kant preenche o papel, no interior da economia do pensamento lacaniano, de autocrítica a um estruturalismo estrito como paradigma de racionalidade analítica – o que só poderia nos levar a uma espécie de clínica do transcendental. O que não surpreende ninguém, já que Lévi-Strauss nunca escondeu sua filiação kantiana. O caso lacaniano, porém, será absolutamente outro.

Masoquismo, verdade do sadismo

Aqui, devemos determinar as coordenadas de nossa trajetória. Foi posto que a principal característica do gozo perverso é de ser gozo da pura forma da Lei. A respeito da questão sobre como o perverso pode gozar da Lei, vimos como Lacan afirmava que este constrói sua posição subjetiva a partir da lógica do fetiche identificando-se com o objeto *a*. Por meio de operações próprias ao fantasma, o perverso coloca-se como uma espécie de fetiche da Lei ao realizar o vazio de objeto exigido pela pura forma da Lei.

A princípio, tais colocações parecem adequar-se principalmente ao sadismo. Valendo-se delas, não parece difícil estabelecer as coordenadas da estratégia sádica para gozar da Lei. Se seguirmos Deleuze, é possível afirmar que o sádico coloca-se como instrumento de uma Lei que se manifesta como puro poder transcendental da negação. Assim, Sade podia demonstrar a violência impessoal da Ideia da razão pura na sua aniquilação de toda resistência do sensível e do eu. Por meio da aniquilação do sensível e do patológico, o sádico pode gozar da potência negativa da Lei. Gozo cujo fantasma maior é o crime de uma destruição que não pode ser invertida em regeneração. Negação absoluta que não pode ser invertida em uma afirmação.[8]

Lacan introduz um dado que complexifica a compreensão da relação entre Lei e perversão. Ele aparece na afirmação, até certo ponto surpreendente, do masoquismo como verdade do sadismo. Segundo o psicanalista:

> O sadismo nada tem que ver com uma inversão do masoquismo [posição clássica assumida por Freud ao falar do masoquismo como "um sadismo voltado contra o próprio eu" (Freud, GW X, p.25)]. Pois é claro que todos os dois operam da mesma maneira, com a diferença que o sádico opera de uma maneira mais ingênua. (Lacan, S XIV, sessão de 14.6.1967)

A princípio, se Lacan pode dizer que o carrasco sádico nada mais é que um masoquista ingênuo, é porque ele pensa principalmente na situação de instrumento do gozo do Outro que caracteriza tanto o sujeito sádico como o masoquista. Como vimos, a "ingenuidade" sádica diz respeito à crença em ser um sujeito autônomo lá onde ele é apenas o suporte de um gozo Outro. Ela indica a distância entre a escritura do cenário imaginário sádico e a estrutura de seu fantasma inconsciente.

Notemos como, na verdade, tal ingenuidade é um recalcamento que constitui o inconsciente para o sujeito, o que nos explica porque: "Há *Verdrängung* tanto na perversão como no sintoma" (Lacan, S V, p.336). Uma *Verdrängung* que incide sobre o vínculo entre o desejo do sujeito e o desejo do Outro. Porém se há *Verdrängung* é porque há um saber que não se sabe, um desconhecimento, um pensamento que tenta escapar à visibilidade da consciência, uma palavra que fica bloqueada na dimensão do Outro e que aproxima a relação do perverso com o fantasma e a estrutura de recalcamento próprio à neurose. Lacan chega a usar, em vários momentos, fórmulas que indicam que o sádico "não sabe o que faz".[9]

Nesse sentido, é possível compreender como o masoquismo pode ser elevado à condição de verdade do sadismo. Se é verdade que "o sadismo é a dene-

---

8 Segundo a fórmula do sistema do Papa Pio VI: "Seria necessário, para melhor servir a natureza, poder opor-se à regeneração resultante do cadáver que enterramos. O assassinato só retira a primeira vida ao indivíduo que nós tocamos; seria necessário poder arrancar-lhe a segunda para ser ainda mais útil à natureza" (Sade, 1997, p.78).

9 Cf., por exemplo, Lacan, S XIV, sessão de 14.6.1967. Ou ainda: "o sujeito perverso, continuando inconsciente da maneira como isto funciona, oferece-se lealmente ao gozo do Outro" (Lacan, S X, sessão de 5.12.1962).

gação do masoquismo" (Lacan, S XI, p.167), então o masoquismo deve marcar o retorno do que foi recalcado pelo cenário imaginário sádico. Ele pode se reconhecer na posição de puro instrumento do gozo do Outro. Veremos como há um modo de reconhecimento da castração do Outro no masoquismo. Contrariamente ao sadismo, não há recalcamento no masoquismo, já que tudo está sobre a cena. O que nos explica por que estaríamos diante "da mais radical das posições perversas do desejo" (Lacan, S VI, sessão de 24.6.1959). A mais radical principalmente do ponto de vista de sua análise, já que nada há a desvelar.

Por enquanto, insistimos no fato de que, ao passo que o sádico recalca sua posição de *suporte* da Lei, o masoquista, em seus fantasmas e nas práticas que eles condicionam, *encena tal posição,* transformando-a em peça central que sustenta o gozo fantasmático:

> Sua identificação com este outro objeto que chamei de objeto comum, o objeto de troca, é a rota, é a via por onde ele reconhece justamente o que é impossível, que é se apreender por aquilo que ele é, como todos, ou seja, um *a*. (Lacan, S X, sessão de 16.1.1963)

Há duas coisas a serem ditas neste ponto. Primeiro, tal fórmula do masoquismo como verdade do sadismo parece levar Lacan a anular toda autonomia estrutural entre as duas nosografias clínicas, já que elas "operam da mesma maneira" – mesmo que sigam economias distintas de discurso (a *Verdrängung* incide sobre a operação sádica e está ausente do masoquismo). Tudo se passa como se Lacan acreditasse que não há sádicos, mas apenas masoquistas ingênuos. Lacan chega a reconstruir o que seria o fantasma fundamental de Sade a fim de encontrar, na sua vida, uma prova desta *verdade* masoquista que seus personagens não reconhecem. Para além do cenário imaginário do gozo próprio aos personagens de Sade, haveria um fantasma masoquista que mostraria como "Sade não é enganado (*dupe*) por seu fantasma [sádico]" (Lacan, E, p.778), mas ele é enganado por seu fantasma fundamental masoquista. Lacan o identificou na relação fantasmática de Sade com a presidente de Montreuil, sua sogra, que preencheria a posição da Vontade de Gozo – lugar do representante do Outro da Lei: "O que há de mais masoquista", perguntará Lacan, "do que se colocar totalmente nas mãos da presidente de Montreuil?" (Lacan, S XIV, sessão de 14.1.1963).[10]

---

10 Ver, por exemplo, esta carta de Sade para a presidente de Montreuil escrita à ocasião de um aprisionamento: "Oh! Vós que eu nomeara anteriormente minha mãe com tanto prazer, vós que vim reclamar como tal e que só me deu ferro ao invés da consolação

Kant com Sacher-Masoch

O que Lacan quer exatamente ao transformar Sade na verdade de Kant e Sacher-Masoch na verdade de Sade? Estaria ele interessado na redução da relação do sujeito com a Lei ao motivo freudiano da subordinação da moral à experiência de culpabilidade vinda da pressão sádica do supereu contra o eu? É verdade que Lacan sublinhará que a *faticidade* da Lei moral é indissociável de uma experiência de "culpabilidade objetiva" (S VII, p.367). Como nos lembra Adorno, todas as concretizações da moral em Kant têm traços repressivos (a obediência, a obrigação, o medo, o dever, o respeito, a dor, a humilhação).[11] O que David-Ménard sublinha ao afirmar que: "em todos os seus textos sobre a moral, Kant coloca no centro de suas reflexões a consciência da infração" (David-Ménard, 1990, p.220-1). Lacan, porém, estaria assim anulando sua defesa da autonomia da Lei diante da experiência de culpabilidade do supereu?

Vale a pena aqui colocar uma hipótese a fim de sustentar que a verdadeira questão esboçada pelo masoquismo não se esgota na *encenação* da indissociabilidade entre a afirmação do primado da Lei (com o contentamento moral de si que isto deve trazer, segundo Kant, ou com o gozo, segundo Lacan) e a experiência de culpabilidade de humilhação do eu. Faz-se necessário compreender qual a especificidade do modo de relação entre o masoquismo e a Lei.

Tal especificidade ficará clara se lembrarmos que, para Lacan, o masoquismo é: "mestre humorista" (Lacan, S XVII, p.75). Ao colocar o *humor* como o verdadeiro dispositivo masoquista de relação com a Lei, Lacan segue de perto Deleuze e sua *Apresentação de Sacher-Masoch*.[12] O mesmo Deleuze que havia

---

que esperava, deixe-se amolecer por essas lágrimas e essas letras sangrentas com as quais procuro traçar esta carta. Pense que é o seu, este sangue, já que ele anima hoje criaturas que vós estimais, que vos são tão próximas e em nome das quais vos imploro. Retirarei até a última gota se for necessário e, até o momento em que vós tereis acordado o favor que vos peço, não cessarei de me servir deste sangue se for necessário. *Veja-me de joelhos, desmanchando-me em lágrimas, vos suplicando que me acordeis o retorno de vossas bondades e de vossa comiseração*" (Sade, *Carta a Mme. de Montreuil* apud Lever, 1993, p.303).

11 O que permite afirmar que: "A irresistibilidade empírica da consciência moral em sua realidade psicológica de supereu garante, apesar do princípio transcendental da consciência moral, a faticidade da lei moral, o que, no entanto, para Kant, o desqualifica como fundamentação (*Begründung*) da moral autônoma, da mesma forma que o impulso (*Trieb*) heterônomo" (Adorno, ND, p.268).

12 No Seminário XIV sobre *A lógica do fantasma*, Lacan refere-se, quando é questão do masoquismo e da perversão, várias vezes a Deleuze e ao seu livro que então acabara de sair.

demonstrado a natureza *paródica* da culpabilidade masoquista e a estrutura de *caricatura* que o supereu toma na figura exterior da dominadora.

Em uma passagem maior de seu texto, Deleuze demonstra como, após Kant, há dois modos distintos de inverter as aspirações de uma Lei moral que é determinação transcendental da pura forma do dever. Trata-se da *ironia* e do *humor*.

Ao pensar a ironia valendo-se do esquema próprio ao romantismo, que a definia como "bufonaria transcendental" feita por estes que não levam a sério nenhuma determinidade concreta,[13] Deleuze pensa a ironia como "o movimento que consiste em ultrapassar a lei em direção a um princípio mais alto, para reconhecer à lei apenas um poder segundo" (Deleuze, 1966, p.77). A ideia de um *princípio mais alto* serve para mostrar que, nesse caso, a ironia é a posição de uma perspectiva transcendental de *significação* ainda mais elevada e capaz de ultrapassar a posição da Lei moral. Nesse sentido, Sade é, para Deleuze, o ironista supremo devido ao seu conceito de Natureza como fonte da Lei e como poder de regionalização da lei moral. Uma natureza *primeira* concebida como puro poder do negativo, como pulsão eterna de destruição e que aparece na figura do Ser-supremo-na-maldade.

Entretanto, se a ironia consiste em ultrapassar a Lei "pelo alto", o humor visa *torcer* a Lei pelo aprofundamento de suas consequências. Não colocamos nenhum princípio de significação para além da Lei moral. Esta é seguida mediante uma aplicação escrupulosa: "Toma-se a lei ao pé da letra, não se contesta seu caráter último ou primeiro" (idem, p.77). Porém os efeitos da Lei são invertidos devido à possibilidade de *designações* múltiplas. Digamos que conservamos as condições transcendentais de julgamento do ato, mas mostramos que tais condições podem justificar casos radicalmente contraditórios. Se Deleuze pode afirmar que o humor é a co-extensividade entre o sentido e o não-sentido (Deleuze, 1969, p.166), é porque ele quer demonstrar que a significação da Lei pode ser consistente com uma pragmática que normalmente lhe seria estranha: "a mais estrita aplicação da lei tem o efeito oposto a este que normalmente esperávamos (por exemplo, os golpes de chicote, longe de punir ou prevenir uma ereção, provocam-na, asseguram-na)" (ibidem, p.78).

Já vemos que o exemplo maior vem de Sacher-Masoch, o mesmo Sacher-Masoch em quem Deleuze vê uma insolência por obsequiosidade, uma revolta

---

13 Como nos lembra Paulo Arantes: "a ironia aproxima e coloca no mesmo nível conteúdos incomensuráveis zombando das determinações essenciais que sustentam a reprodução da sociedade" (Arantes, 1996, p.279). Ver também Behler 1997, p.13-33.

por submissão. Perderemos, no entanto, toda a especificidade da relação do masoquista à Lei se virmos aqui apenas um caso de *hipocrisia*, ou seja, de ação *conforme* a Lei que esconde, sob a conformação com a universalidade do princípio, interesses particulares de gozo. O verdadeiro desafio do masoquismo consiste em mostrar que a transcendentalidade da Lei pode sustentar consequências que lhe são normalmente contrárias, *sem que isso implique necessariamente contradição performativa.*

Por exemplo, seguir a Lei é inicialmente regular sua conduta a partir de um imperativo categórico, universal e incondicional capaz de pôr um princípio de racionalidade na dimensão prática e afastar o determinismo próprio à causalidade natural. Isso nos revela tanto a existência de uma vontade livre e purificada de todo vínculo privilegiado aos objetos empíricos como um horizonte regulador da conduta. Horizonte capaz de fundar um espaço transcendental de reconhecimento intersubjetivo da autonomia e da dignidade dos sujeitos, espaço no qual eles nunca serão tratados como simples meios ou instrumentos do gozo do outro.

Nesse sentido, uma das inversões maiores do masoquismo consiste em mostrar que uma vontade livre de toda fixação em objetos empíricos *pode ser fetichista* e que um horizonte de reconhecimento intersubjetivo da autonomia e da dignidade dos sujeitos *pode comportar a submissão e a humilhação* sem que isso implique contradição performativa.

Aqui, o contrassenso parece absoluto, já que não é evidente que o masoquista regule sua conduta valendo-se de uma vontade liberada de objetos patológicos e a partir de um horizonte de reconhecimento intersubjetivo. É nesse ponto que devemos analisar dois procedimentos centrais em todo cenário masoquista: o *contrato* e a *fetichização*.

De um lado, o contrato é necessariamente reconhecimento do desejo entre iguais que se reconhecem mutuamente como sujeitos. Reflexividade intersubjetiva que Deleuze identificou claramente ao afirmar que, no cenário masoquista:

> Nós estamos diante de uma vítima que procura um carrasco e que necessita formá-lo, persuadi-lo e fazer uma aliança com ele para a empresa a mais estranha ... é o masoquista que a forma [a dominadora] e a traveste, e lhe sussurra as palavras duras que ela lhe endereça. (Deleuze, 1966, p.22)

Essa figura da vítima que forma um carrasco nos lembra que se transformar em puro objeto do gozo do outro *por contrato*, ser Senhor e escravo *por contrato*, é uma forma absolutamente paródica de reconhecer a autonomia dos sujeitos. Pois *a figura do contrato pressupõe previamente o reconhecimento da dignidade dos sujeitos que deixam de lado sua dignidade* a fim de sustentar uma encenação limitada no tempo e no espaço. Podemos dizer que a realização suprema do ideal de autonomia presente na Lei moral consistiria em poder *gozar de maneira paródica* do papel da heteronomia e da submissão.[14] Essa é uma das razões que levam Lacan a dizer que "o perverso continua sujeito durante todo o tempo do exercício que ele coloca como questão ao gozo" (Lacan, S XIV, sessão de 30.5.1967). Ele continua sujeito, mesmo desempenhando o papel de puro objeto. O contrato masoquista aparece então como ato supremo de humor. Por meio desse humor, o cenário de submissão masoquista aparece como *construção de um espaço de semblantes como semblantes*, jogo de simulação que é absolutamente consistente com os imperativos de dignidade e de autonomia própria à Lei moral. Assim, o masoquismo mostra como *o reconhecimento da transcendentalidade da Lei pode permitir o advento de um espaço de semblantes*. Esse é o ponto fundamental posto pelo masoquismo ao insistir que a significação da autonomia pode comportar a encenação da servidão: é possível inverter as *designações* da Lei sem, com isso, entrarmos em contradição a respeito de sua *significação*, pois há um modo de realização do reconhecimento da Lei por meio da articulação de semblantes.

Tal mecanismo de inversão fica ainda mais evidente se lembrarmos que o contrato masoquista é feito normalmente com uma mulher-carrasco submetida aos protocolos de fetichização. Estes nos enviam ao problema do estatuto da fixação de objeto na economia masoquista de gozo. Estamos diante do problema de saber como é possível conciliar as aspirações de uma vontade liberada de todo primado do objeto e os procedimentos de fixação fetichista.

Essa conciliação é possível. Devemos compreender a idealização fetichista inicialmente como anulação de toda determinação qualitativa e da integralidade dos atributos imaginários de *uma* mulher. Ela se transforma em objeto que passou por uma desafecção, puro suporte de um traço (um sapato, um certo brilho no nariz etc.) que determina seu valor no interior da economia fantasmática de gozo. Nesse sentido, podemos dizer que o fetiche é "presença real do objeto como ausente" (Rey-Flaud, 1994, p.100), já que ele permite o

---

14 Daí se segue, por exemplo, a afirmação de Lacan: "enquanto [Sacher-Masoch] desempenha o papel do servo que corre de sua dama, ele tem todas as dificuldades do mundo em não explodir de rir, ainda que ele tenha o ar mais triste possível. Ele só retém o riso com muita dificuldade" (Lacan, S XIV, sessão de 14.6.1967).

advento de uma feminilidade que se apresenta pelo vazio da anulação de *uma* mulher.

O humor masoquista consiste aqui em transformar a fixação "patológica" fetichista no reconhecimento da inadequação fundamental entre o vazio do desejo e os objetos empíricos. Ele admite a existência de uma inadequação entre a Lei e os objetos empíricos, mas age como se não soubesse. Lacan se serve, por exemplo, da metáfora instrutiva do fetiche como um véu no qual "o que está para além como falta tende a realizar-se como imagem". Porém esta realização da falta como imagem é feita por meio de uma estranha transformação do fetiche em "ídolo da ausência" (Lacan, S IV, p.155) – o termo *ídolo* serve aqui para sublinhar a potência da fascinação enquanto desejo de desmentido. Como se o reconhecimento da inadequação dos objetos empíricos à vontade pura pudesse realizar-se como vínculo a objetos *que se colocam deliberadamente como inadequados*. Assim, se o neurótico perde a Coisa e encontra no seu lugar objetos marcados pelo caráter de substituição, o fetichista sacrifica o objeto para encontrar, como resto deste sacrifício, a Coisa. "O perverso consagra-se à abolição do mundo dos objetos imaginários para alcançar o Universo da Coisa" (Rey-Flaud, 1994, p.200), mas mediante a economia fantasmática do fetiche. *Como se a rejeição radical da serialidade dos objetos empíricos nos levasse não apenas à destruição sádica do sensível, mas também à anulação fetichista da empiria mediante sua conformação com a imagem do semblante.*

Essa operação fetichista merece uma análise mais detalhada. A fim de inventar algo menos estereotipado do que a perversão, como dizia Lacan, faz-se necessário que a psicanálise saiba fazer a crítica do fetichismo como modo de escolha de objeto. Tal crítica é fundamental para a psicanálise colocar-se como um discurso que não seria do semblante, já que, como veremos, o fetiche é *o* semblante por excelência.

A negação fetichista como produção de semblantes

Compreender como um objeto tal qual o fetiche é possível significa, principalmente, compreender o modo de negação que o suporta. Analisamos até agora três tipos de negação presentes na clínica analítica: a negação como *recusa* neurótica própria ao não querer saber da *Verneinung*; a *Verwerfung* como *expulsão* psicótica de um acontecimento traumático e o poder transcendental da negação como fundamento dos modos de simbolização do desejo puro por meio da Lei fálica e paterna. Aqui, faz-se necessário analisar a negação perversa própria à *Verleugnung*.[15]

A especificidade dessa forma perversa de negação vem do fato de que, contrariamente aos modos de negação próprios à neurose e à perversão, não há nenhum não-saber sobre a castração na *Verleugnung*. Não se trata aqui de recalcar ou de expulsar o saber sobre a castração e sobre o vazio de objeto que ela impõe. Estamos diante de um movimento duplo no qual saber e não-saber podem coexistir conjuntamente. Em lugar do saber marcado pelo esquecimento próprio ao recalcamento, a *Verleugnung* é uma contradição posta que é, ao mesmo tempo, contradição resolvida. Dois julgamentos contraditórios estão presentes no eu, mas sem que o resultado de tal contradição seja um nada. Há, na verdade, produção de um objeto a partir de determinações contraditórias. A fim de melhor compreender esse ponto, devemos primeiramente retornar a Freud.

A trajetória da *Verleugnung* no texto freudiano é complexa, pois o termo é utilizado tanto para descrever a negação psicótica da realidade como para a negação perversa da castração da mulher. Por exemplo, em *A perda da realidade na neurose e na psicose*, de 1924, Freud dirá: "A neurose não desmente a realidade, ele só quer nada saber; a psicose a desmente e procura substituí-la".[16] Porém Freud é o primeiro a "arrepender-se de ter ousado ir tão longe". Há casos nos quais uma *representação* da realidade é desmentida e, no entanto,

---

[15] Contrariamente à *Verneinung* e à *Verwerfung*, Lacan desenvolve apenas regionalmente algumas considerações sobre a *Verleugnung*. No entanto, há um grande desenvolvimento sobre o fetiche no Seminário IV. No seminário sobre *A lógica do fantasma*, Lacan articula a *Verleugnung* e a anatomia do ato. Ele fala do limite posto pelo reconhecimento da ambiguidade dos efeitos do ato. Primeiramente, o termo *méconnaissance* é utilizado, mas, logo em seguida, Lacan se corrige e fala da *Verleugnung* (cf. Lacan, S XIV, sessão de 22.2.1967). Ou seja, há uma dimensão das consequências do ato na qual o sujeito não pode se reconhecer. Uma negação articulada pela *Verleugnung*. Mais tarde, Lacan dirá que a *Verleugnung* tem "uma relação com o real. Há várias maneiras de desmentidos que vêm do real" (Lacan, 1976, p.37). Se articularmos os dois enunciados, é possível concluir que a *Verleugnung* incide sobre o real do ato, ou seja, sobre o que é opaco à apreensão reflexiva do sujeito. O que é desmentido é a opacidade subjetiva do ato – o que nos permite compreender por que a *Verleugnung* é decisiva no interior de uma economia perversa na qual o domínio completo do ato é o fantasma maior.

[16] "Die Neurose verleugnet die Realität nicht, sie will nur nichts von ihr wissen; die Psychose verleugnet sie und sucht sie zu ersetzen" (Freud, GW XIII, p.365).

não temos psicose.[17] O que pode nos explicar por que encontramos nos textos ulteriores de Freud a tendência a restringir o uso da *Verleugnung* a uma operação específica: a castração da mulher.

Se retornarmos ao fetichismo, poderemos compreender melhor a estrutura da *Verleugnung*. Freud constrói sua teoria do fetichismo valendo-se da temática da defesa contra a percepção da castração feminina e do reconhecimento da diferença sexual que tal percepção implica. De fato, "percepção" é um termo que sempre colocou problemas no interior desta teoria do fetichismo já que, de certa forma, a castração feminina, como ausência do pênis, é um fantasma, e não uma realidade que poderia ser percebida. Podemos conservar esta temática da castração apenas se admitirmos o *valor simbólico da castração* como nome do reconhecimento da inadequação entre o desejo e os objetos empíricos.

Sigamos, no entanto, inicialmente o esquema de Freud. Sabemos que, para Freud, não se trata simplesmente de expulsar ou de recalcar a castração. Notemos que o fetichista tem um *saber sobre a castração*. Ele *sabe atualmente* que a mulher é castrada. Nesse sentido, contrariamente à psicose, há uma primeira simbolização (*Bejahung*) da castração. Como dirá Freud:

> Não é exato dizer que a criança, após sua observação da mulher, tenha salvo sem modificações sua crença (*Glauben*) no falo da mulher. Ele a conservou, mas igualmente a abandonou; no conflito entre o peso da percepção não desejada e a força do desejo oposto (*Gegenwunsches*), ele encontrou um compromisso. (Freud, GW XIV, p.313)

O mesmo objeto pode então negar a experiência da diferença sexual e da castração, funcionando como um substituto do pênis ausente da mulher, e afirmar o que ele nega. Freud é claro a respeito da ideia de que o fetiche seria uma contradição encarnada, já que ele "concilia duas afirmações incompatíveis: a mulher conservou seu pênis e o pai castrou a mulher" (idem, ibid.). Toda a complexidade do fetiche vem do fato de ele ser suporte de uma construção fantasmática (a mulher fálica) ao mesmo tempo que reconhece o real da castração.[18]

---

17 Sobre tal maneira de definir a psicose pelo desmentido de uma realidade cujo estatuto é problemático na obra freudiana, ver, por exemplo, Rabant, 1992, p.277-9.
18 Alguns psicanalistas, como Alan Bass (in Bass, 2000), insistem, de maneira apropriada, que a oscilação entre o reconhecimento da castração feminina e da não-castração é, na verdade, uma oscilação entre dois fantasmas, já que a negação fetichista incide, na

Qual é, porém, o processo que permite ao fetichista conciliar duas afirmações aparentemente tão incompatíveis? Em 1938, Freud falará de um deslocamento de valor (*Wertverschiebung*) que transfere a significação do pênis (*Penisbedeutung*) a outra parte do corpo (ou a outro objeto: látex, peles etc.) (Freud, GW XVII, p.61). Devemos, porém, notar que tal deslocamento é inscrito como marca suportada pelo objeto.[19] Para compreender a *Verleugnung*, faz-se necessário lembrar que o objeto substituto (*Ersatz*) é posto como *sendo apenas um substituto*. Em todo fetiche há a insistência no caráter factício do objeto (que não é estranho à origem portuguesa da palavra).

Graças a isso, a *Verleugnung* pode aparecer como uma surpreendente *negação da negação*. O sujeito nega a castração pelo deslocamento de valor e da produção de um objeto fetiche, mas, ao mesmo tempo, ele nega essa negação ao apresentar o fetiche como *um simples substituto*, ou ainda, se quisermos, como um semblante. Nesse sentido, podemos dizer que o fetichista já faz a crítica do fetichismo, tal como um intelectual *aufklärer*. Lacan nos fornece uma fórmula feliz desta lógica da *Verleugnung* ao dizer que, com o fetichista: "Parece-me estarmos diante de um sujeito que nos mostra, com uma rapidez excessiva, sua própria imagem em dois espelhos diferentes" (Lacan, S IV, p.86).

Há uma *clivagem* do sujeito que lhe permite, ao mesmo tempo, identificar-se com a mulher castrada (ao reconhecer a castração) e com o falo imaginário que lhe faltaria. É a estrutura de semblante própria ao fetiche, semblante

---

verdade, sobre o reconhecimento da diferença sexual. O fetichista negaria a diferença sexual por meio da fantasia de um monismo fálico e da crença de que só há gozo fálico. Como se o gozo feminino só pudesse ser aceito mediante a transformação da mulher em suporte de atributos fálicos (o que não deixa de ser uma consequência precisa da noção lacaniana de *mascarada*), o que dá ao fetichismo um *momento de verdade*. Ele nos lembra o impasse de pensarmos a subjetivação do desejo por meio do falo como significante central dos processos de sexuação tanto para a posição masculina como para a posição feminina.

19 Lacan havia caracterizado o deslocamento próprio ao fetiche valendo-se da metonímia. Daí se segue a afirmação: "Esta função fetiche só é concebível na dimensão significante da metonímia" (Lacan, S V, p.70). A função fetiche do objeto seria pois a exposição de seu caráter metonímico. Isso, porém, não quer simplesmente dizer que o fetiche seria uma parte que procura representar o Todo. Devemos dizer que ele é imagem do que não se apresenta no deslocamento significante, ou seja, o próprio deslocamento, o trabalho do desejo. Ele é *fixação perversa* neste momento em que a mulher *está se transformando* em pernas, boca. Ele é a própria imagem do movimento tomado em um momento de suspensão. Nesse sentido, o objeto pode trazer as marcas da sua condição de substituto.

pensado aqui como aparência posta como aparência, que permite ao sujeito sustentar tal clivagem sem necessitar de operações de recalcamento. Nesse sentido: "O 'desmentidor' é enganado *pela metade* através de seu próprio desmentido" (Rabant, 1992, p.132). Na dimensão do fetichismo, o sujeito sabe que portar uma bota de látex negra não permite à mulher ser menos castrada do que antes. Há pois um *saber da verdade*, mas isso não o impede de gozar como se ele não soubesse. Como dizia Octave Manonni, a proposição por excelência de um pensamento fetichista obedece sempre à forma: "eu sei bem, mas mesmo assim..." (Manonni, 1985, p.9-33).[20] Eu sei bem que a mulher é castrada, mas posso gozar da aparência de sua não castração, tal como em um cenário masoquista construído mediante um contrato de simulações.

No entanto, Freud fala desta divisão subjetiva entre a crença fetichista e o reconhecimento real da castração como: "de uma rachadura que nunca irá se curar, mas aumentará com o tempo" (Freud, GW XVII, p.60). Ele chega, em 1938, a referir-se a um caso clínico no qual a criação do fetiche é acompanhada pela produção de um sintoma que testemunha o medo da ameaça da castração vinda do pai, como se o paciente tivesse *recalcado a representação* da castração deslocando o afeto, em seu caso, em direção a uma sensibilidade ansiosa nos dois dedões do pé. Esse modo de conceber o fetichismo na sua solidariedade com a formação de um sintoma, porém, parece anular a maneira com que o próprio Freud havia mostrado que o fetiche já é compromisso entre o desmentido e o reconhecimento.[21] Como se não pudesse haver *Verleugnung* sem necessariamente uma dimensão da arqueologia do recalcamento – o que anula todo o trabalho freudiano em torno da especificidade dos modos de negação na perversão.

---

20 Ou ainda: "Por um lado, ele [o fetichista] sabe que um pé é um pé, mas, por outro lado, ele sustenta 'mesmo assim', ao mesmo tempo, que um pé é outra coisa do que um pé" (Rey-Flaud, 1994, p.100). Nesse sentido, podemos seguir também as considerações de Migeot sobre o desmentido perverso na figura dos libertinos de Laclos: "Trata-se de um discurso astuto no qual o sujeito nunca adere ao seu dito já que ele nunca está totalmente lá onde ele fala, já que ele só está pela metade naquilo que diz. Trata-se ainda de um discurso da derisão, já que nenhuma asserção pode ser assumida sem ser rapidamente combinada com outra que advém seu duplo. O discurso transforma-se em um jogo, uma arte ou mesmo em um domínio colocado sob o signo da onipotência aspirada pelo perverso" (Migeot, 1993, p.55).
21 Parece que se trata aqui de uma espécie de retorno a uma via anteriormente traçada por Freud à ocasião do desenvolvimento da noção de *recalcamento parcial*. Tal noção

O ato analítico para além da perversão

Várias hipóteses sobre a perversão foram postas no início deste capítulo e devemos retornar a elas. Foi dito que o gozo perverso era gozo da pura forma da Lei, gozo só possível pelo desmentido da castração do Outro. Nesse sentido, vimos como o perverso identificava-se com o objeto *a* como pura forma de objeto, isto a fim de servir de instrumento ao gozo do Outro. Ele permitia assim a mediação entre a determinação transcendental da Lei e a realidade empírica.

Por meio da análise mais detalhada do masoquismo e do fetichismo, encontramos a verdadeira complexidade da relação entre sujeito e Lei na perversão. Seu desmentido da castração não exclui um reconhecimento da castração do Outro. Sua posição de identificação com o objeto do gozo do Outro não exclui o desvelamento de certo regime de falta no Outro e certa destituição subjetiva. A linguagem perversa, marcada por um *Telos* no qual se encontra o desejo de tudo dizer sobre o gozo, não exclui certo semi-dizer próprio ao humor masoquista que inverte toda significação da Lei. Foi a compreensão da *Verleugnung* que permitiu a exposição do fundamento desta estratégia perversa.

Dessa forma, podemos perceber que a perversão comporta um regime de *subjetivação da castração* e da verdade do desejo como desejo puro extremamente problemático para a clínica analítica. Pois a perversão parece comportar dispositivos próprios ao final de análise (ao menos tal como Lacan a tinha pensado): o que nos deixa com a questão de saber como diferenciá-los.

Lembremos duas questões a fim de melhor encaminhar tal problema. Primeiro, a maneira lacaniana de configurar o fetiche com um *semblante* resultante da presença de dois julgamentos contraditórios, um julgamento que reconhece a castração e outro que, mesmo assim, afirma o gozo, não deixa de demonstrar proximidades claras com sua maneira de pensar o falo, isso se virmos, no falo, aquilo que é, ao mesmo tempo, significante da castração e presença real do desejo. Esse era o grande risco de afirmar que *tudo o que há de real no sexual encontra sua forma no falo como pura marca de subtração de objeto*.

Insistiu-se anteriormente que o *gozo fálico*, com sua exigência de sacrifício de toda adequação do desejo aos objetos empíricos, consistia em assumir uma

---

aparece ainda em 1915, quando Freud afirma: "Pode acontecer, como vimos na gênese do fetiche, que o representante pulsional originário tenha sido dividido em dois pedaços, sendo que um submeteu-se ao recalcamento, enquanto o resto, precisamente devido a esta conexão íntima, conheceu o destino da idealização". Esta noção, porém, não converge com a compreensão do fetiche com base na *Verleugnung*.

escolha de objeto que é na verdade escolha de uma aparência, escolha de uma máscara. O próprio Lacan insistiu nesse ponto ao lembrar que o falo era solidário com um semblante. Porém isso nos leva longe. Se a subjetivação da falta por meio do falo coloca a inadequação de todo objeto empírico ao desejo, então nada impede o sujeito de gozar de um objeto que, de certa maneira, faz *deliberadamente* semblante de ser adequado, um objeto que é uma máscara. Em suma, *nada impede o sujeito de usar o falo como um fetiche*. E, de certa forma, é exatamente isso que faz o perverso ao transformar o sacrifício do objeto à Lei da castração em motivo de gozo. Sacrifício que não significa apenas destruição do objeto (como no sadismo) mas, principalmente, conformação do objeto com o semblante (como no masoquismo).

Devemos insistir neste ponto: o gozo da pura forma da Lei aproxima necessariamente gozo fálico e gozo perverso. Por isso, podemos dizer que, para além das estruturas de escolha de objeto, o perverso é aquele que nega todo e qualquer gozo da resistência do sensível ao afirmar que "não há outro gozo além do gozo fálico" (Braunstein, 1995, p.253).[22] O que ele nega é o gozo da opacidade de objetos que resistem à sua adequação integral à Lei ou, o que dá no mesmo, à sua anulação pela castração. Negação feita graças a uma *Verleugnung* que é *negação da opacidade do objeto sensível através de sua elevação à dignidade do semblante*. Isso explica a importância cada vez maior que Lacan dará à confrontação do sujeito com *o objeto desprovido de estrutura fantasmática de apreensão*, ou seja, o objeto como resto opaco para além da sua conformação ao semblante, como dejeto, como "materialidade sem imagem" (Adorno, ND, p.204).

Dessa forma, tal modo perverso de permitir a subjetivação da falta mostra como o fetiche opera de maneira idêntica ao conceito lacaniano de falo. Ele se coloca como realização cínica e paródica da exigência de sexuação e de subjetivação do desejo através da identificação simbólica ao falo. Assim, ao contrário do que poderia inicialmente parecer, esta discussão sobre o fetichismo não está restrita simplesmente a quadros clínicos específicos da perversão. Como estudos psicanalíticos recentes insistem, o próprio Freud, em textos finais, caminhava na tentativa de repensar a centralidade dos mecanismos de repressão em prol de uma teoria baseada na *Verleugnung* e a clivagem do eu (Bass, 2000).

A segunda questão diz respeito ao masoquismo. Em vários momentos de seus escritos, Lacan reconhece que o masoquismo parece estar no caminho

---

22 E é isso que talvez nos explique a afirmação de Lacan segundo a qual o ato de amor é a perversão polimorfa do macho.

em direção ao final de análise. Por exemplo, ao falar do ato analítico, Lacan não deixa de lembrar do masoquismo a fim de dizer: "Este ato que se institui na abertura do gozo como masoquista, que reproduz seu arranjo, o psicanalista corrige a *hibris* de uma segurança, esta: que nenhum de seus pares afogue nesta abertura, que ele mesmo saiba se sustentar na borda" (Lacan, AE, p.348). Ou ainda ao lembrar que o gozo encontrado pela verdade ao resistir ao saber também está presente no masoquismo (cf. ibidem, p.358). Se lembrarmos que o masoquista havia sido definido como mestre humorista capaz de mostrar como o gozo da Lei pode sustentar um gozo de semblantes, então podemos compreender por que o masoquismo está no meio do caminho de um processo analítico como o lacaniano.

Podemos sistematizar tais considerações afirmando que *a perversão aparece como uma falha sempre aberta no coração do pensamento da transcendentalidade do desejo puro e da vontade livre*. Seu valor maior consiste, talvez, no fato de nos mostrar como toda estratégia transcendental de determinação da vontade livre e do desejo puro acaba na impossibilidade de distinguir perversão e moralidade. A fim de sair desse impasse, o desejo deve ser pensado para além do amor à Lei, para além da posição de um horizonte regulador de conformação do desejo à pura forma da Lei. Como vimos no exemplo de Sygne de Coûfontaine, todo ato moral exige um segundo tempo que é posição da vontade moral como vontade de sustentar a opacidade do objeto e do ato. O final da análise deve assim pensar o desejo valendo-se de um retorno ao sensível, de um retorno ao objeto a fim de impedir a fixação no jogo infinito de inversões com os impasses da Lei. E é neste ponto que, como veremos, Lacan está mais próximo de uma dialética negativa com suas exigências de primado do objeto.

Lacan costumava dizer: "Os antigos colocavam o acento sobre a tendência, ao passo que nós, nós o colocamos sobre seu objeto". Talvez, nós não estivéssemos errados ao colocar o acento sobre o objeto, à condição de pensar o que pode ser o objeto após esta experiência necessária de "travessia da Lei".

6
Atravessar o fantasma através do corpo

> *Só se ama uma pessoa por
> qualidades emprestadas.*
> Pascal
>
> *Dizer que estraguei anos de minha vida, que quis morrer,
> que tive meu maior amor com uma mulher que não me agradava,
> que não era meu tipo.*
> Marcel Proust

Pensar o fantasma

Até aqui, seguimos o esgotamento do paradigma da intersubjetividade em Lacan com suas consequências. Vimos como a intersubjetividade lacaniana não estava ligada ao encaminhamento de alargamento do horizonte de compreensão autorreflexiva, mas era regime de identificação entre a negatividade de um desejo sem objetos e o vazio da Lei do Simbólico. Assim, ao menos neste ponto, a via lacaniana parecia próxima da determinação transcendental da vontade livre em Kant. A impossibilidade de impedir as inversões da moralidade em perversão mostrou a Lacan a necessidade de atravessar este paradigma de racionalidade analítica e de procurar outros modos de subjetivação na análise. Ele deverá relativizar uma clínica cujas peças centrais eram: a crítica ao primado do objeto e a subjetivação da falta mediante o reconhecimento do sujeito em uma Lei transcendental. Ele deverá pensar as consequências clínicas da constatação de que: "Nenhum falo onipotente pode concluir a dialética da relação do sujeito ao Outro e ao real, pelo que seja de uma ordem apaziguadora" (Lacan, S X, sessão de 15.5.1963).

Todavia, como se faz necessário insistir, Lacan guardará a necessidade de pensar a clínica enquanto procedimento de *reconhecimento* e de *subjetivação*. É verdade que não se trata mais de pensar a subjetivação da falta própria ao desejo puro, mas de construir um modo de subjetivação da opacidade do objeto, ou seja, deste objeto não narcísico que se apresentará para além do quadro fantasmático de apreensão. O que nos explica por que o final de análise será pensado menos a partir do reconhecimento do desejo puro do que a partir da problematização do destino do objeto e da confrontação entre sujeito e objeto. Essa é a consequência do reconhecimento dos limites ao processo de purificação do desejo, o que levará Lacan a repensar a direção da cura e afirmar: "O desejo do analista não é um desejo puro" (Lacan, S XI, p.248). A ideia de um limite ao processo de purificação do desejo levará Lacan a definir o objeto *a* após a travessia do fantasma como: "este resíduo de presença enquanto ligada à constituição subjetiva" (Lacan, S XIV, sessão de 7.6.1967).

Aqui, a hipótese maior a respeito dessa reconsideração dos modos de subjetivação e de reconhecimento na clínica lacaniana consiste em dizer que ela segue as coordenadas fornecidas pela dialética negativa. Veremos, na próxima parte deste livro, como a dialética negativa converge com a clínica lacaniana na sua tentativa de fornecer uma base na qual a irreflexividade do primado do objeto possa servir de motor para o reconhecimento da irredutibilidade do sujeito ao campo do significante. Reconhecimento que não se fará mais por meio do *pensamento conceitual como prosa totalizante,* nem mesmo pela sistematização diferencial do significante, mas por meio de outras modalidades de formalização que levarão Adorno a insistir, por exemplo, na importância de um "momento estético" (*ästhetische Moment*) no trabalho conceitual.

No caso de Lacan, sabemos como novos modos de formalização aparecerão mediante considerações sobre a *letra* e o *matema*. Como já foi dito, essa disjunção entre modos de formalização e ação do significante não deve ser pensada através de uma exterioridade indiferente. No entanto ela marcará uma mudança no *locus* do pensamento clínico sobre a subjetivação. Ele não se encontrará mais na interface entre a psicanálise, a linguística e a etnologia, mas na interface entre psicanálise, estética e matemática.

Falta-nos ainda uma análise detalhada das possibilidades de aproximação entre a dialética negativa e os novos modos de subjetivação analítica. Será principalmente o conceito de sublimação com a constelação conceitual que o envolve (pulsão, gozo, objeto não fantasmático etc.) que mostrará a correção do encaminhamento proposto. Isso será feito na próxima parte, na qual outras bases de aproximação entre psicanálise e dialética serão esboçadas.

Neste capítulo, trata-se de analisar certos aspectos do problema do fantasma na clínica lacaniana, principalmente os que dizem respeito à constituição do objeto fantasma e à relação entre fantasma, estrutura simbólica e Real. Veremos como Lacan articulará o problema do reconhecimento no final de seu ensinamento e, principalmente, como este problema continua guiando a clínica até o fim. A partir daí, poderemos reorientar nossa confrontação entre psicanálise e dialética.

Gênese e estrutura do fantasma

Tal como o ser em Aristóteles, o fantasma em Lacan se diz de várias maneiras. Aqui, trata-se de se concentrar na natureza específica e na função dos objetos fantasmáticos, já que foi pelo problema do objeto que a reflexão lacaniana sobre o fantasma organizou-se. Se pensarmos, por exemplo, na definição clássica de fantasma como uma cena imaginária na qual o sujeito representa a realização de seu desejo, veremos que tal representação é *produção* de um objeto próprio ao desejo. O fantasma aparece como essa construção que indica a maneira singular pela qual cada um de nós procura determinar um caminho em direção ao gozo. Este é ao menos o sentido da definição lacaniana: "o fantasma faz o prazer próprio ao desejo" (Lacan, E, p.774).

Não se trata apenas de afirmar que o fantasma indica a predominância do princípio de prazer na realidade psíquica. Lembremos que, para Lacan, o desejo é desprovido de todo procedimento natural de objetificação. Nesse sentido, afirmar que o fantasma produz um objeto capaz de satisfazer ou, como gostaria Lacan, de fazer o prazer próprio ao desejo, significa dizer que ele permite ao sujeito fornecer uma realidade empírica a um desejo que, até então, era pura indeterminação negativa. Isso mostra como o fantasma é *o único procedimento disponível ao sujeito para a objetificação do seu desejo*. Daí por que ele seria "a sustentação do desejo" (Lacan, S XI, p.168) ou ainda "este lugar de referência através do qual o desejo aprendera a situar-se" (S VI, sessão de 12.8.1958). Como nos mostra, por exemplo, Melanie Klein em sua descrição do caso de psicose do Pequeno Dick, sem a ação do fantasma o sujeito não saberia como desejar e estabelecer uma relação de objeto. Toda capacidade de simbolização estaria assim bloqueada, restando apenas uma posição autista angustiante na qual seria impossível dizer algo sobre o desejo.[1] Definindo o

---

1 Cf. o comentário de Klein sobre Dick: "O eu cessara de elaborar uma vida fantasmática e de tentar estabelecer qualquer relação com a realidade. Após um início fraco, a formação simbólica tinha cessado" (Klein, 1972, p.268).

fantasma dessa forma, Lacan tentava demonstrar que sua verdadeira função consistia em ser uma barreira de defesa contra a angústia produzida pelo inominável do desejo. Angústia que aparece sob a forma de angústia de castração: esse desvelamento da impossibilidade de o sujeito produzir uma representação adequada do sexual.

Aqui, lembremos da razão que levou Lacan a insistir sobre o papel do fantasma nas experiências morais kantiana e sadeana. Vimos como era necessário um terceiro termo intermediário responsável pela passagem da indeterminação total de uma Lei transcendental e universal que não enuncia norma alguma, que nada diz sobre o que devo fazer para alcançar o gozo, a relação efetiva do ato. *De outra forma, a presença da Lei só poderia produzir a angústia do vazio.* Esse terceiro termo deve ser capaz de estabelecer algo como uma norma, uma estrutura espaço-temporal que me ensine como desejar. Para Lacan, essa é exatamente a função do fantasma.

Aqui, uma questão central permanece: como o fantasma conseguiria produzir um objeto próprio ao desejo? Ou seja, mediante qual operação ele poderia inscrever e positivar esta falta-a-ser que se determina como essência do desejo? Sublinhemos a importância da questão já que, mediante a problematização da genética própria ao fantasma, Lacan desenvolverá este que, de seu ponto de vista, era um dos poucos conceitos metapsicológicos da sua própria lavra: o objeto *a*. Contudo, se quisermos compreender o problema da genética do fantasma, devemos retornar a certos aspectos da teoria freudiana.

Vimos como, para Freud, o movimento do desejo era coordenado pela repetição alucinatória de experiências primeiras de satisfação. Sabemos que tais experiências primeiras deixam imagens mnésicas de satisfação no sistema psíquico. Quando um estado de tensão reaparece, o sistema psíquico atualiza de maneira automática tais imagens sem saber se o objeto correspondente à imagem está ou não efetivamente presente. Por meio desse processo de repetição, o desejo procura *reencontrar* um objeto perdido ligado às primeiras experiências de satisfação.

No entanto, se analisarmos de maneira mais precisa a natureza destas primeiras experiências de satisfação, veremos que elas se dão pela relação entre o sujeito e aquilo que Karl Abraham indicou como sendo o que hoje conhecemos por *objetos parciais*.[2] Nesse caso, o adjetivo *parcial* significa principalmente que, devido a uma insuficiência na capacidade perceptiva do bebê,

---

2 Abraham fala de um estágio de amor parcial no qual "o objeto dos sentimentos amorosos e ambivalentes é representado por uma de suas partes introjetadas pelo sujeito" (Abraham, 2000, p.220).

suas primeiras experiências de satisfação não se dão com representações globais de pessoas, como o pai, a mãe ou mesmo o eu como corpo próprio, mas com partes de tais objetos: seios, voz, olhar, excrementos etc.

O caráter parcial dos primeiros objetos de satisfação também estaria ligado à estrutura originariamente polimórfica da pulsão, ou seja, ao fato de que as moções pulsionais apresentam-se inicialmente sob a forma de *pulsões parciais* cujo alvo consiste na satisfação do prazer específico de órgão. Pensemos no bebê que ainda não tem à sua disposição uma imagem unificada do corpo próprio. Nesse caso, cada zona erógena tem tendência a seguir sua própria economia de gozo. Notemos também que tal gozo é autoerótico, porque o investimento libidinal desses objetos parciais ocorre antes do advento da imagem narcísica com sua estrutura de identidades.

O amor de objeto, no sentido do amor próprio à relação interpessoal com um outro, só seria possível por meio da operação de transposição das moções pulsionais parciais. Assim, as pulsões parciais seriam *integradas* em representações globais de pessoas ou *sublimadas* em representações sociais. Como sabemos, o exemplo freudiano mais célebre é a transformação do desejo feminino de ter um pênis em desejo de ter um homem portador do pênis.

Essa integração de objetos parciais não colocará problemas intransponíveis para Abraham ou para seus continuadores como Melanie Klein e outros representantes da escola inglesa. Tais objetos serão partes de um todo que estará disponível *a posteriori*. O desejo pelo seio resolve-se logicamente no amor pela mãe. O desejo pelo pênis resolve-se logicamente no amor pelo homem portador do pênis. A abertura às relações intersubjetivas pareceria estar assim assegurada.[3] Aqui, a metonímia do objeto é reconhecimento da pressuposição de sua integração em uma totalidade funcional.

No entanto, a posição de Lacan sempre foi totalmente diferente. Ao apropriar-se do conceito de objeto parcial, Lacan operou uma inversão maior na perspectiva psicanalítica clássica. Inversão que produzirá consequências maiores na noção de racionalidade analítica.

Primeiramente, Lacan notou que, se o movimento do desejo consistia em tentar *reencontrar* um objeto perdido, então deveria tratar-se, na verdade, da

---

3 É neste ponto que se situa, por exemplo, a crítica pertinente de Deleuze e Guatarri: "Desde o nascimento, o berço, o seio, os excrementos são máquinas desejantes em conexão com partes do corpo do bebê. Parece contraditório dizer ao mesmo tempo que a criança vive entre objetos parciais e que o que a aprende nestes objetos são pessoas parentais em pedaços" (Deleuze & Guatarri, 1969, p.53).

relação entre o sujeito e tais objetos parciais.[4] Devemos sublinhar o termo *relação*, porque não se trata simplesmente de reencontrar um objeto no sentido representativo da palavra *objeto*, mas de reencontrar uma *forma relacional* encarnada pelo tipo de *ligação afetiva* do sujeito ao seio, à voz, aos excrementos etc. O que nos explica por que: "um seio é algo que não é representável", a não ser "sob estas palavras: 'a nuvem encantadora de seios' (Lacan, S XIV, sessão de 25.1.1967), que nos fornece a forma relacional do sujeito com os objetos nos quais seu desejo aliena-se. Segundo Lacan, é esse tipo de relação que será posto em cena nas representações imaginárias do fantasma e formalizado no matema do fantasma ($\$\lozenge a$). O que nos explica também por que o objeto *a* é presença de um vazio de objeto empírico, como vemos na afirmação de que tal objeto é "presença de um vazio preenchível, nos diz Freud, por qualquer objeto", já que estaríamos diante de um "objeto eternamente faltante" (Lacan, S XI, p.168). Ele nada mais é do que a derivação de uma *forma relacional* produzida pelas primeiras experiências de satisfação.

Aqui, podemos compreender melhor por que Lacan designou o objeto *a* como objeto causa do desejo. Por exemplo, o que causa o amor por uma mulher particular é a identificação do objeto *a* no estilo e no corpo desta mulher; da mesma maneira que o amor de Alcebíades por Sócrates, no *Banquete*, teria sido causado por este objeto que Sócrates guardava dentro de si e que os gregos chamavam de *agalma*. "Se este objeto os apaixona", dirá Lacan, "é porque lá dentro, escondido nele, há o objeto do desejo, *agalma*" (Lacan, AE, p.180). Como se Sócrates pudesse ser suporte de uma forma relacional que sustentava o desejo de Alcebíades.

A princípio, poderia parecer que, devido a essa maneira de pensar a causa do desejo, Lacan estaria seguindo o caminho destes que acreditavam em uma passagem possível do amor parcial de objeto ao amor por representações globais de pessoas. Passagem impulsionada pelo primado genital. Na verdade, porém, seu movimento era inverso:

> A noção de objeto parcial nos parece aquilo que a análise descobriu de mais correto, mas ao preço de postular uma totalização ideal deste objeto, através do qual dissipa-se o benefício desta descoberta. (Lacan, E, p.676)

---

[4] Neste ponto, ele era fiel à afirmação de Freud: "Quando vemos uma criança satisfeita largar o seio deixando-se cair para trás e dormir, com as bochechas vermelhas e um sorriso, não podemos deixar de dizer que esta imagem contém o protótipo da expressão da satisfação (*Befriedigung*) sexual na existência ulterior" (Freud, GW V, p.82).

Para Lacan, dizer que o amor por uma mulher particular era causado pela identificação, nesta mulher, do objeto *a,* significava assumir o fracasso de toda relação interpessoal possível, pois:

> Com seus próximos, vocês não fizeram outra coisa do que girar em torno do fantasma cuja satisfação vocês neles procuraram. Este fantasma os substituiu com suas imagens e cores. (Lacan, AE, p.319)

"Nossos próximos" aparecem assim como tela de projeções fantasmáticas. O que nos envia aos fundamentos narcísicos da noção de objeto na psicanálise.[5]

Tal maneira de colocar a importância do fantasma nas relações entre sujeitos nos permite entrar no problema da inexistência da relação sexual. Já disse que a relação sexual, caso existisse, seria o protótipo por excelência da relação intersubjetiva por ser a única relação na qual o sujeito estaria *presente* ao Outro por meio da materialidade de seu corpo. Porém, com esta teoria do fantasma, Lacan sustenta que o sujeito sempre encontra no corpo do Outro os traços arqueológicos de suas próprias cenas fantasmáticas vindas das primeiras experiências de satisfação. É apenas nessa condição que este corpo pode transformar-se, como dizia Lacan, em metáfora do meu gozo. Antes de ser metáfora, ele deve transformar-se em corpo fetichizado, corpo submetido aos procedimentos de conformação com o pensamento fantasmático. E se "só podemos gozar de *uma parte* do corpo do Outro" (Lacan, S XX, p.26), é porque, na relação sexual, o corpo do Outro aparece em cena como conjunto de objetos parciais. O que nos explica a afirmação:

> Não há relação sexual porque o gozo do Outro tomado como corpo é sempre inadequado – perverso de um lado, enquanto o Outro se reduz ao objeto *a* – e, do outro, eu diria louco, enigmático [resultado da compreensão lacaniana do gozo feminino como próximo do gozo místico]. (Lacan, S XX, p.131)

Guardemos por enquanto esta noção do fantasma como bloqueio da relação intersubjetiva. Guardemos também esta resposta provisória quanto à genética do fantasma: *o fantasma pode produzir um objeto próprio ao desejo porque*

---

5 Podemos fornecer outra razão para a impossibilidade de passarmos do amor parcial ao amor por representações globais de pessoas: "As aspirações mais arcaicas da criança são, ao mesmo tempo, um ponto de partida e um núcleo nunca totalmente resolvido sob alguma forma de primado genital ou de pura e simples *Vorstellung* do homem sob a forma humana, tão total que supomos andrógena por fusão" (Lacan, S VII, p.112).

ele conforma os objetos empíricos a formas relacionais ligadas às primeiras experiências de satisfação. Haverá mais a dizer sobre a natureza desse objeto do fantasma. Por enquanto, sublinhemos como, neste contexto, o fantasma aparece como elemento determinante da pragmática do sujeito transformando toda ação efetiva em uma tentativa de reencontrar o objeto *a*.

Aqui, podemos apreender o problema posto por essa maneira de pensar o fantasma e seu objeto. Como disse anteriormente, a posição de causa dá ao objeto *a* uma função de *matriz quase-transcendental* de constituição do mundo dos objetos do desejo.[6] Se ele é o "objeto dos objetos", é porque todas as relações de objeto presentes ao longo da história do desejo serão repetições modulares de relações fantasmáticas. Essa história será apenas campo de repetição de fantasmas fundamentais. Princípio claramente determinista cujas consequências aparecerão na sequência.

Notemos o peso dessas afirmações. Por ser uma matriz quase-transcendental que constitui o mundo dos objetos do desejo do sujeito, o fantasma poderá ser um "índex de significação absoluta" (Lacan, E, p.817), ou ainda, uma espécie de axioma capaz de produzir uma "significação de verdade" (Lacan, S XIV, sessão de 21.6.1967). Fórmulas diferentes que indicam como o fantasma transformou-se em dispositivo responsável pela construção do contexto por meio do qual percebemos o mundo como consistente e dotado de sentido. Ele é o único dispositivo capaz de sustentar *efeitos de sentido* produzidos por tipologias múltiplas de discurso.

Lacan pode assim afirmar que a realidade própria ao sujeito é fundamentalmente fantasmática. A realidade seria apenas um *prêt-à-porter* resultante de uma "operação da estrutura lógica do fantasma" (Lacan, S XIV, sessão de 16.11.1966). Por meio da repetição própria ao fantasma, o sujeito submeteria o diverso da experiência à identidade fantasmática, instaurando um universo sem espaço para a verdadeira alteridade ou para a divisão subjetiva. O objeto *a* é a perspectiva que define as coordenadas da superfície do visível. Ele é o olhar que organiza a visibilidade do mundo em espaço. Isso coloca questões importantes para uma teoria do conhecimento, já que tais considerações lacanianas nos levam a problematizar o papel do fantasma na estruturação da capacidade cognitiva do sujeito.

---

6 Daí a afirmação: "Estes objetos anteriores à constituição do estatuto de objeto comum, de objeto comunicável, de objeto socializável, eis do que se trata no *a*" (Lacan, S X, sessão de 9.1.1963).

Por outro lado, isso nos deixa com um problema clínico maior: como atravessar o fantasma a fim de disponibilizar ao sujeito a experiência de um real capaz de produzir o descentramento? E, principalmente, como atravessar o fantasma sem jogar o sujeito, de uma vez por todas, no silêncio absoluto da angústia?

O objeto a entre fantasma e Real

Antes de responder tais questões, vale a pena explicitar uma contradição aparente no modo lacaniano de conceber o objeto do fantasma. Sabemos que os objetos parciais são objetos que o sujeito deve perder a fim de desenvolver processos de autorreferência mediante a formação do eu. Enquanto imagem especular do corpo próprio, o eu é inicialmente o resultado de uma sucessão de cortes que incidem sobre um gênero de *corpo pulsional* pré-especular, montagem inconsistente de objetos *a* como os seios, os excrementos, o olhar, a voz etc. Daí se segue esta afirmação fundamental de Lacan: "É porque o *a* é algo de que a criança se separou de uma maneira, de certa forma, interna à esfera de sua própria existência, que ele é claramente o pequeno *a*" (Lacan, S X, sessão de 15.5.1963).

A insistência neste processo de *separação interna*, ou ainda de automutilação que deixa traços na forma de marcas de corte e de borda na configuração das zonas erógenas (lábios, margem do ânus, vagina, sulco peniano etc.), permitirá o advento de um pensamento do corpo não especular e não narcísico. Tal tensão entre os objetos *a* e a imagem do corpo próprio submetida à instância do eu levará Lacan a falar de "objetos que, *no corpo*, definem-se por estarem – de alguma forma – na perspectiva do princípio de prazer, *fora do corpo*" (Lacan, S XIV, sessão de 14.6.1967). Vemos aqui claramente a necessidade de certa topologia capaz de articular esta posição ex-tima do objeto *a* em sua relação com o corpo: ao mesmo tempo fora e dentro.

A contradição aparente consiste pois em dizer que aquilo que o sujeito perdeu a fim de se constituir como instância de autorreferência e como imagem do corpo próprio servirá de matriz quase-transcendental capaz de sustentar o quadro de identificação fantasmática. O que o sujeito perdeu para ser uma identidade narcísica, "este objeto cujo estatuto escapa ao estatuto de objeto derivado da imagem especular" (Lacan, S XIV, sessão de 28.11.1962), fornecerá a matriz do quadro de submissão do diverso da experiência ao pensamento da identidade fantasmática. Chegamos assim à estranha conclusão de que um *objeto não idêntico* (no sentido de não narcísico) *serve de matriz para o pensamento da identidade*. Ou seja, o objeto do fantasma é um objeto submetido à estrutura fantasmática de apreensão, mas ele não é totalmente idêntico a tal estrutura. E se Lacan pode dizer "que não há outra entrada para o sujeito no real a não ser o fantasma" (S VIII, p.326), é porque o objeto do fantasma pode fornecer ao sujeito uma experiência da ordem da não-identidade e do descentramento próprio ao Real. O que nos explica por que, na metapsicologia lacaniana, o mesmo objeto pode aparecer às vezes como *objeto da pulsão* ligado à dimensão do Real, *objeto do fantasma* e *objeto da perversão*, ligado à dimensão do semblante e à fascinação fetichista (Lacan, S XI, p.168-9).

Esta tripla determinação mostra a possibilidade de diferentes modos de apreensão de um mesmo objeto,[7] fato que traz consequências clínicas maiores. Ele nos lembra, por exemplo, que a análise não tentará mais "dissipar o objeto como tal" (Lacan, S II, p.130), ou ainda liberar o sujeito da fixação de objeto a fim de permitir o estabelecimento de uma *dinâmica fluida* de escolhas de objeto, ou mesmo de certa *ataraxia* em relação a todo e qualquer objeto particular. O verdadeiro trabalho analítico consistirá em produzir deslocamentos no interior da significação do objeto, operação de desvelamento do descentramento *no objeto*. Aproveitando uma fórmula feliz, podemos dizer que se trata de saber revelar: "o núcleo real do fantasma que transcende a imagem" (Boothby, 2002, p.275-6).

A fim de melhor compreender esse ponto, vale a pena insistirmos em uma dimensão central na articulação entre fantasma e Real por meio do objeto *a*. Ela aparece na relação entre objeto *a* e corpo.

Desde o estádio do espelho, conhecemos a noção do esquema corporal como perspectiva de apreensão cognitiva do mundo dos objetos. Tratava-se de um aspecto central da teoria lacaniana do Imaginário muito marcado pelas considerações vindas da fenomenologia da percepção de Merleau-Ponty e da etologia alemã da primeira metade do século XX. Lacan servia-se de tais considerações para articulá-las com uma reflexão sobre o processo de constituição da imagem do corpo a partir de uma dialética de identificações e de confusão narcísica entre o eu e o outro. Isso lhe permitiu, mais à frente, demonstrar como a imagem do corpo é o *topos fantasmático* pelo qual o eu coloca-se como objeto do desejo do Outro.

---

7 O que pode nos explicar como o objeto *a*: "É isto, o que é apreendido no entrecruzamento do simbólico, do imaginário e do real como nó" (Lacan, *Le discours analytique*, mimeo.).

Com o desenvolvimento do conceito de objeto *a*, este quiasma entre corpo, fantasma e desejo do Outro será complexificado sem ser realmente abandonado. Inicialmente, Lacan sublinhará a topologia de borda própria ao objeto *a*, já que ele marca um espaço de quiasma entre o sujeito e o Outro, entre o dentro e o fora. Lacan chega a falar, a respeito do objeto *a*, do que "há de mais eu mesmo *no exterior*" (S X, sessão de 8.5.1963). Daí o esforço em formalizar a estrutura do objeto *a* por meio do recurso a figuras topológicas como os bilaterais que são, ao mesmo tempo, unilaterais (o caso da banda de Moebius) ou como os círculos que se circundam (o caso do oito interior).

Porém, ao insistir nesta topologia da borda como característica maior do objeto *a*, Lacan acaba por convergir duas elaborações distintas sobre o objeto em psicanálise. De um lado, ele retoma por sua conta as considerações de Winnicott sobre os objetos transicionais. De outro, ele desenvolve suas análises a respeito dos objetos parciais.

Lacan nunca deixou de reconhecer sua dívida em relação a Winnicott no que diz respeito às reflexões sobre o objeto. Para ele, o psicanalista inglês havia sido o primeiro a ter apreendido a especificidade do estatuto topológico do objeto do fantasma. Graças à análise da importância dos chamados "fenômenos transicionais" já presentes na primeira infância, Winnicott pôde conceitualizar uma área intermediária não contestada de experiência situada entre o subjetivamente concebido e o objetivamente percebido. Sobre esse conceito de objetividade, Winnicott afirmava que se tratava do mundo externo "tal como ele é percebido por duas pessoas" (Winnicott, 1975, p.13); espaço intersubjetivo que nos reenvia necessariamente ao conceito lacaniano de Outro. Os objetos que se desdobram neste espaço intermediário entre o sujeito e o Outro (objetos transicionais da criança, fetiche, produções culturais no domínio da arte e da religião, como a hóstia do santo sacramento etc.) não são objetivos, sem serem exatamente alucinações. Eles não estão submetidos à alucinação da onipotência do pensamento, mas também não estão totalmente fora de controle (como é o caso da mãe real). Na verdade, Winnicott falará de uma espécie de *ilusão*, a fim de caracterizar tais objetos como polo de tensão entre "a realidade interna e a realidade externa". Tensão de que "nenhum ser humano consegue liberar-se" (ibidem, p.24).

Para Winnicott, a função desses objetos transicionais consiste na produção de uma defesa contra a angústia do tipo depressivo vinda de experiências de frustração do objeto materno. Daí se segue a necessidade de afirmar que o objeto transicional toma o lugar do seio ou do objeto da primeira relação. Isso nos demonstra claramente que a frustração reiterada não se resolve no acesso epistêmico ao objeto "real", mas ela leva à constituição de um objeto cujo estatuto é próximo a um *semblante* presente no domínio da cultura, *ilusão reconhecida intersubjetivamente como tal e estruturalmente insuperável*. Lacan falará então de "objetos meio-reais, meio-irreais" (Lacan, S IV, p.127) a fim de estabelecer a especificidade de seu estatuto.[8]

Por outro lado, Lacan também percebeu que os objetos parciais são marcados por certo espaço de entrelaçamento, mas entre o *corpo* do sujeito e o *corpo* do Outro. Espaço de limite e de torção pelo qual o corpo do sujeito pode inscrever-se mais facilmente como corpo do Outro. Isso permitirá a Lacan afirmar que tais objetos são objetos "que podem ser cedidos (*cessibles*)" ao Outro. Assim, ao falar da angústia de desmame própria ao lactante, Lacan inverte a perspectiva tradicional para afirmar que "não se trata de dizer que, na ocasião, o seio falta à sua necessidade, mas que a pequena criança cede este seio que, quando está nele pendurado, aparece bem como uma parte dele mesmo" (S X, sessão de 26.6.1963).

Para além do objeto perdido, deveríamos então falar do objeto cedido ao Outro como pedaço destacável. Os objetos parciais aparecem pois como objetos que o sujeito cedeu a fim de determinar o desejo do Outro (se ele pode cedê-los ao Outro, é porque o Outro os deseja). E se o fantasma é o espaço de produção de objetos pelos quais o desejo aprenderá a se situar, é porque a topologia do objeto do fantasma nos permite operar esta ligação entre o desejo do sujeito e o desejo do Outro (lembremo-nos do grafo do desejo, no qual o fantasma aparece como suplemento ao *Che vuoi?* do Outro). Isso nos permite afirmar, por meio dessa temática do objeto *a* como objeto que pode ser cedido, que o fantasma é o cenário no qual o sujeito produz um objeto *para o desejo do Outro*. Ele é um procedimento de entrelaçamento entre

---

8 Daí se segue a importância de compreender por que Winnicott, ao insistir que objeto transicional é *símbolo* do objeto parcial, lembra "que este objeto não seja o seio (ou a mãe), ainda que seja real, importa tanto quanto o fato de ele estar no lugar do seio (ou da mãe)" (Winnicott, 1971, p.14). Importa mostrar que a criança conhece o estatuto de ilusão e de suplemento próprio ao objeto transicional. Podemos encontrar já em Freud uma indicação deste estatuto do objeto causa do desejo. Ao escrever sobre o mundo do jogo infantil, Freud dirá: "Seria um erro pensar que a criança não toma este mundo a sério; ao contrário, ela toma o jogo muito a sério". Porém "a criança distingue claramente seu mundo lúdico, a despeito de todo o investimento afetivo, e a realidade (*Wirklichkeit*), ela ama apoiar (*lehnt*) seus objetos e suas situações imaginárias sobre coisas palpáveis e visíveis do mundo real" (Freud, GW VII, p.214).

o desejo do sujeito e o desejo do Outro, ou ainda, uma *demanda de reconhecimento direcionada ao Outro*.⁹

O último passo de Lacan consistirá em convergir estas duas temáticas do objeto por meio de uma interpretação da significação do jogo infantil da bobina, descrito por Freud em *Para além do princípio do prazer*. Lacan fornecerá várias versões para a interpretação deste jogo fundamental na compreensão dos processos de simbolização da criança, mas a versão que nos interessa é aquela que aparece na quinta sessão do Seminário XI.

Ao observar o comportamento de seu neto de um ano e meio, Freud se interroga sobre o significado de um jogo repetido compulsivamente pela criança e que consistia em fazer desaparecer uma bobina, presa por um barbante, jogando-a para baixo de seu berço para logo em seguida fazê-la reaparecer. Esses dois movimentos eram acompanhados pelos vocábulos *fort* (para o desaparecimento) e *da* (para o retorno). Compreendendo o jogo como um processo de simbolização capaz de responder à renúncia pulsional a qual a criança foi submetida devido à perda do objeto materno, Freud já fornecia um exemplo maior do objeto transicional de Winnicott em seu papel de defesa contra a angústia. O complemento lacaniano consistiu em dizer que a bobina, longe de ser apenas um símbolo da mãe marcada pela perda, era inicialmente: "Um pequeno algo do sujeito que se destaca ao mesmo tempo que a ele continua pertencendo, ainda retido" (Lacan, S XI, p.69). Lacan falará de um jogo de automutilação para sublinhar como a bobina se inscrevia no interior da série de objetos parciais compreendidos como objetos que podem ser cedidos, nomeando assim o desejo do Outro.

O amor na carne

Neste ponto, podemos retornar a algumas considerações a respeito da imagem do corpo próprio em seu estatuto de objeto fantasmático. A partir

---

9 Nesse sentido, a fórmula de Peter Dews nos parece precisa. De um lado, "A introdução do objeto *a* no final dos anos 50 foi o resultado da compreensão lacaniana de que algo de fundamental para o sujeito não podia ser expresso no 'tesouro do significante' partilhado intersubjetivamente e, logo, universal". De outro, o objeto *a* é objeto do desejo do Outro: "A mediação entre o sujeito e o Outro é restaurada através do objeto *a*. Desta forma, o objeto é fantasiado como sendo aquilo que pode garantir o ser do sujeito através da incorporação desta parte misteriosa do sujeito desejada pelo Outro" (Dews, 1996, p.254). Isso nos demonstra como é o fantasma que sustenta a

dos anos 60, Lacan retorna ao problema da imagem do corpo próprio construindo a metáfora do corpo especular como *vestimenta (habillage)* do objeto *a*. Ele dirá, então: "é a este objeto inapreensível pelo espelho que a imagem especular fornece a vestimenta" (Lacan, E, p.818). Se a imagem do corpo é o *topos fantasmático* pelo qual o eu coloca-se como objeto do desejo do Outro, então isso se dá graças ao objeto *a* – que se transforma naquilo que sustenta a imagem especular. Isso nos mostra como, no fundo da imagem especular, há este objeto que escapa ao sujeito, ao mesmo tempo que o constitui.

Porém, o que significa exatamente a metáfora da vestimenta? Notemos aqui como, tal qual o fantasma, a imagem do corpo fornece uma cena que "veste" o objeto ao fornecer-lhe consistência, mas ela o impede de desvelar-se. Devido ao primado da imagem na experiência do corpo, perde-se o acesso àquilo que Lacan chama de "objetalidade" (S X, sessão de 8.5.1963) do corpo. O que significa que a dissolução da imagem do corpo pode aparecer como desvelamento do objeto *a*. Isso nos explica por que, em alguns momentos, Lacan tenta aproximar a dimensão do objeto *a* não submetida à imagem e ao conceito de "carne", como vemos na afirmação: "'É seu coração que quero' dever ser, como toda metáfora de órgão, tomada ao pé da letra. É como parte do corpo que ele funciona; poderia dizer que é como tripa" (ibidem).

A estranheza dessa afirmação é a estranheza que devemos saber revelar para que possa aparecer aquilo que é da ordem da causa do desejo. Isso nos mostra por que um dos núcleos centrais da experiência clínica lacaniana consistirá em determinar *como é possível fazer o objeto sair da cena fantasmática*. Por meio dessa saída de cena, o sujeito pode ter uma experiência do *real do corpo*, ou seja, do corpo como carne opaca que não se deixa submeter às formas fetichizadas do Imaginário, nem se corporificar por meio do significante com seu primado fálico.[10]

---

estrutura da intersubjetividade. No entanto, graças a esta "natureza dupla" do objeto *a* (entre fantasma e Real), Lacan abre as portas para um outro dispositivo de reconhecimento pela identificação do sujeito com o que há de real no objeto *a*.

10 Lacan nos fornece uma imagem do real do corpo já no Seminário II, quando comenta o sonho da injeção de Irma. Ao interpretar a imagem do fundo da garganta de Irma que aparece no sonho quando Freud demanda à paciente para abrir a boca, Lacan falará de uma *revelação do real*: "Há aí uma descoberta horrível, a descoberta da carne que nunca vemos, o fundo das coisas, o anverso da face, do rosto, os *secretatas* por excelência, a carne de onde tudo sai, o mais profundo do mistério, a carne enquanto é informe, que sua forma é algo que provoca angústia, última revelação do *você é isto – Você é isto que o mais longe de ti, isto que é o mais informe*" (Lacan, S II, p.186). Essa constelação

Sublinhemos como essa experiência do real do corpo é fundamental para a compreensão de certos modos de travessia do fantasma. A fim de melhor expor este ponto, faz-se necessário traçar uma articulação entre os problemas do real do corpo, da travessia do fantasma e do amor. O amor aparece aqui para responder pela possibilidade de posição de escolhas de objeto e estruturas de reconhecimento não mais suportadas por estruturas fantasmáticas. Trata-se de uma recuperação psicanalítica de um tema filosófico maior: o amor como espaço de realização de operações de reconhecimento.

De fato, o amor é concebido inicialmente por Lacan como lugar de impasse do Um. Lacan critica assim a tentativa freudiana de compreender *Eros* como tensão de unificação, já que essa articulação entre o amor e Um pressuporia necessariamente uma perspectiva de adequação e de harmonização que só pode se fundar no narcisismo com suas estratégias de conformação do objeto com o fantasma. O que não poderia ser diferente para alguém que expôs o lugar central do fantasma fundamental e do objeto *a* na estruturação das relações entre sujeitos, principalmente no que diz respeito à relação sexual. A partir do momento em que Lacan insistiu que o corpo na relação sexual é inicialmente corpo fetichizado submetido à condição de suporte do fantasma, ele só pode afirmar que:

> O amor é impotente ainda que recíproco, pois ele ignora que é apenas desejo de ser Um, o que nos conduz ao impossível de estabelecer a relação deles (*d'eux*), a relação deles quem? Dos dois (*deux*) sexos. (Lacan, S XX, p.12)

Há, contudo, um outro amor, este que visa ao ser, dirá Lacan. Podemos dizer que se trata de um amor que descobre que a "essência do objeto é o fracasso (*ratage*)" (ibidem, p.55). Fracassamos uma relação sexual quando o corpo do outro não se submete integralmente à cena fantasmática. O amor endereça-se então ao semblante e afronta-se com o impasse de um objeto que resiste ao pensamento fantasmático do eu. Lacan nos dirá que o amor que visa ao ser pede a *coragem* de sustentar o olhar diante do impasse, sustentar o olhar diante do estranhamento angustiante deste corpo não submetido à imagem e à sua submissão ao significante. Ou, se quisermos, como dizia Hegel, coragem de olhar o negativo e deter-se diante dele.

---

semântica (informe, fundo das coisas, última revelação) nos mostra uma experiência do corpo como reconhecimento de si na opacidade do corpo que pode nos fornecer uma via privilegiada para pensar o destino do objeto após a travessia do fantasma.

O olhar pode então descobrir, pelo fracasso da procura pela imagem fantasmática no corpo do outro, que "nem todo o corpo foi pego pelo processo de alienação" (Lacan, S X, sessão de 31.5.1967). Dessa forma, o sujeito pode ver, na opacidade do corpo do outro, a encarnação do inominável do desejo. Eu vejo no seu corpo a imagem da opacidade do meu desejo. Trata-se de um reconhecimento, dirá Lacan, que se dá no instante de encontro no qual as máscaras do fantasma vacilam:

> Este reconhecimento não é outra coisa que a maneira através da qual a relação dita sexual – transformando-se aí na relação de sujeito a sujeito, sujeito enquanto ele é apenas efeito do saber inconsciente – cessa de não se escrever. (Lacan, S XX, p.132)

Esse reconhecimento não obedece mais às coordenadas do reconhecimento fantasmático articulado pela tentativa de conformação da demanda ao desejo do Outro, ou ainda reconhecimento fundado na conformação do desejo puro à Lei do Simbólico. Ao contrário, ele é reconhecimento feito por meio do real do corpo como aquilo que permanece irredutível à imagem e ao significante.[11] Isso nos fornece uma base de compreensão para a afirmação crucial de Lacan:

> A mulher não ex-siste. Mas o fato de ela não ex-sistir não exclui que se faça dela o objeto do desejo. Muito pelo contrário, daí o resultado com o que O homem, ao se enganar, encontra uma mulher com a qual tudo acontece, ou seja, normalmente, este fracasso no qual consiste o sucesso do ato sexual. (Lacan, AE, p.538)[12]

---

11 É nesse sentido que devemos compreender a afirmação crucial: "Para a realidade do sujeito, sua figura de alienação, pressentida pela crítica social, se entrega ao se jogar entre o sujeito do conhecimento, o falso sujeito do 'eu penso', e este resíduo corporal no qual penso ter suficientemente encarnado o *Dasein*, para chamá-lo pelo nome que deve a mim: ou seja, o objeto *a*. Entre os dois, é necessário escolher". Em suma, a saída da alienação implica a confrontação do sujeito com este resíduo corporal no qual encontramos a irreflexividade do que é da ordem do objeto. Tal confrontação justifica imperativos como: "É neste ponto de falta [ponto no qual encontramos o objeto *a* como o que não tem imagem nem inscrição simbólica] que *o sujeito deve se reconhecer*" (Lacan, S XI, p.243).

12 A passagem da "relação sexual" para o "ato sexual" é, a princípio, uma maneira de impedir o retorno final da relação entre dois termos incompatíveis. Lembremos, porém, e isso nós sabemos ao menos desde Hegel, que uma não relação não é expulsão do outro a uma exterioridade indiferente, senão o valor de experiência produzindo pelo fracasso da relação não poderia sequer ser posto. Em certos casos, uma não relação *é uma relação que se funda em uma unidade negativa* e este parece bem ser o caso do sexual.

Ou seja, nós alcançamos a realização do ato sexual através do fracasso da adequação entre *uma* mulher e as representações fantasmáticas *da* mulher. Fracasso que se dá quando o corpo de *uma* mulher aparece na opacidade deste sensível que só se manifesta por meio do desgaste do fantasma. Corpo radicalmente não idêntico. Um pouco como Sartre dizia:

> Após um longo comércio com uma pessoa, sempre aparece um instante no qual as máscaras se desfazem e eu me encontro diante da *contingência pura de sua presença*: neste caso, sobre seu rosto ou sobre os outros membros do corpo, eu tenho a intuição pura da carne. Esta intuição não é apenas conhecimento; ela é apreensão efetiva de uma contingência absoluta. (Sartre, 1989, p.384)

Este longo comércio que chamamos de intimidade, via na qual as máscaras se desfazem e o corpo se transforma na opacidade sensível da carne, indica o caminho para uma travessia do fantasma e um conceito de reconhecimento pressuposto pelo final de análise. Ele nos demonstra também como a travessia do fantasma não pressupõe dissolução da fixação de objeto. O sujeito permanece diante do mesmo objeto que suportou seu fantasma. No entanto, diante deste objeto no qual o desejo encontrava-se assegurado pela cena fantasmática, o sujeito tem agora a experiência da inadequação entre a opacidade sensível do objeto e as representações fantasmáticas que o colonizaram.

Adorno e o corpo como causa do ato

A reflexão lacaniana sobre o real do corpo pode nos fornecer uma via para compreender certos aspectos da figura do sujeito em Adorno. Há um pensamento do corpo em Adorno e ele se faz presente em vários momentos-chave do encaminhamento crítico da *Dialética negativa*. Já na *Dialética do esclarecimento*, Adorno afirma que o sujeito deve superar a mutilação história a respeito do seu próprio corpo. Esse imperativo inscreve-se no interior do projeto de pensar a figura do sujeito para além de exigências de identidade que podem aparecer como impulso de instrumentalização da natureza pelo eu. Aqui, encontramos o Adorno leitor do *Mal-estar na civilização* com sua posição de indissociabilidade entre o *trabalho* da civilização e a *repressão* das moções pulsionais.

Todavia, para um pensamento cuja matriz é dialética, a natureza não deve ser nem princípio imediato doador de sentido nem destinação originária e imanente do ser, já que a experiência sensível não pode aspirar à validade *positiva* como fundamento de um pensamento conceitual.

A fim de compreender este ponto, comecemos lembrando da importância da noção adorniana de *impulso* (*Impuls, Trieb, Drang*) vinculado ao corpo na preparação de um "conceito positivo de razão que possa liberá-la do emaranhado que a prende a uma dominação cega" (Adorno & Horkheimer, 1993, p.18). Um conceito positivo de razão deve ser capaz de reconhecer que "as motivações mais distantes do pensamento alimentam-se dos impulsos" (Adorno, 1993, art.79), já que "se as pulsões (*Trieb*) não são superadas (*aufgehoben*) pelo pensamento, o conhecimento advém impossível e o pensamento que mata o desejo, seu pai, vê-se surpreendido pela vingança da estupidez" (idem, ibid.). Isso levará Adorno a insistir no papel central do Momento somático (*somatisches Moment* ou *leibhafte Moment*) no interior do pensamento conceitual: "Irredutível, o momento somático é o momento não puramente cognitivo do conhecimento" (Adorno, ND, p.194). Ele lembra que o corpo não é simplesmente lei da conexão de sensações e de atos, mas impulso que indica como as categorias do entendimento se estruturam em torno de um objeto pulsional que lhes escapa: "Pensa-se a partir da necessidade" (*Aus dem Bedürfnis wird gedacht*), dirá Adorno a fim de insistir que todo espiritual é impulso corporal modificado. Eis proposições que nos lembram claramente como as performances cognitivas do sujeito do conhecimento e suas ações na dimensão prática são afetadas pelo pulsional. Daí se segue a utilização de conceitos pesados de ressonância psicanalítica como *Drang* e *Trieb* na formação da constelação semântica própria ao impulso.[13]

Por exemplo, ao analisar a causalidade da vontade livre, Adorno critica a ideia da causalidade pela liberdade a fim de falar do suplemento (*das Hinzutretende*) como causa do ato (*Handlung*) que não se esgota na transparência da consciência. Por meio dele, Adorno pode insistir no fato de que reduzir a vontade a uma razão centrada na consciência nada mais é do que um exercício de "abstração". Isso porque esse suplemento é algo de corporal ligado à razão mas qualitativamente diferente dela. Sua gênese está ligada ao impulso (*Impuls*) vindo de uma fase autoerótica na qual o dualismo do extra e do intramental não estava completamente fixado.

---

13 Que a construção do conceito adorniano de *impulso* seja guiada pelas considerações psicanalíticas sobre a pulsão, isso fica absolutamente claro se lembrarmos de afirmações como: "A consciência nascente da liberdade alimenta-se da memória (*Erinnerung*) do impulso (*Impuls*) arcaico, não ainda guiado por um eu sólido" (Adorno, ND, p.221). Na verdade, vemos aqui como Adorno tem em vista as moções pulsionais autoeróticas.

A causalidade do ato só pode assim ser pensada mediante um outro conceito de razão capaz de englobar aquilo que, como causa do ato, excede a consciência por meio do corpo: "Isto também toca o conceito de vontade, que tem por conteúdo os chamados fatos de consciência mas que, ao mesmo tempo, de um ponto de vista puramente descritivo, não se reduz a eles: eis o que se esconde na passagem da vontade à práxis" (Adorno, ND, p.228). Pois, se é verdade que não há consciência sem vontade, isso não significa que estamos aí diante de uma identidade simples. A recuperação da noção de *impulso* visa exatamente insistir em tal descompasso.

Nas suas lições sobre *Metafísica*, Adorno volta a trabalhar esta questão do suplemento corporal como causa racional do ato moral. Novamente, as referências psicanalíticas são evidentes, a ponto de Adorno lembrar que a esfera da sexualidade infantil está necessariamente relacionada com o problema da determinação do suplemento. O que não significa recorrer a alguma forma de irracionalismo, mas simplesmente reconhecer que "a mais simples existência física, como esta com a qual somos confrontados nestes fenômenos, está conectada com os mais altos interesses da humanidade" (Adorno, 1998, p.117), fato que teria sido ignorado pelo pensamento até então. Isso lhe permite afirmar, por exemplo, que o princípio metafísico que suporta injunções como "Não infligir dor" não se sustenta na pura ideia da razão, mas no recurso à realidade material e corporal.

É realmente surpreendente ver como o encaminhamento adorniano é aqui simétrico ao implementado por Lacan. Este também criticou a causalidade pela liberdade na vontade livre apelando a um suplemento corporal que "instauraria no eixo do impuro uma nova Crítica da Razão" (Lacan, E, p.775). Esse suplemento corporal também vem de uma fase autoerótica na qual o dualismo do extra e do intramental não estava ainda fixado. Lacan chega mesmo a dar um nome a este suplemento: objeto *a*. Maneira lacaniana de lembrar o que o pensamento deve a uma base pulsional, já que as categorias do entendimento seriam estruturadas por um objeto pulsional que delas escapa.

Talvez essa aproximação nos ajude a compreender como Adorno pode apelar a uma recuperação da experiência sensível sem caminhar, com isso, em direção à hipóstase do não conceitual ou a um empirismo estranho ao pensamento dialético. Trata-se também aqui de encontrar uma experiência ligada ao real do corpo. Isso talvez explique esta afirmação surpreendente a propósito da gênese da negação dialética: "Toda dor e toda negatividade (*Negativität*), motor do pensamento dialético, são a figura mediada de múltiplas formas e às vezes irreconhecível (*unkenntlich*) do físico (*Physischen*)" (Adorno, ND, p.202).

A negação (conceito central para o pensamento dialético) *vem do físico*: proposição que pode ser vista como a radicalização de uma perspectiva materialista.

É claro, não se trata aqui de uma recaída na filosofia da natureza ou em uma posição sub-reptícia de um princípio de imanência patrocinado pela noção de impulso. Essa negação do físico é resistência da não-identidade do sensível à apreensão conceitual. Ao falar da necessidade de um materialismo sem imagens, Adorno afirma: "eis aí o conteúdo de sua negatividade [do materialismo]" (ibidem, p.201). Negatividade desprovida de imagem que se realizará no advento da carne (*Fleisches*). E é exatamente aí, no reconhecimento da irredutibilidade da carne, que o sujeito poderá enfim se colocar como figura não dependente de um pensamento da identidade.

A destituição subjetiva como protocolo de amor

Antes de terminar este capítulo, gostaria de retornar ao problema lacaniano do amor, a fim de sublinhar uma especificidade maior que pode nos esclarecer alguns pontos do problema do reconhecimento nos últimos escritos de Lacan, assim como suas implicações clínicas. Devemos colocar aqui a pergunta: qual a posição subjetiva de um sujeito que é capaz de reconhecer o alvo do amor no ponto de exílio do objeto em relação ao pensamento submetido às coordenadas do fantasma?

Notemos, primeiro, uma peculiaridade maior na maneira lacaniana de pensar o amor. Sabemos que o amor é normalmente definido como espaço de realização da promessa de reconhecimento intersubjetivo entre sujeitos postos em sua dignidade de sujeitos. Tal regime de pensamento ainda fundamenta as coordenadas gerais da reflexão sociofilosófica sobre o problema do amor. Axel Honneth, por exemplo, nos fornece uma teoria do amor necessariamente articulada no interior de considerações sobre o processo de fundamentação do reconhecimento social. Para ele: "O amor representa o primeiro estágio de um reconhecimento recíproco, pois nele os sujeitos confirmam-se mutuamente tendo em vista a natureza concreta de suas necessidades e reconhecem-se como criaturas marcadas pela necessidade" (Honneth, 2000, p.95). Ou ainda, em uma fórmula mais precisa, o amor seria "simbiose refratada pela individualização mútua" (ibidem, p.107).

A perspectiva lacaniana tende a insistir em outro ponto. Um amor que não esteja preso à lógica fantasmática do narcisismo só pode determinar as escolhas de objeto quando o sujeito for capaz de se reconhecer naquilo que, no outro, aparece como algo da ordem da opacidade dos objetos. Assim, um amor que não queira nos conduzir à unidade indiferenciada do Um deve ser sensível a esse quiasma pelo qual o sujeito encontra no outro a mesma opacidade que lhe permitirá constituir relações não narcísicas a si. Opacidade aos procedimentos de autorreflexão que indica o estatuto problemático do corpo, do sexual e da verdade do inconsciente à apreensão subjetiva.

Essa opacidade, porém, indica sobretudo aquilo que há de impessoal no sujeito. O advento do vocabulário da carne neste contexto das relações amorosas não é fortuito. A carne é aquilo que marca a insistência do informe e do impessoal diante da tentativa de personalização produzida pela constituição da imagem do corpo próprio. A carne é sempre abertura a este "anonimato inato de mim mesmo", como dizia Merleau-Ponty (1979, p.183).

Nesse sentido, lembremos como, para Lacan, o eu é primeiramente a imagem do corpo próprio. É só a partir do momento em que o sujeito tem à sua disposição um esquematismo mental resultante da transcendência da imagem do corpo próprio que ele pode articular julgamentos de autorreferência próprios à instância do eu. Há uma relação fundamental entre ipseidade e imaginário do corpo para o pensamento psicanalítico. Essa "intuição pura da carne", para além da imagem narcísica do corpo do outro, da qual fala Sartre é pois uma experiência do reconhecimento do outro no limite da despersonalização. Para Lacan, *o amor para além do narcisismo é pois amor que me permite reconhecer meu desejo no ponto de despersonalização do outro*, ponto no qual o outro revela este núcleo de objeto que constitui todo sujeito. Algo distante de uma "simbiose refratada pela individualização mútua". A reflexividade desse processo faz que o resultado de tal amor seja aquilo que, em uma relação subjetiva, chamaríamos de "destituição subjetiva".

Vale a pena, neste ponto, traçar algumas coordenadas gerais do processo analítico de destituição subjetiva como resolução necessária de um outro amor: o amor de transferência – já que a destituição subjetiva parece ter sido a última palavra de Lacan a respeito da posição subjetiva no final de análise.

A fim de colocar uma equação geral, podemos dizer que destituição subjetiva é aquilo que ocorre quando o sujeito se reconhece na opacidade de um objeto pulsional que o constitui ao mesmo tempo que lhe escapa, opacidade que Lacan indica toda vez que fala do advento do objeto *a* em sua condição de resto, ou seja, na condição daquilo que é desprovido de valor do ponto de vista da sua conformação com o fantasma. No interior de uma relação analítica, tal processo ocorre quando podemos falar de uma "queda do sujeito suposto saber e sua redução ao aparecimento deste objeto *a*, como causa da divisão do sujeito que vem no seu lugar" (Lacan, S XVI, sessão de 10.1.1968). Entendamos: o Outro não aparece mais nesta posição fantasmática de sujeito suposto saber na transferência, sujeito que detém o saber sobre o gozo pensado como a capacidade de nomear de forma positiva e fornecer o objeto adequado ao gozo. O que aparece em seu lugar é o outro na sua condição de objeto inerte vinculado ao real.

Porém, se o analista aparece aqui como objeto, principalmente no sentido de ele paradoxalmente agir como objeto, isso não significa que ele age hipostasiando a dimensão da irreflexividade (conclusão na qual poderíamos chegar se lêssemos mal a afirmação lacaniana: "é a não pensar que ele [o analista] opera"). Afirmar que o ato analítico é operado pelo objeto é, na verdade, consequência direta da defesa de que o desejo do analista não é um desejo puro. Pois se o desejo do analista não é *puro*, é porque ele deve estar necessariamente vinculado a um objeto. Ele é patológico, no sentido kantiano, por não se colocar no ponto de indiferença em relação à série de objetos empíricos. Entretanto este objeto ao qual o desejo do analista está vinculado e que guia seu ato não é mais objeto preso ao fantasma, e é neste ponto que devemos insistir.

Tal confrontação com um desejo vinculado a um objeto que não se submete mais às coordenadas do fantasma impõe uma mudança radical na posição subjetiva, isso se o sujeito for capaz de sustentar o investimento libidinal em um objeto posto nessas condições. A queda do sujeito suposto saber na transferência não deve ser pensada simplesmente sob o signo da desilusão ou da desublimação, marcas sempre presentes na tentativa de destruição do analista na transferência. Ela deve ser pensada como a revelação de que o amor de transferência não era integralmente suportado pela promessa de um saber sobre o gozo. Ao engajar-se na transferência, o sujeito era animado também pela promessa de encontrar um objeto capaz de resistir à destruição pelo pensamento identificante do fantasma – e é a realização de tal promessa que lhe permite encontrar uma via de travessia do fantasma. É a realização de tal promessa que sustenta a possibilidade de o sujeito reencontrar o núcleo de sua economia pulsional para além do fantasma.

De fato, faz-se necessário falar aqui em destituição subjetiva. Tal necessidade, porém, se impõe como consequência do fato de se tratar aqui de um reconhecimento reflexivo do sujeito no que aparece no outro como não submetido ao fantasma. Como é o fantasma que fornece as coordenadas de significação dos objetos empíricos, já que ele é um "índex de significação absoluta", o que aparece mediante a travessia do fantasma aparece necessariamente desprovido de significação que o singulariza, desprovido de coordenadas estruturais de valor (daí por que Lacan utiliza o vocabulário do resto e do dejeto neste contexto). Em suma, aparece como algo de informe, de impessoal, de opaco às determinações de identidade.

No entanto, essa destituição subjetiva não é o resultado do abandono da categoria de sujeito, como creem alguns. A confrontação do desejo com o impessoal no interior de uma relação amorosa, confrontação que pode nos fornecer certas coordenadas para pensarmos a resolução do amor de transferência, não é solidária da autodissolução do sujeito. Falar de uma destituição subjetiva através de seu quiasma com a dissolução da significação do objeto no fantasma não significa, por exemplo, confundir o final de análise com processos de indiferenciação extrapsíquicos tão presentes em funcionamentos psicóticos, como no autismo simbiótico ou na esquizofrenia. Trata-se simplesmente de reconhecer a necessidade de pensarmos um sujeito capaz de formalizar experiências de não-identidade, e esse me parece o verdadeiro desafio deixado pela experiência intelectual lacaniana.

Neste ponto, a articulação entre problemas aparentemente tão dissimétricos quanto podem ser a irredutibilidade da experiência da carne na relação sexual e o vínculo ao real do objeto no desejo do analista encontra uma justificação. Não se trata de tentar submeter a especificidade da resolução da experiência clínica analítica a um problema próprio à "fenomenologia" das relações amorosas. Trata-se simplesmente de reconhecer que problemas convergentes podem estar presentes em esferas divergentes e autônomas. A confrontação com a experiência da carne no interior de uma relação amorosa nos permite pensar como um sujeito é capaz de *pôr-se em uma relação* que não submeta o não idêntico à "síntese fantasmática" (Lacan, E, p.827) do Um. Esta posição do sujeito nos fornece subsídios para pensarmos a relação de objeto após a travessia do fantasma, relação importante para compreendermos o que está em jogo na confrontação com o desejo do analista no final de análise. Que um problema não exatamente clínico nos permita pensar os modos de subjetivação em operação na clínica, eis algo que não é estranho no interior do pensamento lacaniano.

Por fim, fica a ideia de que a temática da destituição subjetiva serve sobretudo para nos lembrar que: "Os homens só são humanos quando eles não agem e não se colocam mais como pessoas; esta parte difusa da natureza na qual os homens não são pessoas assemelha-se ao delineamento de um ser inteligível, a um Si que seria desprovido de eu (*jenes Selbst, das vom Ich erlöst wäre*)" (Adorno, ND, p.274). Os homens só são humanos quando eles se reconhecem naquilo que não tem os contornos auto idênticos de um eu. Pois só há sujeito lá onde há a possibilidade de reconhecer uma experiência interna de não-identidade. Uma experiência cujo espaço privilegiado de reconhecimento não parece mais ser a relação intersubjetiva da consciência de si, mas a confrontação traumática entre sujeito e objeto.

Parte III
Destinos da dialética

7
Repensar a dialética hegeliana

> *O ponto mais elevado da razão seria o de constatar este deslizamento do solo sob nossos passos, de nomear pomposamente de interrogação um estado continuado de estupor?*
> Merleau-Ponty

Nesta última parte do livro, trata-se enfim de abordar diretamente o problema da formação de um conceito de dialética apto à compreensão da racionalidade da clínica analítica lacaniana e de seus modos de subjetivação.

Mediante um encaminhamento que obedeceu, em suas grandes linhas, ao desenvolvimento histórico do pensamento lacaniano, vimos como a primeira tentativa de aproximar a psicanálise da dialética pela temática da intersubjetividade deveria necessariamente fracassar. Em larga medida, a intersubjetividade da dialética lacaniana do desejo não era exatamente uma dialética, mas assentava-se nos usos de um certo questionamento transcendental. Nesse sentido, podemos dizer que essa noção de intersubjetividade é, a seu modo, muito mais próxima de um encaminhamento kantiano do que propriamente hegeliano. Tentou-se mostrar isso ao insistir no papel estratégico que *Kant com Sade* ocupa no interior da trajetória de Jacques Lacan. Por outro lado, o fracasso da noção do reconhecimento intersubjetivo do desejo puro como elemento de direção da cura ficava visível devido a sua incapacidade em, de certa forma, estabelecer diferenciações precisas e seguras entre final de análise e perversão. As confusões entre a estrutura do falo e a do fetiche eram apenas o ponto mais evidente de tal dificuldade.

Lacan tinha consciência clara de tais desafios e foram eles que o levaram a deslocar lentamente a racionalidade da clínica analítica. Deslocamento que fez a psicanálise passar do primado do significante puro a certo primado do objeto, ou seja, implementação clínica do poder disruptivo da confrontação entre o sujeito e aquilo que, no objeto, não se submete ao fantasma ou à articulação diferencial dos significantes. Daí por que a relação sujeito/objeto vai ganhando novamente importância no interior da reflexão lacaniana, permitindo inclusive, por meio de uma compreensão peculiar do amor para além do narcisismo, a recuperação de um conceito de reconhecimento entre sujeitos construído *a partir da confrontação entre sujeito e objeto*, e não pela submissão da relação sujeito/objeto a um quadro prévio de reconhecimento intersubjetivo. Como veremos, essa inversão é plena de consequências.

Talvez seja neste ponto que devamos procurar a natureza dialética do pensamento lacaniano. Para tanto, faz-se necessário, inicialmente, retornar a Hegel a fim de mostrar como esta reflexão que se molda da confrontação entre sujeito e certa noção de *sensível* que aparece como inadequação do objeto ao conceito será determinante para a configuração de uma teoria dialética do reconhecimento. Uma leitura do problema das articulações entre linguagem e negação no pensamento hegeliano irá se impor como via prévia de acomodação para o problema do reconhecimento.

Esse retorno a Hegel servirá de base para tentarmos pensar alguns desdobramentos possíveis do pensamento dialético. Pois a radicalização do problema da relação entre linguagem e negação resultante da inadequação do objeto ao conceito permitirá o advento de certa "guinada estética" da dialética que se inscreve no interior do processo de dissociação entre *formalização* e *conceitualização*. É neste ponto que encontraremos os operadores mais relevantes de convergência entre a clínica lacaniana e a dialética negativa adorniana. É a partir deste ponto que poderemos compreender o legado da dialética em operação nos pensamentos de Adorno e Lacan – objetos de análise dos dois últimos capítulos.

Trabalho e linguagem

Retornemos inicialmente a Hegel. Quando foi questão o problema do desejo em Hegel, foi sublinhada a necessidade de levar em conta o vínculo indissolúvel entre desejo e trabalho, pois a dialética hegeliana não podia se reduzir, como Lacan pensava, a uma organização da reflexividade imaginária. A passagem do desejo ao trabalho mostrava como Hegel tinha consciência da necessidade de uma modificação de registro na qual o peso do reconhecimento pelo Outro se fazia sentir. Um Outro que não era simplesmente outra consciência ou projeção especular da consciência, mas estrutura social espiritualizada de maneira reflexiva pela história.

Aqui, devemos retornar a Hegel a fim de desenvolver algumas consequências possíveis a respeito da proximidade entre *trabalho* e *linguagem* na compreensão dos processos de reconhecimento. Faz-se necessário tirar as consequências da afirmação de Habermas: "É mérito de Hegel ter descoberto o papel epistemológico da linguagem e do trabalho. Neles se manifesta um 'espírito' suprassubjetivo que – em oposição a todas as descrições dualistas – entrelaçou desde o princípio o sujeito com seu objeto de uma maneira ou de outra" (Habermas, 2004, p.193). Isso demonstra como os problemas centrais da filosofia hegeliana estão necessariamente vinculados às estruturas da linguagem e do trabalho. Vínculo ainda mais central se lembrarmos que há certa similaridade lógica entre linguagem e trabalho em Hegel. Podemos insistir nesta proximidade a partir do momento em que aceitamos que a teoria hegeliana do ato (*Handlung*) segue a mesma dinâmica de interversões e inversões que a teoria hegeliana da linguagem ou, para ser mais preciso, que a teoria hegeliana da enunciação tal qual ela se encontra em vários momentos da *Fenomenologia do Espírito* (como, por exemplo, nos capítulos sobre *A certeza sensível*, sobre *O mundo do espírito alienado de si* e sobre *A consciência moral*), assim como nos *Princípios da filosofia do direito* (capítulo sobre a moralidade). Os paradoxos do ato são pensados através dos paradoxos da enunciação e vice-versa, pois: "Linguagem e trabalho são exteriorizações (*Äußerungen*) nas quais o indivíduo não se conserva mais e não se possui mais a si mesmo; senão que nessas exteriorizações faz o interior sair totalmente de si, e o abandona a Outro" (Hegel, 1988b, p.208/1992a, p.198). Nesse sentido, podemos esperar, em Hegel, que problemas derivados da teoria da linguagem determinem a configuração das possibilidades da razão em sua dimensão prática. Em última instância, vale para Hegel a ideia de que "uma teoria da linguagem é parte de uma teoria da ação" (Searle, 1970, p.17). Esse é o caminho que gostaria de desenvolver ao forçar a passagem da teoria hegeliana da linguagem ao problema do reconhecimento.

Veremos como a teoria hegeliana da linguagem, por sua vez, exige a compreensão de que o verdadeiro alvo da dialética hegeliana consiste na transformação da noção de *sentido* por meio de uma modificação da gramática filosófica. Graças à compreensão dialética da linguagem, podemos sair de um registro de discursividade representativa, no qual as palavras são vistas como signos de coisas, para entrarmos em uma dimensão "especulativa" na qual a gramática não obedece mais ao princípio de adequação e de identidade, sem cairmos necessariamente em um discurso da imanência expressiva.[1] Uma gramática que só será legível a partir do momento em que compreendermos como ela obedece à reorientação do problema do estatuto das negações.

A lógica das negações é aqui fundamental nesta transformação da noção de sentido e guiará o conjunto das reflexões sobre a dialética neste capítulo. A linguagem especulativa só é possível a partir do momento em que se admite uma noção de negação que é modo de presença do individual em sua aspiração de reconhecimento como individualidade da essência. Na compreensão especulativa da linguagem, a negação pode ser "restabelecida em sua dimensão ontológica"[2] como essência mesma do ser.

Vimos também como a clínica lacaniana exigia uma noção de negação capaz de ser presença de algo da ordem do Real. O núcleo dialético da psicanálise lacaniana deve ser procurado na lógica das negações que suporta a relação entre Real e determinações simbólicas. Assim, a articulação entre Hegel e Lacan pode servir para mostrar que a clínica lacaniana necessita de uma *negação ontológica* muito próxima do que podemos encontrar em Hegel. Veremos para onde isso pode nos levar.

Trata-se, pois, de mostrar que encontramos em Hegel uma teoria da linguagem que anuncia, em vários pontos, certos problemas maiores da teoria lacaniana do significante. Ou seja, trata-se de colocar em circulação uma estratégia improvável e que consiste em procurar, na tradição dialética, as raízes de algumas questões maiores para o pensamento neo-estruturalista de Lacan. Estratégia que será menos improvável se conseguirmos mostrar que, antes de fornecer uma teoria da consciência, Hegel nos fornece uma teoria da linguagem.

Hegel, Lacan e o problema do arbitrário do signo

A fim de introduzir algumas considerações iniciais sobre a teoria hegeliana da linguagem, convém partir de uma distinção central entre símbolo, signo e conceito operada pelo filósofo alemão.

---

[1] "Tal é a única surpresa que a passagem ao especulativo reserva: esta lenta alteração que parece metamorfosear as palavras que usávamos inicialmente sem que, no entanto, devamos renunciar a elas ou inventar outras. Trata-se do próprio sentido enfim livre de sua finitude" (Lebrun, 1971, p.114).

[2] Cf. Mabille, Idéalisme spéculatif, subjectivité et négations in Goddard, 1999. Sigamos sua afirmação: "O que apenas o especulativo pode ver é que a negação revela uma negatividade que não é uma invenção subjetiva, mas a *essência mesma do ser*. Eis a negação restabelecida em sua dimensão ontológica".

Para Hegel, o signo está ligado à lógica da representação e da adequação própria ao que a doutrina da essência chama de *reflexão exterior* (*äusserliche Reflexion*). Daí se segue a definição: "O signo (*Zeichen*) é uma certa intuição (*Anschauung*) imediata que representa um conteúdo absolutamente distinto daquele que a intuição tem para si; ele é a *pirâmide* para a qual uma alma estrangeira foi transferida e conservada" (Hegel, 2000a, par. 458). A relação arbitrária que o signo sustenta é assim evidente, já que ele representa um conteúdo distinto do que aparece à intuição. Estranha "intuição imediata" esta posta pelo signo, já que ela é uma intuição que conserva a distância entre o conteúdo intuído e o conteúdo representado, entre o que é visado (*Meinung*) e o que é efetivamente dito. Em um texto célebre, Derrida vira, no motivo da pirâmide, a figuração perfeita de uma noção de signo como junção entre significante material e significado que continuará presente ainda em Saussure. Figuração que nos levaria a compreender o signo como "uma espécie de intuição da ausência [em relação à presença material da referência] ou, mais precisamente, a visada de uma ausência por meio de uma intuição plena" (Derrida, 1972, p.120).

Contra o arbitrário do signo (ou contra seu "arbítrio" – *Willkür*), Hegel contrapõe inicialmente o caráter motivado do símbolo, no qual o conteúdo da intuição é "mais ou menos" apresentado no que o símbolo exprime. Mas não é através das vias do simbolismo que a dialética hegeliana passará.

Retornemos ao *Curso de estética* a fim de compreender a necessidade hegeliana de ultrapassar a linguagem simbólica. Aqui, descobrimos como a adequação entre significação e imagem sensível nas formas simbólicas é ainda imperfeita, pois, na verdade, a motivação do símbolo é contextual. Ela depende de uma *convenção partilhada* já que o símbolo é uma metonímia articulada através de relações analógicas entre a significação e *um* atributo no interior de uma multiplicidade de atributos do que é imediatamente representado pela imagem sensível. A força é um dos atributos da multiplicidade que compõe o leão. Na verdade, o símbolo é o caso mais visível de um problema geral denunciado pela filosofia hegeliana: a impossibilidade de fundar o sentido através da pressuposição do imediato de uma referência naturalizada. A experiência imediata não possui a unidade de um domínio autônomo. O apelo à referência sempre é indeterminado, ela sempre desliza pelo do infinito ruim da multiplicidade de perspectivas possíveis de apreensão. A linguagem alegórica do símbolo esconde sempre uma hermenêutica capaz de fornecer um ponto de basta capaz de parar a fuga infinita do sentido. A imagem sensível do triângulo em uma igreja cristã pressupõe a existência de um texto escondido que nos permite passar do triângulo à Trindade.

No parágrafo em questão da *Enciclopédia*, Hegel parece mais interessado na atividade criadora dos signos. Atividade que consiste em negar o imediato da intuição sensível a fim de possibilitar a produção de um "outro conteúdo como significação e alma". É apenas desta maneira que a consciência pode se liberar da ilusão da imanência da particularidade própria à certeza sensível e aceder ao início do saber.[3] Há aqui uma negação da faticidade da referência sensível que parece, ao menos neste ponto, convergir com as reflexões lacanianas sobre a simbolização como operação metafórica. Na *Fenomenologia do Espírito*, tal negação é louvada como sendo a própria "energia do pensar, do próprio Eu", isto quando Hegel afirma que: "A atividade do dividir é a força e o trabalho do entendimento, a força maior e mais maravilhosa, ou melhor: a potência absoluta" (Hegel, 1988b, p.25/1992a, p.38). Força maravilhosa cujo nome correto é: *abstração em relação ao sensível*.

A princípio, esta força de abstração que encontra sua manifestação na arbitrariedade do signo parece a realização necessária de um conceito de Espírito (*Geist*) que fora anteriormente definido, logo no início da seção da *Enciclopédia* dedicada à psicologia (seção da qual as reflexões sobre o signo linguístico fazem parte), como: "o que se elevou (*erhoben*) por sobre a natureza e a determinação natural, como por sobre a imbricação (*Verwicklung*) com um objeto exterior, ou seja, por sobre o que é em geral material (*das Matterielle überhaupt*)" (Hegel, 2000a, par. 440). O que "há de negativo na atividade do Espírito" pareceria assim encontrar lugar necessariamente na gramática do signo e de seu (e por que não ressuscitar aqui uma temática cara a Alexandre Kojève?) "assassinato da imediaticidade sensível da Coisa".

No entanto, a dialética não é um conhecimento por signos. A negatividade do signo em seu poder de abstração não é ainda a manifestação ontológica da negação procurada pela dialética, desta negação que nos dá acesso à determinação da essência de uma Coisa mesma (*Sache selbst*) reconciliada com a dimensão da empiria. Ao contrário, ela é apenas anulação, negação simples e sem retorno. Por isso, pensar por intermédio de signos é ainda pensar sobre o fundo da distância. O que Hegel procura é, ao contrário, uma gramática filosófica capaz de reconciliar, por meio de uma noção de *unidade negativa*, esta cisão, tão própria ao signo, entre sentido e referência. Para Hegel,

---

3 Podemos aqui seguir Derrida: "A produção de signos arbitrários manifesta a liberdade do espírito. E há mais liberdade na produção do signo do que na produção do símbolo. Na primeira, o espírito é mais independente e mais perto de si mesmo. Ao contrário, no símbolo, ele está um pouco mais exilado na natureza" (Derrida, 1972, p.99).

é claro que o conhecimento por signos afirma mais do que admite. No fundo, o signo esconde uma perspectiva externalista na compreensão da relação entre linguagem e referência, pois é a partir de uma perspectiva externalista que posso afirmar que o signo será sempre arbitrário se comparado à intuição sensível. Precisamos aqui de uma gramática que anule a necessidade de um vocabulário do arbitrário sem que isso signifique entrar nas vias de uma linguagem fundada no caráter motivado e expressivo do símbolo.

O tema hegeliano do arbitrário do signo já anuncia uma discussão tipicamente lacaniana. Quando critica a estrutura do signo em Saussure, Lacan desenvolve um argumento absolutamente convergente com a problemática hegeliana. Para Lacan, falar de arbitrário do signo significa deslizar em direção a uma perspectiva externalista própria ao discurso do Mestre.

O significante é *"imotivado*, ou seja, arbitrário em relação ao significado, com o qual ele não tem nenhuma ligação natural na realidade",[4] dirá Saussure (1972, p.101). Tanto *b-ö-f* como *o-k-s* representam o mesmo conceito (significado), o que demonstra o arbitrário da relação. Mas, na verdade, tal arbitrário também indica um modo de relação entre signo e referência, já que, como nos lembra Benveniste (1966, p.50-1) em um texto célebre, eles são arbitrários porque se referem à mesma realidade extralinguística. Ou seja, há certa teoria naturalizada da referência sustentando o argumento de Saussure. Tudo se passa como se pudéssemos identificar a existência de uma espécie natural (*natural kind*) a fim de afirmar que ela pode ser representada tanto por *b-ö-f*, por *o-k-s* ou por qualquer som.

A noção de *arbitrário* pressupõe a possibilidade de uma comparação entre os conteúdos de representações mentais e objetos, propriedade e relações existentes em um mundo que seria largamente independente de nosso discurso. Entramos aqui no famoso paradoxo presente na questão *profissional* posta pelo ceticismo, tal qual ela foi formulada por Richard Rorty: "Como sabemos nós que tudo aquilo o que é mental representa algo que não é mental? Como sabemos nós se aquilo que o Olho da Mente vê é um espelho (ainda que distorcido – um vidro encantado) ou um véu?" (Rorty, 1988, p.46).

A respeito dessa questão sobre o arbitrário do signo, poderíamos seguir uma vertente tipicamente estruturalista e afirmar que:

---

4 Isso leva Saussure a se perguntar: "O que é finalmente uma entidade gramatical? Procedemos exatamente como um geômetra que gostaria de demonstrar as propriedades do círculo e da elipse sem ter dito o que ele chama de círculo e elipse?" (Saussure, 2002, p.51).

O arbitrário recobre, de maneira extremamente ajustada, uma questão que não será posta: o que é o signo quando ele não é o signo? o que é a língua antes de ser a língua? – ou seja, a questão que exprimimos corriqueiramente em termos de origem. Dizer que o signo é arbitrário é pôr a tese primitiva: *há língua*. (Milner, 1978, p.59)

Tal eliminação de toda questão sobre a origem nos levaria necessariamente a adotar a tese "kantiana" segundo a qual "a ligação que une as coisas como coisas não pode ter nada em comum com a linguagem que as une como faces de um signo: nenhuma causa relevante da primeira pode operar sobre a segunda" (ibidem, p.58).

Para a dialética hegeliana, no entanto, esta clivagem entre a língua e o que vem antes da língua, ou seja, a referência em sua autonomia metafísica, é apenas um *momento* (absolutamente necessário) do movimento próprio à compreensão especulativa da pragmática da linguagem. A hipóstase deste momento significa a conservação de uma perspectiva externalista na compreensão da referência que absolutiza o que não tem vínculo com a determinação essencial da coisa. Para a dialética, não se trata de retornar à questão da origem, mas de inverter a perspectiva e compreender a ligação das coisas como, de certa forma, causada pela estruturação de oposições e de diferenças própria à linguagem. Robert Brandom chamou, com propriedade, esta perspectiva filosófica de *holismo semântico*, ou seja, a ideia de que as relações entre conceitos é condição *suficiente* (e não apenas condição necessária) para a determinação do conteúdo do que se coloca como objeto da experiência.[5]

Neste ponto, a perspectiva lacaniana não deixa de demonstrar convergências com a dialética hegeliana, pois, graças à consciência da arbitrariedade problemática do signo, Lacan dirá:

---

5 Cf. Brandom, Holism and idealism in Hegel's Phenomenology, in Brandom, 2002. Devemos insistir aqui que isto só é possível a partir do projeto hegeliano de não assumir a separação estrita de poderes entre o uso transcendental do entendimento (relação de conceitos, identidade, não contradição, terceiro excluído) e a relação entre os objetos empíricos (diversidade, oposição ou conflito real), tal como encontramos em Kant, na *Anfibolia dos conceitos da reflexão resultante da confusão do uso empírico do entendimento com o seu uso transcendental*. Aos olhos de Hegel, tal divisão só é plausível a partir do momento em que aceitamos a heterogeneidade radical entre a sensibilidade e o entendimento. É justamente isto, porém, que o projeto hegeliano procura criticar, pois, para Hegel, a sensibilidade nunca é determinação de um simples dado: sua diversidade é sempre diversidade *da reflexão*.

Um linguista tão pertinente quanto poderia ser Ferdinand de Saussure fala de arbitrário. Este é um deslizamento, deslizamento em direção a outro discurso, este do mestre, para chamá-lo pelo nome. O arbitrário não é o que convém. (Lacan, S XX, p.32)

Lacan descarta, no final de seu ensinamento, o vocabulário do arbitrário porque sua teoria da linguagem não é simplesmente convencionalista. Nesse sentido, ele prefere falar de uma relação de "contingência" (Lacan, S XX, p.41) entre o significante e o que há de real na referência. Como viu claramente Milner (1978, p.58), isso significa que "em Saussure, *arbitrário* significa propriamente a recusa de saber, em Mallarmé como em Lacan, os termos são positivos e dizem que um saber é possível". Para a clínica lacaniana, faz-se necessário uma relação possível entre o Simbólico e o Real. Em certas condições, o Real pode apresentar-se no interior do universo simbólico, mesmo se não se trate de uma relação de correspondência ou de expressão em seu sentido clássico. Todo o problema de Lacan consiste em pensar em quais condições podemos falar de uma *presença do Real através da mediação do Simbólico* (pois mesmo uma *não relação* ainda é um gênero de mediação, já que ela é reflexão exterior que entra na determinação do Outro).

Vimos como Lacan inicialmente desenvolveu a noção de simbolização metafórica que *pressupunha* o Real como entidade negativa e resto metonímico. Porém não havia neste momento reflexão alguma sobre os modos de subjetivação deste Real, já que o significante (o único dispositivo de intervenção analítica até então) era desprovido de força denotativa. O que não impedia Lacan de inverter, em certas situações, esta ausência de denotação em simbolização do Real como negação. Vimos como esta oscilação seria ultrapassada por uma modificação de paradigma no programa de racionalidade psicanalítica. Após o abandono do paradigma da intersubjetividade e do abandono do poder clínico da simbolização, haverá outros modos de *formalização* do Real, tais como o *matema* e o *poema*, que não passarão pela simbolização reflexiva, mesmo sendo operações próprias do Simbólico. Veremos isto no próximo capítulo.

A performatividade do conceito e as relações entre linguagem e ação

Por enquanto, voltemos a Hegel a fim de determinar como ele procura superar o problema do signo e da representação. É por não aceitar a perspectiva da autolimitação de um convencionalismo que se sustenta em uma perspectiva externalista não assumida que Hegel lembrará: o conceito não é um signo ou mesmo uma representação que subsume a generalidade da experiência à determinação de um genérico linguístico. A complexidade da posição hegeliana, porém, vem do fato de ela não aceitar que o conceito seja, por outro lado, expressão imanente do que ele determina. A noção de imanência (mesmo que falemos em uma imanência "reinstaurada") não convém à relação hegeliana entre conceito e objeto, ainda que Hegel fale em alguns momentos do saber absoluto como ponto no qual o saber pode "corresponder" (*entsprechen*) ao objeto. Como veremos, essa correspondência não pressupõe, em absoluto, o recurso a forma alguma de *adaequatio*.

Qualquer leitor atento da *Fenomenologia do Espírito* sabe que o movimento dialético é impulsionado, ao contrário, pelo reconhecimento da inadequação reiterada entre conceito e objeto da experiência, entre expectativas organizadoras do conceito e resistência do objeto. Há uma relação de negação entre conceito e objeto. Por outro lado, sabemos que "conceito", em Hegel, não é um operador que se determina partir da relação bi-unívoca com um objeto isolado, mas é a *formalização de estruturas de relações entre objetos*. Por isso, em Hegel, não podemos falar, em última instância, em conceito *de objeto*, mas em conceito *de estados de coisas*. Como veremos, a "correspondência" entre conceito e objeto só se dá quando o mesmo regime de negação que determina a confrontação entre conceito e objeto aparecer como processo estruturador de relações internas ao conceito.

Podemos abordar inicialmente este problema da existência, no interior da filosofia hegeliana, de algum regime de imanência entre conceito e objeto a partir de esclarecimentos a respeito da estrutura "performativa" do conceito. Lembremos que o conceito hegeliano não é um *operador constatativo* responsável pela descrição adequada de estados naturalizados de coisas. Na verdade, estaremos mais perto da verdade se dissermos que ele é um *operador performativo* já que, em última instância e de maneira muito peculiar, ele produz a realidade a qual se refere. Em Hegel, há uma performatividade do conceito ligada ao caráter antirrepresentativo da dialética (Gimmler, 2004), da mesma forma que há uma arbitrariedade do signo e uma motivação aparente do símbolo. É a certeza do caráter performativo do conceito que leva Hegel a afirmar: "Na verdade absoluta [do espírito] é a mesma coisa encontrar (*Vorfinden*) um mundo como um pressuposto e produzi-lo (*Erzeugen*) como algo posto" (Hegel, 2000, p. 386).

Poderíamos fornecer aqui uma série de indicadores, no interior dos textos hegelianos, que demonstram claramente o caráter performativo do conceito. Fiquemos aqui, no entanto, apenas com dois que parecem fundamentais.

Primeiro, temos a noção, fundamentalmente pragmática, de que a verdade é resultado (*Resultat*) de um processo que se desenrola a partir do campo das experiências linguísticas ordinárias dos sujeitos. Lembremos como o movimento dialético em direção à posição da afinidade fundamental entre conceito e objeto começa, na *Fenomenologia*, com os impasses da certeza sensível, ou seja, a partir da tematização do processo que se abre através do desdobramento das expectativas que animam usos elementares da linguagem, como a designação ostensiva. De certa forma, isso nos lembra, novamente, que a verdade, em Hegel, não é questão de descrição de estados prévios de coisas, mas é "essência que se realiza (*sich vollendende Wesen*) através de seu desenvolvimento (*Entwicklung*)" (Hegel, 1988b, p.15/1992a, p.31). Realização que depende do encaminhamento de problemas que aparece a partir do uso ordinário da linguagem. Desenvolvimento que indica como a verdade não é uma questão de descrição, mas de produção.

Segundo, e este é um ponto fundamental que será explorado a seguir, Hegel expõe claramente a centralidade da relação de proximidade entre linguagem e estruturas da ação; o que aparece, principalmente, por meio do reconhecimento da proximidade estrutural entre linguagem e trabalho. Vimos no início deste capítulo como podemos insistir nesta proximidade a partir do momento em que aceitamos que a teoria hegeliana do ato (*Handlung*) com seus desdobramentos necessários em direção à reflexão sobre o trabalho segue a mesma dinâmica de interversões e inversões que a teoria hegeliana da linguagem. Os paradoxos do ato são pensados por meio dos paradoxos da enunciação e vice-versa. Isso ao ponto de devermos ver, como hegeliana, a tese de que "uma teoria da linguagem é parte de uma teoria da ação" (Searle, 1970, p.17).

Porém, se voltarmos ao problema da pretensa relação de imanência entre conceito o objeto, veremos que a noção de performatividade não abole necessariamente a pressuposição de tal imanência. Ao contrário, sob certo aspecto, ela é mesmo sua base, já que o sucesso da performance baseia-se, normalmente, na pressuposição de uma sólida identidade entre intencionalidade e força perlocucionária do ato de fala, ou seja, força de modificação de estados de coisas, modificação do campo de experiência no qual sujeitos estão inseridos.

Esta sólida identidade é resultado de certa pressuposição. No momento em que se engaja em um ato de fala intencionalmente orientado, o sujeito sempre pode, de direito mas nem sempre de fato, partir da pressuposição prévia de saber o que quer dizer e como deve agir socialmente para fazer o que quer dizer. Em situações de performatividade, o sujeito teria assim uma representação prévia e fundamentada não apenas do conteúdo intencional de seu ato de fala, mas também das condições de satisfação de tal conteúdo. Este último ponto é o mais complexo. Por ser a fala, antes de mais nada, um *modo de comportamento* governado por regras e pelo meu conhecimento sobre falar uma língua envolver, necessariamente, o domínio de um sistema de regras de ação social, seguiria daí que o sujeito que fala teria sempre, de direito e previamente, a possibilidade de saber como tal sistema de regras determina a produção do sentido da ação em geral e dos atos de fala em particular.

Tal pressuposição é uma consequência derivada, entre outras coisas, do que está em jogo naquilo que os pragmáticos chamam de "princípio de expressibilidade" com sua definição de que sempre haverá um conjunto de proposições intersubjetivamente partilhadas capaz de ser a exata formulação de determinado conteúdo intencional. Princípio que vale também para a regulação das expectativas referenciais dos usos da linguagem, já que o fazer referência a algo ou a um estado de coisas implica a capacidade performativa e intencional de *identificar* este algo através de uma expressão de sentido intersubjetivamente partilhado.

No entanto, e de maneira extremamente particular, Hegel parece simplesmente abandonar toda e qualquer forma de *princípio de expressibilidade* na compreensão do ato de fala que instaura o conceito. De fato, a consciência parte necessariamente da posição prévia de saber o que quer dizer e de como agir socialmente para fazer o que quer dizer. Porém esta posição será sistematicamente invertida pela dinâmica dos processos de experiência. Hegel diz: "Linguagem e trabalho são exteriorizações nas quais o sujeito não se conserva mais e não se possui mais a si mesmo"; e não algo como: "Linguagem e trabalho são exteriorizações nas quais o sujeito expressa conteúdos intencionais e realiza expectativas referenciais". Há uma razão muito clara para isso.

Mas, poderia parecer que entramos aqui em certa contradição. Primeiro, é fato que Hegel pensa a linguagem e seus dispositivos de produção de sentido a partir de uma pragmática própria à fala. Vários comentadores insistiram no fato de o movimento próprio à linguagem hegeliana ser o resultado do primado da palavra falada sobre a palavra escrita. No entanto, exatamente devido a esse primado da fala, não parece que Hegel esteja disposto a abandonar o horizonte regulador do princípio de expressibilidade. Ao contrário, a própria definição canônica da linguagem como "o ser-aí [ou a presença] do puro Si como Si" (*das Dasein des reinen Selbsts, als Selbsts*) já parece implicar um privilégio da linguagem como *expressão* do eu enquanto centro intencional. Daí por que Hegel teria dito: "A linguagem contém o eu em sua pureza, apenas ela enuncia o próprio eu" (Hegel, 1988b, p.335/1992b, p.49). A questão que fica é então: como a linguagem pode ser a presença do puro Si se ela é uma exteriorização na qual o sujeito não se possui mais a Si mesmo? Uma resposta a tal questão passa, inicialmente, pela compreensão clara das causas deste movimento de despossessão de Si no interior da linguagem.

A fim de analisarmos tal despossessão, vale a pena lembrar que o movimento dialético, tal como ele é apresentado por Hegel, é várias vezes organizado a partir de uma perspectiva pragmática que o leva a colocar insistentemente questões como: "o que acontece quando se enuncia o que se quer dizer?" e "o que a consciência realmente faz ao enunciar o que se quer dizer?".

Vários exemplos podem ser identificados na obra hegeliana, mas há uma particularmente importante para a perspectiva psicanalítica. Trata-se da dialética do Eu tal como ela aparece a partir do primeiro capítulo da *Fenomenologia do Espírito*. Sua pertinência psicanalítica é evidente, já que tal dialética expõe a trajetória necessária para a autoapresentação do sujeito em um campo linguístico estruturado.

No entanto, outros exemplos podem ser lembrados. Pensemos, também, neste momento em que a consciência-de-si assume a figura da sã razão legisladora (*gesetzgebende Vernunft*) que acredita ter o saber imediato da universalidade da determinação ética e tenta enunciar tal saber, fazendo com isto a experiência de que "ela falava de outra forma do que pensava (*sie sprach anders als sie meinte*)" (Hegel, 1988b, p.279/1992a, p.261). Pensemos ainda na *Ciência da lógica*, na qual é possível ver o mesmo movimento de interversões próprio à enunciação aparecer na crítica ao princípio de identidade (A=A) e produzir a passagem da negação exterior à negação internalizada. Ao afirmar que a identidade e a diferença são diferentes: "Eles [a consciência comum] não veem que já dizem que *a identidade é algo de diverso;* pois dizem que a identidade é diversa em relação à diversidade" (Hegel, WL II, p.41). Tais exemplos são o resultado de uma gramática filosófica fundada em considerações particulares sobre a pragmática da linguagem.[6]

Podemos falar em "considerações particulares" porque se trata de um ato de fala *que se desconhece como tal*, já que a consciência crê servir-se da linguagem para *descrever* uma realidade imediata e não problematizada ou para pôr uma certeza imanente. No entanto, ele está *produzindo performativamente* um movimento de clivagem nesta realidade e nesta certeza. Assim, se há ato de

---

6 É para sublinhar este caráter do ato de fala que Hegel vê a unidade operacional da linguagem no *julgamento* (desenvolvido como silogismo), e não na *proposição*, ou mesmo na *palavra*.

fala em Hegel, ele sempre é, até última ordem, falho, já que a consciência nunca realiza de maneira imediata o que ela visa, seu conteúdo intencional. Para que ela possa realizar, de maneira bem-sucedida, a "correspondência" entre seu conceito e um estado de coisas determinado, faz-se necessário que a própria compreensão dos modos de relação entre conceito e efetividade sejam reconfigurados, já que eles não vão mais poder ser pensados a partir de noções não dialéticas como "subsunção" ou "aplicação".

Partamos, pois, de uma hipótese maior: os modos de relação entre conceito e estado de coisas, em Hegel, só serão visíveis à luz da identificação de que o motor da dialética é a experiência da impossibilidade de convergir, de maneira imediata, *designação (Bezeichnung)* e *significação (Bedeutung)* no ato de fala.[7] Assim uma reflexão sobre a linguagem em chave dialética deve partir da tentativa de compreensão das razões que levaram Hegel a colocar a experiência desse descompasso como a verdadeira célula elementar reguladora dos usos da linguagem.

Lembremos ainda que esta defasagem produz consequências fundamentais quando o objeto visado é o Eu, ou seja, quando a consciência tenta apresentar sua autoidentidade por meio de proposições do tipo: "Eu sou isto", tal como vemos no primeiro capítulo da *Fenomenologia*, ou mesmo: "Eis o que sou" (*Ich bins*), no final do capítulo sobre a consciência moral. Isso nos levará necessariamente a uma recompreensão da dinâmica hegeliana do reconhecimento.

O eu e sua dialética

Se formos ao primeiro capítulo da *Fenomenologia* encontraremos a consciência sensível às voltas com um paradoxo cuja célula rítmica é a clivagem

---

7 Como nos assinalou Zizek: "Hegel sabe que dizemos sempre mais ou dizemos menos, em suma, sempre *algo de outro* em relação ao que se queria dizer: é esta discordância que aparece como motor do movimento dialético, é ela que subverte toda proposição" (Zizek, 1999a, p.19). Podemos fornecer também outra perspectiva de compreensão da impossibilidade de convergir designação e significação no ato de fala. Basta pensarmos no ato de fala como o ato de submeter a particularidade do designável a uma determinação de sentido. Pensemos no ato de casamento realizado pela enunciação: "Você é minha mulher". Ele pode ser compreendido como a submissão do particular desta mulher à significação universal "mulher de..." com a denotação de sentido vinda desta nomeação graças à assunção de um novo papel social. Hegel sabe que tal identificação nunca é posição imediata de identidade. A dialética pode ser compreendida exatamente como o desdobramento de tensões deste gênero.

entre o querer dizer e o dito, entre o *Meinen* da enunciação e o dizer do enunciado. O visar sempre é invertido (*verkeht*) pelo enunciado, já que a palavra "tem a natureza divina de inverter imediatamente a *Meinung* para transformá-la em algo de outro" (Hegel, 1988b, p.78/1992a, p.82).

Quando ela tenta falar de si assumindo a primeira pessoa e enunciando a certeza de sua autoidentidade, a consciência descobre que:

> Pela linguagem, entra na existência a singularidade sendo para si da consciência-de-si, de maneira que tal singularidade é para os outros ... O Eu é este Eu, mas é igualmente o Eu universal. Seu aparecer é imediatamente a exteriorização e o desvanecer deste Eu e, assim, sua permanência em sua universalidade. (Hegel, 1988b, p.335/1992b, p.48-9)

Uma dialética entre o universal da linguagem e a individualidade da subjetividade que é absolutamente legível a partir da clivagem entre o sujeito da enunciação e o sujeito do enunciado. Pois, ao tentar dizer "eu", a consciência desvela a estrutura de *embrayeur*[8] do eu: esta natureza de significante puro que o filósofo alemão chama de "nome como nome", ou ainda "algo em geral" (*Etwas überhaupt*) (Hegel, 1981, p.60). Uma natureza que transforma toda tentativa de referência-a-si em referência a si "para os outros" e como um Outro. Este eu como individualidade só pode se manifestar como *fading*, como o que está desaparecendo em um eu universal. A ilusão do imediato da autorreferência se desvela assim como mediação formadora, já que ela é *produzida pelo signo linguístico em seu caráter universalizante*.

Devemos sublinhar que a aproximação entre o problema hegeliano da certeza sensível e a pragmática pressuposta pelos *embrayeurs* só pode ser justificada se relativizarmos o fato de que, para Hegel, termos como "eu" exprimem *conteúdos universais*, já que a linguagem só enunciaria o universal. Sabemos que os *embrayeurs* não são exatamente universais, mas significantes vazios cujo significado só pode ser produzido de maneira pontual no ato de enunciação. Apesar disso, porém, podemos seguir Lacan e lembrar que a assunção do sujeito à primeira pessoa do singular sempre é uma alienação da negatividade

---

8 Cf. Jakobson, 1963 e Benveniste, 1966. O *embrayeur* é uma unidade gramatical que não pode ser definida fora da referência a uma mensagem. Sua natureza é dupla. De um lado, ele funciona como símbolo devido a sua relação convencial à referência. De outro, ele funciona como índex devido a sua relação existencial à referência. No caso do pronome pessoal "Eu", ele está, ao mesmo tempo, em relação existencial com o enunciado e está a ele associado de maneira convencional. Sobre Hegel e os dêiticos, ver Arantes, 1996, e Lyotard, 1985.

do individual, uma inscrição do sujeito no lugar do Outro que, ao menos em sua perspectiva dinâmica, converge com a dialética hegeliana do universal da linguagem e do individual designado.

No entanto, tal impossibilidade de conformação modifica a função dos *embrayeurs*. Mesmo que a consciência sensível envie a significação de seus termos ao ato de indicação, a designação não pode se realizar. Hegel sabe que as coordenadas que identificam o lugar lógico do ato de indicação são, desde o início, articuladas no interior de uma estrutura dada como condição *a priori* para a experiência. O que vemos quando ele afirma, por exemplo, que: "O *aqui indicado*, que retenho com firmeza, é também um *este* aqui que de fato não é *este* aqui, mas um diante e atrás, uma acima e abaixo, um à direita e à esquerda" (Hegel, 1988b, p.75-6/1992a, p.80). *Não há singularidade que não passe* a priori *pelo genérico da estrutura,* já que toda indicação é feita em um tempo e em um espaço estruturalmente coordenados. Tudo se passa como se Hegel houvesse percebido o problema de Quine sobre *a inescrutabilidade da referência.* Lembremos como Quine nos afirma que "a referência *é* sem sentido, salvo em relação a um sistema de coordenadas ... Procurar uma referência de maneira mais absoluta seria como querer uma posição absoluta ou uma velocidade absoluta antes que pela posição ou velocidade em relação a um quadro de referência dado" (Quine, 1880, p.145). Isso permite a Quine deduzir que *ser* é ser valor em uma variável. Hegel, de sua parte, compreende inicialmente o resultado como a experiência do fracasso da apresentação positiva imediata do acontecimento singular (ou da referência como ser sensível). A instância singular referida não acede à palavra, *embora, como veremos, sua dignidade ontológica não seja simplesmente anulada.*[9]

Notemos, porém, um ponto fundamental que diz respeito ao destino da referência. Ao afirmar que está excluído que possamos dizer o ser sensível, parece que Hegel nos leva a afirmar que a linguagem não pode dar conta de maneira satisfatória do problema da referência, a não ser que admitamos que a referência é sem sentido, salvo em relação a um sistema diferencial de coordenadas. Poderíamos deduzir assim que há uma arbitrariedade fundamental

---

9 Nesse sentido, Hegel pode admitir a afirmação de Frege: "não nos contentamos com o sentido, supomos uma denotação" (Frege, 1971, p.107). Parece-nos que ele não pode aceitar porém que "com o signo, exprimimos o sentido do nome e designamos a denotação" (ibidem, p.107). É exatamente a impossibilidade de convergir sentido e designação no signo que anima a dialética. Para Hegel, o objeto desvanece quando é designado pelo signo, ele só poderá ser recuperado como negação.

da linguagem, vinculada à abstração necessária da linguagem em relação ao sensível, que nos impede de estabelecermos relações com a Coisa.

No entanto, a tentativa de recuperar o que inicialmente aparece como exterioridade do sensível em relação ao sistema linguístico de diferenças e oposições será o motor da dialética. Como vemos, a questão aqui é: "como a linguagem pode recuperar o que ela perde por operar?".[10]

Neste ponto, faz-se necessário um desdobramento. O problema levantado pela tentativa de designação da singularidade ancorada no sensível não se esgota na compreensão da impossibilidade da realização das expectativas que guiavam a certeza sensível. Na verdade, esta é apenas a figura inicial de um problema que aparecerá de maneira reiterada no interior da filosofia hegeliana e que diz respeito aos modos de encaminhamento da dialética entre, de um lado, regras, sistemas e modos de estruturação de relações que aspiravam validade universal e, de outro, casos empíricos particulares capazes de determinar conteúdos. Dialética relativa à determinação de modos fundamentados de indexação entre regra e caso que será constantemente mobilizada por Hegel na problematização das condições de possibilidade de realização das aspirações práticas da razão. Daí por que Robert Brandom está correto em salientar que, com Hegel:

> o problema do entendimento da natureza e das condições de possibilidade (no sentido de inteligibilidade) de normatividade conceitual [ou seja, do conceito como norma que traz, em si, o modo de determinação dos casos que caem sob sua extensão] move-se para o centro. (Brandom, 2002, p.212)

O sensível entre Hegel e Lyotard

Voltemos ao problema do destino da categoria de sensível em Hegel. Lyotard dizia a respeito de Hegel: "a exterioridade do objeto do qual se fala não diz respeito à significação, mas à designação" (Lyotard, 1985, p.50). A referência "pertence ao mostrar, não ao significar, ela é insignificável" (ibidem, p.40). Hegel pode facilmente admitir que a referência diz respeito à designação e que ela é, a princípio, insignificável. Para ele, *o fundamento da negação dialética é a negação que vem do fracasso da designação*. No entanto, ele não pode

---

10 Digamos, com Bourgeois, que o especulativo *"enraíza-se* na visada – "indicativa", infradiscursiva – do *isto* sensível, para ser, em todo seu discurso, a explicação dos requisitos da afirmação original, "é", "há" (Bourgeois, 1992, p.89).

aceitar a pretensão de imanência da designação que se resolve no mostrar, já que a dialética não pode assumir a perspectiva externalista que crê poder sair dos limites da linguagem para apreender a exterioridade do objeto.

Isso não significa que a aposta dialética seja fundada em uma totalização simples que seria retorno ao pensamento da adequação e da identidade. Lyotard insiste no fato de que a *Aufzeigen* capaz de nos abrir a uma experiência da ordem do sensível nunca será totalizada em uma linguagem dialética. Porém deveríamos dizer que a dialética visa à possibilidade de apresentação deste impossível (representado pelo que Lyotard chama de *negatividade transcendental* que suporta toda relação à referência) em uma linguagem que porta em si sua própria negação, conservando-a como negação. Podemos sempre denunciar essa internalização do negativo como uma maneira astuta de esconder o corte entre saber e realidade fenomenal, o que Lyotard fará:

> Mas não é porque o objeto adquire um significado no interior do sistema que este perde sua relação de arbitrário com o objeto. A imotivação é inscrita na linguagem como sua dimensão de exterioridade em relação aos objetos. Esta exterioridade uma vez significada é certamente interiorizada na linguagem, mas esta não terá perdido sua borda, e sua borda é sua face olhando para além. (Ibidem, p.46)

É correto dizer que, em Hegel, a clivagem entre significação e designação está fadada a certa reconciliação através do conceito. Mas dizer isso é dizer muito pouco, pois a verdadeira questão consiste em saber qual é o regime de reconciliação capaz de curar as cicatrizes dessa clivagem, ou seja, como a reconciliação pode superar a negatividade do sensível. E mesmo admitindo que o horizonte hegeliano de reconciliação seja capaz de inscrever de maneira positiva essa negatividade do sensível (ou seja, mesmo que a negação da negação seja, no final das contas, uma simples afirmação um pouco mais astuta e advertida – o que ainda está para ser provado), seria impossível não reconhecer um ponto fundamental: Hegel teria encontrado o *movimento de articulação* do problema da relação entre sujeito e determinação simbólica que marca a trajetória da experiência intelectual de vários autores do século XX, entre eles, Lacan. E *é nesta defasagem aparentemente irredutível entre designação do sensível e significação no ato de fala que vamos encontrar a natureza dialética do pensamento lacaniano*. Uma defasagem que, como já vimos, nos leva ao problema da clínica analítica e que concerne à confrontação com estas experiências irredutíveis referentes ao real do corpo, da relação sexual e do gozo.

No entanto, no que concerne à perspectiva de Lyotard, podemos sustentar que seu problema é pressupor muita coisa. Por exemplo, ela pressupõe a possibilidade de uma experiência imediata acessível fora dos limites de minha linguagem. Ela pressupõe também uma integralidade do sensível que ficaria livre da interferência do Simbólico, ou seja, uma imanência do sensível que se abriria em sua integralidade à experiência: tal como vemos na crítica de Lyotard ao fato de o sistema hegeliano não deixar o objeto no exterior como seu outro. Dizer que o objeto deve ser conservado no exterior do sistema pressupõe uma alteridade indiferente das diferenças, o que o próprio Hegel já havia criticado na *Doutrina da essência,* no capítulo sobre a diversidade. Essa alteridade indiferente esconde a necessidade da perspectiva de um terceiro (que Hegel chama de *das Vergleichende*) na qualidade de lugar que permite a comparação entre a exterioridade e a interioridade do sistema. Este terceiro anula a indiferença do diverso e estabelece uma unidade negativa entre o objeto da experiência sensível e a linguagem. Tal unidade negativa se transforma em oposição estruturada.

É verdade que, quando Lyotard fala deste *deixar-estar* do objeto fora da linguagem (que é também *deixar-estar* do desejo), ele não entra na hipóstase do inefável. Sua estratégia consiste antes em colocar um *espaço figural* que pode se manifestar também na ordem da linguagem: "No entanto, não é como significação, mas como expressão" (ibidem, p.51). Algo que se mostra, em vez de se deixar dizer.

Podemos perguntar se este retorno à expressão, retorno que mostra como a atividade sensível é um *Dasein*, e não uma *Bedeutung*, não nos envia a uma linguagem da imanência. Talvez o problema maior desta leitura de Hegel venha de certa confusão, própria a Lyotard, entre negação opositiva (própria ao estruturalismo e a *certo nível* da linguagem em Hegel) e negatividade absoluta como contradição que se manifesta, inicialmente, no interior do objeto e que reconhece que o objeto *também é algo fora do sistema*. Os exemplos hegelianos são claros e instrutivos neste ponto.

Por outro lado, para nossa perspectiva comparativa, devemos sublinhar que o Real lacaniano nada tem de ver com tal hipóstase do sensível, mesmo que a noção de sensível (como vimos no capítulo anterior) com sua resistência à personalização e à individuação seja uma figura privilegiada para pensarmos a experiência do Real. No entanto, nunca devemos esquecer que, para Lacan, o Real é o que é pressuposto *pelo* Simbólico como *seu* resto. Não há, em Lacan, uma exterioridade indiferente entre o Real e o Simbólico (daí por que é possível algo como uma *formalização* do Real que não implica necessariamente *simbolização* do Real). Como todo pensamento marcado pela tradição dialética, o pensamento lacaniano reconhece que a pura singularidade é, na verdade, uma produção fantasmática do pensamento da identidade, já que ela é seu avesso. No entanto, antes de retornar a Lacan, devemos deixar Hegel falar para ver até onde podemos segui-lo.

Construir relações por meio de negações determinadas

Vimos anteriormente como, para Hegel, as coordenadas que identificam o lugar lógico do ato de designação são, desde o início, articuladas no interior de uma estrutura de relações dada como condição para a experiência. A consciência que procura realizar a designação crê que ela é capaz de pôr imediatamente a autoidentidade por ignorar que tal identidade é apenas um *momento* da diferença constituído a partir de relações *estruturadas* de negações entre termos. De certa forma, o problema da certeza sensível nos mostra que enunciar a identidade é enunciar que a coisa ocupa um lugar em um sistema linguístico de determinações, não tendo sua identidade em si mesma, mas em um sistema de relações.

De fato, não há experiência que não seja nomeada em uma linguagem cuja dinâmica obedeça a leis de estrutura. No entanto, a apreensão do conteúdo em um sistema estruturado próprio ao saber da consciência deve necessariamente produzir um resto cujo destino coloca, até aqui, problemas. E se, na *Lógica da essência*, a determinação-de-reflexão própria à identidade é superada pela diversidade (*Verschiedenheit*), é porque se trata de criticar o pensamento da identidade mediante, inicialmente, o recurso à irredutibilidade do múltiplo próprio ao diverso da experiência.[11]

Tentemos compreender esta característica "clivada" da experiência hegeliana por meio de um desvio. "*Omni determinatio est negatio*", dizia Spinoza. A afirmação caracteriza bem o *primeiro nível* de engendramento da identidade a partir de oposições. Se quisermos continuar no terreno de uma comparação posta no início deste capítulo, esta fórmula pode também ser deduzida do caráter estrutural da linguística de Saussure. Se a identidade é, como dirá Hegel várias vezes, "o outro do outro" é porque a produção de determinações é *um*

---

11 Podemos dizer, com Longuenesse, que o momento da diversidade é "o momento do empirismo na dialética" (Longuenesse, 1981, p.70).

fato de estrutura. Tanto a dialética como o estruturalismo são inicialmente *pensamentos da relação*.[12]

Para o linguista, um significante só recebe seu valor por meio de sua relação diferencial e opositiva com os outros significantes de um sistema linguístico dado: "na língua, só há diferenças" (Saussure, 1972, p.166). A característica mais determinante de um significante é ser o que os outros não são, ou seja, ser outro do outro. Nesse sentido, é a oposição que permite, inicialmente, a estruturação de processos de identificação. Podemos afirmar que, tanto para Saussure como para Hegel, "a identidade de uma entidade consiste em um conjunto de seus traços diferenciais" (Zizek, 1999b, p.135). Pois, para Hegel "a identidade e a diferença são momentos da diferença sustentados no interior dela mesma: elas são momentos *refletidos* de sua unidade" (Hegel, WL II, p.55).

No entanto, há aqui, ao menos, duas distinções cruciais. A primeira toca a articulação entre estrutura de relações e referência. A segunda diz respeito à distinção entre oposição e negação determinada como procedimentos de identificação e determinação de identidades, já que, para Hegel, "negação determinada" é o nome do processo que permite a estruturação de relações dialéticas. Comecemos, pois, pelo segundo ponto.

Retornemos primeiramente à hipótese do holismo semântico, ou seja, a esta noção de que, em Hegel, a compreensão das relações entre objetos é condição suficiente para a determinação do conteúdo da experiência. Uma primeira leitura deste holismo parece nos indicar que o saber absoluto hegeliano seria a realização da adequação total do conceito (compreensão de relações – lembremos que, para Hegel, o conceito não é subsunção do diverso da experiência sob a forma de objeto, mas posição de estruturas de relações) ao objeto (o conteúdo da experiência); isso se ele não fosse simplesmente a implementação de um convencionalismo que afirma ser o conteúdo da experiência apenas aquilo que pode se adequar à estruturação de relações.

No entanto, Hegel insiste que tanto a adequação entre conceito e objeto como a estruturação de relações internas ao conceito só serão possíveis à condição de compreendermos como as relações são estruturadas a partir de *negações determinadas*, e não a partir de *oposições*.

---

12 Este primado da relação na determinação da identidade dos objetos já pode ser encontrado em textos de juventude de Hegel. Basta lembrarmos aqui desta afirmação presente em *A relação entre ceticismo e filosofia*, na qual a perspectiva racional é definida como sendo aquela que apreende "relações necessárias a um Outro, pois o racional (*Vernünftige*) é a própria relação". (Hegel, 2000d, p.245)

Em princípio, a definição de "negação determinada" é mais trivial do que parece. Tomemos, por exemplo, duas proposições negativas:
- A mulher não é alta.
- A mulher não é homem.

Percebemos claramente que há aqui dois usos distintos da negação, um uso *indeterminado* e um uso *determinado*. Eles são resultados de dois modos distintos de uso do verbo "ser": um como predicação e outro como posição de identidade. A negação que incide sobre o verbo *ser* no interior de uma relação de predicação é indeterminada. A negação de um termo não me dá automaticamente o outro termo. Não posso passar de "mulher" para "alta" e vice-versa. Já a negação que incide sobre o verbo *ser* no interior de uma relação de identidade é determinada. A negação de um termo me faz passar automaticamente a um outro termo, nesse sentido, a negação "conserva" o termo que ela nega. No nosso exemplo, a negação do sujeito gramatical "mulher" me faz necessariamente passar ao termo posto no predicado. Isso porque, ao negarmos o verbo *ser* no interior de uma relação de identidade, estamos necessariamente estabelecendo uma relação de "oposição" ou de "contrariedade". "Passar de um termo a outro", para usar uma expressão hegeliana, indica aqui a existência de uma relação de solidariedade entre dois termos contrários: homem e mulher, Um e múltiplo, ser e nada. O Um é inicialmente negação do múltiplo, o ser é inicialmente negação do nada. Isso nos mostra que uma determinação só pode ser posta através da oposição, ou seja, ela deve aceitar a realidade de seu oposto. A positividade da identidade a si é suportada pela força de uma negação interna que, na verdade, sempre pressupõe a diferença pensada como alteridade.

Assim, quando dizemos que a negação determinada é aquilo que permite, ao conceito, estruturar relações de objetos, parece que estamos dizendo, simplesmente, que toda relação capaz de determinar identidades é necessariamente uma relação de oposição. Poderíamos mesmo dizer, com Deleuze, que "Hegel determina a diferença por oposição dos extremos ou dos contrários" (Deleuze, 2000, p.64), como se toda diferença essencial pudesse ser submetida a relações de oposição. Falar de uma negação que conserva o termo negado seria simplesmente uma maneira mais nebulosa de dizer que, em toda relação de oposição, a posição de um termo pressupõe a realidade de seu oposto como limite à sua significação. Nesse sentido, poderíamos compreender tentativas, como a de Robert Brandom, de definir a negação determinada como a simples reflexão sobre as consequências de assumirmos o caráter estruturante de relações de *incompatibilidade material*. Lembremos o que ele afirma:

Hegel aceita o princípio medieval (e spinozista) *omni determinatio est negatio*. Porém, a mera diferença ainda não é a negação que a determinidade exige de acordo com esse princípio. Essencialmente, a propriedade definidora da negação é a exclusividade codificada no princípio de não contradição: *p* exclui-se de *não-p*; eles são incompatíveis. (Brandom, 202, p.179)

Assim: "o conceito de incompatibilidade material ou, como Hegel o designa, de 'negação determinada' é seu mais fundamental instrumento conceitual" (ibidem, p.180).

No entanto, esta compreensão da negação determinada como figura da oposição é falha sob vários aspectos. Ela é útil para nos lembrar como a negação pode estruturar relações conceituais, mas ela não dá conta de alguns pontos centrais. O principal deles diz respeito ao fato de, como veremos mais à frente, Hegel construir a noção de negação determinada exatamente como dispositivo de crítica à ideia de que as oposições dão conta da estruturação integral das relações. A oposição pode admitir que só é possível pôr um termo através da pressuposição da realidade do seu oposto, que aparece aqui como limite de significação. Assim, ela admite que toda determinação da identidade de um termo só é possível pela mediação da alteridade (não apenas do oposto, mas da estrutura de determinações pressupostas). A oposição, porém, não pode admitir que a identidade de um termo *é* a passagem no seu oposto, que o limite de um termo, por seu seu-limite, faz parte da extensão do próprio termo. No entanto, a negação determinada significa exatamente isto: que o termo, ao realizar-se, ou seja, ao se referir à experiência, passa necessariamente no seu oposto e esta passagem é, ao mesmo tempo, *a perda do seu sentido e a realização do seu sentido*.[13]

---

[13] Devemos passar aqui ao problema da referência porque a negação determinada não é apenas o modo de relação entre dois termos, mas fundamentalmente o modo de relação entre conceito e objeto. Nesse sentido, lembremos da ideia central de Hegel: o conhecimento das relações não é o resultado de deduções, mas é a formalização de processos da experiência. Conhecer relações não consiste em deduzir, mas em compreender *processos*. A negação determinada diz respeito fundamentalmente aos modos de efetivação do conceito na experiência. Isto indica que, ao tentar indexar o conceito a um objeto, ao tentar realizar o conceito na experiência, a consciência verá o conceito *passar no seu oposto* e engendrar um outro objeto (daí por que a negação determinada é o *locus* da passagem de uma figura da consciência à outra). Nesse sentido, a consciência nunca consegue aplicar seu conceito ao caso sem engendrar uma situação que contradiga as aspirações iniciais de significação do conceito. A experiência é exatamente o campo destas inversões. Lembremos: Hegel está interessado em compreender como *o sentido*

A princípio, nada disto parece ter muito sentido, já que se trata de problematizar a própria noção de "relação". De fato, nesta perspectiva, a noção de negação determinada parece naturalmente obscura. Afinal, como é possível dizer que a realização de um termo, no sentido de sua referencialização na experiência, é uma passagem no oposto, é o reconhecimento de sua identidade com aquilo que o nega?

Duas (ou três) negações: entre oposição real e contradição

Responder tal questão exige que entremos, de maneira explícita, no comentário da articulação hegeliana entre teoria das negações e ontologia. O primeiro passo para tal entrada pode ser dado mediante um esforço de precisão. Quando falamos sobre modos de negação em Hegel, não devemos esquecer que o pensamento especulativo conhece dois níveis distintos (e mesmo três) de negação: a negatividade abstrata (*abstrakte Negativität*), que às vezes aparece sob o nome de negação simples (*einfache Negation*), e a negatividade absoluta (*absolute Negativität*), que às vezes aparece sob o nome de negação da negação: resultado especulativo de uma negação determinada. No interior da negatividade absoluta, podemos determinar ainda dois outros níveis de negação representados pelas interversões próprias à *Umschlagen* ou pelas inversões próprias à *Verkehrung* e pela superação própria à *Aufhebung*. É possível que uma negação que se queira dialética bloqueie-se no primeiro nível, ou seja, pode haver interversões e inversões sem resoluções dialéticas. No entanto, não pode haver resoluções dialéticas sem interversões ou inversões.

Estes dois sistemas maiores de negação (abstrata e absoluta) articulam-se com as noções de oposição real (*Realentgegensetzung* e também *Realopposition*) tal como Kant a desenvolveu em seu *Ensaio para introduzir em filosofia a noção de grandeza negativa*, e de contradição (*Widerspruch*), tal como Hegel a concebe.

Sobre a negação abstrata, podemos dizer inicialmente que ela se define por seu caráter de delimitação de uma determinidade através da exclusão para

---

dos conceitos modifica-se a partir do momento em que eles procuram se realizar na experiência. Internalizar o sentido da experiência significa, para Hegel, estruturar relações conceituais mediante as inversões que a efetividade impõe ao conceito. De certa forma, *não é o conceito que molda a experiência, mas a experiência que molda o conceito ao impor uma reordenação nas possibilidades de aplicação do conceito.*

fora de si de toda alteridade. Nesse sentido, ela permite que uma determinidade ponha sua identidade através de relações de oposição. Assim, por exemplo, na proposição: "O individual não é o Universal", a negação aparece como operação que permite ao sujeito gramatical estabelecer seu limite e sua identidade através da oposição ao predicado. Hegel pensa nesta operação quando afirma que a determinidade é essencialmente o limite, e tem o ser-outro como seu fundamento.

Segundo Hegel, ao pôr as determinações opostas como exteriores, a negação abstrata estabelece necessariamente uma relação de correspondência entre referência e conceito. Ela nega a solidariedade reflexiva com o oposto, fixando as determinações como se estas fossem expressões de diferenças naturalizadas. Mas, ao mesmo tempo, ela nega a diferença entre a referência e seu conceito.

Sobre o primeiro movimento próprio à negação abstrata (a delimitação da determinidade através da exclusão para fora de si de toda alteridade), devemos lembrar que Hegel desenvolve suas considerações tendo em vista, principalmente, o conceito kantiano de *oposição real*. Para Kant, uma oposição real indica que dois predicados de um sujeito são opostos de maneira contrária, mas sem contradição lógica. Assim: "a força motriz de um corpo que tende a um certo ponto e um esforço semelhante deste corpo para se mover em direção oposta não se contradizem, sendo ao mesmo tempo possíveis como predicados de um mesmo corpo" (Kant, 2005, p.58). Tal oposição é descrita em linguagem matemática com os signos + e – (+A e –A), a fim de mostrar como uma predicação pode destruir outra predicação, chegando a uma consequência cujo valor é zero, mas sem que seja necessário admitir um conceito que se contradiz em si mesmo (*nihil negativum*). Isso permitirá a Kant sublinhar que o conflito resultante de um princípio real que destrói o efeito de outro princípio no nível da intuição não pressupõe uma contradição no nível das condições transcendentais de constituição do objeto do conhecimento.[14] Esse conflito real, ou oposição real, é a boa negação, "que permite ao entendimento constituir objetos" (David-Mènard, 1990, p.41), já que, contraria-

---

14 Daí se segue a afirmação: "Só na intuição sensível, onde a realidade (por exemplo, o movimento) é dada, se encontram condições (direções opostas) de que se abstraiu no conceito de movimento em geral e que podem provocar uma contradição, não lógica pois, suscetível de transformar em zero = 0 algo bem positivo; e não se poderá dizer que todas as realidades concordam entre si, só porque entre seus conceitos não há contradição" (Kant, 1969d, B338/A282).

mente à contradição lógica (pensada como objeto vazio sem conceito), essa negação deixa fora de seu julgamento a questão da existência do sujeito do julgamento.

Se Kant, no entanto, afirma que os predicados opostos são contrários sem serem contraditórios, é porque eles se misturam *como forças positivas determinadas* no resultado de uma realidade final. Os opostos reais são, para Kant, propriedades igualmente positivas, eles correspondem a referências objetivas determinadas. Não há realidade ontológica do negativo (mesmo se há um poder negativo do transcendental na determinação do númeno como conceito vazio em relação à intuição de objetos sensíveis; ver Davi-Mènard, 1990, p.25-71). A aversão e a dor são tão positivas (no sentido de se referirem a objetos positivos) quanto o prazer. Elas têm uma subsistência positiva como objetos sensíveis que não é redutível à relação de oposição.

Hegel está atento à maneira com que a oposição real não modifica a noção de determinação fixa opositiva. Mesmo reconhecendo a existência de uma solidariedade entre contrários no processo de definição do sentido dos opostos [ao afirmar que "a morte é um nascimento negativo", Kant reconhece que o sentido da morte depende da determinação do sentido do nascimento], a noção de oposição nos impede de perguntar como a identidade dos objetos modifica-se quando o pensamento leva em conta relações de oposição.[15] Como nos diz Lebrun: "Que cada um dos termos só possa ter sentido ao ligar-se ao seu oposto, isto o Entendimento concede, esta situação é figurável. Mas que cada um advenha o que significa o outro, aqui começa o não-figurável" (Lebrun, 1971, p.292). Daí por que:

> Mesmo admitindo, contra os clássicos, que o positivo pode se suprimir e que o negativo possui de alguma maneira um valor de realidade, Kant jamais colocará em questão o axioma: "A realidade é algo, a negação não é nada". Essa proposição é até mesmo a base do escrito sobre as *grandezas negativas*: ela é a condição necessária sem a qual não se poderia discernir a oposição lógica da oposição real. (Lebrun, 2002, p.266)

Podemos dizer que Hegel procura desdobrar todas as consequências possíveis de um pensamento da relação assentado na centralidade de negações

---

15 Ela nos impede de colocar a questão: "como os objetos são redefinidos, reconstituídos pelo fato de se inscreverem em relações? Quais transformações a noção de objeto recebe pelo fato de assim ser reconstituída pelo pensamento?" (Longuenesse, 1981, p.80).

determinadas. A produção da identidade através da mediação pelo oposto, tal como vemos na oposição real, é reflexão-no-outro. Um recurso à alteridade que aparece como constitutivo da determinação da identidade que promete uma interversão (*Umschlagen*) da identidade na posição da diferença. Como nos dirá Henrich, o primeiro passo deste movimento dialético consiste em passar de algo que se distingue do outro enquanto seu limite para algo que é apenas limite (Henrich, 1967, p.112). Tal passagem advém possível porque Hegel *submete a negação funcional-veritativa à noção de alteridade,* seguindo aí uma tradição que remonta ao *Sofista*, de Platão:[16] "Contrariamente à negação funcional-veritativa [fundada na ideia de exclusão simples], a alteridade é uma relação entre dois termos. Faz-se necessário ao menos dois termos para que possamos dizer que algo é outro" (Henrich, 1967, p.133).

Tal submissão da negação à alteridade nos explica por que a figura maior da negação em Hegel não é exatamente o *nada* ou a *privação*, mas a *contradição*.[17] Contradição que aparece quando tentamos pensar a identidade em uma gramática filosófica que submete a negação à alteridade. Nesta gramática, só há identidade quando uma relação reflexiva entre dois termos pode ser compreendida como relação simples e autorreferencial, ou seja, só há identidade lá onde há *reconhecimento reflexivo* da *contradição*.

---

16 Como vemos na afirmação: "Quando enunciamos o não-ser, não enunciamos algo contrário ao ser, mas apenas algo de outro" (Platão, *Sofista*, 257b).

17 Nesse sentido, Dubarle notou claramente que o termo que teria valor de termo nulo está ausente da doutrina hegeliana do Conceito (Dubarle & Doz, 1972, p.134-45). Isto acontece porque, em Hegel, o termo negado nunca alcança o valor zero, já que esta função do zero será criticada por Hegel como sendo um "nada abstrato" (*abstrakte Nichts*). Nesse sentido, o interesse hegeliano pelo cálculo infinitesimal estaria ligado à maneira com que Hegel estrutura sua compreensão da negação como um impulso *ao limite* da determinidade. A negação hegeliana nunca alcança o valor zero porque ela leva o nada *ao limite do surgir* (*Entstehen*) e o ser *ao limite do desaparecer* (*Vergehen*). Na verdade, ela é a exposição deste movimento no qual o ser está *desaparecendo* e onde o nada está *manifestando-se* em uma determinidade. Movimento cuja exposição exige uma outra compreensão do que é um objeto (para além da ideia do objeto como polo fixo de identidade). Daí segue também a importância dada por Hegel à noção de *grandeza evanescente* na compreensão da dinâmica da dialética do devir (*Werden*). Como dirá Hegel: "Estas grandezas foram determinadas como grandezas *que são em seu desaparecer* (*die in ihrem Verschwinden sind*), não antes de seu desaparecer, pois então elas seriam grandezas finitas – nem *após* seu desaparecer, pois então elas seriam nada" (Hegel, WL I, p.110-1). Para uma análise detalhada do papel dos infinitesimais na Lógica de Hegel, ver Fausto, 1996b, p.23-5.

Poderíamos assim pensar que a negação absoluta, ou a dupla negação, seria simplesmente a afirmação desta identidade entre os contrários ou deste "desaparecer incessante dos opostos em si mesmos" (Hegel, WL II, p.67). Mas afirmar isso equivale a confundir a *Umschlagen* e a *Verkehrung* próprios a tais passagens no contrário com a *Aufhebung* que funda a negação absoluta como negação "que suprime de tal maneira que conserva (*aufbewarht*) e retém (*erhält*) o que é suprimido". *Conservação* e *retenção* são dois termos que demonstram como a *Aufhebung* é, em certo nível, modo de negação que opera supressões exatamente para poder bloquear as interversões e inversões a fim de *pôr na efetividade* uma determinação sem invertê-la em seu contrário.

Isso é possível porque, contrariamente à negação abstrata, a negação absoluta própria à *Aufhebung* não é expulsão do oposto, ainda que não seja também uma simples passagem no oposto. Ela é *apresentação* do que não pode ser posto imediatamente de maneira positiva pelo conceito. Nesse sentido, seu problema consiste em conseguir conservar em uma determinação de objeto o que é negação ontológica.

Tal negação ontológica, negação que apresenta o que é *em-si* negativo, manifesta-se sempre através do caráter evanescente (*Vergehen*), através do desvanecimento (*Verschwinden*) da referência diante das operações do conceito. É nesse sentido que podemos compreender a afirmação de Adorno: "Como cada proposição singular da filosofia hegeliana reconhece sua própria inadequação à unidade, a forma exprime então tal inadequação (*Unangemessenheit*) na medida em que *ela não pode apreender nenhum conteúdo de maneira plenamente adequada*" (Adorno, 1999b, p.828). Este bloqueio na apreensão do conteúdo, porém, é um *fato inscrito* na linguagem especulativa: "Se se diz também", dirá Hegel, "*o efetivo é o Universal (das Wirkliche ist das Allgemeine)* [e, para Hegel, todo processo de nomeação passa por esta dialética entre o particular e o universal, nomear é relacionar-se a um particular por meio do universal da linguagem], o efetivo como sujeito desaparece/esvanece (*vergeht*) em seu predicado" (Hegel, 1988b, p.47/1992a, p.56). A negação dialética se desdobrará exatamente como o reconhecimento deste caráter evanescente da referência. Podemos mesmo dizer que a linguagem especulativa é, de certa forma, linguagem do evanescimento: linguagem que não petrifica suas afirmações, mas que apresenta a referência no momento de seu passar ao limite.

Assim, contrariamente ao arbitrário da relação signo-referência, a natureza evanescente da referência em Hegel significa admitir uma modalidade possível de relação entre palavra e coisa através de uma negação pensada como modo de presença de algo da ordem do Real. Essa diferença entre o arbitrário da relação signo-referência em Saussure e a natureza evanescente da referência em Hegel é fundamental e indica o ponto de separação entre estruturalismo e dialética. No entanto, ao menos no que concerne a este problema, Lacan está muito mais próximo de Hegel do que de Saussure.[18]

Afirmar a possibilidade de a linguagem ser presença de algo da ordem do Real é uma perspectiva que Saussure não parece pronto a aceitar, sobretudo quando afirma que a especificidade dos objetos da ciência da linguagem consiste "no fato de os objetos que ela tem diante de si não terem jamais realidade *em si*, ou *a parte* dos outros objetos a considerar; eles não têm absolutamente *substratum* algum a sua existência fora de suas diferenças ou de qualquer diferença que o espírito encontra meio de vincular à *diferença* fundamental" (Saussure, 2002, p.65). Na verdade, a gramática hegeliana nunca negou a existência de um gênero de "realidade em si" dos objetos nomeados pela linguagem; mas ela nunca se viu obrigada a pôr um *substratum* pré-discursivo como recurso ao pensamento. O em si do objeto não é um dado positivo, mas é *negação em si*. Graças a isso, a ideia de um caráter evanescente da referência porta em si certa modalidade de *presença* própria a esta noção hegeliana da temporalidade como atividade negativa ideal.[19]

---

[18] Lembremos, por exemplo, como a relação entre sujeito e significante em Lacan não é pensada simplesmente sob o signo do arbitrário. Entre sujeito e significante há sobretudo uma relação de *fading*, como vemos na afirmação: "quando o sujeito aparece em alguma parte como sentido [através de sua alienação no significante], em outro lugar ele se manifesta como *fading*, como desaparição. Há pois, se podemos dizer, uma questão de vida e de morte entre o significante unário e o sujeito como significante binário, causa de seu desaparecimento" (Lacan, S XI, p.199).

[19] Há certa parcialidade na afirmação de Habermas, a respeito de Hegel: "O sujeito já está sempre enredado em processos de encontro e de troca, e descobre-se sempre já situado em contextos. A rede de relações sujeito-objeto já está posta, as ligações possíveis com objetos já estão estabelecidas antes que o sujeito se envolva efetivamente em relações e entre, de fato, em contato com o mundo" (Habermas, 2004, p.191). Como vimos, de fato, não há designação possível de objeto que não passe por uma estrutura prévia de coordenadas da experiência e de produção de significação. No entanto não é totalmente correto dizer que "as ligações possíveis com objetos já estão estabelecidas antes que o sujeito se envolva efetivamente em relações". O movimento reiterado de fracasso da designação demonstra que há algo que a mediação da linguagem só poderá recuperar como negação e evanescimento. Isso faz toda a diferença e nos impede de ver a filosofia hegeliana como um hilomorfismo entre forma e conteúdo.

Este ponto é fundamental para se compreender a natureza da dupla negação em Hegel. A primeira negação é *inadequação* entre a estrutura linguística do pensamento e o objeto da experiência. Através de considerações sobre a designação em Hegel, é possível apreender tal inadequação como negação que vem do fracasso do ato de indicar. Fracasso que aparece como evanescimento da referência no interior do sistema linguístico produtor de significação. A interversão dialética feita através da *negação da negação* consiste em ver no vazio do evanescimento um modo de significação do individual. A negação que vem da designação e que indica o evanescimento da referência é repetida de maneira invertida: o evanescimento da referência nega a significação produzida pela estrutura. A primeira negação vai da palavra às coisas e é própria ao signo; a segunda vai das coisas à palavra e é colocada em operação pelo trabalho do conceito.

Esse movimento duplo nos permite afirmar que a linguagem em Hegel não é nem convencionalista (entre a palavra e a coisa só haveria relações arbitrárias – posição mais próxima de Saussure) nem expressiva (a palavra seria presença da coisa, como se existisse um *hilomorfismo entre forma e conteúdo*). Como nos lembra Lebrun: "A expressão? O conceito não se exprime nem se indica através de suas determinações: ele se mostra dissolvendo-as e negando a independência aparente delas" (Lebrun, 1971, p.353). Para a dialética, não há expressão que não seja negação do expresso. Se o evanescimento pode produzir significação é porque o pensamento especulativo desenvolve o que Ruy Fausto chamou de "significações-limites": significações que se dão *no limite* da passagem de um termo a outro.

Nesse sentido, a reconciliação hegeliana trazida por um conceito que é *negação da negação* não é simples posição de uma afirmação, construção da reconciliação a partir da lógica da adequação. Ela é reconhecimento linguístico da essência dos objetos como negação em si. Aqui, aparece mais claramente o que determina o regime de relação entre linguagem e ontologia em Hegel. A realidade ontológica da negação (que deve se manifestar no campo da experiência no momento em que o que é "mero conceito" procura indexar a efetividade) orienta a linguagem em suas expectativas referenciais. Isso implica um conceito capaz de recuperar (no sentido de internalizar) o que foi negado de maneira abstrata pelo signo e que, a partir desta internalização, seja capaz de reconfigurar os regimes de relação entre termos. Uma das dimensões deste trabalho de internalização do que é em-si negativo nos leva a compreender o conceito como aquilo capaz de formalizar o que podemos chamar de *contradição objetiva*.

A contradição objetiva entre Hegel e Adorno

Contradição objetiva não é um termo que encontraremos em Hegel, já que foi forjado pela tradição dialética de orientação marxista a fim de sublinhar *o caráter real*, e não simplesmente lógico, da contradição dialética. Críticos da dialética veem, no conceito de contradição objetiva, um gênero de "monstruosidade conceitual" que seria resultante de uma confusão mais ou menos ingênua entre oposição real e oposição lógica. No entanto, ela é uma noção fundamental para compreendermos como o conceito internaliza aquilo que o nega.

Para compreender a contradição objetiva, podemos partir da afirmação hegeliana: "Algo é vivente apenas na medida em que *contém em si a contradição* (*Widerspruch in sich enthält*) e é esta força [que consiste] em apreender em si e a suportar a contradição" (Hegel, WL II, p.76). O que pode significar, porém, a noção de *conter em si a contradição*? Sigamos uma indicação de Adorno:

> o caráter objetivo da contradição (*objektive Widersprüchlichkeit*) não designa apenas o que do ente (*Seienden*) fica exterior ao julgamento, mas, ao contrário, algo no próprio julgado ... trata-se de prosseguir, no conhecimento, a inadequação entre o pensamento e a coisa (*Sache*), de experimentá-lo na coisa. (Adorno, ND, p.155)

Experimentar *na coisa* a inadequação entre o pensamento e a realidade empírica só pode significar mostrar, no interior do objeto da experiência, a defasagem entre signo e designado como modo de manifestação da essência do que se coloca como objeto.

Lembremos o que diz Adorno a respeito da dupla negação produzida a partir da negação determinada: "a negação da negação não anula (*rückgängig*) esta negação [primeira] mas revela que ela não era suficientemente negativa (...) do contrário, a dialética seria indiferente ao que foi posto no início" (ibidem, p.162). Para Adorno, a negação da negação, que não anula a primeira negação, deve necessariamente produzir uma contradição objetiva em vez de uma afirmação. Ela nos leva a um pensamento do objeto da experiência fundado: "não no princípio, mas na resistência (*Widerstand*) do outro à identidade" (ibidem, p.163).[20] Pela negação da negação retornamos ao objeto que foi posto no início, mas a essência do objeto aparece como resistência à significação produzida pelos esquemas de identificação próprios à estrutura oposicional do pensa-

---

20 A primeira exposição desta resistência do objeto segue a dialética hegeliana da identidade e da diversidade como recurso a um momento de empirismo na dialética. Assim, Adorno dirá: "o momento da não identidade no julgamento identificador (*identifizierenden*

mento. "A essência do objeto é o fracasso", dizia Lacan, e vimos quais as consequências clínicas que podíamos tirar dessa afirmação. Diria que o reconhecimento desse entrelaçamento ontológico entre a essência do objeto e a negação também animará a dialética adorniana.[21]

Notemos que não se trata aqui de fazer da "indissolubilidade (*Unauflöslichkeit*) do objeto um tabu para o sujeito" (ibidem, p.165), via segura seja para o ceticismo seja para um retorno à positividade. Trata-se sobretudo de reconhecer a existência de uma negação que vem da resistência do objeto como polo de experiência sensível. Um pouco como Hegel que mostrava como o fundamento da negação dialética é a negação que vem do fracasso da designação devido ao evanescimento da referência. No entanto, para não hipostasiar a negação em um bloqueio cético do não saber, tal resistência do objeto, base para o primado do objeto, só pode ser posta *como resistência*. Posição que já é uma promessa de reconciliação. Isso leva Adorno a jogar a dialética do universal e do particular contra seus próprios limites.

Devemos fazer uma "crítica recíproca do universal e do particular", dirá Adorno (ibidem, p.149). Primeiramente, a crítica do particular. A abstração própria ao universal que submete seres singulares e capacidades não idênticas (*nichidentische Einselwesen und Leistungen*) a um princípio geral e estrutural de organização deve ser posta a fim de quebrar a ilusão da imanência. Essa é a primeira negação, que vai da palavra às coisas. Hegel não dizia algo diferente em suas considerações sobre a potência disruptiva do signo.

Porém a autorreflexão do pensar reconhece que o verdadeiro alvo do pensamento consiste em ouvir as aspirações do que foi perdido e em saber retornar ao objeto. Nesse retorno, ele encontra o objeto não como positividade designada, mas como ponto de excesso de uma operação de nomeação. Daí se segue a importância da contradição objetiva como momento de exposição deste ponto de excesso *no interior* de um objeto que foi estruturado por procedimentos de universalização próprios ao pensamento conceitual. Assim, "o não idêntico constituiria a identidade própria da coisa (*Sache*) *face a suas* identi-

---

   Urteil) é facilmente discernível na medida em que todo objeto singular subsumido a uma classe possui determinações que não estão compreendidas na definição de sua classe" (Adorno, ND, p.153). Que um pensamento dialético deva recorrer a um argumento empírico trivial serve de índice para mostrar a necessidade de levar em conta o momento da experiência sensível.
21 Isso sem esquecer que a essência em Adorno recebe uma definição eminentemente negativa: "A essência lembra a não-identidade no conceito, o que não é inicialmente posto (*gesetz*) pelo sujeito, mas que ele persegue" (ibidem, p.170).

ficações" (Adorno, ND, 164). Trata-se do momento de negação que vai das coisas à palavra.

Este esquema permanece fundamentalmente hegeliano, sobretudo lá onde ele crê distanciar-se de Hegel. Pois, desde Hegel, a dialética funda-se no reconhecimento da negação ontológica, negação em si que aparece como modo de presença do objeto.

Retornemos, por exemplo, a certos exemplos que Hegel nos fornece no momento de explicar como algo poderia conter *em si* a contradição. Notemos a importância da afirmação de Hegel a respeito da presença imediata da contradição *nas determinações de relação*: "Pai é outro do filho e filho é outro do pai, cada termo é apenas como outro do outro .... [No entanto] O pai, para além da relação com o filho também é algo para si (*etwas für sich*); mas assim ele não é pai, mas homem em geral (*Mann überhaupt*)". Hegel se serve do mesmo raciocínio em outro exemplo que toca de maneira direta o problema da designação e lembra os exemplos presentes na discussão hegeliana sobre a certeza sensível: "Alto é o que *não é* baixo, alto é determinado apenas a não ser baixo, e só é na medida em que há baixo; e inversamente, em uma determinação encontra-se seu contrário". Mas "alto e baixo, direita e esquerda, também são termos refletidos em si, *algo fora da relação*; mas apenas lugares em geral"(Hegel, WL II, p.77, grifo meu).

Os dois exemplos convergem em uma intuição maior: as determinidades são, ao mesmo tempo, algo *em uma oposição* e algo *para si, fora* do sistema reflexivo de determinações opositivas. Elas têm um modo particular de subsistir próprio irredutível. Hegel já tinha sublinhado este ponto ao comentar a oposição entre o positivo e o negativo como determinações-de-reflexão autônomas: "o negativo também tem, *sem relação com o positivo*, um subsistir próprio (*eigenes Bestehen*)" (idem, ibid., grifo meu). Ou seja, o negativo não é simples privação de determinação ou um positivo em si que aparece como negativo apenas no interior de uma relação. Ele é também um *negativo em si*, fora de sua oposição ao positivo, e esta é a base da operação de restituição da dimensão ontológica do negativo.

Tais frases são muito importantes para a compreensão do verdadeiro caráter da contradição hegeliana. A identidade sempre é enunciada com *seu* contrário não porque, por exemplo, o pai é o contrário do filho e sempre que pomos o pai deveríamos pressupor o filho. A contradição encontra-se no fato de que o pai é, ao mesmo tempo, determinação para os outros (significante "pai" que se determina por oposições entre outros significantes: "mãe", "filho", "tio") e indeterminação para si (ele pode sempre se identificar com a negatividade da indeterminação do homem em geral). Como nos indicou Zizek: "não sou apenas 'pai', esta determinação particular, mas para além de seus mandatos simbólicos, não sou nada mais do que o vazio que deles escapam (e que como tal é um produto retroativo)" (Zizek, 1999b, p.136). Como se a inscrição da individualidade em um sistema estrutural de oposições produzisse sempre uma espécie de resto, de fracasso reiterado da inscrição que Hegel teria reconhecido através desta maneira de conceber a contradição.

Pode parecer estranho que termos como *homem em geral* e *lugar em geral* sejam vistos como pontos de excesso da tentativa de inscrever a individualidade em um sistema estrutural. Pode parecer, por exemplo, que Hegel queira simplesmente mostrar como os sujeitos são, ao mesmo tempo, singulares individualizados em um universo estrutural de identidades e diferenças (pai de..., filho de...), e pessoa em geral que tem em comum com outras pessoas propriedades essenciais. No entanto, se assim fosse, não haveria sentido algum em falar de "contradição" neste caso. Se Hegel vê aqui um exemplo privilegiado de contradição é porque "homem em geral" é um *lugar vazio* que aparece como excesso às determinações relacionais e nos envia à dialética do *fundamento* (*Grund*), que se segue às reflexões de Hegel sobre a contradição. Assim, servindo-se de um *witz* famoso do idealismo alemão, Hegel dirá: "Estas determinações-de-reflexão se superam e a determinação que vai ao abismo (*zu Grunde gegangene*) é a verdadeira determinação da essência" (Hegel, WL II, p.80). Ou ainda: "A essência, *enquanto se determina como fundamento*, determina-se como o não determinado, e é apenas o superar de seu ser-determinado que é seu determinar" (ibidem, p.81). Ou seja, isto nos permite deduzir que "homem em geral" apenas indica o que não se determina mediante predicações e individualizações, mas permanece indeterminado e negativo.

De qualquer forma, podemos assim compreender a natureza *objetiva* da contradição hegeliana. Para Hegel, *a contradição é interna ao objeto porque ela exprime a cisão que resulta da operação de inscrição do objeto visado em uma rede de determinações simbólicas*.[22] Só assim a linguagem especulativa pode se reconciliar com a efetividade.

---

22 É nesse sentido que compreendemos a afirmação de Longuenesse: "o que resta, segundo Hegel, uma descoberta inestimável, é a tensão entre a unidade do Eu penso e a multiplicidade do não pensado, ou não completamente unificado pelo pensamento. Todo objeto (pensado) porta em si tal tensão, é por isto que todo objeto porta em si a contradição" (Longuenesse, 1981, p.51). Uma contradição "entre sua inscrição em uma unidade racional e sua irredutibilidade à unidade" (ibidem, p.52).

Podemos criticar esta estratégia hegeliana afirmando que ele reduz o que está fora do sistema a um ponto vazio, a uma presença pura desprovida de individualidade predicável. Nesse sentido, não seria um acaso o fato de Hegel comparar o horror habitual do pensamento representativo diante da contradição ao horror da "natureza diante do vácuo" (Hegel, WL II, p.78).

Mas tal estratégia pode ser explicada se aceitarmos que, do ponto de vista do conceito, o sensível e o contingente aparecem necessariamente como pura opacidade que resiste a toda determinidade. O que é contingente no objeto da experiência só se manifesta no interior do saber como o que é *vazio de conceito*. Se Hegel foi capaz de fazer um jogo de palavras para afirmar que contingente (*zufällig*) é o que deve cair (*zu fallen*), é porque o contingente é o que cai do conceito, uma queda no *vazio* do que não é conceito.

No entanto, o problema hegeliano consiste em saber *como apresentar o que é vazio de conceito em uma determinidade conceitual,* e não como anular o não conceitual por meio do império total do conceito. É possível conservar o não conceitual sem entrar em sua hipóstase? Eis uma problemática hegeliana por excelência. Como bem sublinhou Mabille, há, *no interior mesmo da ontologia hegeliana,* um risco de indeterminação que sempre devemos inicialmente *assumir* para poder após *conjurar*.[23]

Para Hegel, esta tarefa filosófica maior só pode ser realizada quando se tenta responder à questão das condições dos modos de "apreensão e enunciação (*Auffassen und Aussprechen*) da contradição". Ou seja, de uma *enunciação que possa apresentar a contradição, que possa levar a contradição à dimensão das operações próprias do conceito.* Ou antes, de uma *enunciação que possa levar a contradição à dimensão do reconhecimento.* Maneira dialética de afirmar que, na verdade, *a síntese já é realizada pela cisão* (Zizek, 1999a, p.120).

Entre intersubjetividade e reconhecimento

Aqui podemos finalmente voltar ao problema hegeliano do reconhecimento a fim de reconstruí-lo a partir da dinâmica dos atos de fala capazes de enunciar a contradição interna à determinação da identidade. Se estiver correta a hipótese segundo a qual Hegel procura definir como apresentar o que

---

23 "Cada vez que Hegel chega a um momento de perfeição no qual a identidade parece fechar-se em si mesmo para um gozo autárquico, é a negação desta identidade que salva o Absoluto da abstração e da indeterminação" (Mabille, in Goddard 1999, p.170).

é vazio de conceito em uma determinidade conceitual, e não como anular o não conceitual através do império total do conceito, então tal hipótese deve produzir consequências nas reflexões sobre o reconhecimento. De fato, a confrontação entre sujeito e objeto, objeto pensado aqui como lugar privilegiado da contradição, deverá moldar as possibilidades e as estruturas de reconhecimento, e não o inverso. Ou seja, não será a posição prévia de estruturas intersubjetivas em funcionamento no uso cotidiano da linguagem que constituirá o campo possível de experiências de objeto. Isso significaria, por exemplo, abandonar qualquer conceito de intersubjetividade que pressupõe a fundamentação da ação por meio de um horizonte regulador de transparência linguística na relação entre intencionalidade e efetividade da fala.

Nesse sentido, é muito difícil admitir que o reconhecimento hegeliano seja um reconhecimento intersubjetivo, isto ao menos no sentido defendido por Lacan. E não é por outra razão que *na Fenomenologia do Espírito, todas as figuras da consciência nas quais a linguagem aparece de maneira manifesta como espaço de reconciliação são figuras que terminam em impasses*. Na verdade, tudo se passa como se Hegel procurasse demonstrar que a confrontação com a opacidade do objeto, com a indeterminação do que não se submete imediatamente à produção estruturada de sentido, deve configurar as possibilidades do campo prático do reconhecimento entre sujeitos, já que ela organiza a configuração dialética da linguagem. Como deve ter ficado claro, é possível afirmar que, em Hegel, as relações de objeto não se submetem integralmente às relações intersubjetivas previamente estabelecidas (como se fossem apenas reificações destas). Na verdade, a resistência das relações de objeto *impulsiona o campo de reconhecimento a exigências cada vez mais amplas de reconciliação*.

Muito haverá ainda a se dizer a respeito da pertinência desta hipótese, mas talvez ela possa ser mais bem explicada através da análise de algumas figuras da reconciliação na *Fenomenologia*. Neste ponto, talvez o melhor exemplo seja a discussão a respeito do conceito de moralidade ao final da seção "Espírito". Movimento maior que deve ser, inicialmente, lido sob o signo da confrontação entre Kant e Hegel a respeito do conceito de moralidade. Confrontação esta que, mais uma vez, visa a uma noção transcendental de subjetividade a respeito da qual Hegel procura demonstrar seus impasses no interior da dimensão prática da razão e de suas exigências de reconhecimento. Neste sentido, podemos retornar, aqui, de maneira mais sistemática, a algumas considerações esboçadas no capítulo IV.

Hegel parte lembrando que, enquanto consciência-de-si moral, a consciência-de-si determina o dever como essência por ela mesma imposta enquanto *fato* de sua própria liberdade. Esta consciência do dever como o que é essencial coloca a natureza como uma efetividade desprovida de significação. Daí a noção de que a vontade livre é aquela que se abstrai de toda e qualquer determinação da natureza, até porque não há liberdade lá onde o sentimento fisiológico do bem-estar guia a conduta. Pois, neste caso, o sujeito é submetido a uma causalidade natural na qual o objeto e os instintos ligados à satisfação das necessidades físicas determinam a Lei à vontade, e não o contrário. Como vimos, segundo Kant, só há liberdade quando o sujeito pode determinar de maneira autônoma um objeto à vontade. A fim de poder produzir tal determinação, ele deve se apoiar na razão contra os impulsos patológicos do desejo. É através de uma rejeição radical da série de objetos patológicos que a conduta humana com seu sistema de decisões pode ser outra coisa que o simples efeito da causalidade natural.

Mas a natureza não é apenas a exterioridade do puramente outro. Ela é sensibilidade (*Sinnlichkeit*) que, na figura do querer, aparece como *Trieb* que se contrapõe à vontade pura com sua pura finalidade do dever. Neste conflito entre razão e sensibilidade, a razão deve ser capaz de postular uma reconciliação que permita a realização da felicidade. No entanto, Hegel tem consciência de que, neste contexto, a Lei moral da vontade pura só pode se afirmar a partir de uma operação de rebaixamento do sensível que retira toda dignidade ontológica da experiência do sensível na determinação da significação do ato moral. Segundo Hegel, para o puro dever, a sensibilidade tem apenas uma significação negativa, ela é o que é não conforme ao dever (mas Hegel não deixa de lembrar que é a sensibilidade que enraíza o sujeito em contextos empíricos). De onde se segue a necessidade de a consciência moral enviar a realização da moralidade, ou seja, a harmonia perfeita entre moralidade e efetivação da felicidade, ao infinito através dos postulados de Deus, da imortalidade da alma e da liberdade. Esta crítica hegeliana a Kant mostra como Hegel quer, na verdade, operar um *retorno ao sensível* contra a transcendentalidade do puro imperativo da Lei. Daí a afirmação: "A moralidade pura, de todo separada da efetividade a ponto de não ter mais nenhuma relação positiva com ela seria uma abstração sem consciência e inefetiva (*bewußtlose, unwirkliche Abstraktion*) na qual estaria pura e simplesmente abolido o conceito de moralidade: o de ser o pensar do dever puro *e* uma vontade *e* um agir" (Hegel, 1992b, p.117; 1988, p.413).

Ou seja, para ser apenas o puro dever, a ação moral não deve agir. Pois Hegel lembra que, ao agir, a consciência se depara com algo que vai além da pura representação simples do dever. Ou seja, a consciência entra em relação com o objeto oposto pensado como 'efetividade do caso multiforme'. A ideia de uma multiplicidade do caso opondo-se à representação simples que a consciência tem do dever nos indica como cada conteúdo determinado da ação recebe sua significação também da especificidade de contextos múltiplos. No entanto, esta significação é evanescente, já que o caso produz sempre uma multiplicidade inumerável de consequências nas quais a consciência não pode se reconhecer: "Um dado, uma situação que sobrevém é uma efetividade exterior *concreta* que, por isto, tem um número indeterminável de circunstâncias. Cada momento singular, que se mostra *condição, fundamento, causa* (*Bedingung,Grund,Ursache*) de tal circunstância e que a ela contribuiu, pode ser visto como sendo *moralmente responsável* (*schuld*) ou, ao menos, como tendo uma responsabilidade-moral. Consequentemente, o entendimento formal, no caso de um dado rico (por exemplo, a Revolução Francesa), pode escolher, em uma multitude inumerável de circunstâncias, esta a respeito da qual ele quer ser moralmente responsável" (Hegel, 1955, par. 115). Como se o ato produzisse sempre um resto no qual a consciência ligada ao entedimento não pudesse se reconhecer.

De fato, ao entrar em contextos de ação, a consciência moral acaba por se clivar entre o engajar-se em leis, deveres e contextos múltiplos que afetam a sensibilidade e o respeito à pura representação do dever. Daí por que Hegel dirá que, para a consciência que age, o puro dever aparece como um Outro. Hegel joga assim com a clivagem entre a forma geral da ação e o conteúdo contextual e determinado. Tal clivagem leva a consciência a afirmar que não há efetividade alguma que seja moral ou que há uma, mas apenas na representação. O resultado só pode ser uma ironização das condutas com passagens incessantes no oposto que Hegel descreve minuciosamente no capítulo intitulado *Die Verstellen* (deslocamento/dissimulação/distorção), isto quando a consciência não cai na simples hipocrisia.

É como resposta a tal risco de novamente abrir as portas para a ausência de fundamentação da ação que a consciência moral pode enfim aparecer como *Gewissen*, pura certeza moral imediata que é, no interior de si mesmo, espírito livre. Hegel compreende a *Gewissen* como a terceira figuração do Si da consciência, isto depois da pessoa abstrata do direito e da liberdade absoluta ausente de conteúdo.

A particularidade da *Gewissen* é que não se trata, simplesmente, de uma deriva em direção à interioridade. A consciência reconhece o papel fundamental da linguagem como campo de reconhecimento, até porque ela é o "elemento coletivo (*Gemeinschaftlich*) das consciências de si". Com a *Gewissen*, a linguagem aparece claramente como: "o elemento mediador das consciências de si independentes e reconhecidas". Mas aqui ela não é linguagem do dilaceramento (como fora anteriormente, à ocasião do esgotamento, no mundo da cultura, da ética aristocrática da honra como padrão de socialização e conduta), ela é linguagem da convicção que sabe que a essência da ação é a justificação que constrói o campo de reconhecimento com o Outro. Daí porque Hegel dirá que efetivar a ação não significa traduzir (*übersetzen*) a finalidade em efetividade abstrata, mas traduzir a forma da certeza imediata para a forma da asseveração (*Versicherung*): " Os outros valorizam a ação por causa do discurso", dirá Hegel.

Mas antes de entrarmos na maneira com que Hegel configura o impasse da *Gewissen*, vale a pena lembrarmos de alguns elementos fundamentais que servem de pano de fundo neste debate. Pois, ao falar da convicção de ter o conteúdo para a ação, Hegel pensa novamente em Kant. Todos sabemos como Kant procura reconciliar a razão com sua dimensão prática por meio da fundação de uma Lei moral incondicionada, categórica e universal. Lei capaz de abrir as portas para o reconhecimento de um campo intersubjetivo de validação da conduta racional e que levaria o sujeito a guiar suas ações em direção à realização de uma ligação sistemática dos diversos seres racionais por leis comuns. Vimos que a estratégia kantiana era dependente de uma certa articulação entre significação do ato e transcendentalidade que se mostra através da pressuposição de uma imanência entre a forma geral do ato e a intencionalidade moral. Com Kant, nós sempre sabemos em que condições um ato deve ser realizado para que ele seja o resultado de uma vontade livre. Nosso não-saber incide sobre a presença efetiva de tais condições. Em suma, nunca saberei, com todas as garantias, se um ato foi ou não feito por amor à Lei, mas sempre saberei qual a forma do ato feito por amor à Lei, até porque "a forma já é o objeto de uma vontade livre", ou, como diz claramente Hegel a respeito da perspectiva da *Gewissen*: "é na forma da ação que reside a universalidade (*die Allgemeinheit liegt in der Form derselben*)."

Na verdade, a problematização desta articulação entre transcendentalidade e significação, problematização que nos envia novamente ao capítulo IV, é a base das discussões hegelianas sobre a *Gewissen*. Ao falar da maneira com que a *Gewissen* tem, na certeza de si, o conteúdo para o puro dever, Hegel procura demonstrar como ela, na verdade, acredita na significação como simples indexação transcendental do caso (*Fall*) pela sua subsunção a uma Lei de aspiração universal que se confunde com a vontade pura da consciência e que assegura a consciência no solo de usos apropriados da linguagem. No entanto, no interior do próprio ato, a consciência terá a experiência de clivagem entre sua posição irredutivelmente particular de "si-mesmo singular" e sua posição de consciência universal, consciência que procura pôr seus procedimentos de validação e conduta a partir de uma perspectiva universalista, incondicional, que é "saber e querer universal que reconhece os outros". Clivagem que aparece novamente como conflito entre a representação simples do dever e a multiplicidade da efetividade do caso, tal como vemos em afirmações como: "Outros, talvez, considerem como impostura (*Betrug*) sua maneira de proceder; é que eles se atêm a outros aspectos do caso concreto, enquanto ela mantém com firmeza este aspecto por estar consciente da ampliação da propriedade como puro dever" (Hegel, 1988b, p.424; 1992b, p.126).

Na verdade, podemos imaginar que Hegel tenha em vista um problema que toca estruturas de aplicação de normas universais a casos concretos. Se a hipótese do descompasso entre designação e significação enquanto motor do processo dialético estiver correta, descompasso que só pode ser resolvido mediante a compreensão do evanescimento como modo de manifestação da essência, então ela deve organizar os regimes de reconhecimento e de aplicação entre ato e critérios normativos de justificação. Isto pode nos levar a defender que o reconhecimento da ausência de transparência entre determinação transcendental e realização efetiva é momento necessário para a constituição da razão em sua dimensão prática. Pois é só através da assunção da racionalidade de tal momento que pode advir um ato que exige o reconhecimento da racionalidade do que aparece ao sujeito como opaco no interior de seu próprio agir, ou seja, que aparece ao sujeito como o que é dotado do estatuto de coisa opaca. Este talvez seja o sentido de uma afirmação central: "A obra à qual poderia chegar a liberdade, que toma consciência-de-si, consistiria em fazer-se objeto (*Gegenstande*) e ser permanente como substância universal. Esse ser-Outro seria a diferença na liberdade (...)" (Hegel, 1988b, p. 388; 1992b, p. 95). Neste sentido, podemos voltar a uma figura central da reconciliação em Hegel.

Sabemos, por exemplo, que Hegel tenta reconciliar tal clivagem entre ação e justificação através da figura do *Mal e seu perdão* e sua dinâmica de enunciação da confissão. Vimos, em capítulos anteriores, como o ato de confessar-se é enunciação de uma contradição, porque a consciência, ao dizer "Eis o que sou" visando ao mal, ao indeterminado, ao contingente, enuncia sua identidade com a patologia da sensibilidade. No entanto, tal confissão é reconhecimento de uma diferença, reconhecimento de que a consciência não está totalmente presa à determinação contingente da ação. De uma certa forma, o *Dasein* no qual a consciência está ligada porta em si mesmo sua própria negação. Assim, a confissão é necessariamente, para a consciência, uma contradição posta. Mas ela também é contradição resolvida, pois, ao exigir que o Outro da Lei repita a confissão, a consciência demonstra que o verdadeiro motivo da confissão é a partilha do pão da divisão subjetiva com o Outro. Partilha do reconhecimento de que a confrontação entre sujeito e a opacidade do que se coloca como objeto (*Gegen-stand*) é momento estruturante para a reestruturação da relação com o Outro. O Outro da Lei deve reconhecer a impossibilidade de anular o indeterminado no interior do ato, e é isto que traria a reconciliação. Desta forma, a confissão aparece, pois, como um ato de fala capaz de enunciar a contradição interna à determinação da identidade.[24]

O reconhecimento de si no que há de opaco no ato, no que tem o estatuto de objeto, pode aparecer como uma operação central na estratégia hegeliana, já que ela nos leva ao capítulo final da *Fenomenologia*. Neste momento central de reconciliação, Hegel apresenta um julgamento infinito (*unendlichen Urteil*)[25] capaz de produzir a síntese da cisão vista até agora. Trata-se da afirmação: "o ser do eu é uma coisa (*das Sein des Ich ein Ding ist*); e precisamente uma coisa sensível e imediata (*ein sinnliches unmittelbares Ding*)". Dessa afirmação, segue-se um comentário: "Este julgamento, tomado assim como imediatamente soa, é carente-de-espírito, ou melhor, é a própria carência-de-espírito", pois, se

---

[24] Pode parecer que esta abordagem de Hegel como teórico de tal regime de reconhecimento não leva em conta afirmações muito claras como, por exemplo: "O resultado, realizado pelo conceito de espírito, do combate pelo reconhecimento, é a *consciência-de-si universal* (...) ou seja, a consciência-de-si livre para a qual a outra consciência-de-si que lhe é objeto (*Gegenstand*) não é mais (...) uma consciência-de-si sem liberdade, mas uma consciência de si paralelamente subsistente-por-si. Neste nível, os sujeitos conscientes-de-si em relação um com o outro são assim, através da superação de suas singularidades particulares desiguais, elevados à consciência da *universalidade real*, da liberdade que pertence a todos e, desta maneira, são elevados à intuição da identidade determinada de um com o outro" (Hegel, 2000, Add. 436). Mas podemos ler o advento de tal consciência-de-si universal a partir do reconhecimento de si na irredutibilidade do patológico. O outro não é mais objeto para uma consciência-de-si na posição de dominação porque tal consciência também revelou-se no seu vínculo ao objeto patológico. A liberdade vem com o reconhecimento da universalidade da cisão.

[25] Hegel definiu o julgamento infinito como uma relação entre termos sem relação: "Ele deve ser um julgamento, conter uma relação entre sujeito e predicado, mas tal relação, ao mesmo tempo, não pode ser" (Hegel, 1981, p.69). No entanto: "o julgamento infinito, como infinito, seria a realização da vida incluindo-se (*erfassenden*) a si mesmo" (Hegel, 1988b, p.233).

compreendermos a coisa sensível como uma predicação simples do eu, então o eu desaparece na empiricidade da coisa – o predicado põe o sujeito: "mas quanto ao seu conceito, é de fato o mais rico-de-espírito" (Hegel, 1988b, p.517-8; 1992b, p.209).

Trata-se de afirmações de importância capital. Elas nos demonstram que, ao menos na *Fenomenologia*, o término do trajeto especulativo só se dá com o julgamento: "o ser do eu é uma coisa". Na verdade, ele não é estruturalmente diferente do "Eis o que sou" enunciado na figura do *Mal e seu perdão* – que realiza o "Eu sou isto" que guiava os descaminhos da consciência desde a figura inicial da consciência sensível. Assim, se a linguagem foi caracterizada como "o *Dasein* do puro eu", a compreensão especulativa do julgamento "o ser do eu é uma coisa" elucida a relação entre sujeito e linguagem na filosofia hegeliana, já que *Dasein* e *Ding* são aqui termos que indicam a passagem necessária à efetividade que apenas a linguagem e o trabalho podem realizar. Aqui se realiza a modalidade de reconciliação entre sujeito e efetividade própria à dialética hegeliana mediante o reconhecimento do sujeito no que aparece inicialmente como coisidade irreflexiva. Realiza-se também o reconhecimento de que "a consciência de si é justamente o conceito puro que é ente, logo *empiricamente perceptível* (*empirisch wahrnehmbare*)" (Hegel, 1981, p.194). Mas se trata de uma modalidade de reconhecimento que só se efetiva quando o sujeito encontra, em si mesmo e de maneira determinante, um núcleo do objeto. Encontro que não é subsunção simples do objeto a partir das coordenadas de um formalismo ético, mas insistência na racionalidade do espírito reconhecer-se no que é opaco às determinações de sentido. Assim, se é verdade que Hegel tentou reconduzir a moralidade dividida da modernidade à unidade e espontaneidade de um fluxo da vida desimpedido e intacto, parece que tal projeto só poderia ser realizado por meio de um conceito de reconciliação que não anula aquilo que, no objeto, não se deixa deduzir por um acordo intersubjetivo *a priori*.

É claro que várias questões ligadas à função do quadro institucional e do ordenamento jurídico em Hegel exigiriam ser trabalhadas a partir desta hipótese. Mas, mesmo que elas acabem por regionalizar esta estrutura do reconhecimento que encontramos na *Fenomenologia*, isso não invalida o objetivo central desta especulação: compreender uma outra possibilidade de reflexão sobre o reconhecimento aberta pelo pensamento dialético. Outra possibilidade que teria levado Hegel a fornecer uma história da modernidade e de suas promessas que termina na exigência de constituição de práticas sociais que produzem identidades que não precisam mais se fundar no recalcamento e na dominação da não-identidade e da contingência. Identidades que se sacrificam enquanto figuras determinadas, que se dissolvem por se fundarem na apreensão da pura forma do aparecer, na pura forma do tempo que dissolve toda determinidade. Uma modernidade diametralmente oposta àquela que a contemporaneidade procura nos legar na sua compreensão do hegelianismo.

Os limites da confrontação

"De certa forma, a lógica dialética é mais positivista que o positivismo que tenta proscrevê-la; como pensar, ela respeita o que há a pensar, o objeto (*Gegenstand*), mesmo quando não consente às regras do pensar (*Denkregeln*)" (Adorno, ND, p.144). No fundo, essa afirmação de Adorno guiou nossa análise da lógica dialética hegeliana. O esforço maior consistiu em apreender a lógica das negações própria à dialética tentando mostrar suas consequências para uma teoria especulativa da linguagem e do ato. Insistiu-se no entrelaçamento necessário entre negação e determinação do objeto da experiência. A experiência dessa negação ganha visibilidade por meio da meditação sobre a defasagem entre significação e designação. O que insiste na designação pode aparecer como individualidade contingente, como dimensão particular da experiência sensível, como resto patológico do ato. Ou seja, ele é a negatividade deste momento não conceitual que não consente às regras do pensar mas que deve ser conservado na efetividade conceitualizada. Daí se segue a estratégia de definir a *Aufhebung* hegeliana com base na ideia de contradição objetiva. Era a maneira de seguir a afirmação adorniana: "Toda definição do conceito necessita de momentos não conceituais, dêiticos" (ibidem, p.24).

No que diz respeito à tentativa de definir uma matriz dialética para a psicanálise lacaniana, é possível dizer que as considerações sobre a teoria hegeliana da linguagem e do ato permitem a abertura de outras coordenadas para o problema do reconhecimento, talvez para além da intersubjetividade. Reconhecimento que é, como dirá Lacan a respeito da sublimação: "consciência de ser em um objeto" (Lacan, AE, p.195). Essa consciência de ser na opacidade de um objeto (que não é submetido a uma estrutura fantasmática) é uma definição precisa do final de análise tal como Lacan tentou definir a partir dos anos 60. Creio, por exemplo, que o reconhecimento do sujeito no ato ético, este ato pelo qual "nós adentramos no real" (Lacan, S VII, p.30) e a respeito do qual a práxis analítica é apenas um prelúdio, só pode ser compreendido valendo-se da reflexão hegeliana sobre a irredutibilidade do patológico na determinação do ato. Patológico que não indica ancoragem no originário ou na imanência do imediato, mas que é negação de um pensamento da pureza transcendental do desejo.

Estaríamos transformando Hegel no teórico da queda do objeto *a* e do final de análise? Digamos simplesmente que se faz necessário aceitar certas convergências de problemas. As reflexões hegelianas sobre a negação como operador constitutivo da experiência, sobre a determinação de uma figura da negação (a contradição objetiva) capaz de fornecer o acesso ao que há de real no objeto, assim como as reflexões sobre o evanescimento como modo de presença são fundamentais para a determinação da racionalidade da práxis analítica na sua tentativa de abrir ao sujeito uma experiência reflexiva da ordem do Real. Se a cura analítica só pode vir com o reconhecimento da importância e da irredutibilidade da negação na experiência de auto-objetivação do sujeito, então a dialética continua a ser uma referência primeira para a psicanálise lacaniana, *principalmente lá onde ela crê distanciar-se da dialética*.

É claro, essa operação deve também reconhecer seus limites. Neste capítulo, evitou-se entrar em uma crítica aos procedimentos totalizantes da dialética hegeliana. A estratégia utilizada até aqui consistiu sobretudo em isolar certos movimentos, no interior da dialética hegeliana, que oferecessem menos resistência a uma dialética negativa e que já anunciasse o pensamento do primado do objeto e do descentramento do sujeito. Tal estratégia se justifica pelo desejo de mostrar como certos encaminhamentos maiores da psicanálise lacaniana (e também da dialética negativa) já estão indicados na dialética hegeliana e que os traços de continuidade são tão relevantes quanto as operações de ruptura. Nesse sentido, trata-se de pôr uma cartografia mais adequada para a aproximação entre psicanálise e dialética. No entanto, há ao menos um ponto no qual tal aproximação não pode mais caminhar sob a égide de Hegel. Lacan deve reconhecer um limite ao pensamento conceitual com seus dispositivos de simbolização, o que Hegel não está disposto a aceitar.

"Concebível, quer dizer, apreensível com a mão" (Lacan, S XXIII, sessão de 10.3.1976). A frase expõe de maneira clara o que Lacan entende por pensamento conceitual. A apreensão conceitual é algo como a apreensão com a mão, manipulação instrumental permitida pelo saber do objeto – o que não deixa de fazer juz ao termo alemão *Begriff*, no qual vemos ressoar o *greifen* que indica: agarrar, alcançar. Porém, para Lacan, tal apreensão é indissociável da compreensão dos processos de universalização conceitual como submissão do diverso da experiência à generalidade da estrutura. Daí se segue a ideia de "fracasso do conceito" (Lacan, S V, p.65) na determinação do particular. Esse caráter de resistência ao conceito posto pelo particular (e também pelo inconsciente, que é *Unbegrieff*) indica na verdade o que há de real no objeto: "o objeto é *ob*, obstáculo à expansão do Imaginário concêntrico, ou seja, englobante [notemos como estamos a milhas de distância da noção de objeto como polo de projeções narcísicas]" (Lacan, S XXIII, sessão de 10.3.1976). Nós podemos falar "do que há de real no objeto" porque o Real é exatamente "o choque, o fato de que isto não se arruma rapidamente, como quer a mão que se estende em direção aos objetos exteriores" (Lacan, S XI, p.152).

Notemos, porém, que, se o objeto é determinado como o que coloca obstáculos às mãos do conceito, é porque a ação do conceito é indissociável de uma operação de produção de consistência própria ao Imaginário. Para Lacan, a função do conceito consiste sobretudo em dar consistência ao objeto unificando (Lacan usa várias vezes o termo alemão *Einheit*) o múltiplo da experiência por meio de um processo que anula a não-identidade.

No entanto, ao lado dessa crítica do pensamento conceitual, Lacan reconhece a necessidade de desenvolver "nossa concepção de conceito", ou seja, uma modalidade de conceito mais apta a apreender os fenômenos maiores da psicanálise como: o inconsciente, a repetição, a pulsão e a transferência. O que demonstra como a crítica lacaniana do conceito não exclui uma reformulação necessária do pensamento conceitual que é, no fundo, uma estratégia de autocrítica da razão. O modo de apreensão própria a este conceito lacaniano:

> Não deixa de ter relações com o que nos impõe, como forma, o cálculo infinitesimal. Se o conceito modela-se através de uma aproximação à realidade que ele deve apreender, é apenas através de um salto, de uma passagem ao limite, que ele consegue realizar-se. (Lacan, S XI, p.23)

Uma passagem ao limite que é reconhecimento da irredutibilidade do não conceitual como negatividade, já que ele é formalização deste momento no qual o não conceitual está *no limite* de passar à predicação do conceito. No entanto o conceito de não conceitual deve articular em um campo outro. O paradigma desta autocrítica lacaniana do conceito vem da matemática e das escrituras de vanguarda.

Porém, em que esta crítica vai contra o conceito hegeliano? Vimos como este não é um signo, nem uma representação, nem exatamente o que pode ser simples predicação de um nome de objeto. Na verdade, ele é o nome desta pulsação própria ao pensamento e que consiste em alienar-se (*Entfremdung*) em um em-si distinto e retornar a si (*Erinnerung*). Daí se segue a ideia hegeliana segundo a qual apenas o automovimento reflexivo do conceito pode dar visibilidade literal à coisidade (*Dingheit*) própria à experiência sensível. Visibilidade que permite à consciência continuar "imediatamente consciente de sua unidade com este ente determinado e distinto (*bestimmten und unterschiedenen Seienden*)" (Hegel, 1988, p.137; 1982a, p.135). Pois, como já disse, para Hegel, a reabsorção infinita do negativo no interior do conceito já é a realização literal do sentido. Isso nos permite dizer que a crítica lacaniana ao conceito é, ao mesmo tempo, pertinente e não pertinente ao conceito hegeliano.

Não pertinente porque, para Hegel, concebível não é apreensível com a mão. Se "o tempo é o próprio conceito, que está-aí" (*Die Zeit ist der Begriff selbst, der da ist*) é porque o tempo mostra o conceito como potência negativa que nega toda determinidade imediata. Nesse sentido, basta seguir o movimento do conceito para ver como ele deixa atrás de si uma acumulação de ruínas. Ruína do ser, ruína do Um, ruína do nada etc. Como nos lembra Lebrun, o conceito hegeliano é destruição da gramática filosófica própria à representação e abertura a um falar que é reconhecimento dos objetos como temporalidade. Ele não é instrumento de domínio da efetividade, mas reconhecimento reflexivo de si no que escorre entre os dedos da mão que queria apreender o objeto. Ele está mais próximo das reflexões lacanianas sobre a convergência entre apreensão conceitual e cálculo infinitesimal.

Por outro lado, a crítica lacaniana é extremamente pertinente em relação àquilo que o conceito hegeliano pode abrir. Ao pensar na realização do sentido como absorção infinita do negativo no interior do conceito, Hegel deixa aberta a porta para sustentar, como afirma Adorno, que mesmo o mudo e o opaco deviam ser espírito e o espírito devia ser relação, já que eles encontram seu destino no "terreno prosaico da refutação por argumentos razoáveis" (*prosaischen Boden der Widerlegung durch Gründe*) (Hegel, 2000c, p.110). Nesse sentido, o conceito arrisca-se a se solidarizar com uma força cognitiva que é crença na transmissão integral do saber (que, não esqueçamos, é saber da racionalidade do que é forçagem para fora do conceito) e realização literal do sentido. No terreno prosaico da controvérsia, o conceito arrisca-se a ser operador de consistência dos objetos e processo de simbolização, a unidade arrisca-se a transformar-se em unificação. Para salvar o conceito dessa tensão interna que é sua, devemos seguir a estratégia que entrelaça Lacan e Adorno, ou seja, ferir o conceito caminhando em direção a uma outra cena na qual outros modos de formalização podem se pôr. Devemos, por exemplo, ver o recurso às formalizações estéticas não mais como a figura de uma razão imperfeita, mas como a realização última da razão em suas formas. Faz-se necessário, pois, passarmos à análise do recurso lacaniano às artes na configuração das operações da racionalidade analítica, isto a fim de ver em que medida ele procura responder a certos problemas postos pela negação dialética. Neste ponto, a proximidade com Adorno ficará mais clara.

8
Estética do real

Por amor à felicidade, renuncia-se à felicidade.
Assim sobrevive o desejo na arte.
Adorno

Psicanálise e arte: história de um fracasso?

Em vários momentos deste livro, deparamos com a necessidade de esboçar um certo quiasma entre processos de formalização e processos de conceitualização como condição para a recuperação de um pensamento dialético. Foi dito também que tal estratégia aproximaria Adorno e Lacan e que ela poderia lançar luz sobre os modos de encaminhamento do problema do reconhecimento nestes dois pensadores. Nossa questão final diz respeito à maneira possível de formalizar o que se apresenta como opacidade ontológica. Aqui, uma reflexão sobre o pensamento psicanalítico da arte se impõe, na medida em que a formalização estética pode nos fornecer protocolos para um pensamento do que se apresenta como resistência à apreensão conceitual e à repetição fantasmática. Como veremos, trata-se de um ponto privilegiado para a confrontação de Adorno com Lacan.

Porém, antes de entrar na reflexão sobre os regimes psicanalíticos de recurso à arte, devemos reconhecer que os modos de relação entre psicanálise e arte são, ainda hoje, problemáticos. Se nos restringirmos, por exemplo, ao recurso freudiano à estética, é difícil não seguir Badiou em sua afirmação: "A relação entre psicanálise e arte é sempre um serviço oferecido apenas à psicanálise. Um serviço gratuito da arte" (Badiou, 1998, p.18).

Uma análise do lugar ocupado pelas considerações sobre a estética na economia do texto freudiano demonstra o tipo de serviço gratuito que a arte pode oferecer à psicanálise. Se Freud chega a afirmar que os escritores são aliados preciosos é porque, para ele, há dois campos de exposição fenomenal de conceitos metapsicológicos: a clínica e a análise das produções culturais (estética e teoria social). Estes dois campos se colocam como *campos de legitimação* do saber analítico; no entanto, apenas a clínica funciona claramente como um *campo indutor* de produção de conceitos metapsicológicos.[1] Freud nunca modificará a estrutura de um conceito metapsicológico ou de um processo de subjetivação analítica porque ele teria se mostrado insuficiente para apreender as produções estéticas. A despeito disso, o mesmo sistema de interpretação mobilizado na apreensão analítica do material clínico estará guiando a apreensão do material estético. Nesse sentido, Freud não reconhece nenhuma resistência específica do material estético ao esquema interpretativo da psicanálise. Esse material será submetido a uma *procura arqueológica de sentido* que visa desvelar a racionalidade causal do fenômeno estético ao reconstruir uma espécie de texto latente que estaria obliterado pelo trabalho do artista. Um texto no qual se pode ler motivos psicanalíticos maiores, como o Complexo de Édipo e a teoria da sexualidade infantil.[2] Assim, atrás do sorriso dos quadros de Leonardo, Freud descobrirá os traços dos fantasmas originários ligados à figura da mãe fálica. Atrás de *Irmãos Karamazov*, o psicanalista verá a revelação do conflito edípico com sua ameaça de castração vinda do pai.

É verdade que Freud afirma claramente que o analista pode apenas depor as armas diante do problema do criador literário. No entanto a proposição indica aquilo que ela quer indicar, ou seja, não é possível à análise compreender *por que* certos sujeitos são mais aptos que outros para sublimar seus con-

---

1 Uma exceção possível é o conceito de supereu, cuja incidência inicial deriva da antropogênese social fornecida por *Totem e tabu* (agradeço a Léa Silveira pela lembrança). De qualquer forma, meu argumento continua válido integralmente para a relação entre clínica e estética em Freud.

2 Lembremos que não se trata simplesmente de estabelecer uma espécie de "etiologia sexual dos fenômenos estéticos". A estratégia freudiana foi bem descrita por Rancière: "Trata-se de intervir sobre a ideia do pensamento inconsciente que regula as produções do regime estético da arte, de colocar ordem na maneira pela qual a arte e o pensamento da arte articulam as relações entre saber e não-saber, *logos* e *phatos*, real e fantasmático" (Rancière, 2001, p.51).

flitos pulsionais produzindo obras de arte reconhecidas socialmente. Freud chega a aproximar o criador literário do sonhador diurno a fim de pensar *a escritura como formalização de fantasmas (Phantasie)*. Isso o permite, por exemplo, sempre encontrar na ante-câmara da escritura: "Sua majestade, o Eu, herói de todos os sonhos diurnos (*Tagträume*) e de todos os romances" (Freud, GW VII, p.220)[3] (o que dificulta a análise das escrituras do descentramento, por exemplo, a vanguarda modernista). Ele também nada dirá a respeito do estabelecimento de um sistema de análise dos modos de sublimação pulsional. Saber passar da particularidade do fantasma à universalidade da obra, eis o "segredo mais íntimo" (Freud, GW VII, p.223) do criador literário diante do qual o trabalho psicanalítico encontra seu termo.

No entanto, o reconhecimento de um limite à análise dos processos criativos não significa o reconhecimento de limites à interpretação psicanalítica das obras. *O entrelaçamento entre estética e pulsional serve para Freud desdobrar um horizonte de visibilidade integral das obras*. Nesse sentido, não é casual que a maioria das análises freudianas de obras de arte obedeçam normalmente a uma *análise semântica de conteúdo* que não dá lugar, ou que secundariza, a análise das estruturas formais em sua dinâmica interna, assim como as considerações sócio-históricas sobre as obras.

"Eu percebi constantemente", dirá Freud, "que o conteúdo (*Inhalt*) de uma obra de arte me apreende mais que suas qualidades formais e técnicas" (GW X, p.172). Esse comentário inocente é, na verdade, a exposição de todo um programa estético. Trata-se de revelar o pensamento presente na forma estética (pensamento cuja fonte, segundo Freud, é a "intenção do artista" [*Absicht des Künstlers*], ou seja, seus desejos inconscientes e suas moções pulsionais) mediante o ato de "descobrir (*herausfinden*) o sentido e o conteúdo do que é representado (*Dargestellten*) na obra de arte" (Freud, GW X, p.173).

A psicanálise teria, pois, a tarefa de desvelar a verdade da forma estética, pois a obra não coincide com sua letra, sua essência está em uma *Outra cena* na qual se desvelam seus esquemas de produção e que exigiria uma leitura de profundidade. Como dirá Adorno, este programa é na verdade uma crítica estética de orientação hermenêutica: "Como ela [a psicanálise freudiana] considera as obras de arte essencialmente como projeções do inconsciente destes que

---

[3] Nesse sentido, a crítica adorniana em relação a Freud nos parece extremamente pertinente. Segundo ele, "a teoria freudiana da arte é muito mais idealista do que acredita. Ao contentar-se em transferir as obras de arte para a imanência psíquica, ela expulsa como antitético o não-eu (*Nichtich*)" (Adorno, AT, p.25).

a produziram, ela esquece as categorias formais procedendo a uma *hermenêutica dos materiais* (*Hermeneutik der Stoffe*)" (Adorno, AT, p.19). Podemos falar em hermenêutica porque estamos diante de um regime estético que submete a racionalidade das obras a uma noção de interpretação pensada sobretudo como *decifragem de signos*, o que pressupõe uma *compreensão semântica* da aparência estética. Tal decifragem coloca as categorias ligadas aos complexos psíquicos como o campo estrutural privilegiado de significação possível do material.

No que concerne a Lacan, sua posição é mais complexa, pois é articulada em uma dupla via. Ao falar sobre Marguerite Duras, Lacan diz: "A única vantagem que um psicanalista tem o direito de exigir a partir de sua posição é a de lembrar-se, juntamente com Freud, que na sua matéria o artista sempre o precede e que ele não deve bancar o psicólogo quando o artista abre-lhe o caminho" (Lacan, AE, p.192-3). Novamente, a proposição diz o que ela quer dizer. A recusa lacaniana concerne ao desenvolvimento de uma psicologia do artista, o que não lhe impede de estranhamente recorrer à biografia de James Joyce para encontrar, na sua relação com a carência paterna por meio do suplemento à *Verwerfung* do Nome-do-Pai, a raiz dos problemas presentes na estilística da sua escritura.[4] Mas essa recusa em entrar completamente no domínio da psicologia do artista não significa necessariamente reconhecimento da resistência do material estético aos procedimentos interpretativos da psicanálise. Há, em Lacan, dois regimes de recurso psicanalítico à arte e devemos saber distingui-los.

O primeiro modo nos envia a uma interpretação do material estético como *desvelamento da gramática do desejo*. O comentário lacaniano sobre *A carta roubada* é, nesse sentido, paradigmático; mas devemos lembrar também das análises de *Hamlet*, de *O balcão*, de Genet, e de *O despertar da primavera*, de Wedekind. Nesses casos, o material estético é tratado como *espaço de organização* de uma gramática do desejo pensada principalmente mediante os dois operadores maiores da clínica lacaniana: o Falo e o Nome-do-Pai. Assim, a arte aparece novamente como *campo legitimador* da metapsicologia.

Ao ler o conto de Poe, Lacan diz procurar "*ilustrar* a verdade do momento do pensamento freudiano que estudamos" (Lacan, E, p.12). O psicanalista mostra então a distinção entre os campos do Imaginário e do Simbólico através do comentário sobre as duas cenas que dão corpo ao conto. Ele segue o trajeto da letra para mostrar como o automatismo de repetição significante

---

4 "*Ulisses* é o testemunho de que Joyce continua enraizado ao pai ao mesmo tempo que o nega, e aí está seu sintoma" (Lacan, S XXIII, sessão de 13.1.1976).

determina o sujeito até deixá-lo em uma posição feminina. No entanto Lacan nunca analisará a estrutura estilística da escritura de Poe, nunca questionará o lugar da obra no interior da cadeia composta pelas outras obras do escritor e nunca problematizará os procedimentos de negociação entre a obra e a singularidade do seu momento sócio-histórico.

É verdade que Lacan não quer cometer "este *frotti-frotta* literário através do qual se denota o psicanalista em mal de invenção" (Lacan, AE, p.1). Porém isso não nos impede de constatar que, ao se servir da literatura para mostrar a amplitude dos conceitos metapsicológicos, Lacan deixa em aberto a questão de saber qual a contribuição de tal operação para a compreensão *da obra* como acontecimento singular. Nesse sentido, podemos mesmo perguntar se não estamos novamente diante de uma hermenêutica dos materiais que constrói efeitos de sentido e oblitera, uma vez mais, a reflexão sobre os modos de resistência do material estético aos procedimentos de interpretação. A obra comparece como mera *ilustração* da conceitografia analítica.

Devemos lembrar que há em Lacan outro regime de recurso psicanalítico à arte. Tal regime não visa expor um método de interpretação da gramática do desejo, mas estrutura-se em torno do problema do estatuto *próprio* ao objeto estético em sua irredutibilidade. Assim, a respeito dos seus inumeráveis recursos à pintura, Lacan dirá: "É no nível do princípio radical da função desta bela arte que procuro me colocar" (Lacan, S XI, p.101). Ao procurar um "princípio radical da função da arte", Lacan procura, na verdade, coordenadas que lhe permitam compreender a especificidade da *formalização estética* e de seus *modos de subjetivação*. Tais reflexões podem nos fornecer um verdadeiro programa de definição de fenômenos estéticos a partir das considerações lacanianas. Esse programa teria seus três momentos maiores nas reflexões de Lacan sobre a *sublimação*, no Seminário VII, sobre a *visibilidade da imagem estética*, no Seminário XI, e sobre a *letra* em *Lituraterre*.

Na verdade, devemos estar atentos ao fato de a formalização estética poder aparecer para Lacan como modo de apreensão de objetos que resistem aos procedimentos gerais de simbolização reflexiva com sua pressuposição de ampliação hermenêutica do horizonte de compreensão da consciência. Daí afirmações como: "aquilo a que nos dá acesso o artista é o lugar do que não se deixa ver, resta ainda nomeá-lo" (Lacan, E, p.183). Como veremos, as reflexões sobre a visibilidade da imagem estética, sobre a sublimação e sobre a letra nos permitem compreender como que, para Lacan, a arte poderia nomear o que não se deixa ver, ao mesmo tempo que guarda sua opacidade. Saímos assim da procura freudiana em fundamentar um horizonte de visibilidade integral das obras por meio do desvelamento da sua estrutura pulsional de produção. Em Lacan, a arte pode aparecer como modo de formalização da irredutibilidade do não conceitual, como *pensamento da opacidade*.

Essa especificidade presumida da formalização estética, especificidade que, como dizia Merleau-Ponty em um texto importante para a formação do pensamento lacaniano sobre as artes, é "abertura às coisas sem conceito" (Merleau-Ponty, 1964, p.43), tem uma raiz clara. Ao insistir na gênese das obras de arte a partir da sublimação das moções pulsionais, a reflexão psicanalítica sobre as artes é obrigada a recuperar a centralidade da categoria da *expressão* na compreensão da racionalidade dos fenômenos estéticos. A defesa freudiana de que o pensamento da forma estética estaria vinculado a uma espécie de intencionalidade inconsciente do artista é apenas um desdobramento problemático de tal centralidade. No entanto, Lacan é responsável por uma reforma do conceito de pulsão, em particular através da reconstrução da noção de *objeto da pulsão*. Tal reforma traz necessariamente consequências para a configuração da expressão e de suas possibilidades construtivas. Como veremos, a partir de então, a expressão, pensada mediante um esquema peculiar de sublimação pulsional, só poderá se realizar ao levar o sujeito a colocar-se como "consciência de ser em um objeto" (Lacan, AE, p.195), mas em um objeto no qual ele não reconhece mais sua imagem, formada por identificações e antecipações imaginárias. Um objeto que mostra o que resta do sujeito quando a fortaleza do eu se dissolve. Na verdade, esta figura da arte permitiria ao sujeito reconhecer, na sua relação a si, algo da ordem da opacidade do que se determina como obstante (*Gegenstand*), como não saturado no universo simbólico. Veremos o que isso pode significar.

Mas antes de iniciar tal trajeto, lembremos de nos perguntar sobre *a função das reflexões sobre as artes* no interior do projeto lacaniano. Colocar essa questão serve para indicar que não se trata mais aqui de pensar a reflexão psicanalítica sobre as artes como campo de legitimação das construções metapsicológicas, mas de afirmá-la como campo indutor de modos de subjetivação na clínica. Isso levará Lacan a repensar *os modos de subjetivação disponíveis à clínica a partir de uma certa configuração da reflexão estética sobre a arte*. Para melhor compreender este ponto, devemos inicialmente perguntar o que deve acontecer ao objeto estético para que ele possa colocar-se como objetivação de um sujeito que não deve mais se reconhecer na imagem do eu. Ou seja, devemos nos perguntar sobre o que deve acontecer ao objeto estético para que ele possa colocar-se como objeto da pulsão. Uma análise prévia do conceito lacaniano de pulsão é, pois, necessária.

A morte como pulsão

"Toda pulsão é virtualmente pulsão de morte" (Lacan, E, p.848). Essa é *a* afirmação central para a compreensão da figura lacaniana da pulsão por nos lembrar que Lacan tende a operar na clínica com uma modalidade muito particular de *monismo pulsional* e não é por acaso que a *pulsão* aparece no singular.

Este monismo pulsional resultou diretamente da redução da pulsão de vida a uma mera ilusão narcísica. Lacan parte da ideia freudiana de que o destino de Eros seria o de "formar, a partir da substância viva, unidades (*Einheiten*) cada vez maiores e assim conservar a vida na sua permanência levando-a a desenvolvimentos mais complexos" (Freud, GW XIII, p.233). Aos seus olhos, este caráter unificador da pulsão de vida que transforma Eros em potência do Um era apenas tentativa de submissão do outro ao poder colonizador do Imaginário com seus mecanismos narcísicos de projeção e introjeção. Há uma potência unificadora do Imaginário que consistiria em vincular o sujeito a um outro que é essencialmente imagem do ego. Como se as unidades cada vez maiores das quais fala Freud fossem construídas pela ligação do diverso das representações e dos afetos à imagem do mesmo. "O ego é sempre um alter-ego" (Lacan, S II, p.370), não cansará de dizer Lacan a fim de, entre outros, poder um dia afirmar que *Eros* não passaria de uma ilusão própria ao narcisismo.

Nesse sentido, o verdadeiro problema clínico para Lacan não consistirá em limitar o impulso de destruição da pulsão de morte a fim de permitir à vida operar processos cada vez mais amplos de unificação. Ao contrário, trata-se de produzir inicialmente uma ruptura desta unidade imaginária almejada por *Eros*. Talvez o comentador lacaniano que melhor percebeu este ponto foi Richard Boothby, ao afirmar que: "Para Lacan, a força desintegradora da pulsão de morte é direcionada não para a integridade do organismo biológico, como Freud tinha concluído, mas para a coerência imaginária do ego" (Boothby, 2002, p.151) e para suas relações imaginárias de objeto. Nesse sentido, parece-nos que Lacan teve o mérito de compreender a pulsão de morte para além da repetição compulsiva do instinto de destruição, o que abriu a possibilidade de estruturarmos uma nova via de reflexão sobre as figuras do negativo na clínica.

Essa mudança de orientação explica-nos por que a pulsão de morte lacaniana não é exatamente idêntica ao seu homólogo freudiano. Para Freud, a pulsão de morte indica um "impulso (*Drang*) inerente ao organismo vivo em direção ao restabelecimento de um estado anterior" (Freud, GW XIII, p.38) inanimado. Expressão da inércia na vida orgânica, essa tendência ao restabelecimento manifesta-se principalmente pela figura da compulsão de repetição compreendida como movimento de retorno em direção à morte orgânica, como forçagem repetitiva da morte que insiste para além do princípio do prazer.

O lugar da pulsão de morte na clínica freudiana é complexo. Lembremos apenas que, em um texto da fase final como *Análise finita e análise infinita*, Freud se pergunta se há limites para a ligação (*Bändigung*) das pulsões – o que podemos entender como uma questão referente à possibilidade de dominar, principalmente, a compulsão de repetição própria à pulsão de morte. A resposta é programática: é a correção *a posteriori* do processo de recalcamento originário que pode colocar um fim à força efetiva do fator quantitativo da pulsão. Freud, porém, é o primeiro a reconhecer a infinitude da força pulsional ao sublinhar o caráter inesgotável de seu domínio: "Pode-se duvidar que os dragões do tempo originário estejam verdadeiramente mortos até o último" (Freud, GW XVI, p.73). Como se a simbolização analítica não pudesse dissolver esta forçagem repetitiva da pulsão de morte.

No entanto, a negatividade da pulsão de morte não será incorporada pela clínica freudiana como motor dos processos de cura. A compulsão de repetição aparecerá como *limite* à clínica e aos mecanismos de rememoração, verbalização e de simbolização reflexiva próprios aos modos freudianos de subjetivação. Freud só pode pensar a manifestação da negatividade da pulsão de morte no interior da clínica sob a forma da reação terapêutica negativa, da destruição do outro na transferência e de outras manifestações de fantasmas masoquistas ou sádicos *que devem ser liquidados a fim de levar o sujeito ao final de análise*. Ou seja, o programa freudiano de "ligar (*bändigen*) a compulsão de repetição e de transformá-la em um motivo para rememorar (*Motiv fürs Erinnern*)" (Freud, GW X, p.134) graças à liquidação de uma repetição normalmente confundida com a transferência continuará válido até o final, mesmo se Freud encontra limites para a sua eficácia.

Por sua vez, Lacan conserva a ideia da pulsão como retorno em direção à morte, mas é o próprio conceito de "morte" que se transforma. No lugar da morte como retorno à origem inorgânica, morte pensada a partir do modelo objetivo de uma matéria indiferente inanimada, Lacan procura a possibilidade de satisfazer a pulsão por meio de uma "morte simbólica" ou "segunda morte".[5] Na verdade, ele quer salvar a força do negativo como função

---

5 Segunda morte bem exemplificada na afirmação: "O homem aspira a se aniquilar para se inscrever nos termos do ser. A contradição escondida é que o homem aspira a se destruir através do movimento mesmo pelo qual ele se eterniza" (Lacan, S VIII, p.122).

ontológica do que há de real no sujeito sem, com isto, ser obrigado a entrar no cortejo próprio ao desejo bruto de morte.

Freud falava de uma autodestruição da pessoa própria à satisfação da pulsão de morte. Digamos que, para Lacan, a morte procurada pela pulsão é realmente a "autodestruição da pessoa", mas à condição de entendermos por *pessoa* a identidade do sujeito no interior de um universo simbólico estruturado. Essa morte é, pois, o operador fenomenológico que nomeia a suspensão do regime simbólico e fantasmático de produção de identidades. Ela marca a dissolução do *poder organizador* do Simbólico que, no limite, nos leva à ruptura do *eu* como formação imaginária. Nesse ponto, Lacan está muito próximo de Deleuze, outro que procurou compreender a pulsão de morte para além da repetição compulsiva do instinto bruto de destruição. É de Deleuze a afirmação, absolutamente central para aceitarmos a estratégia lacaniana, de que a morte procurada pela pulsão é "o estado de diferenças livres quando elas não são mais submetidas à forma que lhes era dada por um Eu; quando elas excluem *minha* própria coerência, assim como de outra identidade qualquer. Há sempre um 'morre-se' mais profundo do que um 'morro'" (Deleuze, 2000, p.149). Dessa forma, *o negativo da morte pode aparecer como figura do não idêntico.*

O vocabulário da não-identidade não está aqui de maneira gratuita. Pois, na verdade, tudo se passa como se Lacan seguisse Adorno (outro paralelo frutífero), para quem, como vimos: "Os homens só são humanos quando eles não agem e não se colocam mais como pessoas; esta parte difusa da natureza na qual os homens não são pessoas assemelha-se ao delineamento de um ser inteligível, a um Si que seria desprovido de eu (*jenes Selbst, das vom Ich erlöst wäre*). A arte contemporânea sugere algo disto".

A arte contemporânea sugere algo disto na medida em que ela se sustenta na tensão destes que sabem que, se de um lado a racionalidade da forma estética é impensável sem a expressão subjetiva, de outro é imperioso desembaraçar-se do "elemento ideológico" ligado ao caráter afirmativo da expressão (*Ausdruck*). Por isso, em vários momentos, Adorno falará da necessidade de pensar uma expressão não diretamente derivada da intenção. Tais colocações são índices de uma mutação na categoria de "expressão" muito próxima daquela pressuposta por Lacan. Para alguém como Adorno, que moldou a categoria do impulso subjetivo (*Impuls, Trieb, Drang*) a partir do conceito psicanalítico de pulsão, a expressão não pode mais estar subordinada à gramática dos afetos ou da imanência expressiva da positividade da intencionalidade. Uma expressão pensada nesta chave pulsional coloca-se no interior das obras como negação das identidades fixas submetidas a uma organização funcional, como incidência do negativo na obra. Em alguns casos, tal negação aparece como tendência ao informe, como vemos nas análises adornianas de Alban Berg. Sobre ele, Adorno não cessa de lembrar que: "quem analisa esta música, sobretudo vê ela desagregar-se como se não contivesse nada de sólido" e chega, várias vezes, a falar na *pulsão de morte* como tendência originária das obras, isso devido ao desejo insaciável de amorfo e de informe que as habita. "A cumplicidade com a morte, uma atitude de amável urbanidade em relação a sua própria dissolução caracteriza as obras de Berg" (Adorno, 1999, p.325).[6] Assim, vale para Berg o que Adorno havia dito anteriormente a respeito de John Cage: "estes compositores procuram transformar a fraqueza psicológica do eu em força estética". Lacan diria, talvez, que eles procuram transformar a experiência de morte simbólica em núcleo de um entrelaçamento possível entre estética e pulsional.

Devemos convocar Adorno porque há uma verdadeira complementaridade com Lacan neste ponto. Todos os dois conservam a categoria de sujeito mas reconhecem o problema da possibilidade de auto-objetivação do sujeito no interior da realidade alienada da sociedade moderna. Por outro lado, todos os dois vão procurar na formalização estética um horizonte possível de resolução de tal dificuldade.

Para Lacan, a significação tanto da realidade como de sua estrutura simbólica é suportada pelo fantasma e pela produção narcísica de identidade. Tal relação narcísica própria ao "eu do homem moderno" produz um discurso instrumental cujas objetivações nos conduzem à "alienação mais profunda do sujeito da civilização científica" (Lacan, E, p.281). O modelo de uma crítica da racionalidade instrumental leva Lacan a mostrar como este discurso alienado produz uma comunicação submetida "à enorme objetivação constituída pela ciência e que permitirá ao sujeito esquecer sua subjetividade" (Lacan, E, p.282).

Adorno também reconhece a estrutura narcísica (ele fala de "falsa projeção") própria à competência cognitiva do eu do homem moderno. Nesse sentido, ele chega a afirmar, em *Elementos de antissemitismo*, que toda percepção é

---

6 Anne Boissière percebeu como o problema do informe é um dos elementos que vinculam as monografias de Adorno sobre *Mahler* e *Berg*: "Formada no mais alto nível, a música de Mahler é, em certos momentos, tendência dialética em direção ao informe. Se há aí um tema – este da dialética entre organização e desorganização, entre forma e informe – simplesmente esboçado em *Mahler*, nós o vemos ganhar uma importância de primeira ordem no livro sobre Berg através da ideia de 'pulsão de morte' de sua música; uma música que, mesmo formada ao extremo, 'está sempre pronta a dissolver-se no amorfo'" (Boissière, 2001, p.89).

projeção, servindo-se aí da teoria freudiana de submissão da percepção à procura de um objeto fantasmático. A consideração "genética" sobre o eu fornece suplemento ao diagnóstico histórico segundo o qual o sujeito de nossa época estaria diante de uma realidade mutilada pelo pensamento identificador da lógica de equivalentes própria ao fetichismo da mercadoria.

Assim, para os dois, que não querem simplesmente eliminar a categoria do sujeito, mas livrá-la do pensamento da identidade, só há cura possível através do acesso a uma experiência de descentramento e de não-identidade cujo modelo é fornecido preferencialmente pela força disruptiva da arte contemporânea. Uma experiência que permite a Lacan encontrar um modo de objetivação da emergência da pulsão como negação que impõe limites à identidade de um pensamento conceitual resvalado à condição instrumental.

Nesse sentido, quando Lacan afirma, de um lado, que "A pulsão de morte é o Real enquanto aquilo que só pode ser pensado como impossível" (Lacan, S XXIII, sessão de 12.3.1976) e, de outro, que "o subjetivo é algo que nós encontramos no Real" (Lacan, *Le discours analytique*), vemos desenhar-se um eixo maior de sua estratégia clínica. Trata-se de colocar a subjetivação da negação própria à pulsão de morte no centro da reflexão analítica sobre os protocolos de cura. Essa operação de subjetivação encontra, nos usos estéticos do informe e da despersonalização, um procedimento privilegiado de formalização.

De fato, a operação de subjetivação da pulsão pede uma explicação suplementar. Lacan nos afirma que se trata de uma "subjetivação acéfala, uma subjetivação sem sujeito, um osso" (Lacan, S XI, p.167). Ele explica claramente tal noção de subjetivação sem sujeito quando diz que: "Faz-se necessário distinguir o retorno em circuito da pulsão e o que aparece – mas que também pode não aparecer – em um terceiro tempo, a saber, a aparição de *ein neues Subjekt* que deve ser compreendido assim: não que já haveria um, a saber, o sujeito da pulsão, mas que é algo novo ver aparecer um sujeito" (Lacan, S XI, p.162). Quer dizer, na pulsão, não há um sujeito que seja destino originário das moções. Lacan não fala do sujeito da pulsão tal como ele fala, por exemplo, do sujeito do desejo ou do sujeito do fantasma. No entanto, *há uma subjetivação que permite a constituição de um sujeito capaz de se reportar à pulsão* e é tal subjetivação que é visada pela sublimação. A defesa de uma subjetivação sem sujeito não significa necessariamente abandono da categoria de sujeito.

A fim de compreender a natureza desta relação, devemos sublinhar que, apesar do fato de existir um caráter "pré-subjetivo" (Lacan, S XI, p.169) do objeto da pulsão, não se trata de compreender a relação com a pulsão como um retorno a um gênero de imanência pré-reflexiva marcada pelo selo do retorno à inervação arcaica do corpo. Se a pulsão demonstra que há algo de "não subjetivo no sujeito (*nicht Subjektive am Subjekt*)" (Adorno, AT, p.172), este não subjetivo não é um campo pré-reflexivo de imanência. O fato de a pulsão ser virtualmente pulsão de morte indica-nos que se trata da relação do sujeito com o que há de irredutivelmente negativo e opaco, no interior do si mesmo, aos procedimentos reflexivos de produção de sentido. A corporeidade pode aparecer como raiz do caráter pré-subjetivo do objeto da pulsão, mas o corpo não comparece aqui como campo de imanência. O corpo aparece como espaço do negativo.

Para introduzir o conceito lacaniano de sublimação

Antes de entrarmos na análise do conceito de sublimação, faz-se necessário sublinhar sua centralidade na metapsicologia lacaniana, já que ele indica um destino possível para as categorias e posições caracterizadas por Lacan como sendo "impossíveis".[7] Na verdade, tudo o que é figura do não idêntico na clínica entra na categoria de impossível. O termo *impossível* nomeia assim esta série de experiências que opõem resistências insuperáveis aos processos de simbolização reflexiva e que não podem encontrar lugar no interior do Universo Simbólico que estrutura a vida social. Podemos indicar cinco: a relação sexual ("Não há relação sexual"), a posição feminina ("A mulher não existe"), o Real ("O Real é o impossível"), o corpo para-além da imagem especular (que aparece nos textos lacanianos sempre em metáforas da informidade da carne) e o gozo não fálico (que aparece sempre no condicional: "O Outro-gozo, *se ele existisse*").

A sublimação nos permite desdobrar um protocolo comum de resolução de tais impossibilidades. Lembremos primeiramente que a sublimação articula os temas do gozo (a sublimação é satisfação da pulsão), da posição feminina ("é sempre por identificação com a mulher que a sublimação produz a aparência de uma criação"; Lacan, S XIV, sessão de 1.7.1967), do corpo (pois, se a sublimação é um gozo, não podemos esquecer que "só há gozo do corpo";

---

[7] O "impossível" é, na verdade, um regime de negação no interior da clínica. Mesmo sendo "impossíveis", as categorias que serão arroladas não estão excluídas do campo subjetivo de experiência e da direção da cura. Elas só são impossíveis sob a perspectiva do saber reflexivo da consciência. O que nos explica por que tais categorias podem ser formalizadas, mas não simbolizadas.

Lacan, S XIV, sessão de 30.5.1967) e do Real (a sublimação permite a apresentação do que há de real no objeto). Nesse sentido, se o impossível é definido exatamente como "o que não cessa de não se escrever", podemos dizer que a sublimação é um movimento que transforma o *impossível a escrever* em uma espécie de *escritura do impossível*.

Se retornarmos a Freud, encontraremos a sublimação definida como um dos quatro destinos da pulsão. Ela será sobretudo uma maneira de satisfazer as pulsões sexuais polimórficas por meio do desvio (*Ablenkung*) do alvo e do objeto sexual em direção a novos alvos socialmente reconhecidos e ligados, principalmente, às atividades artísticas. Ao lado da ideia de desvio do alvo e objeto sexual, Freud fala também da sublimação como inibição quanto ao alvo (*zielgehemmt*). Nos dois casos, a sublimação estética indicaria o movimento pelo qual a energia sexual seria dessexualizada e colocada a serviço do eu; o que permitiria a transformação da libido em realização social.

Devemos sublinhar dois aspectos da sublimação em Freud. Primeiro, ao introduzir a ideia da satisfação da pulsão mediante alvos socialmente valorizados, Freud insere o problema da sublimação em uma *lógica do reconhecimento* pela qual o sujeito seria capaz de elevar as barreiras "entre cada eu individual e os outros", produzindo assim um meio de reconhecimento e uma promessa de gozo daquilo que todo sujeito perde no processo de socialização do desejo. "O criador literário nos permite gozar de nossas próprias fantasias" (Freud, GW X, p.223), dirá claramente Freud. A sublimação aparece assim como *promessa harmônica de felicidade,* como "ilusão de uma vida melhor" (Adorno, AT, p.24). Esse hedonismo estético libera as obras de toda negatividade transformando-as em imagem positiva de reconciliação entre as exigências pulsionais e os imperativos intersubjetivos da vida social. O espaço conflitual é totalmente transferido para os conflitos pulsionais que geram as obras. Vários leitores de Freud notaram que tal função social da arte como disponibilização de um gozo estético capaz de realizar uma promessa de reconciliação estava ligada a configurações historicamente determinadas do pensamento da arte que não dão conta do impulso crítico contra a aparência estética e contra suas aspirações de totalidade harmônica produzidas em vários momentos da arte do século XX.

Segundo, e aqui está boa parte da complexidade do conceito, Freud pensa a trajetória da sublimação como um desvio do alvo sexual *sem recalcamento*. O que isso, porém, pode significar: desviar sem recalcar?

Para Lacan, afirmar que a pulsão pode encontrar satisfação em um alvo e em um objeto que não seja diretamente sexual não significa que ela deva ser necessariamente dessexualizada. Sempre haverá, em Lacan, uma relação fundamental entre estética, ética e erótica. A dessexualização não é base explicativa para os processos de desvio e Lacan não esquecerá de lembrar, por exemplo, que: "O objeto sexual, acentuado como tal, pode aparecer na sublimação" (Lacan, S VII, p.191). Na verdade, a possibilidade de desvio sem recalcamento indica simplesmente que a pulsão não se confunde com "a substância da relação sexual" (Lacan, S VI, sessão de 1.7.1959) pensada como função biológica de reprodução submetida ao primado da organização genital. Ou seja, o objeto da pulsão não está ligado à adequação à empiria do objeto genital próprio à função biológica de reprodução. Ao contrário, ele é intimamente ligado ao reconhecimento de que o objeto "é o que há de mais variável (*variabelste*) na pulsão, ele não lhe está originalmente ligado" (Freud, GW X, p.215).

A estratégia lacaniana consiste em ver, nesta variabilidade estrutural do objeto (que não é simples indiferença em relação ao objeto), a afirmação de que o alvo da pulsão é, de certa maneira, o próprio *movimento de inadequação* em relação aos objetos empíricos: "Seu alvo não é outro que este retorno em circuito" (Lacan, S XI, p.163). Se o objeto é o que há de mais variável na pulsão e se ele pode "ser mudado à vontade ao longo dos destinos que a pulsão conhece" (Freud, GW X, p.215) é porque o *alvo da pulsão é a negação do objeto*. Isso é posto de maneira explícita por Lacan quando ele afirma que "a pulsão apreendendo seu objeto apreende de alguma maneira que não é exatamente por aí que ela se satisfaz ... nenhum objeto, nenhuma *Not*, necessidade, pode satisfazer a pulsão" (Lacan, S XI, p.151), já que não há objeto empírico adequado à pulsão. É verdade que, como bem nos lembra Laplanche (2000, p.24):

> a clínica analítica nos mostra que o tipo de objeto que cada um procura, longe de ser variável, geralmente é extremamente fixo e determinado. Quando analisamos as escolhas amorosas deste ou daquele indivíduo, não é a variabilidade que nos choca mas, ao contrário, um certo número de traços extremamente específicos.

No entanto, essa fixação do objeto na pulsão, *fixação que não é desfeita no final de análise*, não pode ser confundida com a fixação do objeto no fantasma. A fixação do objeto na pulsão não é resultado da repetição fantasmática de experiências primeiras de satisfação, como normalmente acontece nas "escolhas amorosas deste ou daquele indivíduo". A fixação do objeto na pulsão é de outra ordem.

Para compreendê-la, devemos lembrar como Lacan, ao analisar o texto freudiano *Pulsão e destinos da pulsão,* insiste no movimento pulsional de retorno em circuito na inversão significante chamada por Freud de inversão no contrário *(Verkehrung ins Gegenteil)* a fim de dar conta de um dos destinos da pulsão e analisar as inversões do sadismo em masoquismo e do voyerismo em exibicionismo. O termo freudiano de *Verkehrung* tem ressonâncias dialéticas, já que ele nos leva necessariamente à *inversão* hegeliana com seus processos de passagens no oposto. Nesse sentido, se Lacan pode afirmar que "o que é fundamental, no nível de cada pulsão, é o ir-e-vir com base no qual ela se estrutura" (S XI, p.162), é porque ele procura pensar a constituição do objeto da pulsão *a partir* desta estrutura de inversões. Se o movimento da pulsão consiste em *dar a volta* no objeto, *se queremos gozar dando a volta no objeto,* então nada impede à pulsão de se satisfazer e de *se fixar a um objeto que já seja um retorno em circuito*, que já seja uma torção, no sentido de um objeto que já seja uma torção na sua identidade.

Assim, se o alvo da pulsão é a negação do objeto, então a pulsão pode se satisfazer no gozo de um objeto que traga em si sua própria negação. Visto que a negação própria à pulsão de morte pode constituir um objeto a partir da destruição dos protocolos de autoidentidade. Ou seja, a sublimação lacaniana só é compreensível se lembrarmos que ela é satisfação pulsional com "um objeto que mostra a perda, a destruição, a desaparição dos objetos" (Cage, 1964, p.27), como nos dizia Jasper Johns. Assim, a procura lacaniana por modos de auto-objetivação do sujeito em sua não-identidade só pode se realizar mediante a compreensão da arte como formalização de objetos que mostrem a destruição dos protocolos de identidade e representação. E a fixação libidinal que anima tal reconhecimento entre sujeito e objeto é aquilo que Lacan chama de sublimação.

A sublimação como contradição objetiva

Dessa forma, podemos compreender por que Lacan afirma que "a pulsão de morte é uma sublimação criacionista" (Lacan, S VII, p.251), ou, ainda, que "a pulsão de morte apresenta-se no pensamento analítico como uma sublimação" (ibidem, p.240). A sublimação está necessariamente vinculada à negação do objeto própria à pulsão de morte. Lembremos que, para Lacan, o objeto empírico é *a princípio* polo imaginário de projeção narcísica. Nesse sentido, a pulsão de morte pode aparecer para Lacan como motor de des-alienação no Imaginário. No entanto, para que tal negação não seja simples desejo bruto de destruição, devemos especificar o modo de negação próprio à sublimação, a fim de compreender como ela pode se colocar como satisfação da pulsão de morte ao produzir *um objeto* que é destruição de sua própria identidade.

Vimos até agora quatro modos de negação presentes na clínica lacaniana: a *Verneinung*, a *Verwerfung*, a *Verleugnung* e o *poder negativo do transcendental* próprio ao significante puro. Nenhum deles pode dar conta do que é da ordem da sublimação.

Primeiramente, a sublimação não é compatível com a *Verneinung*, ainda que a *Verkehrung* desempenhe papel importante na constituição do objeto da sublimação. Como vimos anteriormente, a *Verneinung* é uma passagem ao contrário que acontece quando uma negação dita de maneira peremptória transforma-se em uma afirmação. Assim, a posição da negação plena de um termo se dissolve em seu contrário, ou seja, na afirmação da presença do oposto. Daí se segue a idéia clássica segundo a qual o recalcamento e o retorno do recalcado são a mesma coisa. A sublimação, porém, necessita de uma figura da negação que possa suportar a irredutibilidade da negação ontológica no interior do pensamento. Por sua vez, a *Verneinung* é uma negação secundária que só aparece após a simbolização primordial produzida por um julgamento de atribuição que põe o real da pulsão como fora da simbolização. Nesse sentido, a *Verneinung* pode ser revelação do ser, mas não subjetivação do real da pulsão.

A sublimação também não pode ser compatível com a *Verwerfung*. Essa rejeição para fora de si de um real que vai contra o princípio do prazer produz um retorno que não é subjetivação, mas presença do Real sob a forma de alucinação, de delírio e de *acting-out*. Ela é bloqueio psicótico da possibilidade de reconhecimento reflexivo do Real. Sobre a *Verleugnung*, será questão mais à frente.

Enfim, a respeito da relação entre a sublimação e o poder negativo do transcendental por meio dos usos do significante puro, trata-se de procedimentos distintos. A simbolização feita pelo significante puro inscreve-se em uma lógica de anulação do objeto capaz de elevá-lo à condição de pura marca que sustenta o vazio do desejo. Tal movimento permite a subjetivação da castração como imperativo de sacrifício de todo objeto empírico do desejo e promessa de gozo no vazio da transcendentalidade da Lei. Todavia, a sublimação marca exatamente um retorno ao primado do objeto na clínica. É dessa maneira que podemos compreender a afirmação segundo a qual, na sublimação, "*algum objeto* pode vir tomar o lugar do – φ no ato sexual como tal" (Lacan, S XIV, sessão de 22.2.1967). É claro, tal retorno ao objeto exige um "outro modo de imaginarização" (Lacan, S X, sessão de 28.11.1962) (que, neste contexto, é um neologismo infeliz que poderia ser facilmente substituído por "objetivação"), não especular e capaz de produzir uma *"Erscheinung"* (Lacan, S VII, p.130) que é advento da Coisa sob a forma de objeto.

Esse modo de negação próprio à sublimação deve ser compreendido mediante uma aproximação com a *Aufhebung* dialética. *Aufhebung* que, como vimos, estrutura-se pela dupla negação cuja segunda negação produz uma contradição objetiva.

Notemos que há um pensamento da dupla negação em Lacan. Sua idéia consiste em demonstrar que a dupla negação, em vez de reiterar uma afirmação, é a única maneira de conservar a negação no interior do pensamento e de apresentar o sujeito.[8] Nesse sentido, ela indica um dispositivo de síntese disponível ao sujeito e que não se funda sobre procedimentos de totalização sistêmica: "A unidade na qual esta presença do sujeito dividido *se apresenta*", dirá Lacan, "não é outra coisa que a conjunção de duas negações" (S XV, sessão de 6.3.1968).

Mas como podemos introduzir a questão da dupla negação na problemática da sublimação? Lembremos aqui alguns elementos de uma dialética do Universal e do Particular que sempre esteve presente em Lacan.[9] Ela explicará como "a sublimação eleva um objeto à dignidade da Coisa" (Lacan, S VII, p.133).

Se voltarmos a atenção para a primeira negação na dupla negação, veremos que ela foi produzida pelo pensamento do eu, animado pela tentativa de repetir as primeiras experiências de satisfação. O pensamento negava tudo o que era não idêntico e que não se conformava ao princípio alucinatório de repetição fantasmática próprio ao prazer. Vimos como essa negação produziu um resto que Lacan chamou de Coisa. Essa Coisa era o que resistia a se inscrever nas representações simbólicas próprias ao pensamento do eu. Ela era o nome da singularidade que não podia se inscrever e que aparecia como resistência às predicações postas pelo pensamento fantasmático do eu. *A Coisa só pode ser caracterizada negativamente como o que não é objeto de uma predicação.* O que nos demonstra como tal tensão entre a Coisa e o pensamento segue a negação

---

8 "Não é minimamente possível livrar-se do que é da ordem da dupla negação dizendo, por exemplo, que se trata aí de uma operação que se anula e que ela nos leva à pura e simples afirmação" (Lacan, S XV, sessão de 28.2.1968).

9 Como vemos na afirmação: "Um certo uso da dupla negação não é feito para resolver-se em uma afirmação, mas justamente para ... *assegurar a passagem do universal ao particular*" (Lacan, S XV, sessão de 6.3.1968).

do Particular pelo Universal do pensamento identificador e fantasmático, já que, para Lacan, o que é da ordem do Um (*Einheit*) só se suporta por meio do fantasma.

A questão consiste, pois, em saber como podemos negar e superar tal negação da singularidade da Coisa pela estrutura fantasmática. Seguindo uma perspectiva dialética, devemos dizer que há uma maneira de fracassar a Coisa que já é modo de sua aparição. É aqui que devemos recorrer à noção de *contradição objetiva* como constituição de objetos descentrados, ou seja, objetos que suportam em si uma contradição que impede o estabelecimento da autoidentidade.

A sublimação seria, pois, uma maneira de *dar forma de objeto imaginário* à contradição entre o fantasma e a Coisa. A experiência de estranhamento que o sujeito sentiu quando os esquemas fantasmáticos do pensamento chocaram-se diante do Real desvela-se agora como essência mesma do objeto. Trata-se de um estranho ponto de excesso *no interior* de um objeto que foi estruturado pelos protocolos de universalização próprios ao fantasma. É assim que pode advir um objeto que é a destruição de si, torção de seus protocolos de identidade, ou, ainda, uma *imagem que é a destruição da imagem*.[10] Um advento aludido por Lacan quando afirma que:

> existem momentos de aparição do objeto que nos jogam em uma outra dimensão ... na dimensão do estranho, de algo que não se deixa apreender de maneira alguma. Diante deste novo, o sujeito literalmente vacila e tudo é colocado em questão a respeito desta relação dita primordial entre o sujeito e todo efeito de conhecimento. (Lacan, S X, sessão de 12.12.1962)

É só diante deste objeto não idêntico produzido pela sublimação que o sujeito pode se reconhecer.

A historicidade do conceito lacaniano de sublimação

"Não há avaliação correta possível da sublimação na arte se não lembrarmos que toda produção artística, especialmente as Belas-Artes, é historicamente datada" (Lacan, S VII, p.128). Antes de prosseguirmos a discussão a respeito da categoria lacaniana de sublimação, faz-se necessário levar em conta

---

10 Por exemplo, ao falar da imagem da beleza sublime de Antígona, Lacan coloca a necessidade de pensar um regime da imagem pelo qual "somos purgados, purificados

essa afirmação. Podemos ver aqui o reconhecimento de uma coordenada histórica que incide sobre a reflexão psicanalítica da sublimação. A problematização de tais coordenadas nos permite identificar o regime estético das artes ao qual a sublimação lacaniana se vincula. Devemos colocar aqui a questão: o que deve ser a arte para que uma sublimação como poder de constituição de objetos a partir de negações internas, como produção de imagens de destruição da imagem, possa ser vista *como sublimação?*

Responder tal questão exige uma reconfiguração prévia do que foi posto até agora. Vimos que a reflexão lacaniana sobre as artes não pode abandonar a categoria de expressão na compreensão da racionalidade dos fenômenos estéticos. Nesse sentido, ela anda na contramão dos programas estéticos baseados, por exemplo, na hipóstase da construção integral e da organização funcional das obras (por exemplo, o serialismo integral na música). No entanto, a categoria de expressão é reconstruída com base nas considerações sobre a pulsão. Uma pulsão que é virtualmente pulsão de morte e que, por isso, deve aparecer no interior das obras como negação das identidades fixas submetidas a uma organização funcional. Procedimentos estéticos de despersonalização e de emergência da informidade ganham relevância no interior de tal reflexão sobre as artes.

Por outro lado, a expressão estética realiza-se nas obras por meio da sublimação. Mas, em vez da compreensão tradicional da sublimação, como desvio do alvo e do objeto sexual da pulsão em direção a objetos socialmente valorizados, Lacan relativizará o problema da dessexualização a fim de insistir na estrutura particular do objeto na sublimação. Ele lembra que, na sublimação, o objeto deixa de ser um polo imaginário de projeções narcísicas para ser exposição daquilo que é não idêntico ao sujeito. Vale aqui o que Adorno afirmava a respeito do sublime estético como *identificação*: "que não consiste em deixar a obra semelhante (*gleichmachte*) ao sujeito, mas o sujeito semelhante a ela" (Adorno, AT, p.33). No interior do quadro conceitual lacaniano, isso significa que o objeto deve aparecer como destruição dos protocolos de identificação fantasmática. Como vemos, tais reflexões sobre a estética convergem

---

de tudo o que é desta ordem mesma. Esta ordem, nós podemos desde já reconhecê-la – é a série do imaginário. E nós somos purgados dela por intermédio de uma imagem entre outras" (Lacan, S VII, p.290). Essa imposição estética de uma imagem que é a destruição do Imaginário pode nos reenviar, por exemplo, ao que diz Didi-Huberman a respeito do programa dos *specifics objects*, de Donald Judd: "Tratava-se de inventar formas que soubessem renunciar às imagens, e de uma maneira perfeitamente clara, fazer obstáculo a todo processo de crença diante do objeto" (Didi-Huberman, 1992, p.35).

na necessidade de pensar o objeto estético como formalização de uma experiência de não-identidade que permita o advento, no sujeito, de uma expressão que não é mais *expressão de um eu*, mas *expressão de um sujeito profundamente descentrado*.

Essa experiência de descentramento é exatamente o que Lacan tenta apreender através da categoria de Real. O Real lacaniano não é um horizonte acessível à consciência imediata ou um estado de coisas que se submeteria a um pensamento da adequação. O Real não está ligado a um problema de descrição objetiva de estados de coisas. Ele diz respeito a *um campo de experiências subjetivas* que não podem ser adequadamente simbolizadas ou colonizadas por imagens fantasmáticas. Isso nos explica por que a emergência do Real é normalmente compreendida por Lacan como "acontecimento traumático", já que o trauma é aqui compreendido como encontro com um acontecimento não suportado pela estrutura simbólica responsável pelas determinações de identidade. Nesse sentido, não há nada mais traumático do que a aparição do objeto como aquilo que resiste à predicação do pensamento e ao regime de identificação do Imaginário. Nada mais traumático do que uma arte capaz de "absorver na sua necessidade imanente o não idêntico ao conceito" (Adorno, AT, p.155). E foi pensando nisso que alguns críticos de arte de inspiração lacaniana chegaram a cunhar a expressão *realismo traumático* (Foster, 1996, p.132) para dar conta de tal programa.

Devemos nos perguntar, porém, se a hipóstase de tal experiência de descentramento não é, na verdade, um programa estético de retorno à imanência do arcaico ou do originário (seguindo aí uma tendência modernista tradicional de pensar a crítica da reificação e da razão instrumental mediante aspirações de retorno). Lembremos, nesse sentido, a importância inegável das reflexões estéticas heideggerianas sobre a Coisa para Lacan ou, principalmente, o impacto de temas batailleanos sobre o heterogêneo e sobre o gozo mortífero e transgressivo como força estética no pensamento lacaniano sobre o Real como impossível ou como trauma.

Esse é um assunto cuja complexidade exige a redação de outro livro. No entanto, vale a pena insistir que tal perspectiva pressupõe que a noção lacaniana de inconsciente teria parte com o arcaico ou com a imanência dos afetos, o que não é o caso. De fato, essa estratégia lacaniana de pensar certa *estética do real como formalização de experiências de descentramento* é primeiramente resposta a certo diagnóstico histórico. A estética lacaniana do real é o resultado de um tempo que não vê mais na arte uma *promessa de felicidade,* como dizia Stendhal, ou seja, uma determinação concreta e adequada da Coisa. Ao contrário, o tempo da estética lacaniana é o momento histórico no qual a arte aparece como maneira sensível de sustentar o que não pode encontrar determinação para se afirmar positivamente em uma realidade totalmente fetichizada. A arte como rasura do poder reconciliador da simbolização e da linguagem. Daí a necessidade de uma definição da arte como esta apresentada por Lacan (S VII, p.153): "Toda arte se caracteriza por um certo modo de organização em torno do vazio [da Coisa]". Um vazio que indica a negatividade do individual ao regime de determinação dos entes, e não certa *estetização da teologia negativa* mediante insistências nos temas da ausência e da incompletude, como vimos muitas vezes em certas leituras estéticas inspiradas por Lacan, principalmente no campo literário, por aproximações pouco recomendadas, por exemplo, com Maurice Blanchot.

Na verdade, o vazio lacaniano é mais bem compreendido se lembrarmos o diagnóstico histórico que afirma: "diante do que advém a realidade (*Realität*), a essência afirmativa da arte, esta essência inelutável, transformou-se em algo insuportável" (Adorno, AT, p.10). No entanto, a crítica à essência afirmativa da arte não se dá por meio de expectativas de retorno a horizontes arcaicos ou originários. Isso fica claro se analisarmos os protocolos usados por Lacan para estruturar os processos de sublimação.

Três protocolos de sublimação: a subtração

Compreender a maneira lacaniana de pensar os modos de objetivação da não-identidade exige, primeiramente, lembrar que há ao menos três operadores lacanianos distintos de articulação da sublimação na sua relação com a arte: a Coisa (no Seminário VII), o semblante (no Seminário XI) e a letra (em *Lituraterre*). Cada um incide sobre um problema específico: o estatuto da presença e da ausência no objeto estético (a Coisa), a relação da arte com a irredutibilidade da aparência (semblante) e a resistência do material na formalização estética (a letra). Tais questões são convergentes na produção lacaniana de um pensamento estético e elas nos fornecem três protocolos distintos de sublimação: pela subtração das qualidades do objeto imaginário (o exemplo privilegiado aqui é a mulher no amor cortês), pela posição da aparência como pura aparência (a pintura como jogo de semblantes) e pela literalização da resistência do material (a escritura do Joyce de *Finnegans Wake*).

Primeiro, a subtração. Para compreendermos tal operação, devemos lembrar que, na economia do pensamento lacaniano, o amor cortês é sobretudo amor por um objeto despersonalizado e desprovido de todo traço de individualidade. Se ele aparece como primeiro exemplo desta maneira de definir a sublimação como o ato de elevar um objeto empírico à "dignidade" da Coisa, então devemos lembrar que Lacan insistirá, a respeito das figuras da Dama presentes na literatura cortesã: "todas elas têm as mesmas características" (Lacan, S XVI, sessão de 12.3.1969), "todos os poetas parecem dirigir-se à mesma pessoa" (S VII, p.179). Isso nos lembra que o trabalho de constituição da mulher no amor cortês é um trabalho de subtração do objeto, de anulação de toda determinação qualitativa capaz de servir de suporte de individuação. Elevar o objeto à dignidade da Coisa significa, primeiramente, subtrair toda sua determinação atributiva e qualitativa. Tal trabalho nos explica por que, neste caso, "o objeto feminino é introduzido pela porta muito singular da privação, da inacessibilidade" (Lacan, S VII, p.178). Uma inacessibilidade que nos reenvia, por exemplo, ao comentário lacaniano a respeito de Lol V. Stein, a personagem principal do romance de Marguerite Duras, *O deslumbramento de Lol V. Stein*. Quando esta espécie de Dama moderna que é Lol aos olhos de Lacan é desnudada por seu amante no momento de fazer amor pela primeira vez, revela-se "o que se dizia de você quando você era pequena, que você nunca estava totalmente presente" (Lacan, AE, p.193).

Assim, a imagem da mulher no amor cortês seria a imagem do que resta quando um objeto é esvaziado de todo traço imaginário de individuação. Resta uma imagem infinitamente reprodutível, impessoal, inexpressiva, indiferente ao ponto de ser fria e cruel; imagem dessensibilizada. O paradoxo aqui consiste em dizer que *apenas uma imagem dessensibilizada pode elevar o objeto à dignidade da Coisa*. Como Lacan não reconhece nenhum nível de experiência sensível imediata, é o Imaginário que dá forma e significado ao diverso da experiência. Para que a coisidade que marca a singularidade do objeto possa aparecer, faz-se necessário primeiramente dessensibilizar a imagem e liberar o objeto das amarras do Imaginário.

Lacan encontra aqui um dos motivos maiores da estética adorniana: a *dessensibilização do material*, única maneira de o sujeito se liberar do aprisionamento na fetichização do material natural. É mediante essa imagem dessensibilizada, imagem que é destruição da imagem, que a negatividade da Coisa pode vir à luz sob a forma de objeto.

Se colocarmos certas coordenadas históricas a respeito do procedimento lacaniano de sublimação como produção de uma imagem dessensibilizada, veremos que ele nos leva aos dispositivos de criação próprios ao minimalismo em sua crítica à representação. Lembremos, por exemplo, os quadros absolutamente negros de Ad Reinhardt nos quais Richard Wollheim enxergou um trabalho de destruição da imagem e de formalização da pulsão repetitiva de destruição. "Com estes quadros", dirá ele, "o trabalho de destruição foi cruelmente completado e toda imagem foi desmantelada de maneira tal que nenhum *pentimenti* restou" (Wollheim in Battock, 1995, p.398). O que restou após este trabalho de destruição foi a presença material de um vazio de representação, algo que não é "nem pintura, nem escultura, mas objeto" (Judd, 1975, p.23).

No entanto, entre os quadros negros de Ad Reinhardt e a mulher no amor cortês há uma diferença. Pois, na imagem da mulher, há algo *a mais* do que a pura imagem de subtração do Imaginário. Há esta idealização (ligada a uma certa sobrevalorização – *uberschätzung*) da mulher, imagem de beleza perfeita e congelada que parece guardar algo de fantasma fetichista. Na verdade, há a permanência daquilo que Adorno chama de elemento mimético, no sentido dos traços de *semelhança imaginária* do objeto artístico à realidade fetichizada.[11] Isso nos leva a uma discussão complementar a respeito da possibilidade de a arte contemporânea sustentar o programa do absoluto da subtração integral da fascinação fetichista.

Nossa questão é: como conciliar a dessensibilização da imagem com essa participação no fantasma? Aqui, devemos entrar no segundo protocolo lacaniano de sublimação: o deslocamento. Porém, antes de passarmos ao seu comentário, notemos certa tensão entre sublimação e perversão na perspectiva lacaniana. A ironia lacaniana ao escolher o amor cortês como paradigma da sublimação é considerável. Poderíamos pensar que a idealização da mulher no amor cortês seria o procedimento fantasmático e fetichista por excelência. Poderíamos mesmo dizer que a posição da Dama na literatura cortesã, ao menos tal como Lacan a concebe, não é muito diferente da posição da Vênus das Peles, em Sacher-Masoch. Estamos diante de constelações convergentes. A Vênus das Peles também é o resultado de uma operação de desafecção, de substração de todo atributo imaginário de objeto (tudo o que é da ordem de *uma* mulher é anulado para que ela advenha suporte de um traço unário – as peles). Sua beleza indescritível só aparece quando uma mulher perde tudo o que é da ordem de suas determinações qualitativas individuais

---

[11] Adorno dirá que: "A arte é o refúgio do comportamento mimético" (Adorno, AT, p.86). "A arte é obrigada [a confrontar-se com o fetiche] devido à realidade social. Ao mesmo tempo em que ela se opõe à sociedade, ela não é no entanto capaz de adotar um ponto de vista que seja exterior à sociedade" (Adorno, AT, p.201).

para advir uma imagem inacessível, impessoal, indiferente a ponto de ser fria e cruel... como uma Dama.[12]

No entanto, a Dama não é uma Vênus das Peles e aqui devemos fazer certas considerações sobre a distinção entre *Verleugnung* e sublimação. Em capítulos precedentes, vimos como a *Verleugnung* podia produzir um objeto (o fetiche) a partir de dois julgamentos contraditórios. Ao mesmo tempo que reconhece a realidade da castração, a *Verleugnung* pode produzir um objeto que é marca da inadequação entre o vazio do desejo e as determinações imaginárias de objeto. O fetiche será assim o resto de um sacrifício radical de objeto. No entanto, tal sacrifício leva à produção de um semblante que visa suportar o quadro fantasmático da mulher fálica, mesmo reconhecendo o ponto vazio do desejo. A *Verleugnung* pode assim produzir a crença no domínio da negatividade da Coisa mediante um gozo do semblante, elevando assim o semblante à dignidade da Coisa.

De fato, é inegável certa proximidade entre sublimação e perversão na óptica lacaniana. Como se não bastasse o fetichismo também nos fornecer uma via de elevação do objeto à dignidade da Coisa por meio da subtração de determinações qualitativas de individuação, há ainda pontos de contato entre a economia pulsional na sublimação e no masoquismo que não devem ser negligenciados. Tanto sublimação como masoquismo nos colocam diante de modalidades de entrelaçamento entre pulsão de morte e sexual que produzem duas tentativas de satisfação da pulsão por meio de certa *estetização* da autodestruição do eu.[13]

No pensamento lacaniano, a distinção estrutural possível entre sublimação e perversão passa pela compreensão do papel desempenhado pela "profunda ambiguidade da imaginação sublimante", ponto de torção no qual o objeto

---

12 Lembremos ainda que a dessexualização da Dama não pode servir de elemento de diferenciação aqui. Primeiro, porque Lacan sempre insistiu que a dessexualização não é um dispositivo determinante na sublimação. Segundo, se a Dama é dessexualizada, é para ser posteriormente ressexualizada através dos atributos de frieza, crueldade e inacessibilidade. Ela segue a mesma lógica da Vênus das Peles cujo "corpo de mármore" é o resultado de uma dessexualização (e não é por acaso que praticamente não há descrições diretas de relações sexuais nos romances de Masoch) que dá espaço a uma posterior ressexualização sob os signos da frieza, da crueldade e da inacessibilidade. Na verdade, só poderá haver distinção estrutural entre a Dama e a Vênus das Peles se pudermos articular diferenças entre a fetichização masoquista da mulher e a sublimação.
13 Ver, por exemplo, as descrições de Deleuze a respeito da importância central da "suspensão estética e dramática em Masoch" (Deleuze, 1966, p.81).

sai da cena fantasmática e a imagem idealizada se transforma em imagem de estranhamento. Ao pensar na Dama, Lacan não deixará de lembrar, por exemplo, um poema de Arnaud Daniel no qual, por uma reviravolta brusca:

> A mulher idealizada, a Dama, que está na posição do Outro e do objeto, encontra-se de repente, brutalmente, no lugar sabiamente construído por significantes refinados, a colocar na sua crueza o vazio de uma coisa que se mostra na sua nudez ser a coisa, a sua, esta que se encontra no coração dela mesma em seu vazio cruel. (Lacan, S VII, p.194)

Sem essa destruição da imagem idealizada, não há sublimação, mas apenas fetichismo. Podemos então dizer que, ao contrário da *Verleugnung*, a sublimação não produz um *semblante* que é conformação do fantasma ao vazio de objeto. Na verdade, ela visa a objetificação de uma negação que vem da resistência do objeto e que aparece como *resistência do material* à sua apreensão pelo pensamento identificante do fantasma. Essa resistência só pode aparecer de maneira negativa como rasura da imagem, des-velamento do que é ob-sceno (no sentido de objeto desprovido de cena). A ambiguidade da arte segundo Lacan vem do fato de ela dever *pôr* a ligação com o fantasma fundamental e com a fixação fetichista *para poder negá-la*. Faz-se necessário *pôr* o momento de fixação fetichista na arte para poder negá-lo. Tal necessidade nos remete ao problema da irredutibilidade da aparência na arte.

Três protocolos de sublimação: o deslocamento no interior da aparência

Quatro anos depois das discussões a respeito da mulher no amor cortês como paradigma de sublimação, Lacan retorna ao problema da visibilidade da imagem estética. Nesse momento, ele traz três outros paradigmas para pensar a imagem estética: a *anamorfose*, o *mimetismo* e o *trompe l'oeil*. O psicanalista não tem medo de dizer que o mimetismo e o *trompe l'oeil* são equivalentes da função exercida pela pintura. Isso indica inicialmente o reconhecimento da irredutibilidade da aparência (pensada aqui como espaço de apresentação submetido à lógica do Imaginário) como momento da formalização estética. Nesse sentido, Lacan toca uma questão maior da estética do século XX. Críticos de arte como Craig Owens chegaram a organizar o pensamento estético do século XX a partir do problema da aparência: "A teoria modernista", dirá ele, "pressupõe que a mimese, a adequação da imagem à referência, pode ser superada e que o objeto de arte pode ser substituído (metaforicamente) por suas referências [ou por seus esquemas de produção] ... O pós-modernismo não supera a referência mas trabalha para problematizar a atividade da referência" (Owens, 1980, p.235).

De fato, ao insistir na irredutibilidade do momento da aparência na arte, Lacan parece seguir a segunda vertente, mas não devemos esquecer que, no seu caso, não se trata de deixar a arte ser absorvida pela dimensão do simulacro e dos jogos infinitos de aparência que se reenviam. Como Lacan sublinha bem: "o que procuramos na ilusão é algo através do qual a própria ilusão se transcende, se destrói, mostrando que está lá apenas como significante" (Lacan, S VII, p.163). Essa ideia de "autodestruição da ilusão" própria à aparência estética é fundamental e nos remete à noção da sublimação como *imagem de destruição da imagem*.

Para compreender melhor a peculiaridade da posição de Lacan, retornemos àquilo que lhe interessa no *trompe l'oeil* como função essencial da arte:

> O que nos seduz e nos satisfaz no *trompe l'oeil*? ... O momento no qual, devido a *um simples deslocamento de nosso olhar*, podemos perceber que a representação não se move e que há lá apenas um *trompe l'oeil*. Pois ele aparece então como outra coisa do que ele se oferecia, ou melhor, ele se oferece agora como sendo esta outra coisa.

Insistamos na ideia de apreensão estética como deslocamento *no interior da aparência*. O sujeito continua diante da mesma imagem fantasmática que fascinou seu olhar, ele continua vinculado aos mesmos materiais fetichizados, mas há uma mudança fundamental de valor que destrói a imagem como dispositivo de presença. Aquilo que se dava como *promessa de presença positiva* mostra-se então como "aparência que diz que ela é o que fornece a aparência" (Lacan, S XI, p.103).

No entanto, há ao menos duas maneiras de reconhecer a irredutibilidade da aparência na arte. Uma nos leva à compreensão da arte como espaço de desdobramento de *semblantes* e simulacros. Trata-se da arte própria a um tempo que pode falar com Deleuze: "tudo se transformou em simulacro. Já que não devemos compreender o simulacro como sendo uma simples imitação, mas o ato pelo qual a ideia mesma de um modelo ou de uma posição privilegiada encontra-se contestada, invertida" (Deleuze, 2000, p.95). Em uma situação histórica na qual o domínio da apresentação parece não mais nos enviar a sistemas estruturados de produção de sentido, a temática do simulacro, com sua desorientação das dicotomias entre aparência e essência, ganha corpo.

Na outra vertente, a posição da aparência permite a revelação da negatividade da essência. Não se trata aqui de dizer que o *semblante* dissolve a oposição entre aparência e essência, mas que ele permite uma passagem em direção a uma essência que não é mais pensada a partir de determinações positivas de substância. Como na dialética hegeliana da essência e da aparência, essa passagem se produz quando se desvela que "a nulidade da aparência não é outra coisa que a natureza negativa da essência" (Henrich, 1967, p.117). Ou seja, a essência aparece quando a aparência é compreendida como "o negativo posto como negativo (*das Negative gesetzt als Negatives*)" (Hegel, WL I, p.19). Essa vertente que insiste na aparência estética *como formalização da inadequação* está mais próxima das reflexões lacanianas sobre objetos que sejam a objetivação da não-identidade. Dessa forma, podemos estabelecer distinções entre a estética lacaniana da sublimação e todo e qualquer programa estético articulado a partir da centralidade do simulacro.

Adorno nos fornece um dispositivo possível para pensarmos esta experiência da natureza negativa da essência e da aparência como formalização da inadequação que nos auxilia na compreensão das questões postas pela sublimação lacaniana. Trata-se do problema adorniano da irredutibilidade do fetichismo na arte. Ao refletir sobre o destino do fetichismo na arte, Adorno distancia-se da crença de que a crítica da aparência deva se dar pelo desvelamento das estruturas de produção que definem a configuração da significação da obra, o que equivaleria a uma anulação da aparência pela passagem a uma essência pensada como espaço positivo de doação de sentido. Neste ponto, devemos tirar as consequências de afirmações centrais como: "A arte só consegue opor-se mediante a identificação (*Identifikation*) com aquilo contra o qual ela se insurge", já que, na modernidade capitalista, a integralidade das esferas da vida estaria pressionada por um fantasma social que encontra sua forma na abstração fetichista própria à forma-mercadoria. Adorno é extremamente claro nessa estratégia. Basta lembrarmos ainda que "as obras de arte modernas *abandonam-se mimeticamente à reificação*, a seu princípio de morte" (Adorno, AT, p.201). Uma afirmação aparentemente estranha, já que a tendência hegemônica tende a definir a arte moderna, ao contrário, pela recusa de toda afinidade mimética com a sociedade reificada, isso mediante, por exemplo, a crítica à representação e à figuração.

No entanto, vale aqui o que diz Adorno na *Dialética negativa*: "Não se pode excluir da dialética do subsistente (*Dialektik des Bestehenden*) o que a consciência experimenta como estranho enquanto coisificado (*dinghalf fremd*)", pois "o que é estranho enquanto coisificado é conservado" (Adorno, ND, p.192).

O coisificado deve ser conservado, pois "este para quem o coisificado é o mal radical, tende à hostilidade em relação ao outro, ao estranho (*Fremde*), cujo nome não ressoa por acaso na alienação (*Entfremdung*)" (ibidem, p.191). Ou seja, a negação abstrata do coisificado produz o bloqueio do desvelamento da não-identidade; sua negação determinada pressupõe, ao contrário, certa *dialética da aproximação mimética*. Dessa forma, a verdadeira crítica, como vemos em toda obra de arte fiel ao seu conteúdo de verdade, não deve tentar dissolver a fixação fetichista por meio, por exemplo, da pressuposição utópica de um horizonte de leitura marcado pelos "tempos carregados de sentido (*die sinnerfülleten Zeiten*) que o jovem Lukács desejava o retorno". O verdadeiro desafio da crítica consiste *em encontrar a não-identidade através da confrontação com materiais fetichizados*, da mesma maneira que, para Lacan, "Não há outra entrada para o sujeito no real do que o fantasma" (Lacan, AE, p.326).

Isso implica uma mudança de valores na dimensão da aparência. É ela que permitirá a Adorno afirmar: "Se os fetiches mágicos são uma das raízes históricas da arte, um elemento fetichista – distinto do fetichismo da mercadoria – continua misturado às obras" (Adorno, AT, p.338). *Este outro fetichismo é o investimento libidinal do que se transformou em ruínas.* Esse objeto cujo valor vinha da sua submissão dócil à lógica do fantasma (ou ao regime de abstração da forma-mercadoria) deve ser apresentado em sua opacidade de matéria bruta e sensível, resto que resiste à identidade fantasmática. Podemos falar de um material anteriormente fetichizado, mas que se transforma em um resto que nos lembra as ruínas da gramática do fetiche. Dessa forma, o objeto que me era o mais familiar pode desvelar seu estranhamento (*unheimlich*). Assim como a Dama idealizada lacaniana que se revela brutalmente portadora da crueza do vazio, a arte para Adorno deve saber revelar o estranhamento lá onde só esperávamos a repetição alienante do fantasma. Devemos tirar as consequências estéticas do fato de que: "No coisificado, estes dois elementos estão reunidos: o não idêntico do objeto e o assujeitamento dos homens às condições dominantes de reprodução" (Adorno, ND, p.192). Dessa forma, Adorno e Lacan acabam aproximando-se de uma intuição fundamental de Deleuze (2000, p.353):

> Quanto mais nossa vida cotidiana aparece de maneira *standard*, estereotipada, submetida a uma reprodução acelerada de objetos de consumo, mais a arte deve vincular-se a tal reprodução e arrancar-lhe esta pequena diferença que joga simultaneamente entre outros níveis de repetição, e mesmo fazer ressoar os dois extremos das séries habituais de consumo com as séries instintuais de destruição

e morte, *reproduzir esteticamente as ilusões e mistificações que fazem a essência real desta civilização* para que enfim a Diferença se exprima com uma força repetitiva de cólera capaz de introduzir a mais estranha seleção.

Só por esta pequena diferença capaz de deslocar a aparência que uma imagem, compreendida destruição do próprio sistema de imagens, pode aparecer.

Três protocolos de sublimação: a literalização

Tal reflexão sobre a manifestação da negatividade da essência pela posição da aparência como aparência nos leva ao terceiro protocolo lacaniano de sublimação: a literalização. Por meio dela, Lacan pôde organizar os problemas estéticos vinculados à resistência do material através da *letra*.

A primeira questão aqui é: *por que a letra*? Por que Lacan sentiu a necessidade de colocar, para além do significante, um outro dispositivo de inscrição simbólica mediante o recurso à letra? A resposta deve ser procurada na afirmação: "o Um sustenta-se na essência do significante" (Lacan, S XX, p.12). No último Lacan, a essência do significante consiste em articular-se com o Imaginário a fim de produzir um sistema estruturado fechado e totalizante. Um conjunto consistente de elementos múltiplos que têm relações entre si tal como partes de um sistema. Se pensarmos em uma *escritura de significantes* na arte, chegaremos necessariamente a uma *escritura serial* cujas operações posicionais definem a integralidade das possibilidade de sentido do material e perpetuam as exigências da forma na qualidade de *Telos* da organização total do material.

Nesse sentido, o que pode ser uma escritura da letra? Uma das primeiras definições lacanianas da letra é "o suporte material que o discurso concreto empresta à linguagem" (Lacan, E, p.495). Ou seja, ela é o nome do material utilizado pela linguagem para produzir relações próprias à instância sistêmica do significante. Em Lacan, ela não é o elemento de uma arquiescritura transcendental irredutível à palavra e composta por traços puros. Uma arquiescritura pensada como composição da *différance*: acontecimento originário anterior e irredutível a toda subjetividade. Para Lacan, falar da letra sem afetá-la "de uma primazia em relação ao significante" (Lacan, AE, p.14) significa simplesmente indicar a resistência daquilo que, do material da língua, não se deixa sistematizar integralmente. *Uma escritura da letra é necessariamente uma escritura da resistência do material*. Ela se coloca como rasura do poder reflexivo da simbolização a fim de indicar a presença do real do objeto no ato de formalização.

Esse limite à simbolização é resistência aos procedimentos hermenêuticos de interpretação, daí a afirmação que: "o escrito, isto não serve à compreensão" (Lacan, S XX, p.15). No entanto ele também é literalização do que inicialmente apareceu como o ponto vazio da Coisa. Essa rasura é modo de presença, maneira de formalizar a negação que vem da não-identidade do material.

Pensar a formalização estética como rasura, como desarticulação da capacidade de organização da linguagem, é um procedimento maior em Lacan. Se o sistema significante é espaço do Um e do pensamento como identificação, *só há formalização do singular como distorção e forçagem da superfície da língua*. Daí, por exemplo, o jogo clássico de palavras de Lacan entre *litura*, *literal* e *litoral*. De certa maneira, essa estética da inadequação, que termina na insistência na desarticulação da capacidade de organização da linguagem como protocolo de formalização daquilo que é não idêntico ao conceito, não deixa de resgatar certos aspectos da metafísica do sublime que alimentou reflexões estéticas no século XIX; mas isso é assunto para outro livro.

Para finalizar, podemos dizer que, atualmente, uma obra de arte parece ser sempre obra da perda da crença na força comunicacional da língua. Perda que se inscreve nos dispositivos de sua produção. Nesse sentido, a escritura da letra só pode se realizar como escritura de ruínas, "acomodação de restos" (Lacan, AE, p.11). É o destino de toda formalização estética fiel ao seu conteúdo de verdade aos olhos de Lacan, ou seja, formalização desta matéria opaca que resta quando as máscaras do fantasma vacilam. É ela que guarda o lugar no qual o sujeito pode ainda se reconhecer.

Hegel tinha o hábito de ver nos persas o primeiro povo histórico, "porque a Pérsia é o primeiro império que desapareceu (*Persien ist das erste Reich, das vergangen ist*)" (Hegel, 1968, p.414) deixando atrás de si a mobilidade (*Beweglichen*) e a inquietude do que só pode se exprimir como ruínas. Desde o primeiro povo histórico, o princípio de subjetividade nunca cessou de reconhecer a certeza de sua existência nas ruínas. E é em direção a elas que Lacan pede que o sujeito volte os olhos, mais uma vez, a fim de afirmar sua irredutibilidade.

9
Reconhecimento e dialética negativa

> *Sim, eu ensino algo de positivo.*
> *Salvo que isso se exprime por uma negação.*
> *E por que não seria tão positivo quanto qualquer outra coisa?*
> Jacques Lacan

Vimos, em vários momentos deste livro, o esforço em recuperar um conceito de reconhecimento apto a apreender aquilo que fundamenta a experiência intelectual lacaniana. Tentou-se mostrar como a particularidade da clínica lacaniana encontra-se na especificidade dos seus modos de subjetivação. Tais subjetivações não passam pela nomeação positiva da pulsão, do real do corpo e do *sinthome* ou pela interiorização reflexiva de um processo de rememoração da história subjetiva. Ao contrário, elas se fundam no reconhecimento do caráter eminentemente negativo dos objetos aos quais a pulsão se vincula. A fim de melhor compreender a estrutura da subjetivação em Lacan, passou-se a algumas considerações sobre a sublimação, já que ela nos mostraria como é possível ao sujeito confrontar-se com aquilo que, no objeto, não se submete diretamente aos protocolos de simbolização e de apreensão categorial. Confrontação com uma negação que vem do objeto e que anima a reconfiguração lacaniana do conceito de pulsão.

Este ponto apareceu como crucial e fez-me insistir que a racionalidade dos modos de subjetivação na clínica lacaniana só pode ser compreendida se aceitarmos que tais modos fundamentam-se em uma teoria das negações de forte inspiração dialética. Teoria das negações que reconhece uma negação ontológica, regime de manifestação da essência em seu processo de determinação. Isso nos leva a ver que, no interior da clínica analítica, nem todos os movimentos de negação são necessariamente movimentos de destruição (destruição do outro na transferência, reação terapêutica negativa, fantasmas masoquistas, destruição do objeto desejado na neurose obsessiva etc.). E nem todos os processos de resistência são figuras da denegação neurótica. Há uma negação que é movimento de constituição de objetos, que é *revelação da estrutura negativa do objeto da pulsão*. Daí se segue a ideia de que há uma negação, em operação na clínica, que é modo ontológico de presença do que há de real no objeto. Em suma, há uma resistência que é resistência do objeto a sua instrumentalização pelo pensamento identificador do fantasma e é em direção a ela que uma análise deve nos levar. O final de análise estaria assim vinculado a um processo de reconhecimento que se articula pela confrontação entre sujeito e objeto. Confrontação que, como vimos na reflexão lacaniana sobre o amor, pode servir de base para a reconfiguração dos processos de interação entre sujeitos.

De fato, o uso do termo *ontológico* neste contexto pode trazer certo desconforto. Afinal, o que significa dizer que certos conceitos centrais da metapsicologia vinculados diretamente à teoria das pulsões teriam um "estatuto ontológico"? A princípio, nada mais gratuito do que afirmar algo dessa natureza. De fato, faz-se necessário terminar este livro tecendo alguns comentários sobre esta questão que toca diretamente o estatuto da metapsicologia e seus regimes de articulação com a práxis.

No entanto, antes de passar a tais considerações finais, há ainda um ponto absolutamente central que deve ser abordado com cuidado. Ele diz respeito à articulação proposta entre Lacan e Adorno. Adorno forneceu um nome para este processo de identificação não narcísica entre sujeito e objeto no seu ponto de resistência: mimese. Um termo ausente do núcleo de elaborações conceituais de Lacan, mas que pode nos fornecer coordenadas precisas para inscrever, em um quadro mais amplo que não diz respeito apenas à interlocução na clínica, esta maneira lacaniana de pensar o final de análise como certo modo de identificação com a opacidade do que Lacan chama de objeto *a* em sua condição de real. Talvez o conceito adorniano de mimeses nos permita compreender as consequências, em planos mais amplos de interação social, deste estranho investimento libidinal de um objeto que já não é mais suportado por projeção narcísica ou por imagem especular alguma. Valeria a pena, pois, pensar a proximidade de Lacan a Adorno valendo-se desta temática da articulação entre mimese, relação não narcísica de objeto e reconhecimento.

Críticas da intersubjetividade

Antes de entrarmos na configuração do recurso adorniano à mimese e a sua possível simetria em relação ao problema do destino do objeto em Lacan, devemos dar um passo para trás a fim de insistir no fato de que o problema da mimese fornece as coordenadas para *uma estrutura de reconhecimento que não se resolve pela auto-objetivação do sujeito no campo intersubjetivo da linguagem*. No fundo, trata-se de recorrer a um conceito de reconhecimento forjado como saída para aquilo que podemos chamar de "crítica totalizante da reificação da linguagem ordinária". Compreensão da linguagem ordinária como espaço maior dos processos de reificação e de alienação que levam Lacan e Adorno a sustentar uma tensão irredutível entre a subjetividade e o campo linguístico intersubjetivo. Na verdade, este é um desdobramento da afirmação da impossibilidade de auto-objetivação do sujeito no interior da realidade alienada das sociedades modernas.

Nesse sentido, Lacan é claro. Vimos como ele chega a esboçar uma crítica à racionalidade instrumental ao mostrar que a palavra vazia da linguagem reificada produz uma comunicação submetida "à enorme objetivação constituída pela ciência que permitirá ao sujeito esquecer sua subjetividade" (Lacan, E, p.282). Discurso instrumental cujas objetivações nos conduzem à "alienação mais profunda do sujeito da civilização científica" (Lacan, E, p.281). Lacan chega então a falar da linguagem, nesta dimensão, como um "muro" que impede o sujeito de estabelecer "relações autenticamente intersubjetivas" (Lacan, S II, p.285).

No entanto, mais à frente, Lacan ampliará sua crítica à reificação da linguagem, lembrando que esse esquecimento da subjetividade pode nos explicar por que:

> O significante se produzindo no campo do Outro faz surgir o sujeito de sua significação. Mas ele só funciona como significante ao reduzir o sujeito em última instância a ser apenas um significante, a petrificá-lo por meio do mesmo movimento que o chama a funcionar, a falar como sujeito. (Lacan, S XI, p.188-9)

Ou seja, mesmo o *campo intersubjetivo da cadeia significante* só pode fazer o sujeito falar ao petrificá-lo e ao dividi-lo, pois "se ele aparece de um lado como sentido, produzido pelo significante, do outro, ele aparece como *aphanisis*" (ibidem, p.191). Que o sujeito deva aparecer *do outro lado* como aquilo que não se objetiva como *aphanisis*, isso indica uma relação fundamental de inadequação entre subjetividade e intersubjetividade. Lembremos que Lacan será sempre sensível ao que o sujeito deve perder para constituir-se como instância de autorreferência mediante os processos de socialização e de formação do eu. Como vimos, a própria noção de objeto *a* foi criada, entre outras coisas, para indicar que algo fundamental do sujeito não encontrava lugar no interior da cadeia significante.

Adorno, por sua vez, insistirá que o sujeito de nossa época estaria diante de uma realidade mutilada pelo pensamento identitário da lógica de equivalentes própria ao fetichismo da mercadoria. Esse pensamento identitário resvalado à condição instrumental nos leva necessariamente em direção a uma linguagem reificada no interior da qual: "Não apenas as qualidades são dissolvidas, mas os homens são forçados à real conformidade" (Adorno e Horkheimer, 1993, p.26). Essa submissão do existente à objetividade fantasmática da abstração fetichista instaura uma inadequação entre as aspirações de singularidade da subjetividade e o campo intersubjetivo da linguagem. Daí se seguem afirmações como:

> se a opinião pública atingiu um estado em que o pensamento inevitavelmente se converte em mercadoria e a linguagem em seu encarecimento, então a tentativa de pôr a nu semelhante depravação tem que recusar lealdade às convenções linguísticas e conceituais em vigor, antes que suas consequências para a história universal frustrem completamente essa tentativa. (ibidem, p.12)

Resta, pois, à subjetividade entrar na procura de uma linguagem capaz de pôr o que é da ordem do não idêntico. Ela será encontrada principalmente no recurso filosófico à arte.

Lembremos ainda que esta crítica à reificação da linguagem ordinária talvez nos explique por que, tanto em Adorno como em Lacan, encontramos uma recusa clara em vincular a procura de um conceito positivo de razão a uma pretensa racionalidade comunicacional que se esboçaria no horizonte das relações entre sujeitos. Nesse sentido, é certo que "o conceito adorniano de experiência não incluía e sequer supunha uma teoria da intersubjetividade" (Buck-Morss, 1979, p.182). Essa exclusão, no entanto, ancora-se em uma crítica da linguagem que segue moldes idênticos àqueles que levaram Lacan a afirmar que a experiência freudiana petrifica-se desde que a intersubjetividade aparece. Nos dois casos, trata-se de compreender que a expressão no interior do campo intersubjetivo está necessariamente submetida a processos de reificação e de objetificação. A auto-objetivação do sujeito só pode se dar como alguma forma de negação de determinações intersubjetivas, negação dialética que, por sua vez, não seja retorno ao inefável ou ao arcaico.

No entanto, a princípio, tudo indicaria que os encaminhamentos de Lacan e de Adorno não são totalmente convergentes, já o diagnóstico adorniano da reificação da linguagem seria o resultado de uma constatação histórica, enquanto o diagnóstico lacaniano seria de ordem estrutural. Mas devemos insistir em certo *historicismo problemático* próprio à crítica adorniana da reificação da linguagem que se desdobra como crítica da intersubjetividade. Adorno é o primeiro a sustentar que a *desqualificação* do sensível que aparece como resultado maior de uma linguagem reificada e submetida à racionalidade instrumental é um fenômeno que se confunde com a razão ocidental: "De Parmênides a Russell, a divisa continua: Unidade. O que continuamos a exigir é a destruição dos deuses e das qualidades" (Adorno & Horkheimer, 1993, p.25).

Conhecemos as páginas da *Dialética do esclarecimento* consagradas a este gênero de consideração. Axel Honneth já tinha insistido em certa "inversão" da perspectiva marxista clássica em Adorno e Horkheimer já que, na *Dialética do esclarecimento*, "a troca de mercadorias é simplesmente a forma histórica desenvolvida da razão instrumental" (Honneth, 1991, p.38) cujas fontes devem ser procuradas (e aqui Adorno não poderia ser mais freudiano) no processo humano de autopreservação diante dos perigos da natureza e na socialização das pulsões. Ou seja, as coordenadas históricas da crítica da economia política se submeterão a uma verdadeira filosofia da história.

Mas não parece incorreto insistir em algumas *coordenadas propriamente ontológicas* desta filosofia adorniana da história. Tal como na filosofia hegeliana da história e na crítica da técnica em Heidegger, o diagnóstico adorniano da história pressupõe um conjunto de posições propriamente ontológicas sobre os modos de apresentação da essência.[1] Isso nos lembra que o problema da reificação da linguagem não se esgota em uma consideração histórica regional (o que nos explica por que a crítica adorniana deve passar da crítica da economia política à crítica da racionalidade instrumental), mas tem o peso de uma consideração de ordem estrutural, tal como em Lacan. É claro que essa aproximação entre consideração estrutural e consideração ontológica não é, por si, evidente, o que não nos impede de iniciar certa convergência.

No entanto, devemos insistir em outro ponto várias vezes negligenciado. Essa crítica totalizante à reificação da linguagem ordinária não fecha as portas

---

[1] Devemos seguir Bubner quando afirma que a teoria crítica exige "uma teoria da história que aspira a um estatuto ontológico" (Bubner, 1989).

a modos de reconhecimento que não se fundam na posição de um campo linguístico partilhado de maneira intersubjetiva. Tanto Adorno como Lacan são abertos, por exemplo, a uma modalidade de reconhecimento que leva em conta a irredutibilidade do sujeito e cujo esquema poderia ser derivado de uma nova compreensão da relação sujeito-objeto.

Se retornarmos a Adorno, veremos tal regime de reconhecimento presente na promessa de uma comunicação que não é pensada a partir da comunicação entre sujeitos. Devemos estar atentos a afirmações como:

> Se fosse possível especular sobre o estado de reconciliação (*Versöhnung*), não seria questão de pensá-lo sob a forma de unidade indiferenciada entre sujeito e objeto ou sob a forma de uma antítese hostil, mas como uma comunicação do diferenciado (*Kommunikation des Unterschiedenen*). O conceito atual [de comunicação] é vergonhoso porque trai o melhor, a força de um entendimento (*Einverständnisses*) entre homens e coisas, e nos oferece em seu lugar a comunicação (*Mitteilung*) entre sujeitos tal como a razão subjetiva requer. (Adorno, 1990, v. X, p.743; 1995, p.184)

Normalmente, vê-se nesta afirmação de Adorno o sintoma de uma filosofia que persiste em pensar a relação do sujeito com o mundo exclusivamente como confrontação entre sujeito e objeto, confrontação própria ao quadro da filosofia da consciência, enquanto negligenciaria a estrutura intersubjetiva que determinaria a relação com o objeto. Daí viria, por exemplo, a necessidade de recuperar um conceito nebuloso de mimese como promessa de entendimento entre homens e coisas, a despeito dos processos *reflexivos* de compreensão já presentes na comunicação cotidiana.

O conceito adorniano de mimese será analisado em seguida. Antes, gostaria apenas de dizer que tal leitura inverte os polos e vê como "negligência" o que é, na verdade, o resultado de uma crítica. Estamos diante de uma crítica à anulação de toda dignidade ontológica do que aparece como *resistência e opacidade do objeto* ao esquema intersubjetivo de significação, resistência do objeto ao acordo intersubjetivo a respeito da determinação nominal do que aparece como não idêntico ao sujeito. Por outro lado, crítica também à anulação de toda dignidade ontológica da *irredutibilidade do sujeito* e de suas funções às determinações positivas da palavra partilhada nos usos da linguagem da vida ordinária. Anulação que deve ser vista como resultado do desconhecimento do caráter de alienação próprio à gênese social do eu. Caráter de alienação dos processos de socialização no qual tanto Adorno como Lacan insistiram por meio da indicação de um momento constitutivo de transcendência na função do sujeito, o que o colocava para além da identidade narcísica do eu e de suas objetivações.

Insistamos novamente neste ponto, tal *dupla anulação* só pode ser corrigida pelo reconhecimento de que o sujeito tem, no seu interior, um núcleo do objeto. Isso quer dizer, reconhecer que o sujeito encontra, na sua relação a si, algo da ordem da opacidade do que se determina como obstante. Uma comunicação do diferenciado que não queira nos conduzir à unidade indiferenciada deve ser sensível a este quiasma pelo qual o sujeito encontra no objeto a mesma opacidade que poderá constituir relações não narcísicas a si mesmo. Opacidade aos processos de autorreflexão que indica o estatuto problemático do corpo, do sexual e da verdade do inconsciente à apreensão subjetiva.

Mimese, natureza e estranhamento

É com base nesta problemática que devemos abordar o recurso adorniano à mimese. Conhecemos certa interpretação "hegemônica" a respeito do problema da mimese em Adorno. Ela foi sintetizada sobretudo por Habermas, Wellmer e Honneth. Como recuperação de uma afinidade não conceitual que escaparia à concepção de uma relação entre sujeito e objeto determinada a partir do modo cognitivo-instrumental, o recurso adorniano à mimese prometeria um modo possível de reconciliação entre o sujeito e a natureza. Reconciliação capaz de operar uma abertura para além da submissão do diverso da experiência sensível à estrutura categorial de uma razão que teria hipostasiado seu próprio conceito. Submissão que, segundo Adorno, indica o processo de imbricação entre racionalização e dominação. Contudo, a princípio, essa maneira de pensar uma reconciliação fundada sobre afinidades não conceituais parece inscrever-se em uma perspectiva de retorno a um conceito de natureza como *plano positivo de doação de sentido*.

Habermas, por exemplo, afirma que a lógica da mimese aparece como "um retorno às origens pelo qual tenta-se retornar aquém da ruptura entre a cultura e a natureza" (Habermas, 1995, p.513). Uma orientação de retorno que colocaria Adorno ao lado, por exemplo, de Heidegger. Daí afirmações como: "a memória (*Eingendenken*) da natureza adquire uma proximidade chocante com a reminiscência (*Andenken*) do ser" (ibidem, p.516). E nos dois casos, esse pensamento da origem e do arcaico nos levaria necessariamente a certo abandono da linguagem conceitual em prol do recurso filosófico à arte, já que a potência mimética da arte poderia nos indicar aquilo que sempre escapa ao movimento do conceito. No caso da mimese em Adorno, poderíamos mesmo pensar em certa *Naturphilosophie* que não teria coragem de dizer seu nome. Basta compreender esse desvelamento mimético das "múltiplas afinidades entre o que existe" (Adorno & Horkheimer, 1993, p.28) como figura de recuperação de uma potência cognitiva da analogia e da semelhança.

É possível, porém, que tais interpretações, com suas modulações inumeráveis, pressuponham um conceito de natureza, em Adorno, pensado como horizonte de doação positiva de sentido. A natureza apareceria assim como um *signo de autenticidade*. O que vai contra toda possibilidade de um pensamento *dialético* da natureza, pensamento no qual esta não é posta nem como horizonte de doação positiva de sentido, nem como simples construção discursiva reificada. No entanto, é em direção a tal pensamento que Adorno parece caminhar. Basta lembrarmos que, sendo a mediação posta como um processo universal, é simplesmente impossível à natureza aparecer como *locus* do originário ou do arcaico. Ao contrário, se "a natureza da qual a arte persegue a imagem não existe ainda" não é porque Adorno está entrando em uma teologia negativa, mas porque a natureza é definida exatamente como aquilo que impede a indexação integral dos existentes pelo conceito. *A natureza é uma figura do negativo*, o que não é estranho a alguém como Adorno, que lê o problema da natureza interna valendo-se da teoria freudiana das pulsões – teoria que desnaturaliza toda base instintual ao não reconhecer objeto natural algum à pulsão (já vimos este ponto com a discussão sobre as figuras do corpo em Adorno). Essa ideia da natureza como figura do negativo pode nos explicar afirmações como: "A arte só é fiel à natureza fenomenal (*erscheinenden Natur*) quando ela representa a paisagem na expressão de sua própria negatividade" (Adorno, AT, p.106). E se lembrarmos a afirmação adorniana segundo a qual os tempos carregados de sentido que o jovem Lukàcs ansiava o retorno também eram produtos da reificação, então devemos nos perguntar se o bloqueio de apresentação da natureza é na realidade um problema de ordem histórica ou ontológica. Se for um problema de ordem ontológica, então o acesso à natureza não é uma aporia, mas marca a manifestação de uma essência que só pode pôr-se como negação dialética da aparência.

É a partir deste contexto que podemos compreender a configuração do recurso adorniano à mimese. No entanto, para apreender a especificidade de tal conceito, faz-se necessário lembrar que sua construção visa dar conta de quatro problemas diferentes, porém complementares, a saber, o problema do conteúdo de verdade do pensamento analógico que sustenta práticas, magias e rituais, a tendência pulsional a regressar a um estado de natureza marcado pela despersonalização, o mimetismo animal e, sobretudo, as experiências estéticas contemporâneas de confrontação com materiais reificados. Teoria antropológica da magia, teoria psicanalítica das pulsões, mimetismo animal e o problema estético da representação: eis os eixos da problemática adorniana do mimetismo.

Nós conhecemos como o pensamento que marca a razão moderna recusa todo conteúdo cognitivo à mimese, à analogia e à semelhança, já que o pensamento "mágico" seria exatamente este ainda aprisionado às cadeias da simpatia e da participação. No entanto, Adorno acredita que o caráter mimético do pensamento mágico tem um conteúdo de verdade, o que não significa em absoluto ignorar a ruptura entre natureza e cultura. Isso significa apenas que o pensamento mágico é capaz de pôr certos procedimentos lógicos recalcados pela razão reduzida a sua condição instrumental. Tais procedimentos concernem sobretudo à maneira com que a autoidentidade se reconhece como momento da posição da diferença. Lacan mostrou isso claramente ao comentar a natureza da "identificação iterativa" do Bororó que diz "Eu sou uma arara":

> Apenas a mentalidade antidialética que, por ser dominada por fins objetivantes, tende a reduzir ao ser do eu toda atividade subjetiva, pode justificar a surpresa produzida em um Van den Steiner pelo Bororó que diz "Eu sou uma arara". E todos os sociólogos da "mentalidade primitiva" esfalfam-se em torno dessa profissão de identidade, a qual, no entanto, nada tem de mais surpreendente para a reflexão do que afirmar: "Eu sou médico", ou "eu sou cidadão da República francesa", e com certeza apresenta menos dificuldades lógicas do que promulgar "Eu sou um homem", o que, em seu pleno valor, só pode significar: "Eu sou semelhante àquele em quem, ao reconhecê-lo como homem, baseio-me para me reconhecer como tal". Estas diversas fórmulas só são compreensíveis, no final das contas, em referência à verdade do: "Eu é um outro", menos fulgurante na intuição do poeta do que evidente aos olhos do psicanalista. (Lacan, E, p.117)

Essa longa citação mostra que a afirmação Bororó da autoidentidade mediante a identificação imaginária com o outro, que é necessariamente uma identificação mimética, revela o que é da ordem das individuações modernas. Se "Eu sou uma arara" tem o mesmo valor que "Eu sou cidadão da República francesa" e "Eu é um outro" é porque, nos três casos, a referência-a-si só se constitui através da mediação pelo que é posto como marca de alteridade. No entanto, se a "mentalidade antidialética" se surpreende com as afinidades postas entre o sujeito e um objeto do mundo é porque a identidade do eu moderno funda-se exatamente na *denegação* do papel constitutivo da identificação imaginária com a alteridade. De um ponto de vista próprio à lógica dialética, podemos dizer que o eu do homem moderno funda-se na negação simples do papel constitutivo da oposição na determinação da identidade, já que a delimitação da autoidentidade do eu faz-se através da exclusão para fora de si de toda alteridade.

Lembremos como, já na sua tese de doutorado, Lacan havia insistido na relação entre a lógica do dito pensamento mágico e a estruturação da autoidentidade do eu (Lacan, 1975, p.294-8). Se, nessa época, Lacan afirmava que a ausência aparente de princípios lógicos de contradição, de localização espaço-temporal e de identidade no pensamento mágico podia indicar uma proximidade com a psicose, era para lembrar que a estrutura mesma das individuações na modernidade seguiria uma lógica paranoica que leva os sujeitos a assumirem o papel constitutivo das identificações imaginárias apenas por meio de explosões de rivalidade e de agressão contra a imagem do outro. Daí se seguia a necessidade de pensar a psicose paranoica *nas suas relações com a personalidade*.

Tais colocações são absolutamente convergentes com os problemas maiores do encaminhamento adorniano. Primeiramente, lembremos a maneira com que a problemática do conteúdo de verdade do pensamento mágico coloca-se para Adorno. Se o pensamento racional deve denegar toda força cognitiva da mimese, é porque se trata de sustentar "a identidade do eu *que não pode perder-se na identificação com um outro*, mas [que] toma possessão de si de uma vez por todas como máscara impenetrável" (Adorno & Horkheimer, 1993, p.24). A identidade do eu seria, pois, dependente da entificação de um sistema fixo de identidades e diferenças categoriais. A projeção de tal sistema sobre o mundo é exatamente aquilo que Adorno e Horkheimer chamam de "falsa projeção" ligada à dinâmica do narcisismo e *a processos de categorização do sujeito cognoscente*,[2] convergindo aí na compreensão lacaniana do Imaginário como campo de constituição de objetos a partir do eu.

Mas, por outro lado, se a racionalidade mimética do pensamento mágico pode pôr as múltiplas afinidades entre o que existe, é porque ele seria mais aberto

---

2 Nesse sentido, sigamos a afirmação: "Sempre que as energias intelectuais estão intencionalmente concentradas no mundo exterior ... tendemos a ignorar o processo subjetivo imanente à esquematização e a colocar o sistema como a coisa mesma. Como o pensamento patológico, o pensamento objetivador contém a arbitrariedade do fim subjetivo que é estranho à coisa" (Adorno & Horkheimer, 1993, p.180).

ao reconhecimento da natureza constitutiva da identificação. Poderíamos mesmo dizer que o pensamento mágico nos permite ver como a fixidez da identidade dos objetos é dissolvida quando o pensamento leva em conta a natureza constitutiva das relações de oposição (e nesse contexto a oposição tem o valor de uma identificação que ainda não foi posta).[3] Isso pode nos explicar a importância de considerações como "o espírito que se dedicava à magia não era um e idêntico: ele mudava igual às máscaras do culto, que deviam se assemelhar aos múltiplos espíritos" (Adorno & Horkheimer, 1993, p.24, tradução modificada).

Mas se Adorno procura no pensamento mágico a posição da estrutura de identificações que suporta a determinação de identidades, ele saberá abandonar todo conceito positivo de natureza aí presente. Devemos sempre insistir neste ponto: a assimilação de si ao objeto no mimetismo não pode ser compreendida como promessa de retorno à imanência do arcaico. Isso pode explicar por que Adorno pensará o conceito de natureza a partir, entre outros, da teoria pulsional freudiana. Sigamos uma afirmação canônica sobre o mimetismo. Ele seria o índex de uma "tendência a perder-se no meio ambiente (*Unwelt*) ao invés de desempenhar aí um papel ativo, da propensão a se deixar levar, a regredir à natureza. Freud a qualificou de pulsão de morte (*Todestrieb*), Caillois, e *mimetisme*" (ibidem, p.245, tradução modificada).

Se a pulsão de morte indica, para Adorno, as coordenadas da reconciliação com a natureza, então devemos admitir várias consequências. A pulsão de morte freudiana expõe a economia libidinal que leva o sujeito a vincular-se à uma natureza compreendida como espaço do inorgânico, figura maior da opacidade material aos processos de reflexão. Essa "tendência a perder-se no meio ambiente" da qual fala Adorno pensando na pulsão de morte é o resultado do reconhecimento de si no que é desprovido de inscrição simbólica.

Como vimos, de fato, Freud falava de uma autodestruição da pessoa própria à satisfação da pulsão de morte. No entanto *pessoa* deve ser entendida aqui como a identidade do sujeito no interior de um universo simbólico estruturado. Essa morte própria à pulsão é, pois, o operador fenomenológico que nomeia a suspensão do regime simbólico de produção de identidades. Ela marca a dissolução do *poder organizador* das estruturas de socialização e que, no limite, nos leva à ruptura do *eu* como formação sintética.

---

3 Martin Jay sublinhou que, em Adorno, o comportamento mimético não é uma imitação do objeto, mas a assimilação (*anschmiegen*) do si ao objeto (apud Huhn e Zuidervaart, 1997, p.30).

Isso fica ainda mais claro se levarmos a sério o recurso feito por Adorno a Roger Caillois. Operação extremamente esclarecedora, pois nos ajuda a compreender melhor o que significa esta "tendência a perder-se no meio ambiente" da qual fala Adorno. Lembremos que, com seu conceito de *psicastenia lendária*, Caillois tentava demonstrar como o mimetismo animal não deveria ser compreendido como um sistema de defesa, mas como uma "tendência a transformar-se em espaço", que implicava distúrbios do "sentimento de personalidade enquanto sentimento de distinção do organismo no meio ambiente".[4] Falando a respeito dessa tendência, própria ao mimetismo, de perder-se no meio ambiente, Caillois afirma:

> O espaço parece ser uma potência devoradora para estes espíritos despossuídos. O espaço os persegue, os apreende, os digere em uma fagocitose gigante. Ao final, ele os substitui. O corpo então se dessolidariza do pensamento, o indivíduo atravessa a fronteira de sua pele e habita do outro lado de seus sentidos. Ele procura ver-se de um ponto qualquer do espaço, do espaço negro, lá onde não se pode colocar coisas. Ele é semelhante, não semelhante a algo, mas simplesmente semelhante. (Caillois, 2002, p.111)

De um lado, este espaço negro no interior do qual não podemos colocar coisas (já que ele não é espaço categorizável, condição transcendental para a constituição de um estado de coisas) é um espaço que nos impede de ser semelhantes a *algo* de determinado. Por outro lado, tal como na noção freudiana de tendência de retorno a um estado inorgânico, Caillois lembra que o animal geralmente mimetiza não apenas o vegetal ou a matéria, mas o vegetal corrompido e a matéria decomposta. "A vida recua em um degrau", dirá Caillois (2002, p.113). Podemos perceber que, ao pensar o mimetismo como identificação com um meio ambiente que obedece a tais coordenadas, Adorno livrou o conceito de mimetismo da sua subordinação à natureza como plano imanente e positivo de doação de sentido.

Dessa forma, o imperativo mimético de reconhecimento de si na morte como negação da potência de organização do Simbólico (Freud) e no exterior vazio de conceito (Caillois) nos indica onde o sujeito deve se reconhecer para afirmar-se em sua não-identidade. Josef Früchtl compreendeu claramente este

---

4 O termo "psicastenia" refere-se à nosografia de Pierre Janet, que compreendia a psicastenia como afecção mental caracterizada por rebaixamento da tensão psicológica entre o eu e o meio, sendo responsável por desordens como sentimentos de icompletude, perda do sentido da realidade, fenômenos ansiosos, entre outros.

ponto ao afirmar: "A ambivalência em relação à mimese que é possível identificar em Adorno deve ser explicada por meio do seu reconhecimento do caráter absolutamente solidário entre reconciliação e destruição" (Früchtl, 1986, p.43); ou seja, reconciliação com o objeto e destruição do eu enquanto autoidentidade estática no interior de um universo simbólico estruturado. Essa talvez seja a maior consequência de assumir a noção adorniana de "primado do objeto".

Vemos assim como tal articulação entre Freud e Caillois implica a identificação com uma negatividade que vem do objeto como motor de descentramento. O problema da mimese nos mostra como, para Adorno, o objeto é aquilo que marca o ponto no qual o eu não reconhece mais sua imagem, ponto no qual o sujeito se vê diante de um sensível que é "materialidade sem imagem" cuja confrontação implica perpétuo descentramento. A mimese aparece assim como reconhecimento de si na opacidade do que só se oferece como negação. É ela que, com isso, pode nos indicar como realizar esta promessa de reconhecimento posta de maneira tão surpreendente por Adorno nos termos que já vimos:

> Os homens só são humanos quando não agem e não se põem mais como pessoas; esta parte difusa da natureza na qual os homens não são pessoas assemelha-se ao delineamento de uma essência inteligível, a um Si que seria desprovido de eu. A arte contemporânea sugere algo disto. (Adorno, ND, p.274)

Ou seja, o reconhecimento dos homens como sujeitos é dependente da capacidade de eles se porem ou, ainda, de se identificarem com o que não se submete mais aos contornos autoidênticos de um eu com seus protocolos de individuação. Se lembrarmos da mimese enquanto operação de identificação com uma natureza pensada como figura do negativo, podemos compreender como tal reconhecimento se articula. É neste ponto que devemos introduzir algumas considerações sobre o recurso à mimese na *Teoria estética* de Adorno. Isso pode explicar como a arte contemporânea pode sugerir algo deste Si desprovido de eu.

Schoenberg mimético

De certa forma, podemos dizer que a arte fornece a Adorno padrões de reconhecimento que podem guiar a reconfiguração dos processos de interação. Devemos tirar as últimas consequências do fato de que, para Adorno, a arte é "racionalidade que critica [o pensamento conceitual] sem dele se esquivar"

(Adorno, AT, p.87), já que seria capaz de "absorver na sua necessidade imanente o não-idêntico ao conceito" (ibidem, p.148) e de colocar-se como dimensão de verdade, como retorno do que fora recalcado pelo pensamento. Isso nos explicaria por que, contrariamente a uma tendência geral do pensamento estético do século XX, Adorno não cessa de analisar as obras valendo-se de critérios de verdade e falsidade.[5] Seu esforço consiste em relativizar a tendência de autonomia das esferas de valor na modernidade ao afirmar que a atividade artística nos fornece coordenadas para pensarmos tanto a ação moral como as expectativas cognitivas. Contrariamente a Kant, por exemplo, para quem o acordo intersubjetivo sobre o Belo não exigiria nenhuma referência à verdade racional ou à norma moral, Adorno não cessa de insistir que forças idênticas agem sobre esferas não idênticas.[6]

Lembremos primeiramente que há uma especificidade maior no recurso adorniano à mimese no interior da *Teoria estética*. Na estética adorniana, a mimese não está diretamente ligada ao imperativo de reconciliação com a imagem positiva da natureza, mas com o que há de mais morto e arruinado na realidade social; o que traz consequências diversas que se inscrevem no interior da temática, apresentada no capítulo anterior, a respeito do destino do fetichismo na arte. Devemos levar a sério afirmações como: "A arte só consegue opor-se por meio da identificação (*Identifikation*) com aquilo contra o qual ela se insurge" (Adorno, AT, 201).

Este *imperativo mimético de identificação com a realidade social fetichizada* é central para a compreensão da racionalidade estética. Se o deixamos de lado, fica impossível compreender, por exemplo, as críticas adornianas a John Cage com seus protocolos miméticos de afinidade orgânica com a faticidade do sonoro. Lembremos que, para Adorno, tentar pensar o som como presença em si, ou, ainda, afirmar com Cage que "a noção de relação tira a importância do som" (Kostelanetz, 2000, p.306), significa perder de vista o esforço da arte em livrar o sujeito da fetichização do material "natural". Não é por meio desse

---
5 Ele chega mesmo a afirmar que: "Todos os problemas estéticos resolvem-se neste problema do conteúdo de verdade das obras de arte: é verdadeira a parte de espírito (*Geist*) que carrega (*trägt*) uma obra em sua forma (*Gestalt*) específica objetiva?" (Adorno, AT, p.498). Ou ainda: "A arte responsável orienta-se por critérios que se aproximam muito dos do conhecimento: o lógico e o ilógico, o verdadeiro e o falso" (Adorno, 1973, p.165).
6 Assim, Adorno afirmará, por exemplo, que "não devemos confundir ciência e arte, mas as categorias que valem para uma e para outra não são totalmente diferentes ... A mesma coisa aplica-se à moral. A brutalidade em relação às coisas (*Sachen*) é potencialmente uma brutalidade em relação aos homens" (Adorno, AT, p.344).

recurso à imanência do sonoro que a música pode formalizar sua autocrítica da razão.

Essa era, aos olhos de Adorno, a lição de Schoenberg e é ela que leva Adorno a afirmar, em *A relação entre música e filosofia*, que, precisamente em relação à especificidade daquilo que o último Schoenberg é capaz de realizar, há algo a ser ganho para o conhecimento (*Erkenntnis*) filosófico.

Normalmente, quando se fala da estética musical de Adorno, insiste-se no filósofo alemão como o último defensor radical da racionalidade da técnica dodecafônica. Seu hegelianismo teria falado alto em estética por meio da sustentação de uma experiência possível de organicidade funcional das obras fundada no primado da série e na crítica da autonomia dos momentos e materiais, crítica que aparece mediante o problema do fetichismo da música.

No entanto, esquece-se constantemente que, graças a uma interversão sempre visível a um pensamento dialético como o de Adorno, a racionalidade própria à totalidade dodecafônica é criticada a partir do momento que ela se transforma em *insensibilidade ao material*: "É verdade, nós demos a igualdade de direito ao trítono, a sétima maior e também a todos os intervalos que ultrapassam a oitava, mas ao preço de um nivelamento de todos os acordes, antigos e novos" (Adorno, 1990, v. XII, p.76). Tal insensibilidade, que será mais tarde chamada por Gyorg Ligeti, em sua crítica ao serialismo integral de Pierre Boulez, de *insensibilidade aos intervalos* (Ligeti, 2001, p.134), indica que as operações de sentido seriam resultados estritos de jogos posicionais determinados pela estrutura da série. *O sentido seria um fato de estrutura* que não reconheceria a racionalidade de nenhum princípio não derivado do trabalho serial.

Se Schoenberg ainda conservava a escritura motívica e temática como princípio de expressão que escapava ao primado da série (ver, por exemplo, a valsa das *Cinco peças para piano, opus 23*),[7] Webern dará o passo em direção ao *fetichismo da série* devido a sua crença de que a construção seria capaz de indexar todas as ocorrências de sentido na obra. "A partir do momento em que o compositor julga que a regra serial imaginada tem um sentido por si mesma, ele a fetichiza. Nas *Variações para piano* e no *Quarteto de cordas opus 28*,

---

[7] Adorno insiste neste ponto, em *O envelhecimento da nova música*, ao lembrar que é apenas por meio destas categorias tradicionais que a coerência da música, seu sentido, foi preservada no interior da técnica dodecafônica. O conservadorismo de Schoenberg a este respeito não é tributável a uma falta de consistência, mas a seu medo de que a composição seja sacrificada em prol da pré-fabricação do material.

de Webern, o fetichismo da série (*Fetichismus der Reihe*) é evidente" (Adorno, 1990, v. XII, p.107). Ao menos nesses casos, Webern fetichiza a totalidade por não reconhecer nenhum elemento que lhe seja opaco. Em suas mãos, o material aparece como aquilo que pode ser totalmente dominado em uma totalidade de relações. Na verdade, o material transforma-se no próprio sistema de produção da obra. A obra não dissimula mais, mediante a aparência estética, seu processo de produção de sentido. No entanto, essa visibilidade plena é figura de um princípio de dominação total do material que Adorno lê como racionalidade desvirtuada em dominação da natureza. O naturalismo de Webern, tão claramente presente em afirmações como "tal como o naturalista se esforça em descobrir as leis que regem a Natureza, devemos descobrir as leis segundo as quais a Natureza, sob a forma particular do homem, é produtiva" (Webern, 1984, p.46), deveria pois ser compreendido como *naturalização* de processos gerais de construção.

É interessante lembrar que Adorno critica Webern exatamente por tentar pensar uma construção integral da obra na qual tudo é relação e todas as incidências de sentido são determinadas por meio de jogos posicionais. É por ver, no princípio da construção integral, o "puramente irracional no interior da racionalização" (Adorno, 1990, v. XII, p.189), que Adorno compreende o dodecafonismo, em certos momentos, como: "Um sistema de dominação da natureza na música que responde a uma nostalgia do tempo primitivo da burguesia: 'se apropriar' (*erfassen*) pela organização de tudo o que ressoa e dissolver o caráter mágico da música na racionalidade humana" (Adorno, 1990, v. XII, p.65). Processo de racionalização que também se inverte necessariamente em encantamento na medida em que: "Como sistema fechado e ao mesmo tempo opaco a si mesmo, no qual a constelação de meios se hipostasia imediatamente em fim e lei, a racionalidade dodecafônica se aproxima da superstição" (ibidem, p.67).

Tal discussão nos mostra como o verdadeiro problema da estética adorniana não é a perda da totalidade e da organicidade funcional das obras. Seu problema é, na verdade, a deposição de toda resistência possível, de toda opacidade do material musical. Por isso, Adorno pode afirmar que o gesto radical de Schoenberg não estaria vinculado à recusa ao tonalismo mediante o primado da série dodecafônica, mas à "força do esquecimento" que lhe permitiu, em suas últimas obras, retornar ao material tonal, agora transformado em material dessensibilizado e mutilado pois sem força para produzir uma experiência de totalidade. Ele volta a um material fetichizado, mas para revelar seu estranhamento. Graças a esse investimento libidinal do que se transformou em ruína "ele se dessolidariza desta dominação absoluta do material que ele próprio criou ... O compositor dialético para a dialética" (ibidem, p.133). A ironia maior aqui consiste em tratar o material tonal como exposição fragmentária de um resto, como manifestação da não-identidade na obra. Isso indica uma possibilidade de retorno ao material tonal que nada tem que ver como possibilidades de restauração fascinada, já que a gramática tonal retorna em farrapos por não ter mais a força de produzir experiências de organização funcional.

Faz-se necessário ainda muito refletir a respeito dessa maneira de parar a dialética. Um gesto que vem no momento em que o sujeito se reconhece em um material mutilado que se transformou em uma espécie de resto opaco que representa a irredutibilidade do não artístico na arte. Pois, talvez, a astúcia suprema da dialética esteja aí, no ato de saber se calar para deixar as ruínas falarem. Astúcia que a arte foi a primeira a formalizar.

Especularidade e opacidade

Se voltarmos a Lacan, toda essa discussão sobre a mimese parecerá muito distante. Primeiro, simplesmente não há em Lacan qualquer discussão conceitual visível a respeito do conceito de "natureza". No entanto, se seguirmos a intuição de Adorno e procurarmos derivar um conceito *negativo* de natureza (a natureza como aquilo que resiste à reflexividade do conceito) a partir da teoria das pulsões, teremos um caminho a trilhar no interior do texto lacaniano.

De qualquer forma, uma abordagem inicial do pensamento lacaniano nos levaria à constatação de que ele seria antimimético por excelência. Lembremos que o domínio da mimese em Lacan parece estar vinculado necessariamente à dimensão das relações duais e transitivas que são, na verdade, sintomas de estruturas narcísicas de apreensão dos objetos. À primeira vista, Lacan simplesmente não operaria com a distinção adorniana entre falsa projeção narcísica e mimese.

Exemplo maior seria aquilo que Lacan chama de "estádio do espelho". Podemos compreender tal fase de desenvolvimento da seguinte maneira: antes de aceder ao pensamento conceitual, o bebê se guia por meio de operações miméticas. Para orientar seu desejo, o bebê mimetiza um outro na posição de tipo ideal. Tais operações não são apenas vinculadas à orientação do desejo, mas têm valor fundamental na constituição do eu como centro funcional e instância de autorreferência: o bebê introjeta a imagem de outro bebê a fim de constituir seu próprio eu ainda não formado, servindo-se do outro como quem se serve de um espelho. A introjeção de tal imagem é o último estágio no interior de um processo de ruptura do bebê com a indiferenciação simbiótica com a mãe e com objetos parciais. Ao romper com tais objetos parciais (seios, fezes, olhar, voz) dispostos em uma zona de interação com a mãe, o bebê poderá enfim ter uma imagem do corpo próprio responsável pela organização de um esquema corporal.

Essa operação mimética de assunção de papéis e imagens ideais não significa, no entanto, consolidação de uma relação comunicacional entre sujeitos. Lacan procurou demonstrar como as múltiplas figuras da agressividade e da rivalidade na relação com o outro eram sintomas estruturais da impossibilidade de o eu assumir o papel constitutivo do outro na determinação interna da sua própria identidade. Assim, o resultado das operações miméticas de assunção de papéis e imagens ideais seria a confusão narcísica entre eu e outro, confusão pela qual o eu constitui processos de referência-a-si valendo-se dos moldes da referência-ao-outro, ao mesmo tempo que denega tal dependência. Daí por que Lacan dirá, como vimos: "Nós consideramos o narcisismo como a relação imaginária central para a relação inter-humana". Já sabemos que tanto Adorno como Lacan aceitam que a identidade do eu moderno funda-se exatamente na *denegação* do papel constitutivo da identificação mimética com a alteridade.

No entanto, se esse for o problema, poderíamos pensar que a simples posição da centralidade da identificação mimética com o outro poderia livrar o sujeito das ilusões identitárias do eu e levá-lo a assumir a anterioridade das relações intersubjetivas na constituição de sujeitos socializados. Como se as expectativas postas na mimese já fossem realizadas quando compreendemos de maneira correta o que são afinal relações intersubjetivas.

Contudo, deveríamos lembrar que, se os processos de socialização e de individuação são tal como Lacan os pensa, ou seja, operados inicialmente por meio da introjeção da imagem de um outro que dá forma ao eu e ao corpo próprio, então a revelação das dinâmicas de introjeção e projeção apenas levaria o sujeito a compreender a *socialização como alienação* necessária de si na imagem de um outro. Compreensão de que as relações a si, as dinâmicas do desejo, assim como as expectativas mais amplas do eu como sujeito de conhecimento, são formadas a partir do outro. Fato resumido por Lacan na afirmação canônica: "O desejo do homem é o desejo do outro" (ainda com a minúscula).

Postos os mecanismos de socialização como processos de alienação, vimos duas maneiras de levar o sujeito para além da confusão narcísica com o outro. A primeira consistiu em insistir em uma função de transcendência constitutiva das posições dos sujeitos. Transcendência que implicaria a ausência de toda e qualquer afinidade mimética entre o sujeito e aquilo que aparece no campo empírico. Tal estratégia aparece em Lacan por meio da temática do desejo como pura negatividade, como "falta-a-ser" primordial que põe a não adequação entre o sujeito e aquilo que aparece no campo empírico. Levar o sujeito a se reconhecer na pura negatividade do desejo era, de certa forma, a maneira de curá-lo das ilusões do narcisismo e da alienação.

No entanto, vimos que esse apelo a uma função de transcendência constitutiva das posições dos sujeitos será relativizado por Lacan. Aos poucos, ele reconhecerá que o verdadeiro potencial de não-identidade não virá de certa transcendência negativa do desejo, até por que Lacan compreenderá que o desejo, longe de ser uma falta primordial, será causado por estes objetos parciais que haviam sido perdidos nos processos de socialização e formação do corpo próprio. Como se a formação da autoidentidade nunca deixasse de produzir um resto que insiste para além do desejo socializado.

A princípio, essa estratégia poderia parecer alguma forma astuta de retorno ao arcaico e ao informe como protocolo de cura. Retorno animado pela nostalgia de um estado de indiferenciação pré-discursiva irremediavelmente perdido. Afinal, não é o próprio Lacan que fala às vezes de "objeto perdido" para se referir àquilo que permanece como "resto" dos processos de socialização? Nesse ponto, devemos apenas lembrar que o que está realmente em jogo aqui é a constatação de que sujeitos podem se colocar naquilo que não se submete integralmente à individuação. Essa operação é fundamental para que possamos, "com a força do sujeito, quebrar a ilusão da subjetividade constitutiva" (Adorno, ND, p.10). Não se trata de operação alguma de retorno, mas de compreensão do sujeito como espaço de tensão entre exigências de socialização (submetidas a protocolos de alienação) e reconhecimento da irredutibilidade da opacidade de objetos pulsionais que não se conformam à imagem de si.

Um exemplo esclarecedor talvez seja a maneira com que Lacan retoma certa "fenomenologia do olhar" apresentada por Sartre em *O ser e o nada*.

Levando em conta a longa tradição da filosofia da consciência que se serve de metáforas escópicas para dar conta dos processos autorreflexivos da consciência, Lacan insiste que o olhar é um objeto especial, pois sempre elidido no interior de relações intersubjetivas. "O olhar especifica-se como sendo inapreensível", dirá Lacan (S XI, p.79). Maneira de insistir que algo fundamental do sujeito não encontra lugar no campo intersubjetivo.

Para tanto, Lacan faz apelo à fenomenologia do olhar em Sartre, ou seja, a este impasse intersubjetivo que, para Sartre aparece principalmente nas relações amorosas. O amante quer ser o olhar no qual a liberdade do outro aceita perder-se, olhar sob o qual o outro aceita estar transformando-se em objeto. Pois o que o amante exige é "uma liberdade que, enquanto liberdade, reclama sua alienação" (Sartre, 1989, p.415). Dessa forma, enquanto me colocar na posição de sujeito, nunca terei diante de mim um outro olhar desejante, olhar que presentifica o outro. Terei apenas um olhar reificado, transformado em objeto narcísico no qual vejo apenas minha própria imagem. Só posso ter diante de mim um olhar à condição de me colocar como objeto. Pois: "identifico-me totalmente com meu ser-olhado a fim de manter diante de mim a liberdade olhante (*liberté regardante*) do outro; é apenas este ser-objeto que pode servir-me de instrumento para operar a assimilação, a mim, da *outra liberdade*" (ibidem, p.404). Dessa forma, o reconhecimento intersubjetivo de um ser que, em Sartre, é fundamentalmente transcendência estaria assim fadado ao fracasso. O olhar (da consciência) sempre reduz o outro à condição de objeto. "Jamais você me olha lá de onde te vejo, inversamente, o que olho nunca é o que quero ver", dirá Lacan.

Contudo, em vez de entrar neste impasse vinculado a operações de uma filosofia da consciência, Lacan insiste na possibilidade de aquilo que não encontra lugar na relação entre sujeitos poder ser posto através da confrontação entre sujeito e objeto. Para tanto, o sujeito deve ter a experiência de que "do lado das coisas, há o olhar" (Lacan, S XI, p.100). O que implica o abandono de uma concepção do ser do sujeito pensada fundamentalmente em termos de transcendência em prol de um conceito de subjetividade vinculada ao reconhecimento de que o sujeito porta, em si mesmo e de maneira essencial, algo da ordem da opacidade dos objetos. Até porque o olhar que submete o outro à condição de objeto está implicado no objeto que ele constitui, este é seu espelho. Dizer que há um olhar que vem das coisas significa insistir que o sujeito pode se reconhecer na dimensão do objeto. Tal posição é ainda mais fácil para Lacan na medida em que o olhar aparece, em sua metapsicologia, como um desses objetos aos quais o sujeito estava ligado em relações de indiferenciação simbiótica antes dos processos de socialização.

Há várias maneiras de compreender essa transformação do objeto em um "Argos de mil olhos", como diria Hegel, mas há uma que, neste contexto, merece uma atenção especial. Ela nos recoloca nas vias do problema do mimetismo, tal como vimos em Adorno. E não é por acaso que também Lacan convocará Roger Caillois a fim de nos lembrar, tal como fora o caso no texto de Adorno, que o mimetismo animal nos explica como um sujeito pode se reconhecer lá onde as representações, com seus sistemas fixos de identidades, vacilam. Momento que nos permite dizer, com Merleau-Ponty:

> O vidente, estando pego nisto que ele vê, é ainda ele mesmo que ele vê: há um narcisismo fundamental de toda visão; e, pela mesma razão, a visão que ele exerce, ele a recebe também das coisas, como dizem vários pintores, eu me sinto olhado pelas coisas, minha atividade é identicamente passividade – o que é o sentido segundo e mais profundo do narcisismo. (Merleau-Ponty, 1979, p.145)

Ao me sentir olhado pelas coisas que anteriormente pareciam totalmente submetidas aos protocolos narcísicos, encontro-me diante de algo de mim que me impede de hipostasiar o conceito de identidade, já que as distinções estritas entre sujeito e objeto são depostas. Muito há ainda a se dizer a respeito do sentido de tais experiências, mas é certo que foi a partir delas que Lacan e Adorno tentaram, com a força do sujeito, quebrar a ilusão da subjetividade constitutiva.

Em direção a uma ontologia negativa

Com certeza, várias questões neste exercício de recomposição da matriz dialética do pensamento lacaniano mediante a aproximação da clínica analítica à dialética negativa permanecem em aberto. Elas serão objeto de trabalhos posteriores e tenho consciência de que alguns desenvolvimentos neste livro são muito mais *indicações* de estratégias de questionamento do que *conclusões*. No entanto, há uma questão que pode voltar-se como objeção ao movimento norteador deste livro. A tentativa de mostrar como os modos de subjetivação na clínica lacaniana são fundamentalmente estruturas de reconhecimento de uma negação ontológica que se manifesta de maneira privilegiada na confrontação entre sujeito e objeto, confrontação que pode fornecer operações tão distintas entre si quanto podem ser a recuperação do amor para além do narcisismo, a redefinição da racionalidade estética a partir da mimese e a reorientação da clínica por modos de implementação de experiências do Real, tudo isso parece excessivamente dependente de uma "guinada ontológica" na compreensão da metapsicologia.

De fato, não há por que esconder o jogo. Trata-se realmente de tentar defender o estatuto ontológico deste que é o coração da metapsicologia, ou seja, a teoria da pulsão. Defesa que exige uma reflexão de longo alcance sobre os modos com que decisões ontológicas orientam a configuração de estruturas da práxis. O que não significa dizer que os campos da práxis estão diretamente vinculados a decisões ontológicas, como se estivéssemos necessariamente falando de relações de subsunção. Vários conceitos metapsicológicos são variáveis que se moldam a partir dos desafios impostos pela particularidade do caso, mas nem todos os conceitos metapsicológicos são variáveis. Há um núcleo invariável vinculado à teoria da pulsão. Sua modificação implica simplesmente a perda da experiência analítica. Esta sempre foi a essência da crítica de Lacan às correntes analíticas como a psicologia do ego. Nesse sentido, talvez a psicanálise seja um terreno privilegiado para sustentarmos que *o ontológico e o ôntico não estão em regime de mútua exclusão*, mas articulam-se em passagens dialéticas complexas.

Devemos levar realmente a sério afirmações lacanianas como: "tenho minha ontologia – por que não? – como todo mundo tem uma, ingênua ou elaborada" (Lacan, S XI, p.69). Sim, como seria aparentemente o caso de todo mundo, Lacan tem uma ontologia que não se quer ingênua. Resta saber onde ela se encontra.

Neste livro, tentou-se mostrar a necessidade de procurarmos tal ontologia na teoria da pulsão. Para tanto, porém, foi necessário acompanhar a reformulação lacaniana do conceito de pulsão, em especial, do conceito de pulsão de morte e de objeto da pulsão. Como se Lacan tivesse o mérito de ter compreendido a pulsão de morte para além da repetição compulsiva do instinto de destruição, o que nos abriu uma via nova para pensarmos as figuras do negativo na clínica. Assim, a pulsão indicaria o ponto no qual a metapsicologia se entrelaça necessariamente a uma ontologia. Para tanto, basta seguirmos a palavra de Lacan quando afirma que a pulsão é "uma noção ontológica absolutamente central e que responde a uma crise da consciência" (Lacan, S VII, p.152).

No entanto, estaríamos aqui diante de uma ontologia negativa, ou seja, ontologia pensada não mais como regime de discursividade positiva do ser enquanto ser, mas operação fundada no reconhecimento de um conceito ontológico de negação como modo de manifestação da essência. Regime que suporta a realidade daquilo que bloqueia o esgotamento do ser em uma determinação positiva. É claro que poderíamos pensar que estamos aí diante de uma espécie de *teologia negativa* disfarçada, ainda mais com os motivos lacanianos insistentemente repetidos a propósito do objeto perdido, da assunção da falta da castração, do gozo impossível, do lugar vazio do sujeito que nunca se corporifica totalmente; motivos que nos levariam a uma ética da "resignação infinita", como gostava de falar Deleuze a respeito dos lacanianos. Ou, ainda, a uma "idealização religiosa da impossibilidade", como fala Judith Butler a respeito da relação lacaniana entre gozo e Lei. É claro que poderíamos pensar tudo isso mas estaríamos equivocados. Estaríamos equivocados por não compreendermos o que Lacan procura ao transformar a confrontação com a pulsão de morte em eixo central do progresso analítico. Confrontação com o caráter eminentemente negativo dos objetos aos quais a pulsão se vincula e nos quais o sujeito deve se reconhecer. Única possibilidade de auto-objetivação do sujeito para além de sua objetificação no Imaginário narcísico.

Parece que Badiou nos mostra uma via frutífera para pensarmos uma negação ontológica em Lacan quando afirma que há, na psicanálise lacaniana, um acesso à ontologia, já que "o inconsciente é este ser que subverte a oposição metafísica do ser e do não-ser" (Badiou, 1982, p.152). O inconsciente da pulsão, o *isso*, é este ser que só é pensável em uma ontologia fundada no negativo e é isso que Lacan tem em mente ao dizer que o inconsciente "traz ao ser um ente apesar do seu não advento" (Lacan, S XI, p.117).

Talvez a dificuldade em aceitar tais colocações venha do fato de o encaminhamento lacaniano a respeito do caráter ontológico de certos conceitos metapsicológicos não ter sido exatamente traçado em uma linha reta. Lembremos, por exemplo, o que ele havia afirmado, no mesmo seminário sobre *Os quatro conceitos fundamentais da psicanálise*, dias antes de aceitar que tinha uma ontologia: "é exatamente de uma função ontológica que se trata nesta abertura (*béance*) pela qual acreditei dever introduzir a função do inconsciente. A abertura do inconsciente, nós poderíamos chamá-la de *pré-ontológica*. Insisti nesta característica, muito esquecida, da primeira emergência do inconsciente, que é de não se prestar à ontologia", já que o que é da ordem do inconsciente "não é nem o ser, nem o não-ser, mas o não realizado" (Lacan, S XI, p.31-2). De fato, essa ideia de que o que é da ordem do inconsciente é *pré-ontológico* não deixa de nos levar diretamente a Merleau-Ponty com sua *ontologia* da carne. No entanto vale a pena reconstruir o contexto de tal afirmação a fim de compreendermos o que está em jogo.

No seminário anterior, Lacan havia discutido a noção de "causalidade inconsciente" com a ajuda das últimas páginas do *Ensaio para introduzir em filosofia o conceito de grandeza negativa*, de Kant. Lacan tinha em mente, sobretudo, a distinção kantiana entre fundamento lógico e fundamento real. A respeito do fundamento lógico, Kant, em 1763, dirá: dado um fundamento, podemos derivar uma consequência lógica a partir da obediência da regra de identidade. Assim: "O homem é falível, o fundamento desta falibilidade reside na finitude de sua natureza, pois quando decomponho o conceito de um espírito finito vejo que a falibilidade reside nele, isto é, coincide com o que está contido no conceito de um espírito" (Kant, 2005, p.60). Todavia, no fundamento real, algo segue de outro algo sem obedecer à regra de identidade, como quando digo que as fases da lua são as causas das marés. Kant dirá que, para dar conta do fundamento real, há apenas: "conceitos simples e indecomponíveis de fundamentos reais, cuja relação com a consequência não pode absolutamente fazer-se distinta" (ibidem, p.62). Lacan insiste que esta noção de um conceito indecomponível que visa formalizar a relação causal entre um fundamento real e sua consequência é adequada para determinar a especificidade da causalidade que opera no inconsciente. Uma causalidade que estabeleceria relações de necessidade entre termos descontínuos. É a essa descontinuidade que Lacan chama *béance*. No entanto, tal *béance* em nada invalida uma noção de ontologia que não opera mais mediante a posição da noção de substância e identidade, mas por meio exatamente da recusa da realidade essencial de tais conceitos. De fato, haveria muito ainda a ser discutido a esse respeito. Essas indicações servem, no entanto, para mostrar que o debate não é facilmente esgotável.

Por fim, algumas considerações sobre um problema semelhante em Adorno. Em vários momentos da discussão sobre Lacan, foi indicada a necessidade clínica de reconhecer uma resistência que é resistência do objeto a sua instrumentalização pelo pensamento identificador. Sabemos que a identificação de tal resistência é exatamente o motor do conceito adorniano do primado do objeto (*Vorrang des Objekt*). Primado que, como foi insistido várias vezes, não é hipóstase do não conceitual nem retorno a um gênero de imanência pré-reflexiva, mas é pensamento do objeto como negação. Pois, também para Adorno, há uma maneira de negar que é maneira de apresentar o que, no real do objeto, não se subsume ao conceito.

Tais colocações mostram que não devemos compreender a dialética negativa como uma crítica totalizante da ideologia que se volta contra si mesma e que entra necessariamente em contradição performativa (cf. Habermas, 1995, p.320). A ideia da dialética negativa como *teologia negativa* na qual se misturam motivos escatológicos e sensualistas de reconciliação que só podem aparecer *ex-negativo* também não é fiável (Wellmer, 1993, p.12). Enfim, não devemos vê-la como uma hipóstase do não conceitual que a colocaria na linhagem de certa filosofia da natureza "à la Schelling" devido aos usos do conceito de mimese. Insistiu-se que deveríamos parar de ver, na ideia adorniana de mimese, o resíduo de uma filosofia que crê encontrar na natureza um plano de imanência e de doação de sentido. Há ainda uma dificuldade em apreender o papel exato do conceito de natureza (tanto interna como externa) em um pensamento dialético, já que estamos diante de um pensamento que não admite nem uma relação expressiva nem uma relação convencionalista com a natureza. Para a dialética, a natureza não se reduz ao resultado da reificação de práticas de discurso, mas ela também não é um dado positivo acessível de maneira imanente.

Tais posições críticas em relação a Adorno resultam da não aceitação do núcleo original da dialética negativa. Tal núcleo não é outro que o entrelaçamento entre *objeto* e *negação*; basta levarmos a sério o que Adorno chama de "negação metafísica" (*metaphysische Negation*) (Adorno, AT p.517). E se tal negação deve aparecer como exterioridade ao conceito (o que não quer dizer que se trata de uma exterioridade indiferente), se ela só pode ser formalizada como limite à prosa comunicacional do conceito, isso não quer dizer que hipostasiamos a dimensão do inefável. Ao contrário, isso quer dizer simplesmente que devemos sustentar modos de formalização que não sejam modos de conceitualização. Daí se segue a necessidade de pararmos de ver a reflexão adorniana sobre as artes como mero setor de uma estética inflacionada de vocabulário filosófico.

Em suma, que a dialética negativa de Adorno nos forneça as coordenadas para pensarmos uma ontologia negativa, eis algo que não deveria nos surpreender, já que, como vimos anteriormente, a recuperação do estatuto ontológico da negação é o núcleo do encaminhamento dialético desde Hegel. Digamos que todo pensamento dialético se funda necessariamente na tensão entre negação ontológica e imperativos de reconhecimento. Nesse sentido, um certo retorno a Hegel pode fornecer luzes novas a respeito de aspectos importantes da experiência intelectual de Lacan e de Adorno. É o não reconhecimento do papel central da ontologia negativa no pensamento dialético que anima questões como esta proposta por Habermas:

> Se é verdade que a *Dialética negativa* é a única via possível – impossível de percorrer discursivamente – da reconstrução, como explicar a ideia de reconciliação, já que é apenas através desta ideia que Adorno pôde manifestar as insuficiências da dialética idealista?". (Habermas, 1995, p.320)

É verdade que, em uma primeira abordagem, tal compreensão da dialética negativa como figura possível de uma ontologia negativa parece ir contra o próprio Adorno. Pois é ele que afirma a crítica da ontologia não tem por objetivo fornecer uma outra ontologia, nem mesmo uma ontologia do não ontológico. Senão, ela apenas porá um outro como absolutamente primeiro; desta vez não a identidade absoluta, o ser, o conceito, mas o não idêntico, o ente, a faticidade. Ela hipostasiaria assim do conceito do não conceitual e iria contra aquilo que ela significa. (Adorno, ND, p.112)

A afirmação é astuta por mostrar os riscos que corre qualquer tentativa de recuperação de uma dimensão ontológica para o pensamento. Mas afirmações como estas só são compreensíveis se lembrarmos que "há uma ontologia que permanece ao longo da história: a ontologia do desespero [*Verzweiflung* – o mesmo desespero que, segundo Hegel, estabelece a consciência no caminho em direção ao saber]. Mas se se trata de uma ontologia da perenidade, então o pensamento verá cada época, e sobretudo a sua, que ele conhece de maneira imediata, como a mais terrível de todas" (Adorno, 1990, v. XI, p.598). Ou seja, essa ontologia do desepero não pode ser ontologia do não conceitual, da faticidade irredutível e, acima de tudo, não pode ser uma ontologização da diferença. O que não devemos fazer é *pôr* um "absolutamente primeiro" como discurso do ser enquanto ser. O risco consiste em cair em uma *posição* da imanência que apaga a não-identidade que deveria ser salva. Para não se autoanular, uma ontologia negativa só pode ser *pressuposta* como *background* do discurso sobre os domínios da dimensão prática. Ela só pode aparecer na latência do horizonte que orienta as aspirações de racionalidade e insiste sob discursos ônticos como a estética, a moral e a clínica. Ou seja, as figuras dessa ontologia só se desenham no interior dos campos da empiria e da práxis, mas elas não se reduzem a meras prescrições sobre a práxis. Quem não pode admitir tal movimento talvez nunca compreenda o que estava em jogo na experiência intelectual de Jacques Lacan e – por que não? – de Theodor Adorno.

Referências bibliográficas

Fontes

ADORNO, T. *Ästhetische theorie*. Frankfurt: Suhrkamp, 1970.
_____. O fetichismo na música e a regressão da audição. In: *Os pensadores*. São Paulo: Abril Cultural, 1973.
_____. *Negative dialektik*. Frankfurt: Suhrkamp, 1975.
_____. *Gesammelte Schriften*. Frankfurt: Suhrkamp, 1990.
_____. *Minima moralia*. São Paulo: Ática, 1993.
_____. *Palavras e sinais: modelos críticos II*. Petrópolis: Vozes, 1995a.
_____. *Théorie esthétique,* Paris: Klincksieck, 1995b.
_____. *Metaphysics*. Stanford University Press, 1998.
_____. Berg: der Meister des kleinsten Übergangs. In: *Gesammelte Schriften* XIII, Digitale Bibliothek Band 97, 1999a.
_____. *Drei Studien zu Hegel*. In: *Gesammelte Schriften* V, Digitale Bibliothek Band 97, 1999b.
_____. *Dialectique Négative,* Paris: Payot, 2001.
ADORNO, T., HORKHEIMER, M. *Dialética do esclarecimento*. Rio de Janeiro: Zahar, 1993.
FREUD, S. *Oeuvres complètes,* Paris: PUF, 1998.
_____. *Gesammelte Werke*. Frankfurt: Fischer Taschenbuch, 1999.

HEGEL, G.W.F. *Grundlinien der Philosophie des Rechts.* Hamburg: Felix Meiner, 1955.

_____. *Vorlesungen über die Philosophie der Weltgeschichte Band II-IV.* Hamburg: Felix Meiner, 1968.

_____. *Sämtliche Werke.* Stuttgart: Friedrich Frommann, 1971.

_____. *Science de la logique I.* Paris: Aubier-Montaigne, 1972.

_____. *Jenaer Realphilosophie.* Hamburg: Felix Meiner, 1976a.

_____. *Science de la logique II.* Paris: Aubier-Montaigne, 1976b.

_____. *Science de la logique III.* Paris: Aubier-Montaigne, 1981a.

_____. *Wissenschaft der Logik II* Hamburgo: Felix Meiner, 1981b.

_____. *Wissenschaft der Logik I.* Frankfurt: Suhrkamp, 1986a.

_____. *Wissenschaft der Logik II.* Frankfurt: Suhrkamp, 1986b.

_____. *Encyclopédie des sciences philosophiques,* trad. Bernard Bourgeois, Paris: Vrin, 1988a.

_____. *Phänomenologie des Geistes.* Hamburg: Felix Meiner, 1988b.

_____. *Fenomenologia do espírito – volume I.* Petrópolis: Vozes, 1992a.

_____. *Fenomenologia do espírito – volume II,* Petrópolis: Vozes, 1992b.

_____. Enzyclopädie der philosophischen Wissenschaften im Grundisse. In: *Hegel Werke, CDR.* Berlin: Talpa Verlag, 2000a.

_____. Vorlesungen über die Geschichte der Philosophie. In: *Hegel Werke, CDR.* Berlin: Talpa Verlag, 2000b.

_____. Vorlesungen über die Ästhetik. In: *Hegel Werke, CDR.* Berlin: Talpa Verlag, 2000c.

_____. Verhältnis des Skeptizismus zur Philosophie. In: *Hegel Werke, CDR.* Berlin: Talpa Verlag, 2000d.

_____. *Principes de la philosophie du droit,* trad. Jean-François Kervègan. Paris: PUF, 2000e.

HEIDEGGER, M. *Kant et le problème de la métaphysique.* Paris: Gallimard, 1981.

_____. *Sein und Zeit.* Tübingen: M. Niemeyer, 1986.

_____. *Vorträge und Aufsätze,* Frankfurt: Vittorio Lostermann, 2000.

KANT, I. Die Metaphysik der Sitten. In: *KantsWerke VI.* Berlin: Walter de Gruyter, 1969a.

_____. Grundlegung zur Metaphysik der Sitten. In: *KantsWerke IV.* Berlin: Walter de Gruyter, 1969b.

_____. Kritik der praktischen Vernunf. In: *KantsWerke V.* Berlin: Walter de Gruyter, 1969c.

_____. Kritik der reinen Vernunf. In: *KantsWerke XII.* Berlin: Walter de Gruyter, 1969d.

_____. *Crítica da razão pura.* Lisboa: Calouste Gulbenkian, 1989.

_____. Ensaio para introduzir em filosofia o conceito de grandeza negativa. In: *Escritos pré-críticos.* São Paulo: Unesp, 2005.

LACAN, J. *Discours de Tokio,* mimeo, 1971

LACAN, J. *Le discours analytique*, mimeo, 1972.

_____. *Le symbolique, l'imaginaire et le réel*, mimeo, 1953

_____. *La troisième*, mimeo, 1974

_____. Some reflections about the ego. *Journal International of Psychoanalysis*, n.34, p. 11-7, 1953.

_____. *Le mythe individuel du névrosé ou Poésie et vérité dans la névrose*. Paris: Centre de Documentation Universitaire, 1956.

_____. *Ecrits*. Paris: Seuil, 1966.

_____. *De la psychose paranoïaque dans ses rapports avec la personnalité*. 2.ed. Paris: Seuil, 1975.

_____. Conférences et entretiens dans des universités nord-américaines. *Scilicet*, n.6/7, p.7-63, 1976.

_____. Conférence à Genève sur le symptôme, *Bloc-notes de psychanalyse*, n.5, p.5-16, 1985.

_____. *Autres écrits*. Paris: Seuil, 2001.

Seminários

Le séminaire I – Les écrits techniques de Freud. Paris: Seuil, 1975.

Le séminaire II – Le moi dans la théorie de Freud et dans le technique de la psychanalyse. Paris: Seuil, 1978.

Le séminaire III – Les psychoses. Paris: Seuil, 1981.

Le séminaire IV – La relation d'objet. Paris: Seuil, 1994.

Le séminaire V – Les formations de l'inconscient. Paris: Seuil, 1998.

Le séminaire VI – Le désir et son interprétation, mimeo, 1958-1959

Le séminaire VII – L'éthique de la psychanalyse. Paris: Seuil, 1986.

Le séminaire VIII – Le transfert. Paris: Seuil, 2001.

Le séminaire IX – L'identification, mimeo, 1961-1962

Le séminaire X – L'angoisse, mimeo, 1962-1963

Le séminaire XI – Les quatre concepts fondamentaux de la psychanalyse. Paris: Seuil, 1973.

Le séminaire XIII – L'objet de la psychanalyse, mimeo, 1965-1966

Le séminaire XIV – La logique du fantasme, mimeo, 1966-1967

Le séminaire XV– L'acte analytique, mimeo, 1967-1968

Le séminaire XVI – D'un Autre à l'autre, mimeo, 1968-1969

Le séminaire XVII – L'envers de la psychanalyse. Paris: Seuil, 1991.

Le séminaire XVIII – D'un discours qui ne serait pas du semblant, mimeo, 1971

Le séminaire XIX – ... ou pire, mimeo, 1971-1972

Le séminaire XX – Encore. Paris: Seuil, 1975.

Le séminaire XXII – R.S.I., mimeo, 1974-1975

Le séminaire XXIII – Le sinthome, mimeo, 1975-1976

Le séminaire XXIV – L'insu qui sait de l'uné-bévue qui s'aille à mourre, mimeo, 1976-1977

Bibliografia secundária

ABRAHAM, K. *Oeuvres complètes 1907-1914*. Paris: Payot, 2000a.
_____. *Oeuvres complètes 1915-1925*. Paris: Payot, 2000b.
ALLOUCH, J. *Marguerite ou l'Amiée de Lacan*. 2.ed. Paris: EPEL, 1994.
ALTHUSSER, L. *Lire le capital*. Paris: PUF, 1969.
_____. *Ecrits sur la psychanalyse*. Paris: Stock, 1993.
ANDRE, S. *L'imposture perverse*. 2.ed. Paris: Seuil, 1993.
ARISTÓTELES. *Métaphysique*. Paris: Vrin, 2000.
ARRIVÉ, M. *Langage et psychanalyse, linguistique et inconscient*. Paris: PUF, 1994.
AUSTIN, J. *Quand dire c'est faire*. Paris: Seuil, 1970.
BAAS, B. *Lire le capital*. Paris: PUF, 1969.
_____. *Le désir pur, parcours philosophiques dans les parages de Jacques Lacan*. Louvain: Peeters, 1992.
_____. *De la chose à l'objet:* Jacques Lacan et la traversée de la phénoménologie. Louvain: Peeters, 1998.
BADIOU, A. Le (re)commencement du matérialisme dialectique. *Critique*, n.240, 1966.
_____. *Théorie du sujet*. Paris: Seuil, 1982.
_____. *L'être et l'événement*. Paris: Seuil, 1988.
_____. *Conditions*. Paris: Seuil, 1992.
_____. *Por uma nova teoria do sujeito*. Rio de Janeiro: Relume Dumará, 1994.
_____. *Petit manuel d'inesthétique*. Paris: Seuil, 1998.
_____. *Saint Paul:* la fondation de l'universalisme. 4.ed. Paris: PUF, 2002.
BALMÈS, F. *Ce que Lacan a dit de l'être*. Paris: PUF, 2000.
BASS, A. *Difference and disavowal: the trauma of Eros*. Stanford University Press, 2000.
BEHLER, E. *Ironie et modernité*. Paris: PUF, 1997.
BENVENISTE, E. *Problèmes de linguistique générale*. Paris: Gallimard, 1966.
BLACK, M. *Models and metaphors*. Ithaca, NY: Cornell University Press, 1968.
BLANCHOT, M. *Lautréamont et Sade*. Paris: Minuit, 1949.
BOOTHBY, R. *Freud as philosopher:* metapsychology after Lacan. New York: Routledge, 2002.
BORCH-JACOBSEN, M. *Lacan:* the absolute master. Stanford: Stanford University Press, 1991.
BOWIE, M. *Freud, Proust, Lacan:* theory as fiction. Cambridge: Cambridge University Press, 1988.
BRACHER, M., RAGLAND-SULLIVAN, E. (Orgs.) *Lacan and the subject of language*. New York: Routledge, 1991.
BRAUNSTEIN, N. *La jouissance:* un concept lacanien. Paris: Point Hors Ligne, 1995.
BRETON, A. *Perspective cavalière*, Paris: Gallimard, 1996.
BUTLER, J. *Gender trouble*. New York: Routledge, 1999a.
BUTLER, J. *Subjects of desire*. New York: Columbia Universisty Press, 1999b.

CAILLOIS, R. *Le mythe et l'homme*, Paris: Gallimard, 2002.
CASTANET, H. *La perversión*. Paris: Economica, 1999.
CHABOUDEZ, G. *Le concept de Phallus dans ses articulations lacaniennes*. Paris: Lysimaque, 1994.
CHARBONNEAU, M.-A. *Science et métaphore*: enquête philosophique sur la pensée du premier Lacan. Laval: Presses de l'Université de Laval, 1997.
CLAUDEL, P. *L'otage*. Paris: Gallimard, 1972.
COPJEC, J. *Read my desire*: Lacan against the historicism. Cambridge: MIT Press, 1994.
COTTET, S. *Freud et le désir de l'analyste*. 2.ed. Paris: Seuil, 1996.
DAMOURETTE, J., PICHON, E. Sur la signification psychologique de la négation en français. *Bloc-notes de la psychanalyse*, n.5, p.111-32, 1985.
DAVID-MÉNARD, M. *L'hysterique entre Freud et Lacan*. Paris: Editions Universitaires, 1983.
_____. *La folie dans la raison pure*: Kant lecteur de Swedenborg. Paris: Vrin, 1990.
_____.*Les constructions de l'universel*. Paris: PUF, 1997.
_____. La négation comme sortie de l'ontologie. *Revue de Métaphysique et Morale*, n.2, p.59-67, 2001.
DELEUZE, G. *Présentation de Sacher-Masoch*. Paris: Minuit, 1966.
_____. *Logique du sens*. Paris: Minuit, 1969.
_____. *Différence et repetition*. 10.ed. Paris: PUF, 2000.
DELEUZE, G., GUATARRI, F. *L'anti-oedipe*. Paris: Minuit, 1969.
DELEUZE, G., PARNET. *Dialogues*. Paris: Flammarion, 1977.
DERRIDA, J. *Ecriture et différence*. Paris: Minuit, 1967.
_____. *Marges de la Philosophie*. Paris: Minuit, 1972.
_____. *Positions*. Paris: Minuit, 1975.
_____. *La carte postale*: de Socrate à Freud et au-delà. Paris: Flammarion, 1980.
DESCOMBES, V. L'equivoque du symbolique, *Cahiers confrontation*, n.III, p.77-95, 1980.
_____. *L'inconscient malgré lui*. 2.ed. Paris: Minuit, 2001.
DEWS, P. *The limits of disenchantment*: essays on contemporary european philosophy. London: Verso, 1996.
_____. *Logics of disintegration*: post-structuralist thought and the claims of critical theory. London: Verso, 1997.
_____. Communication, paradigms and the question of subjectivity: Habermas, Mead and Lacan. In: DEWS, P. (Org.) *Habermas*: a critical reader, Londres: Blackwell, 1999.
DOR, J. *Le père et sa fonction en psychanalyse*. Ramonville Saint-Agne: Erès, 1998.
ECOLE DE LA CAUSE FREUDIENNE – ECF (Org.) *Convérsation d'Arcachon*. Cas rares. Les inclassables de la clinique. Paris: Agalma, 1997.
_____. *Lacan:* l'écrit, l'image. Paris: Flammarion, 2000.
FELDSTEIN, R., FINK, B. *Reading seminar I and II* – Lacan's return to Freud. Albany: State University of New York Press, 1996.
FELMAN, S. *Le scandale du corps parlant*: Don Juan avec Austin ou la séduction en deux temps. Paris: Seuil, 1980.

FINK, B. *The lacanian subject*. Princeton: Princeton University Press, 1996.

_____. *A clinical introduction to lacanian psychoanalysis*. Harvard: Harvard University Press, 1997.

FONTENEAU, F. *L'éthique du silence*. Paris: Seuil, 1999.

FORRESTER, J. *Seductions of psychoanalysis:* Freud, Lacan and Derrida. Cambridge: Cambridge University Press, 1991.

FREGE, G. *Écrits logiques et philosophiques*. Paris: Seuil, 1971.

FRIE, M. *Subjectivity and intersubjectivity in modern philosophy and psychoanalysis*. Maryland: Rowman and Littlefield, 1997.

GREEN, A. *Le travail du négatif*. Paris: Minuit, 1993.

GUYOMARD, P. *La jouissance du tragique*. 2.ed. Paris: Flammarion, 1998.

HESSE, M. *The construction of reality*. Cambridge: Cambridge University Press, 1986.

JAKOBSON, R. *Essais de linguistique générale*. Paris: Minuit, 1963.

JAY, M. *Downcast eyes: the denigration of vision in twentieth-century French thought*. Stanford: University of California Press, 1994.

JONES, E. *Théorie et pratique de la psychanalyse*. 3.ed. Paris: Payot, 1997.

JULIEN, P. *Pour lire Jacques Lacan*. Paris: EPEL, 1990.

_____. *Psychose, perversion, névrose:* la lecture de Jacques Lacan. Paris: Point Hors Ligne, 2000.

KLEIN, M. *Essais de psychanalyse*. Paris: Payot, 1972.

LABARTHE, P.-L.; NANCY, J.-L. *Le titre de la letre*. Paris: Galilée, 1973.

LAPLANCHE, J. *Problématiques III:* la sublimation. Paris: PUF, 2000.

LAPLANCHE, J., LECLAIRE, S. L'inconscient: un étude psychanalytique. In: LAPLANCHE, J. *Problématiques IV:* L'inconscient et le ça. Paris: PUF, 2000.

LAPLANCHE, J., PONTALIS, J.-B. *Fantasme originaire, fantasme d'origine, origine du fantasme*. Paris: Hachette, 1996.

LEBRUN, G. *Kant e o fim da metafísica,* São Paulo: Martins Fontes, 2002.

LECLAIRE, S. *Psychanalyser:* essai sur l'ordre de l'inconscient. Paris: Seuil, 1975.

LE GAUFEY, G. *Le lasso spéculaire*. Paris: EPEL, 1997.

LEVER, *Sade*. Paris : Fayard, 1993.

LÉVI-STRAUSS, C. Introduction à l'oeuvre de Marcel Mauss. In: MAUSS. *Sociologie et antropologie*. Paris: PUF, 1991.

_____. *La pensée sauvage*. Paris: Pocket, 1993.

_____. *Les structures élémentaires de la parenté*. Paris: Plon, 1995.

_____. *Anthropologie structurale*. Paris: Pocket, 1999.

LYOTARD, J.-F. *Discours, figure*. Paris: Klicksieck, 1985.

_____. *Derives à partir de Marx et Freud*. Paris: Galilée, 1991.

_____. *Les dispositfs pulsionnels*. Paris: Galilée, 1994.

MACEY, D. *Lacan in contexts*. London: Verso, 1988.

MACHEREY, P. Le leurre hégélien: Lacan lecteur de Hegel. *Bloc-Notes de la Psychanalyse*, n.5, p.27-50, 1985.

MAJOR, R. (Org.) *Lacan avec les philosophes*. Paris: Albin Michel, 1992.
MANONNI, O. *Clés pour l'imaginaire ou L'autre scène*. Paris: Seuil, 1985.
MARX, K. *Critique du droit politique hégélien*. Paris: Editions Sociales, 1975.
_____. *Le capital – livre I*. Paris: PUF, 2000.
MERLEAU-PONTY, M. *L'oeil et l'esprit*. Paris: Gallimard, 1964.
_____. *Phénoménologie de la perception*. Paris: Gallimard, 1976.
_____. *Le visible et l'invisible*. Paris: Gallimard, 1979.
_____. *Fenomenologia da percepção*. São Paulo: Martins Fontres, 1996.
MIGEOT, B. *(Dé) négation – déni – névrose – perversion dans Les liaisons dangereuses*. In *Négation, Dénégation*, Annales Littéraires de l'Université de Besançon, 1993.
MILLER, J.-A. *Du symptôme au fantasme ... et retour*, seminário inédito 1982-1983.
_____. *D'un autre Lacan* in *Ornicar?*, n. 28, jan. de 1984.
_____. *Percurso de Lacan*. 2.ed. Rio de Janeiro: Jorge Zahar, 1987.
_____. Donc je suis ça. *La Cause Freudienne*, n.27, 1994.
_____. *Matemas I*. Rio de Janeiro: Jorge Zahar, 1996a.
_____. Le monologue de l'apparole. *La Cause Freudienne*, n.34, p.5-23, 1996b.
_____. Les six paradigmes de la jouissance. *La Cause Freudienne*, n.43, p.7-29, 1999.
MILLOT, C. *Noboddady*: l'hystérie dans le siècle. Paris: Point Hors Ligne, 1988.
MILNER, J.-C. *L'amour de la langue*. Paris: Seuil, 1978.
_____. *L'ouvre Claire*. Paris: Seuil, 1995.
MOYAERT, P.; LOFTS, S. *La pensée de Jacques Lacan*: questions historiques – problèmes théoriques. Louvain: Peeters, 1994.
NANCY, J.-L. *L'il y a du rapport sexuel*. Paris: Galilée, 2002.
NANCY, J.-L; LABARTHE, P-L. *Le titre de la lettre*. Paris: Galilée, 1973.
NOBUS, D. *Jacques Lacan and the freudian practice of psychoanalysis*. London: Brunner-Routledge, 2000.
NIETZSCHE, F. *Para além do bem e do mal*, São Paulo: Companhia das Letras, 1993.
OLGIVIE, B. Le corps chez Jacques Lacan. In: GODDARD, J.-C. *Le corps*. Paris: Vrin, 1998.
PETTIGREW, D.; RAFOOUL, F. *Disseminatig Lacan*. New York: Suny, 1996.
PLATÃO. *Le sophiste*. In: Oeuvres Complètes, trad. Léon Robin. Paris: Gallimard, 1950.
_____. *A república*. Lisboa: Calouste Gulbenkian, 1993.
POLITZER, G. *Critique des fondements de la psychologie*. 4.ed. Paris: PUF, 1974.
PORGE, E. *Les nom-du-père chez Jacques Lacan*. Ramonville Saint-Ange: Erès, 1997.
PORGE, E.; SOULEZ, A. *Le moment cartésien de la psychanalyse*: Lacan, Descartes, le sujet. Paris: Arcanes, 2000.
PRADO JR., B. *Alguns ensaios*. São Paulo: Paz e Terra, 2000.
QUINE, W.V.O. A relatividade ontológica. In: *Os pensadores*. São Paulo: Abril Cultural, 1980.
RABANT, C. *Inventer le réel*: le déni entre perversion et psychose. Paris: Denöel, 1992.
RAJCHMAN, J. *Le savoir faire avec l'inconscient*: éthique et psychanalyse. Bordeaux: W. Blake, 1986.

RAJCHMAN, J. *Erotique de la vérité:* Foucault, Lacan et la question de l'éthique. Paris: PUF, 1994.
RAZAVET, J.-C. *De Freud à Lacan:* du roc d'origine au roc de la castration. Bruxelles: De Boeck, 2000.
REGNAULT, F. *Dieu est inconscient:* études lacaniennes autour de Saint Thomas d'Aquin. Paris: Navarin, 1985.
_____. La dialectique du maître et de l'esclave chez Lacan. *Quarto,* n.68, 1986.
_____. *El arte según Lacan.* Barcelona: Eolia, 1995.
REY-FLAUD, H. *Comment Freud invente le fétichisme et re-invente la psychanalyse.* Paris: Payot, 1994.
RICOUER, P. *De l'interprétation.* Paris: Seuil, 1995.
_____. *La métaphore vive.* Paris: Seuil, 1997.
RORTY, R. *A filosofia e o espelho da natureza.* Lisboa: Dom Quixote, 1988.
SADE, D.A.F. *La philosophie dans le boudoir.* Paris: Gallimard, 1975.
_____. *Histoire de Juliette.* Paris: 10/18, 1997.
_____. *Les infortunes de la vertu.* Paris: Flammarion, 2001.
SAFATLE, V. *A ilusão da transparência. Agora,* n.3, 1998a.
_____. O circuito fetichista do desejo e seus restos. *Opção Lacaniana,* n.34, 1998b.
_____. Auto-reflexão e repetição: Bento Prado Jr. e a crítica ao recurso frankfurtiano à psicanálise. *Agora,* 2004.
SAFATLE, V. (Org.) *Um limite tenso:* Lacan entre a filosofia e a psicanálise. São Paulo: UNESP, 2003.
SAMUELS, R. *Between philosophy and psychoanalysis:* Lacan's reconstruction of Freud. New York: Routledge, 1993.
SARTRE, J.-P. *L'être et le néant.* 18.ed. Paris: Gallimard, 1989.
_____. *La transcendance de l'ego:* esquisse d'une description phénoménologique. Paris: Vrin, 1992.
SAUSSURE, F. *Cours de linguistique générale.* Edition Tullio de Mauro. Paris: Payot, 1972.
_____. *Écrits de linguistique générale.* Paris: Gallimard, 2002.
SAUVERZAC, J.-F. *Le désir sans foi ni loi:* lecture de Lacan. Paris: Aubier, 2000.
SEARLE, J. *Speech acts.* Cambridge: Cambridge University Press, 1970.
SILVESTRE, M. *Demain, la psychanalyse.* 2.ed. Paris: Seuil, 1993.
SOULEZ, A. Le noeud dans le tableau ou Le style de/chez Lacan, *Essaim,* n.12, 2002.
VERHAEGHE, P. *Does the woman exist?* From Freud's hysteria to Lacan's feminine. New York: Other Press, 1990.
WAJCMAN, G. *L'objet du siècle.* Paris: Verdier, 1998.
WIEGGERHAUS, R. *A Escola de Frankfurt.* Rio de Janeiro: Difel, 2003
WEIGGERHAUS, R. *A escola de Frankfurt.* Rio de Janeiro: Diefel, 2003.
WINNICOTT, D. *Processus de maturation chez l'enfant.* Paris: Payot, 1971.
_____. *Jeu et réalité.* Paris: Gallimard, 1975.

ZIZEK, S. *Ils ne savent pas ce qu'ils font.* Paris: Point Hors Ligne, 1990.
_____. *Enjoy your symptom:* Jacques Lacan in Hollywood and out. New York: Routledge, 1992.
_____. *The indivisible remainder:* a essay on Schelling and related matters. London: Verso, 1996.
_____. *Hegel passe:* le plus sublime des hystériques. 2.ed. Paris: Point Hors Ligne, 1999a.
_____. *Subversions du sujet.* Rennes: Presses Universitaires de Rennes, 1999b.
_____. *The ticklish subject:* the absent center of political ontology. London: Verso, 2000.
ZIZEK, S. (Org.) *Mapping ideology.* London: Verso, 1995.
_____. *Cogito and the unconscious.* Duke: Duke Unviersity Press, 1998.
ZUPANCIC, A. *Ethics of the real:* Kant and Lacan. London: Verso, 2001.

Bibliografia secundária sobre a dialética negativa e sobre o pensamento hegeliano

ARANTES, P.E. *Ressentimento da dialética.* São Paulo: Paz e Terra, 1996.
_____. *Hegel:* l'ordre du temps. Paris: L'Harmattan, 2001.
BOURGEOIS, B. *Etudes hégéliennes:* raison et décision. Paris: PUF, 1992.
BRANDOM, R. *Tales of the mighty dead.* Harvard University Press, 2002.
BUBNER, R. *Aesthetische Erfahrung.* Frankfurt: Surhkamp, 1989.
BUCK-MORSS, S. *The origins of negative dialectic.* New York: Free Press, 1979.
DOZ, A. *La logique de Hegel et les problèmes traditionnels de l'ontologie.* Paris: Vrin, 1986.
DOZ, A.; DUBARLE, D. *Logique et dialectique.* Paris: Larousse, 1972.
FAUSTO, R. *Marx: logique et politique.* Paris: Actes Sud, 1996a.
_____. *Sur le concept de capital:* idée d'une logique dialectique. Paris: L'Harmattan, 1996b.
FINK-EITEL, H. *Dialektik und Sozialethik:* Kommentierende Untersuchungen zu Hegel Logik. Meisenheim: Anton Hain, 1978.
FRÜCHTL, J. *Mimesis:* Konstellation eines Zentralbegriffs bei Adorno. Würzburg, 1986.
GIMMLER, A. Pragmatics aspects of Hegel's thought. In: EGGINTON, W. *The pragmatic turn in philosophy.* New York: SUNY, 2004.
GODDARD, J.-C. (Org.) *Le transcendental et le spéculatif.* Paris: Vrin, 1999.
HABERMAS, J. *Connaissance et intérêt.* Paris: Gallimard, 1979.
_____. *Profils philosophiques et politiques.* Paris: Gallimard, 1980.
_____. *Le discours philosophique de la modernité.* Paris: Gallimard, 1988.
_____. *La pensée pos-métaphysique:* essais philosophiques. Paris: Armand Colin, 1993.
_____. *Theorie des kummunikativen Handelns,* v.1. Frankfurt: Suhrkamp, 1995.
_____. *Verdade e justificação.* Belo Horizonte: Loyola, 2004.
HENRICH, D. *Hegel im Kontext.* Frankfurt: Suhrkamp, 1967.

HONNETH, A. *The critique of power.* MIT Press, 1991.

_____. *La lutte pour la reconnaissance.* Paris: Cerf, 2000.

HONNETH, A.; WELLMER, A. *Dia frankfurter Schule und die Folgen.* Berlin, 1986.

HUHN, T.; ZUIDERVAART, L. *The semblance of subjectivity.* Cambridge: MIT Press, 1997.

HYPPOLITE, J. *Figures de la pensée philosophique.* Paris: PUF, 1971.

_____. *Logique et existence:* essai sur la logique de Hegel. 3.ed. Paris: PUF, 1991.

JANICAUD, D. *Hegel et le destin de la Grèce.* Paris: Vrin, 1975.

JARCZYK, G.; LABARRIÈRE, P.-J. *Les premiers combats de la reconnaissance.* Paris: Aubier, 1995.

_____. *De Kojève à Hegel:* 150 ans de philosophie hégéliénne en France. Paris: Albin-Michel, 1996.

KOJÈVE, A. *Le concept, le temps, le discours.* Paris: Gallimard, 1990a.

_____. *L'empereur Julien et son art d'écrire.* Paris: Fourbia, 1990b.

_____. *Introduction à la lecture de Hegel.* 3.ed. Paris: Gallimard, 1992.

LEBRUN, G. *La patience du concept.* Paris: Gallimard, 1971.

_____. *L'envers de la dialectique.* Paris: Seuil, 2004.

LONGUENESSE, B. *Hegel et la critique de métaphysique.* Paris: Vrin, 1981.

MABILLE, B. *Hegel:* l'épreuve de la contingence. Paris: Aubier, 1999.

NANCY, J.-L. *La remarque spéculative.* Paris: Galilée, 1973.

PINKARD, T. *Hegel's phenomenology: the sociality of reason,* Cambridge University Press, 1994.

PIPPIN, R. *Idealism as modernism: hegelian variations,* Cambridge University Press, 2001.

SIMON, J. *Das problem der Sprache bei Hegel.* Stuttgart: W. Kohlammer, 1955.

SOUCHES-DAGUES, D. *Logique et politique hégéliennes.* Paris: Vrin, 1985.

_____. *Le cercle hégélien.* Paris: PUF, 1986.

TAYLOR, C. *Hegel.* New York: Cambridge Universisty Press, 1977.

THEUNISSEN, M. *Sein und schein:* Die kritische Funcktion der Hegelschen Logik. Frankfurt: Suhrkamp, 1980.

Bibliografia secundária sobre estética

BATTOCK, G. *Minimal art:* a critical reader. Berkeley: Universisty of California Press, 1995.

BOISSIÈRE, A. *Adorno: la vérité en musique.* Lille: PUL, 2001.

CAGE, J. Jasper Johns: stories and ideas. In: JOHN, J. *Paiting, drawing and sculptures.* London: Whitechapel Gallery, 1964.

DIDI-HUMBERMAN, G. *Ce que nous voyons, ce qui nous regarde.* Paris: Minuit, 1992.

FOSTER, H. *Return to the real.* Cambridge: MIT Press, 1996.

JUDD, D. *Complet writings.* New York: The Press of Nova Scotia School of Art and Design, 1975.

KOSTELANETZ, R. *Conversation avec John Cage.* Paris: Syrtes, 2000.

KRAUSS, R. *The optical unconscious*. London: MIT Press, 1994.

LIGETI, G. *Neuf essais sur la musique*. Genebra: Contrechamps, 2001.

OWENS, C. The allegorical impulse: toward a theory of postmodernism, *October*, 12/13, New York, 1980.

RANCIÈRE, J. *L'inconscient esthétique*. Paris: Galilée, 2001.

WEBERN, A. *Caminhos em direção à nova música*. Curitiba: Novas Metas, 1984.

WELLMER, A. *The persistence of modernity:* essays on aesthetics, ethics and postmodernism. Cambridge: MIT Press, 1993.

SOBRE O LIVRO

Formato: 16 x 23 cm
Mancha: 28 x 50 paicas
Tipologia: Iowan Old Style 10/14
Papel: Offset 75 g/m² (miolo)
Cartão Supremo 250 g/m² (capa)
1ª edição: 2006
4ª reimpressão: 2015

EQUIPE DE REALIZAÇÃO

Produção Gráfica
Anderson Nobara

Edição de Texto
Viviane S. Oshima (Preparação de Original)
Tânia Mano Maeta, Ruth Mitzue Kluska e
Janaína Estramaço (Revisão)

Editoração Eletrônica
Vicente Pimenta (Diagramação)

Assistência Editorial
Olívia Frade Zambone

Impressão e acabamento